경희서당

알아두면 쓸모 있는

독음이 같은 한자

· 강경희 지음 ·

敬姬書堂

★★★ 한자급수시험 선정한자 8급~사범(특급) 총정리 ★★★

정민
미디어

목차

머리말

한자를 알리고 가르치는 경희서당입니다.

"한자 공부는 재미없다?" "한자를 왜 배워야 하는가?"
"한자를 꼭 배워야 하나?" "누가 요즘 한자를 쓰냐?" 등등
한자교육을 경시하고 한자교육의 중요성을 점점 잃어가는 요즘입니다.

유튜브에 한자 관련 콘텐츠로 영상을 올리기 시작한 계기는
'한자 공부는 필수인데, 어떻게 하면 재밌게 공부하는 비법을 전달할 수 있을까?'를
고민하다가 시작하게 되었습니다.
한자를 쉽게 공부하는 방법을 영상으로 제작해서 소개했습니다.
여러 방법들 중에서 이 책에 사용한 방법이 제일 인기가 좋았습니다.
단연 조회 수가 월등히 많았기 때문에 알 수 있었습니다.
그래서 영상으로 만든 방법처럼 더 깊이 있게, 폭넓게 자료를 조사해서 책을 출간하
게 되었습니다.

한자는 우리 언어생활과 많이 관련되어 있습니다.
또한 초, 중, 고, 대학교에서 암기해야 되는 중요 단어들은 거의 한자 용어들이 많습
니다. 공부 잘하는 비법도 당연 한자를 많이 아는 것입니다.
한자 급수를 따서 승진, 입사 시험을 치기 위함으로 한자를 배우지 말고,
한자는 우리 생활과 밀접한 관계가 되어 있으니까 이왕이면 즐겁게 배워서
삶이 윤택해지는 데 한자가 유용하게 쓰이길 원합니다.

혹, 한자 급수 준비에 활용을 하는 분들에게 큰 도움을 드리고자 이 책은 한자 최고
급수 사범급(특급)까지의 한자를 정리했으니 많은 도움이 되기를 바랍니다.

《경희서당[독음이 같은 한자들]》책을 출간하고 3년 만에 개정, 증보판을 만들게 되었습니다.

이번《알아두면 쓸모 있는 독음이 같은 한자》책은 한자 공부를 더 깊이 있게 그리고 일상생활에서도 좀 더 실질적으로 활용할 수 있도록 구성했습니다. [부록]에 유튜브 경희서당의 인기 영상들을 주제별로 정리를 했습니다. 유익한 한자 정보가 많이 수록되어 있는 만큼 한자 공부에 많은 도움이 될 것입니다.

한자를 너무 사랑하고 유튜브 경희서당을 아껴 주시는 모든 분들에게 진심으로 감사함을 전합니다. 책을 집필하는 동안 묵묵히 응원해 주고 지켜봐 준 가족들에게 감사한 마음을 전합니다. 책 한 권이 나오기까지는 많은 분들의 수고가 있어야 합니다. 함께 출간을 도와주신 분들께 진심으로 감사한 마음을 표합니다.

한자 자원 풀이에 부족함이 있을 수 있습니다. 너그러운 양해 부탁드립니다. 이 책으로 한자 공부를 하시면서 궁금한 점이나 다른 의견이 있으신 독자님들은 제 이메일 혹은 유튜브 채널로 문의해 주세요.

단언컨대 이 책《알아두면 쓸모 있는 독음이 같은 한자》는 독자님들의 재미있는 한자 공부에 확실히 도움이 될 것입니다.

2024년 경희서당 훈장

강경희

책의 구성과 활용법

1. 한자의 모양과 소리가 비슷한 글자들을
   한자 급수별로 정리했습니다.

   한자의 독음이 비슷하면서 한자 모양도 비슷한 글자들을 모았습니다.
   대표 한자처럼 공통으로 들어가는 한자를 맨 앞에 배치한 후 그 한자가 들어간
   한자들 중에서 대표 한자와 독음이 같은 한자를 최우선으로 배열을 했습니다.
   그래서 한자의 급수를 따로 첨부하여 한자의 난이도를 구분했습니다.

2. 사단법인 한자교육진흥회 한자 급수를 기준으로 하였습니다.

   한자 급수 단체마다 한자 선정 급수가 다릅니다.
   많은 혼선이 있어 하나의 한자급수 단체를 기준으로 해서 한자급수를 정했습니다.
   다른 단체의 한자급수와 다를 수 있습니다.

   참고로 보통 한자자격시험 관련 단체들 중 4곳 정도가 활발한 활동을 하고 있습니다.
   ① 한자 교육 진흥회 ② 한국 어문회 ③ 대한 검정회 ④ 대한 상공 회의소

3. 한자급수 8급 ~ 사범급까지의 한자를 모두 정리했습니다.

   한자 급수는 8급에서 사범급까지 총 5000자를 급수로 나누어 놓았습니다.
   한자의 중요도와 실용도에 따라 편의상 나누어 놓은 것입니다.
   5000자 한자 안에서 최대한 독음이 비슷하며 같은 한자가 들어간 한자들을 정리했습니다.

   5000자가 모두 이 책에 쓰여 있지 않습니다.
   독음이 같고 한자 모양이 같은 한자들만을 모아놓은 책입니다.

4. 한자의 자원 풀이는 최대한 간결하게 풀이했습니다.

   한자의 6가지 구성 원리와 상형문자를 근거로 한자가 만들어진 원리를 해석하려고
   노력했습니다. 최대한 간결하고 쉽게 한 줄로 한자 자원을 풀이하여 한자 암기를 돕
   고자 하였으며 지극히 개인적인 의견이 반영되어 있는 자원 풀이도 있음을 밝힙니다.

한자 공부의 기초

- 한자의 구성원리 6가지 (六書)

육서(六書)는 후한(後漢)의 허신(許愼)이 《설문해자(說文解字)》에 분류한 법칙입니다. 부수자의 기본자는 상형(象形), 지사(指事)자이고, 부수 글자를 활용해서 다른 한자를 만드는 것은 회의(會意), 형성(形聲)자입니다. 그리고 이미 만들어진 한자를 여러 가지로 확장해서 사용하는 원리는 전주(轉注), 가차(假借)자입니다.

01 象形 상형

한자 구성의 가장 기본이 되는 것으로 눈에 보이는 사물의 모양을 본떠서 만든 글자 원리입니다.

예) 날 일(日), 뫼 산(山), 물 수(水), 물고기 어(魚) 등

02 指事 지사

사물이 모양으로 나타낼 수 없는 개념이나 사람의 추상적인 생각을 점, 선 또는 부호로써 나타낸 글자 원리입니다.

예) 위 상(上), 아래 하(下), 끝 말(末), 근본 본(本) 등

03 會意 회의

이미 만들어진 두 개의 이상의 한자를 합하여 새로운 한자를 만들어 사용하되 뜻과 뜻을 결합하여 (뜻+뜻) 새로운 뜻의 한자를 만들어내는 글자 원리입니다.

예) 밝을 명(明), 수풀 림(林), 좋을 호(好), 사내 남(男) 등

04 **形聲** 형성   이미 만들어진 한자를 이용하여 뜻을 나타내는 부분과 음을 나타내는 부분을 결합하여 (뜻＋음) 뜻과 음이 같은 한자를 만들어내는 글자 원리입니다. 참고로 한자 구성의 70%가 형성자 원리에 의해서 만들어집니다.

예) 들을 문(聞), 공 공(功), 볕 경(景), 기약할 기(期) 등

---

05 **轉注** 전주   이미 만들어진 글자의 본래 의미로부터 유추하여 전혀 다른 음과 뜻으로 굴리고(轉) 끌어내어(注) 한자가 여러 개의 뜻과 음을 지니게 하는 글자 원리입니다.

예) 樂 ①풍류 악 ② 즐거울 락 ③ 좋아할 요
　　說 ①말씀 설 ② 달랠 세 ③ 기쁠 열

---

06 **假借** 가차   본래의 한자의 뜻과는 상관없이 한자의 독음만 빌려 한자어를 표기할 때 쓰는 글자 원리입니다.

예) ASIA-아세아(亞細亞),
　　코카콜라(可口可樂), 뉴욕(紐育) 등

한자의 필순

· 한자의 필순 원칙 (9가지)

한자의 필순을 지켜야 하는 근본적인 이유는 글씨를 빠르고 바르게 쓰는 비법이기 때문입니다. 필순이 틀리면 글자의 모양이 나지 않고 정확한 글자가 쓰여지지 않으므로 글자 획을 순서에 따라 짜임새 있게 쓰도록 합니다.

01 왼쪽에서 오른쪽으로 쓴다.
예) 川 (내 천) → 丿, 刂, 川

02 위에서 아래로 쓴다.
예) 三 (석 삼) → 一, 二, 三

03 가로획과 세로획이 교차될 때에는 가로획을 먼저 쓴다.
예) 十 (열 십) → 一, 十

04 삐침을 먼저 쓰고 파임을 나중에 쓴다.
예) 人 (사람 인) → 丿, 人

05 좌우 모양이 같을 때는 가운데를 먼저 쓴다.
예) 小 (작을 소) → 亅, 亅, 小

※예외) 火 - 점을 먼저 쓰고 사람인을 쓴다.

06 몸과 안으로 된 글자는 몸을 먼저 쓴다.
예) 固 (굳을 고) → 丨 冂 冂 冋 冋 固 固 固

07 꿰뚫는 세로획, 가로획은 맨 나중에 쓴다.
예) 中 (가운데 중) → 丨, 丨丨, 口, 中

08 오른쪽 위의 점은 맨 나중에 쓴다.
예) 犬 (개 견) → 一, 大, 大, 犬

09 받침이 독립된 글자가 아닐 때 받침은(辶)맨 나중에 쓰고,
예) 近 (가까울 근) → 一, 斤, 斤, 斤, 斤, 斤, 近, 近
받침이 독립된 글자일 때 받침(走)은 먼저 쓴다.
예) 起 (일어날 기) → 一 十 丰 丰 丰 走 起 起 起

11

부수 위치별 명칭

부수는 수많은 한자의 기본 글자이며 영어로 말하면 알파벳과 같고, 한글로 말하면 자음 모음과도 같습니다. 한자의 음이나 뜻에 대해 풀이해놓은 '자전(字典)', '옥편(玉篇)'을 활용할 때 부수를 알아야 활용할 수 있습니다. 또한 부수가 놓이는 위치에 따라 크게 8가지로 구분하여 명칭을 바르게 알아야 한자를 이해할 수 있고 자전이나 옥편을 활용할 수가 있습니다.

01 변(邊) : 부수가 글자의 왼쪽에 있는 것.

亻(사람 인) → 仁(인), 仙(선)
氵(물 수) → 淸(청), 泳(영)
彳(조금 걸을 척) → 往(왕), 待(대)

02 방(傍) : 부수가 글자의 오른쪽에 있는 것.

攵 (칠 복) → 敎(교), 改(개)
欠 (하품 흠) → 飮(음), 欲(욕)
頁 (머리 혈) → 頭(두), 順(순)

03 머리 : 부수가 글자의 위에 있는 것.

宀 (집 면) → 家(가), 安(안)
艹 (풀 초) → 花(화), 草(초)
竹 (대나무 죽) → 答(답), 筆(필)

04 발 : 부수가 글자의 밑에 있는 것.

灬 (불 화) → 然(연), 無(무)
儿 (어진사람 인) → 兄(형), 元(원)
皿 (그릇 명) → 益(익), 盛(성)

05 엄 : 부수가 글자의 위와 왼쪽을 덮고 있는 것.

广 (집 엄) → 度(도), 廳(청)
虍 (범 호) → 虎(호), 虛(허)
尸 (주검 시) → 居(거), 尾(미)

06 받침 : 부수가 글자의 왼쪽과 밑을 싸고 있는 것.

辶 (쉬엄쉬엄 갈 착) → 近(근), 道(도)
廴 (길게 걸을 인) → 建(건), 廷(정)
走 (달릴 주) → 起(기), 趨(추)

07 몸 : 부수가 글자의 에워싸고 있는 것.

囗 (에워쌀 위, 나라 국) → 國(국), 因(인)
門 (문 문) → 問(문), 閑(한)
行 (다닐 행) → 衛(위), 衝(충)

08 제부수 : 한 글자가 그대로 부수인 것.

(제부수 자는 한자 구성원리인 상형자입니다.)
木(목) 火(화) 金(금) 馬(마) 魚(어) 鳥(조)

부수 214자 설명

<table>
<tr>
<td>부수 1획</td>
<td>

一(한 일) - 가로로 한 획을 그어 '하나'를 나타낸 글자.

丨(뚫을 곤) - 세로로 한 획을 그어 위에서 아래로 뚫음을 나타낸 글자.

丶(점 주,불똥 주) - 등불의 불꽃 모양을 본뜬 글자.

'점' 또는 '점 주'라고도 함.

丿(삐침 별) - 오른쪽 위에서 왼쪽 아래로 굽게 삐친 모양을 본뜬 글자.

乙(새 을) - 새의 모양을 본뜬 글자.

亅(갈고리 궐) - 아래쪽 끝을 위로 구부린 갈고리의 모양을 본뜬 글자.

</td>
</tr>
</table>

<table>
<tr>
<td>부수 2획</td>
<td>

二(두 이) - 가로로 두 획을 그어 '둘'을 나타낸 글자.

亠(뜻 없는 토 두, 돼지 해 머리) - '돼지 해'와 머리 부분 이 같으므로

'돼지 해 머리'라 불림.

人(亻)(사람 인) - 사람의 옆모습을 본뜬 글자.

儿(어진사람 인) - 사람의 모양을 본뜬 글자.

(글자 구성에서 아래에 쓰일 때 사용)

入(들 입) - 사람이 고개를 숙이고 들어가는 모습을 본뜬 글자.

八(여덟 팔) - 사물이 둘로 나누어진 모양을 본뜬 글자.

뒤에 '여덟'의 뜻을 가짐.

冂(멀 경) - 길게 뻗은 길에 경계(一)를 표시하여 경계 밖의

'먼 곳'을 나타냄.

冖(덮을 멱)(민 갓머리) - 천으로 물건을 덮고 있는 모양을 본뜬 글자.

冫(얼음 빙)(이 수변) - 얼음의 무늬 모양을 본뜬 글자.

</td>
</tr>
</table>

几(안석 궤) - 앉아서 몸을 기대는 안석의 모양을 본뜬 글자.

凵(입 벌릴 감)(위튼 입구)(몸) - 위로 입을 벌리고 있는 구덩이의 모양을 그림.

刀(刂)(칼 도),(선 칼도)(방) - 칼의 모양을 본뜬 글자.

力(힘 력) - 쟁기의 모양을 본뜬 글자.

勹(쌀 포)(몸) - 사람의 몸을 구부리고 두 팔을 에워싼 모양을 본뜬 글자.

匕(비수 비, 숟가락 비) - 숟가락의 모양을 본뜬 글자.

匚(상자 방)(튼 입구)(몸) - 네모난 상자의 모양을 본뜬 글자.

匸(감출 혜) - 뚜껑을 덮어 '감춘다'는 뜻을 나타낸 글자.

十(열 십) - 가로 묶음에 세로로 표시를 해서 열을 나타낸 글자.

卜(점 복) - 점을 치기 위해 거북 껍데기를 구웠을 때 껍데기가 갈라진 모양을 본뜬 글자.

卩, 㔾(병부절) - 병부(兵符)를 둘로 나눈 것 가운데 절반의 모양을 본뜬 글자.

厂(언덕 한, 굴 바위 엄, 민엄호) - 가파른 언덕의 모양을 본뜬 글자.

厶(사사 사, 마늘 모) - 팔꿈치를 구부려 물건을 자기 쪽으로 감싼 모습을 나타낸 글자.

又(또 우, 오른손 우) - 오른손의 모양을 본뜬 글자.

| 부수 3획 | 口(입 구) - 사람의 입모양을 본떠서 만든 글자 |

口(입 구) - 사람의 입모양을 본떠서 만든 글자

囗(에울 위)(큰 입구)(몸) - 성벽 등으로 사방을 에워싼 모습을 나타낸 글자.

土(흙 토) - 흙더미의 모양을 본뜬 글자.

士(선비 사) - 하나(一)를 배우면 열(十)을 아는 선비.

夂(뒤져 올 치) - 발자국을 나타내는 止(지)를 거꾸로 해서 뒤쳐져 오다 의 의미.

夊(천천히 걸을 쇠) - 발자국을 나타낸 止(지)를 변형하여 '천천히 걸어감'을 의미

夕(저녁 석) - 달의 모양을 본뜬 '月(월)'에서 한 획을 줄여 달이 희미하게 보이는 '저녁'을 나타낸 글자.

大(큰 대) - 사람이 양팔을 크게 벌리고 있는 모양을 본뜬 글자.

女(계집 녀) - 두 손을 모으고 무릎을 구부린 여자의 모습을 본뜬 글자.

子(아들 자) - 아이가 두 팔을 벌리고 있는 모양을 본뜬 글자.

宀(집 면)(갓 머리) - 집의 모양을 본뜬 글자.

寸(마디 촌) - 손목에서 맥박이 뛰는 곳까지의 거리를 나타낸 글자.

小(작을 소) - 작은 점을 세 개 찍어 작다는 뜻을 나타낸 글자.

尢(절름발이 왕) - 한 쪽 다리가 굽은 사람의 모양을 본뜬 글자.

尸(주검 시)(엄) - 사람이 누워 있는 모양. 곧 죽은 사람의 모양.

屮(싹 날 철, 왼손 좌) - 초목의 떡잎이 나온 모양을 본뜬 글자.

山(뫼 산, 메 산) - 산의 모양을 본뜬 글자.

川(내 천, 개미허리) - 흘러내리는 물줄기의 모양을 본뜬 글자.

工(장인 공) - 물건을 만드는 장인이 사용하는 도구의 모양을 본뜬 글자.

己(몸 기) - 몸을 구부리고 앉아 있는 사람을 본뜬 글자.

巾(수건 건) - 수건이 걸려있는 모양을 본뜬 글자.

干(방패 간) - 끝이 두 갈래로 갈라진 방패의 모양을 본뜬 글자.

幺(작을 요) - 가는 실을 뜻하는 糸(멱) 자의 윗부분만 나타낸 글자.

广(집 엄)(엄 호) - 한 쪽에 기둥이 없는 집을 나타낸 글자.

廴(길게 걸을 인)(민 책 받침) - 길이 길게 늘어진 모습을 나타낸 글자.

廾(손 맞잡을 공)(스물 입 발) - 두 손으로 무언가를 받들고 있는 모습을 나타냄.

弋(주살 익) - 줄을 매달아 쏘는 화살인 '주살'을 뜻함.

弓(활 궁) - 활의 모양을 본뜬 글자.

크(돼지머리 계, 튼 가로왈) - 돼지 머리의 모양을 본뜬 글자.

彡(터럭 삼) - 가지런히 나있는 짐승의 털의 모양을 본뜬 글자.

彳(자축거릴 척, 두인 변, 중인 변) - 걸어가는 한쪽 발,

또는 사거리의 한쪽을 본뜬 글자.

부수 4획

心(마음 심) - 심장의 모양을 본떠 '마음'을 표현한 글자

戈(창 과) - 창의 모양을 본뜬 글자.

戶(지게문 호) - 지게문의 모양을 본뜬 글자.

手(손 수, 재방 변) - 다섯 손가락을 편 손 모양을 본뜬 글자.

支(지탱할 지) - 대나무 가지를 든 손의 모습을 나타낸 글자.

攴(攵)(칠 복, 등 글월 문) - 손으로 막대기를 잡고 있는 모습을 나타낸 글자.

殳(창 수, 몽둥이 수) - 둥근 막대기를 손에 쥐고 있는 모습을

나타낸 글자.

文(글월 문) - 가슴에 문신을 한 사람이 서 있는 모습을 나타낸 글자.

斗(말 두) - 곡식을 담아 양을 헤아리는 그릇의 모양을 본뜬 글자.

斤(도끼 근, 근 근) - 도끼의 모양을 본뜬 글자.

方(모 방) - 모난 부분이 있는 옛날의 쟁기 모습을 나타낸 글자.

无(없을 무)(이미기방) - 온전하지 못한 사람의 모습 위에 임의의

선을 덧붙여 없음을 나타낸 글자.

日(날 일) - 해의 모양을 본뜬 글자.

曰(가로 왈) - 입(口)에 선을 그어 입에서 나가는 말을 나타낸 글자.

月(달 월) - 달의 모양을 본뜬 글자.

木(나무 목) - 나무의 모양을 본뜬 글자.

欠(하품 흠) - 하품하며 벌린 입의 모양을 본뜬 글자.

止(그칠 지) - 발자국의 모양을 본뜬 글자.

歹(뼈 앙상할 알) (죽을 사 변) - 앙상한 해골의 모양을 본뜬 글자.

毋(말 무) - 여자에게 침범하려는 자를 막아 금지하게 한다는 뜻을 나타낸 글자.

比(견줄 비) - 두 사람이 나란히 서서 어느 쪽이 큰지 비교하는 모습을 나타냄.

毛(털 모) - 짐승의 털 모양을 본뜬 글자.

氏(성씨 씨) - 땅속에 내린 뿌리와 땅 위에 내민 줄기의 모양을 본뜬 글자.

气(기운 기) - 창공에 길게 펼쳐진 새털구름의 상형.

水(물 수) - 물이 흐르고 있는 모양을 본뜬 글자.

火(불 화) - 불이 활활 타오르는 모양을 본뜬 글자.

爪(손톱 조) - 무엇인가를 움켜쥐려는 손의 모양을 본뜬 글자.

父(아버지 부) - 돌도끼를 손에 든 남자 어른의 모습을 나타낸 글자.

爻(점괘 효) - 산가지가 엇갈려 놓여 있는 모양을 본뜬 글자.

爿(조각 장)(장수 장 변) - 잘라 놓은 나무의 왼쪽 모양을 본뜬 글자.

片(조각 편) - 반으로 잘라놓은 오른쪽 나무의 모양을 본뜬 글자.

牙(어금니 아) - 위아래가 맞물려 있는 짐승 어금니의 모양을 본뜬 글자.

牛(소 우) - 뿔이 달린 소의 머리 모양을 본뜬 글자.

犬(개 견) - 개가 앉아 있는 옆모습을 본뜬 글자.

부수 5획

玄(검을 현) - 덮는다는 뜻의 '亠'와 어둡다는 뜻의 '幺'를 합하여 '검은 빛'을 나타낸 글자.

玉(王) (구슬 옥) - 구슬을 세 개 꿴 모양을 본뜬 글자.

瓜(오이 과) - 덩굴에 오이가 달린 모양을 본뜬 글자.

瓦(기와 와) - 기와가 나란히 있는 모양을 본뜬 글자.

甘(달 감) - 입 안에 음식물이 있는 모습을 나타낸 글자.

生(날 생) - 새싹이 땅 위에 솟은 모양을 본뜬 글자.

用(쓸 용) - 물건을 담아 놓는 통의 옆모습을 본뜬 글자.

田(밭 전) - 밭의 모양을 본뜬 글자.

疋(발 소, 필 필) - 발의 모양을 본뜬 '足'을 변형하여 만든 글자.

疒(병들어 누울 녁, 병들 녁) - 사람이 병상에 누워 기댄 모양을 본뜬 글자.

癶(걸을 발, 필발머리) - 두발을 엇갈려 벌리면서 걸어가는 모양을 본뜬 글자.

白(흰 백) - 햇빛이 위를 향하여 비추는 모습을 나타낸 글자.

皮(가죽 피) - 손으로 가죽을 벗기는 모습을 나타낸 글자.

皿(그릇 명) - 그릇의 모양을 본뜬 글자.

目(눈 목) - 사람의 눈의 모양을 본뜬 글자.

矛(창 모) - 장식이 달리고 긴 자루가 긴 창의 모양을 본뜬 글자.

矢(화살 시) - 화살의 모양을 본뜬 글자.

石(돌 석) - 예리한 모서리가 있는 돌을 나타낸 글자.

示(보일 시) - 제물을 차려 놓은 제단의 모양을 본뜬 글자.

内(짐승 발자국 유) - 짐승발자국의 모양을 본뜬 글자.

禾(벼 화) - 익어서 고개 숙인 벼 이삭의 모양을 본뜬 글자.

穴(구멍 혈) - 땅을 파서 지은 움집의 모양을 본뜬 글자.

立(설 립) - 사람이 두 발을 딛고 땅 위에 버티어 서는 모양을 본뜬 글자.

| 부수 6획 | 竹(대나무 죽) - 대나무 줄기와 잎의 모양을 본뜬 글자, 책을 의미 |
| | 米(쌀 미) - 곡식의 낱알이 달려 있는 모습을 나타낸 글자, 쌀, 곡식, |

식량을 의미

糸(가는 실 멱) – 실을 감아 놓은 실타래 모양을 본뜬 글자. 실, 옷감, 연결되는 것을 의미

缶(장군 부) – 술통 모양, 그릇을 의미

网, 罓, 罒(그물 망) – 그물 모양, 그물이나 가두어 놓다 의미

羊(양 양) – 양 뿔 모양, 순하다, 착하다, 옳다의 의미를 지님.

羽(깃 우) – 깃털 모양, 날개를 의미

老(늙을 로) – 머리가 길고 허리가 굽은 노인이 지팡이를 짚고 서 있는 모습. 늙은이의 모습, 늙다, 나이가 많다 의미

而(말 이을 이) – 턱수염 모양, 말을 연결해주는 조사 (그리고. 그러나)

耒(쟁기 뢰) – 쟁기 모양, 농사와 관련됨.

耳(귀 이) – 귀 모양, 듣다 의미.

聿(붓 율) – 붓 잡고 있는 손 모양, 글씨, 법과 관련됨.

肉(月)(고기 육, 육달 월) – 고깃덩어리 모습을 본뜬 글자, 사람의 신체를 의미함.

臣(신하 신) – 신하가 앉아 있는 모양.

自(스스로 자) – 코 모양을 그린 한자.

至(이를 지) – 화살이 땅에 이른 모습을 나타낸 글자, 도착하다를 의미함.

臼(절구 구) – 절구통 모양을 그린 한자.

虫(벌레 훼) – 뱀의 모양, 벌레모양, 파충류 과를 의미함.

血(피 혈) – 그릇에 피를 담은 모양을 그린 한자.

行(다닐 행) – 걸어 다니는 발 2개 모양, 네거리 모양.

衣(옷 의) – 윗옷 모양을 그린 한자. 옷과 관련된 한자

舌(혀 설) – 말할 때 쓰는 혀 모양을 그린 한자. 말하다와 관련됨.

舛(어그러질 천) – 발바닥 모양을 그린 한자. 발모양 관련됨.

舟(배 주) – 배 모양을 그린 한자. 배와 관련된 한자에 쓰임.

艮(그칠 간) – 눈을 사람의 형태 뒤에 두어 외면한다는 뜻. 멈추다 의미함.

色(빛 색) – 윗부분의 서 있는 사람과 아랫부분의 꿇어앉은 사람의 모습이 변한 것으로 사람의 희비가 얼굴빛으로 드러남. 얼굴색을 의미함.

艸(풀 초) – 풀이 돋아난 모양. 풀, 식물과 관련된 의미를 지님.

虍(범 호)(엄) – 호랑이 겉모습을 그린 한자. 호랑이와 관련된 한자

襾(덮을 아) – 병뚜껑을 그린 한자. 덮어있는 것을 의미함.

부수 7획

見(볼 견, 뵈올 현) – 눈을 강조한 사람의 모습을 나타낸 글자. 보다 의미함.

角(뿔 각) – 짐승의 뿔 모양, 뿔과 관련된 한자들에 쓰임.

言(말씀 언) – 혀와 입의 모양을 본뜬 글자. 말, 언어, 공부와 관련된 한자들에 쓰임.

谷(골짜기 곡) – 골짜기 모양, 지형과 관련된 한자로 쓰임.

豆(콩 두, 제기 두) – 제사 그릇 모양, 제사와 관련된 한자로 쓰임.

豕(돼지 시) – 돼지 모양을 그린 한자. 돼지와 관련된 한자에 쓰임.

豸(발 없는 벌레 치, 해태 태) – 맹수가 사납게 발을 모으고 덤벼드는 모양. 짐승과 관련된 한자에 쓰임.

貝(조개 패) – 돈과 재물과 관련된 한자. 조개 모양을 본뜬 글자.

赤(붉을 적) – 큰 불이 타오를 때처럼 붉은 색깔을 의미함.

走(달릴 주) – 달리는 발 모양을 그린 한자. 뛰어가다, 넘어 가다의 의미가 있음.

足(발 족) – 다리의 무릎 아래 발 부분의 모양. 발과 관련된 한자에 쓰임.

身(몸 신) – 임신한 여자를 그린 한자. 사람 몸과 관련된 한자에 쓰임.

車(수레 거, 수레 차) - 수레와 관련된 한자. 교통수단과 관련됨.

辛(매울 신, 고생할 신, 죄인 신) - 죄인에게 문신할 때 사용하던 도구 모양.

辰(용 진, 별 진, 때 신) - 조개가 조가비를 벌리고 발을 내놓는 모양을 본뜬 글자, 시간을 의미하는 한자.

辵(辶) (쉬엄쉬엄 갈 착)(책받침) - 걸어가다. 움직이다 의미를 지님.

邑(고을 읍)阝(우부 방) - 구역을 뜻하는 '口'의 아래에 무릎 꿇고 있는 사람의 모습을 더하여 '사람이 모여 사는 곳'을 나타냄. 고을, 마을의 의미를 지님.

酉(닭 유, 술 유) - 술병을 그린 한자. 술과 발효된 식품과 관련된 한자.

釆(분별할 변) - 짐승 발자국 모양을 그린 한자.

里(마을 리) - 밭의 모양과 흙을 뜻하는 글자의 결합. 마을, 고을의 의미를 지님.

부수 8획

金(쇠 금) - 거푸집과 쇠(금) 두 덩어리의 모습을 나타낸 글자.

長(镸) (길다 장, 어른 장) - 머리가 긴 노인의 모습을 본뜬 글자.

門(문 문) - 두 개의 문짝이 달린 문의 모양을 본뜬 글자.

阜(阝) (언덕 부) - 흙더미가 계단처럼 쌓인 언덕의 모습을 나타낸 글자.

隶(미칠 이, 잡을 이) - 손으로 꼬리를 잡기 위해 '미치다'는 뜻을 나타낸 글자.

隹(새 추) - 새의 모양을 본뜬 글자.(꽁지가 짧은 새)

雨(비 우) - 하늘에서 비가 내리는 모양을 본뜬 글자.

靑(푸를 청) - 푸른 싹을 본뜬 '生'과 붉은 광물을 뜻하는 '丹'을 합하여 푸른 색의 광석을 뜻함.

非(아닐 비) - 새의 양쪽 날개가 다른 방향으로 펼쳐져 있는 모습을 본뜬 글자.

부수 9획

面(얼굴 면) - 얼굴의 모양을 본뜬 글자.

革(가죽 혁) - 펼쳐 말리고 있는 짐승 가죽의 모양을 본뜬 글자.

韋(다룸 가죽 위) - 성을 둘러싼 군사들의 발자국의 모습을 나타낸 글자. 뒤에 '가죽'의 뜻을 가짐.

韭(부추 구) - 땅 위에 무리지어 나 있는 부추의 모양을 본뜬 글자.

音(소리 음) - '言'의 '口'에 'ㅡ'을 더해 소리가 입 밖으로 나오는 것을 나타낸 글자.

頁(머리 혈) - 머리가 큰 사람을 나타낸 글자.

風(바람 풍) - 벌레를 뜻하는 '虫'과 소리를 나타내는 '凡'을 합하여 만든 글자.

飛(날 비) - 새가 날갯짓을 하며 날아가는 모양을 본뜬 글자.

食(밥 식, 먹을 식) - 밥그릇에 뚜껑을 덮은 모양을 본뜬 글자.

首(머리 수) - 머리털이 나 있는 사람의 머리를 본뜬 글자.

香(향기 향) - 곡식을 쪄서 밥을 할 때 나는 향기로운 냄새를 나타낸 글자.

부수 10획

馬(말 마) - 말의 모양을 본뜬 글자.

骨(뼈 골) - 소 어깨뼈의 모양을 본뜬 '冎(뼈 발라낼 과)'과 살을 본뜬 '月(육달월)'을 합하여 만든 글자.

高(높을 고) - 높게 세워진 망루의 모습을 본뜬 글자.

髟(머리털 늘어질 표) - 머리털을 뜻하는 '彡'과 긴 머리칼을 가진 사람을 본뜬 '長'을 합하여 만든 글자.

鬥(싸울 투) - 두 사람이 맨손으로 싸우고 있는 모습을 나타낸 글자.

鬯(울창주 창) - 곡식의 낱알(米)을 그릇(凵)에 담아 담근 술을 나타낸 글자.

鬲(오지병 격, 솥 격) - 세 발솥의 모양을 본뜬 글자.

鬼(귀신 귀) - 귀신 탈을 쓴 무당이 서거나 쭈그리고 앉아 있는 모습을 그린 글자.

부수 11획	魚(물고기 어) - 물고기의 모양을 본뜬 글자. 鳥(새 조) - 새의 모양을 본뜬 글자 (새의 명칭에 쓰임) 鹵(소금 로, 짤 로) - 소금밭에서 주워 담은 소금자루를 나타낸 글자. 鹿(사슴 록) - 사슴 모양을 본뜬 글자. 麥(보리 맥) - 보리의 모양을 본뜬 '來'와 뿌리 모양을 본뜬 '夂'를 합하여 만듦. 麻(삼 마) - 집안(广)에 삶은 대마를 껍질을 벗겨 널어놓은 모습을 나타낸 글자.

부수 12획	黃(누를 황) - 빛 광(光)과 밭 전(田)을 결합 하여 빛이 나는 밭의 색은 누런색이다 하여 노란색을 의미함 黍(기장 서) - 물기가 많은 찰기가 있는 곡물 기장을 뜻함. 黑(검을 흑) - 굴뚝이 불에 의해서 검게 그을린 모양. 黹(바느질할 치) - 바늘에 꿴 실로 수를 놓은 옷감의 모양을 본뜬 글자.

부수 13획	黽(맹꽁이맹) - 맹꽁이의 모양을 본뜬 글자. 鼎(솥 정) - 세발솥의 모양을 본뜬 글자. 鼓(북 고) - 북채를 들고 북을 두드리는 모습을 나타낸 글자. 鼠(쥐 서) - 쥐의 모양을 본뜬 글자.

부수 14획	鼻(코 비) - 코의 모양을 본뜬 '自'와 소리를 나타내는 '畀(비)'를 합하여 만듦. 齊(가지런할 제) - 고르게 자란 농작물이 가지런히 서 있는 모양을 본뜬 글자.

| 부수 15획 | 齒(이 치) – 이가 난 모양을 본뜬 글자. |

| 부수 16획 | 龍(용 룡) – 머리에 뿔이 나고 긴 몸뚱이를 가진 ´용´의 모습을 나타 낸 글자.
龜(거북 귀) – 거북의 모양을 본뜬 글자. |

| 부수 17획 | 龠(피리 약) – 구멍이 난 관을 나란히 엮은 관악기의 모양을 본뜬 글자. |

독음이 같은 한자 대표 한자 색인표 (가나다 순)

叚 빌릴 가

石(돌 석의 변형자) + 又(손 모양 2개)
돌로 된 도구를 사용해서 자연 광물을 캐다. → 자연을 빌려 쓰다.

*층계 단　단독으로 사용되는 경우는 없고, 다른 글자와 만나 소리로 사용됨.
　　　　　　(가, 하) 발음 역할.

假 거짓 가 / 빌릴 가

부수 | 人(사람 인)　급수 | 4급

亻(사람 인) + 叚(빌릴 가)
사람이 자연에서 빌려 쓰다, 거짓말을 하다.

假定(가정) 假設(가설) 假想(가상) 假飾(가식) 假令(가령)
狐假虎威(호가호위)

暇 겨를 가

부수 | 日(날 일)　급수 | 3급

日(날 일) + 叚(빌릴 가)
날을 빌려서 일을 쉬다. 즉, 주인에게 시간을 빌려서 휴일을 허락받다.

餘暇(여가) 休暇(휴가) 閑暇(한가) 病暇(병가) 公暇(공가)

蝦 새우 하 / 두꺼비 하

부수 | 虫(벌레 충)　급수 | 1급

虫(벌레 충, 훼) + 叚(빌릴 가)
벌레 훼는 파충류, 갑각류, 연체 동물류의 의미를 가진 부수.

*鰕 새우 하 大蝦(대하) 土蝦(토하) : 민물새우
蝦蟆(하마) : 두꺼비

瑕 티 하

부수 | 玉(구슬 옥)　급수 | 2급

玉(구슬 옥) + 叚(빌릴 가)
옥 표면에 생긴 조그마한 티.

瑕疵(하자) : 흠이나 결점.

霞
노을 하

부수 | 雨(비 우)   급수 | 1급

雨(비 우) + 叚(빌릴 가)
비오는 날씨를 의미. 하늘 틈 사이에 나타난 노을.

煙霞(연하) : 연기와 노을, 한가로운 자연의 풍경.

遐
멀 하

부수 | 辶(辵,쉬엄쉬엄 갈 착)   급수 | 1급

辶(辵,쉬엄쉬엄 갈 착) + 叚(빌릴 가)
책받침은 움직이며 가다의 의미. 광물 캐러 멀리 가다.

昇遐(승하) 遐鄕(하향) 遐邇(하이)

加
더할 가

부수 | 力(힘 력)   급수 | 4급

力(힘력, 쟁기 모양) + 口(입 구)
쟁기질하며 농사짓는 사람에게 더 잘하라고 입으로 힘을 더해주다.

加減(가감) 加勢(가세) 加重(가중) 加入(가입) 附加(부가) 參加(참가)
添加(첨가) 增加(증가) 倍加(배가)

架
시렁 가

부수 | 木(나무 목)   급수 | 3급

加(더할 가) + 木(나무 목)
시렁 : 물건을 얹어 놓기 위해서 벽에 두 개의 긴 나무를 가로질러 선반처럼 만든 것.

高架道路(고가도로) 架橋(가교) 書架(서가)

伽
절 가

부수 | 人(사람 인)   급수 | 2급

亻(사람 인) + 加(더할 가)
인도 말인 산스크리스트어 가(gha)의 음을 표현하기 위해 만든 글자.

伽藍(가람) : 승가람마(僧伽藍摩)의 준말로 승려가 불도를 수행하는 곳.
僧伽(승가) : 부처의 가르침을 믿는 사람들의 집단.

迦
부처이름 가

부수 | 辶(辵,쉬엄쉬엄 갈 착) 급수 | 1급

辶(辵,쉬엄쉬엄 갈 착) + 加(더할 가)
범어인 가(ka)의 음을 표현하기 위해 만든 글자.

釋迦牟尼(석가모니) : 釋迦(석가)종족의 성자(牟尼)라는 뜻으로
부처님을 일컫는 말.

嘉
아름다울 가

부수 | 口(입 구) 급수 | 2급

효(악기이름 주, 북 주) + 加(더할 가)
북을 치면서 입으로 노래를 부르니 기쁘고 즐겁다 → 아름답다.

嘉禮(가례) 嘉尙(가상)

袈
가사 가

부수 | 衣(옷 의) 급수 | 1급

加(더할 가) + 衣(옷 의)
승려가 옷 위에 덧입는 옷 가사.

袈裟(가사) : 승려가 장삼(長衫) 위에, 왼쪽 어깨에서 오른쪽 겨드랑이 밑으로
걸치는 법복(法服).

枷
도리깨 가

부수 | 木(나무 목) 급수 | 사범급

木(나무 목) + 加(더할 가)
도리깨, 낟알을 떠는 농구의 한 가지, 형틀의 한 가지, 칼을 씌우는 형벌

枷鎖(가쇄) : 죄인 목에 씌우는 칼과 발에 채우는 쇠사슬.
連枷(연가) : 도리깨.

痂
헌데 딱지 가

부수 | 疒(병들 녁) 급수 | 사범급

疒(병들어 기댈 녁) + 加(더할 가)
병이 든 피부에 딱지가 더해지다.

痂疵(하자) : 부스럼이 아물었을 때 생기는 딱지.

咖
커피 가

부수 | 口(입 구)　급수 | 사범급

口(입 구) + 加(더할 가)
커피의 발음을 하기 위해서 빌려온 한자. (입맛을 더해주는 커피)

咖啡(가배) : 커피.
咖啡因(가배인) : 카페인.

跏
책상다리 할 가

부수 | 足(발 족)　급수 | 사범급

足(발 족) + 加(더할 가)
발을 더하듯이 겹쳐 앉는 책상다리.

結跏趺坐(결가부좌) : 책상다리를 하고 앉는 법의 한 가지.

駕
멍에 가
탈것 가

부수 | 馬(말 마)　급수 | 1급

加(더할 가) + 馬(말 마)
車馬(거마)나 천자의 수레.

凌駕(능가) : 수레를 넘음. 다른 것을 앞지름.
御駕(어가) : 임금이 타던 수레.

賀
하례할 하

부수 | 貝(조개 패)　급수 | 3급

加(더할 가) + 貝(조개 패)
기쁘고 좋은 일에 돈을 주어 축하를 더해주다.

祝賀(축하) 賀客(하객) 賀禮(하례) 慶賀(경하)

可
옳을 가

부수 | 口(입 구)　급수 | 4급

丁(장정 정) + 口(입 구)
곡괭이, 고무래 모양(丁) + 노래하는 입
즉, 농사일하면서 노래하며 일을 쉽게 하다, 할 수 있다.

可能(가능) 可決(가결) 可望(가망) 不可(불가) 許可(허가) 認可(인가)

歌
노래 가

부수 | 欠(하품 흠)   급수 | 5급

哥(성, 소리가) + 欠(하품 흠)
하품하듯이 입을 크게 벌려 소리를 지르며 노래를 하다.

歌手(가수) 校歌(교가) 歌謠(가요) 歌曲(가곡) 軍歌(군가) 歌唱(가창)

軻
수레 가
불우할 가

부수 | 車(수레 거)   급수 | 1급

車(수레 거) + 可(옳을 가)
사람의 이름자로 쓰임.

孟軻(맹가) : 맹자의 이름. 轗軻(감가) *轗(불우할 감) : 길이 험하여 수레가 잘
나아가지 못하는 모양. 때를 만나지 못하여 불행함. 일이 뜻대로 되지 아니함.

柯
나뭇가지 가

부수 | 木(나무 목)   급수 | 1급

木(나무 목) + 可(옳을 가)
나무 목은 뜻, 可(가)는 발음 역할을 함.

柯葉(가엽) 南柯一夢(남가일몽) : 꿈과 같이 헛된 한때의 부귀영화.

苛
매울 가
가혹할 가

부수 | 艸(풀 초)   급수 | 1급

艸(풀 초) + 可(옳을 가)
풀(농사)을 잘 자라게 하기가 어렵다(맵다), 세금을 가혹하게 많이 걷어간다.

苛斂誅求(가렴주구) *斂(거둘 렴) : 세금을 혹독하게 거두고, 재물을 강제로 빼앗음.
苛酷(가혹) *酷(독할 혹)

哥
성 가
노래 가

부수 | 口(입 구)   급수 | 사범급

可(옳을 가) + 可(옳을 가)
입으로 소리를 지르며 노래를 부르다.

*성씨(姓氏) 뒤에 붙어 그 성임을 나타냄.

訶
꾸짖을 가

부수 | 言(말씀 언)　**급수** | 사범급

言(말씀 언) + 可(옳을 가)
말로 옳지 않은 것을 꾸짖다.

─────────────────────────

*詞(말씀 사)는 다른 한자.
訶詰(가힐) *詰(꾸짖을 힐) : 꾸짖으며 물음.

呵
웃을 가
꾸짖을 가

부수 | 口(입 구)　**급수** | 사범급

口(입 구) + 可(옳을 가)
옳은 일을 보고 크게 미소 지으며 웃다.

─────────────────────────

呵呵大笑(가가대소) : 껄껄거리며 한바탕 크게 웃음.
呵責(가책) : 자기나 남의 잘못에 대하여 꾸짖어 책망함.

阿
언덕 아
아첨할 아

부수 | 阝(언덕 부)　**급수** | 2급

阝(阜,언덕 부) + 可(옳을 가)
언덕 능선이 굽은 것처럼, 등을 굽혀 아첨하다.

─────────────────────────

阿諂(아첨) 阿附(아부) 阿膠(아교)
曲學阿世(곡학아세) : 바른길에서 벗어난 학문으로 세상 사람들에게 아첨함.

河
물 하

부수 | 水(물 수)　**급수** | 4급

水(물 수) + 可(옳을 가)
원래 黃河江(황하강)을 지칭하는 고유명사.

─────────────────────────

黃河(황하) 氷河(빙하) 河川(하천) 運河(운하) 銀河(은하) 河口(하구)

何
어찌 하

부수 | 人(사람 인)　**급수** | 3급

人(사람 인) + 可(옳을 가)
사람이 어깨에 짐을 메고 있는 모습. 가차되어 '어찌'라는 뜻이 생김.

─────────────────────────

何必(하필) : 어찌하여 반드시. 何等(하등) : 아무런, 조금도.
何如(하여) : 어떻게, 어찌.

荷 연꽃 하 짐질 하

부수 | ⾋(풀 초)　급수 | 2급

⾋(풀 초) + 何(어찌 하)

何(하)가 원래 짐을 지다라는 의미여서,
⾋(초)가 짐승먹이로 보고, 풀먹이 묶음을 짊어지다.

荷役(하역) 荷重(하중) 入荷(입하) 出荷(출하)

奇 기이할 기

부수 | 大(큰 대)　급수 | 3급

大(큰 대) + 可(옳을 가)

사람이 정상적인 사람보다 너무 커서 기이해 보인다.

奇異(기이) 奇拔(기발) 奇蹟(기적) 奇怪(기괴) 奇人(기인)
好奇(호기) 新奇(신기)

寄 부칠 기

부수 | 宀(집 면)　급수 | 3급

宀(집 면) + 奇(기이할 기)

남의 집에 기이한 사람이 몸을 의탁하며 살고 있다.

寄宿(기숙) 寄稿(기고) 寄生蟲(기생충) 寄與(기여) 寄贈(기증) 寄附(기부)

騎 말 탈 기

부수 | 馬(말 마)　급수 | 2급

馬(말 마) + 奇(기이할 기)

말에 의지하여 신기할 정도로 말을 잘 타다.

騎虎之勢(기호지세) : 하던 일을 중도에서 그만둘 수 없는 경우를 비유하여 이르는 말.
一騎當千(일기당천) : 한 명의 말 탄 사람이 천 사람을 당한다. 즉, 무예가 뛰어남.

琦 옥 이름 기

부수 | 玉(구슬 옥)　급수 | 2급

玉(구슬 옥) + 奇(기이할 기)

옥이 기이하게 생김.

琦辭(기사) : 기이한 말. 琦瑋(기위) : 기이함.

崎
험할 기

부수 | 山(뫼 산) **급수** | 1급

山(뫼 산) + 奇(기이할 기)
산길이 기이할 정도로 험한 산길이다.

崎嶇(기구) : 산길이 험함, 세상살이가 순탄치 못하고 가탈이 많음.

綺
비단 기

부수 | 糸(가는 실 멱) **급수** | 1급

糸(가는 실 멱) + 奇(기이할 기)
비단실이 신기하고 기이한 비단이다. *무늬 있는 비단

綺羅(기라) : 무늬 있는 비단과 얇은 비단, 아름다운 의복, 또는 그 옷을 입은 사람.

錡
세발솥 기

부수 | 金(쇠 금) **급수** | 1급

金(언덕 부) + 奇(기이할 기)
쇠로 만든 기이한 모양의 세발솥.

---

*끌 : 나무를 파는 연장.
錡釜(기부) : 발이 달린 솥과 달리지 않는 솥

畸
뙈기밭 기
병신 기

부수 | 田(밭 전) **급수** | 사범급

田(물 수) + 奇(기이할 기)
*뙈기밭 – 井田(정전)을 만들고 남은 귀퉁이 밭

畸人(기인) 畸形(기형)

倚
의지할 의

부수 | 人(사람 인) **급수** | 1급

人(사람 인) + 奇(기이할 기)
사람이 몸을 기대다.

倚閭之望(의려지망): 자녀가 돌아오기를 초조하게 기다리는 어머니의 마음.
= 倚閭之情(의려지정) = 倚門而望(의문이망)

椅
의나무 의

부수 | 木(나무 목)　급수 | 1급

木(나무 목) + 奇(기이할 기)
나무로 기이하고 멋진 의자를 만듦.

산유자나뭇과의 낙엽 활엽 교목, 나뭇가지가 옆으로 쏠리는 모양,
결상, 의자, 등받이가 있는 의자 椅子(의자)

各
각각 각

부수 | 口(입 구)　급수 | 5급

夊(뒤져올 치) + 口(입 구, 니구덩이 모양, 집 모양)
발 모양이 아래쪽으로 향하고 있으므로 집으로 '들어오다' 뜻인데,
나중에 변해서 '각각'이란 뜻이 됨.

各各(각각) 各別(각별) 各種(각종) 各樣各色(각양각색)

閣
누각 각
내각 각

부수 | 門(문 문)　급수 | 2급

門(문 문) + 各(각각 각)
집으로 들어오는 문이 있는 집, 일반적인 집보다는 樓閣(누각)처럼 높이 지은 집을 뜻함.

內閣(내각) 閣僚(각료) 閣下(각하) 殿閣(전각) 樓閣(누각) 入閣(입각)

咯
토할 각

부수 | 口(입 구)　급수 | 사범급

口(입 구) + 各(각각 각)
입으로 각자 조심하며 토하다.

咯痰(각담) *痰 가래 담
咯血(각혈)

恪
삼갈 각

부수 | 忄(마음 심)　급수 | 1급

忄(마음 심) + 各(각각 각)
마음을 각자 조심하다.

恪虔(각건) *虔 정성 건
恪謹(각근)

客 손님 객

부수 | 宀(집 면)　급수 | 4급

宀(집 면) + 各(각각 각)

우리 집에 오는 제각기 다른 집에서 오는 사람, 즉 손님, 나그네.

客觀(객관) 客地(객지) 客室(객실) 顧客(고객) 醉客(취객)
弔問客(조문객) 訪問客(방문객)

喀 토할 객

부수 | 口(입 구)　급수 | 사범급

口(입 구) + 客(손님 객)

손님이 피를 토하다.

喀血(객혈)

格 격식 격

부수 | 木(나무 목)　급수 | 3급

木(나무 목) + 各(각각 각)

나무의 가지가 제각기 다른 방향으로 일정한 법칙에 따라 뻗어가며 자라다.

格式(격식) 規格(규격) 性格(성격) 價格(가격) 嚴格(엄격) 人格(인격)

絡 이을 락

부수 | 糸(가는 실 멱)　급수 | 2급

糸(가는 실 멱) + 各(각각 각)

실로 제각기 떨어져 있는 것을 잇다.

連絡(연락) 脈絡(맥락) 經絡(경락)

洛 물 이름 락

부수 | 氵(물 수)　급수 | 2급

氵(물 수) + 各(각각 각)

각각 물길을 따라 흐르는 강물.

洛水(낙수) : 중국 洛陽(낙양)에 있는 황하강의 지류.

烙
지질 **락**

부수 | 火(불 화)   급수 | 1급

火(불 화) + 各(각각 각)
각각 다른 곳에 불도장을 찍다.

烙印(낙인) : 불에 달구어 찍는 쇠도장,
다시 씻기 어려운 불명예스러운 판정이나 평가.

酪
유즙 **락**

부수 | 酉(술 유)   급수 | 1급

酉(술 유) + 各(각각 각)
큰 항아리에 각각 담아놓은 유즙.
*酉 – 술을 담는 그릇, 항아리

酪農(낙농) : 소, 양 따위의 젖을 가공하여 유제품을 만드는 농업.

珞
목걸이 **락**

부수 | 玉(구슬 옥)   급수 | 1급

玉(구슬 옥) + 各(각각 각)
각각 가지고 다니는 옥 목걸이.

瓔珞(영락) : 구슬을 꿰어 목에 걸거나 팔에 두르는 장식품.

駱
낙타 **락**

부수 | 馬(말 마)   급수 | 사범급

馬(말 마) + 各(각각 각)
각자 타고 가는 낙타.

駱駝(낙타) : 키는 약 2m이고 사막 생활에 알맞게 콧구멍을 자유롭게 여닫을
수 있고, 속눈썹이 빽빽함. 등에는 지방을 간직하는 혹 모양의 육봉(肉峰)이 있
어, 며칠 먹지 않아도 견딜 수 있음.

落
떨어질 **락**
마을 **락**

부수 | 艹(풀 초)   급수 | 4급

艹(풀 초) + 洛(물 이름 락)
초목 잎이 시들어서 물방울이 땅에 떨어지듯이 아래로 떨어지다.

墜落(추락) 落第(낙제) 當落(당락) 脫落(탈락) 陷落(함락) 部落(부락)

略
간략할 **략**
빼앗을 **략**

부수 | 田(밭 전)　급수 | 3급

田(밭 전) + 各(각각 각)

밭을 각각 잘 경작하다. → 밭의 경계선을 침범하여 빼앗아 가다.

略圖(약도) 略歷(약력) 略字(약자) 計略(계략) 戰略(전략) 侵略(침략)

路
길 **로**

부수 | 足(발 족)　급수 | 5급

足(발 족) + 各(각각 각)

발로 걸어서 집으로 들어오는 길.

道路(도로) 通路(통로) 路線(노선) 進路(진로) 岐路(기로) 鐵路(철로)

露
이슬 **로**
드러날 **로**

부수 | 雨(비 우)　급수 | 3급

雨(비 우) + 路(길 로)

비가 내린 것처럼 길가에 풀잎, 나뭇잎에 맺혀있는 이슬.

露宿(노숙) 露店(노점) 露骨(노골) 露出(노출) 吐露(토로) 暴露(폭로)

鷺
해오라기 **로**

부수 | 鳥(새 조)　급수 | 1급

路(길 로) + 鳥(새 조)

길거리에서 보는 새 백로.

白鷺(백로) 烏鷺(오로) : 까마귀와 해오라기, 바둑의 美稱(미칭), 까마귀는 검은 돌에, 해오라기는 흰 돌에 비유함.

賂
뇌물 줄 **뢰**

부수 | 貝(조개 패)　급수 | 2급

貝(조개 패) + 各(각각 각)

각각 돈으로 뇌물을 받다.

賂物(뇌물) 受賂(수뢰) 賄賂(회뢰) *賄 뇌물 회

倝
해 돋을 **간**

아침에 해가 뜰 때 햇빛이 빛나는 모양을 본떠 만든 글자.

*단독으로 쓰이지 않는다.
다른 한자와 결합하여 한자의 뜻과 독음에 영향을 준다.

幹
줄기 **간**

부수 | 干(방패 간)　급수 | 2급

倝(해 돋을 간) + 干(방패 간)
나무줄기를 잘라 만든 방패, 줄기 → 줄기는 중요한 부분.

榦(＝ 幹) 줄기 간의 본자
根幹(근간) 幹部(간부) 幹事(간사)

乾
하늘 **건**
마를 **건**

부수 | 乙(새 을)　급수 | 4급

倝(해 돋을 간) + 乙(새 을)
해가 돌아 오르듯이 초목의 싹이 뻗어 가다. 하늘은 건조하다. 마르다.

乾坤(건곤) 乾杯(건배) 乾濕(건습) 乾魚物(건어물) 乾燥機(건조기)

韓
나라 이름 **한**

부수 | 韋(가죽 위)　급수 | 준5급

倝(해 돋을 간) + 韋(가죽 위, 에워쌀 위)
해가 돌아 오르는 동쪽에 있는 나라, 성곽처럼 산으로 에워싸인 우리나라.

大韓民國(대한민국) 韓服(한복) 大韓帝國(대한제국) 韓國(한국)

翰
글 **한**
날개 **한**

부수 | 羽(깃 우)　급수 | 2급

倝(해 돋을 간) + 羽(풀 초)
아침 햇살 사이로 보이는 새의 깃, 깃털로 만든 붓으로 글, 편지를 쓰다.

書翰(서한) 翰林(한림)

澣
빨래 **한**

부수 | 水(물 수)   급수 | 1급

水(물 수) + 斡(줄기 간)
물가에서 줄기처럼 중요한 관리들이 목욕을 하다.

---

*澣 : 당대(唐代) 관리에게 열흘마다 하루씩 목욕휴가를 준 데서 유래.
澣滌(한척) *滌 씻을 척 : 옷과 그릇을 빨고 씻음.

臤
굳을 **간**
어질 **현**

臣(신하 신) + 又(오른손 우)
신하, 노예가 손으로 무엇인가를 이루려는 의지가 굳건하다, 현명해야 한다.

---

*단독으로 쓰이지 않는다.
다른 한자와 결합하여 한자의 뜻과 독음에 영향을 준다.

堅
굳을 **견**

부수 | 土(흙 토)   급수 | 3급

臤(굳을 간) + 土(흙 토)
臤 굳을 간의 뜻을 확실하게 하기 위해서 土(흙 토)를 추가함.

堅固(견고) 堅果類(견과류) 堅持(견지) 中堅(중견) 剛堅(강견)

緊
팽팽할 **긴**

부수 | 糸(가는 실 멱)   급수 | 2급

臤(굳을 간) + 糸(가는 실 멱)
실이 굳은 것처럼 팽팽하다.

緊張(긴장) 緊急(긴급) 緊迫(긴박) 緊密(긴밀) 緊縮(긴축) 要緊(요긴)

賢
어질 **현**

부수 | 貝(조개 패)   급수 | 3급

臤(굳을 간) + 貝(조개 패)
굳센 마음으로 재물을 모아서 어려운 사람들을 위해 나누어 주니 어질다.

賢明(현명) 賢人(현인) 先賢(선현) 集賢殿(집현전)

腎
콩팥 신

부수 | 月(肉,육달 월) 급수 | 2급
臤(굳을 간) + 月(肉,육달 월)
콩의 생김새와 팥의 빛깔을 띠고 있다는 콩팥 즉, 신체 내부 장기 신장.

腎臟(신장) 腎囊(신낭)

竪
세울 수
더벅머리 수

부수 | 立(설 립) 급수 | 1급
臤(굳을 간) + 立(설 립)
애송이라고 남을 얕잡아 일컫는 말.

*豎(더벅머리 수)의 俗字(속자).
竪立(수립) 竪儒(수유) : 못난 유학자, 또는 유학자의 겸칭.

干
방패 간

부수 | 干(방패 간) 급수 | 4급
끝이 두 갈래로 갈라진 사냥 도구 또는 방패를 그린 한자

*于(어조사 우)와는 다른 한자.
干戈(간과) 干涉(간섭) 干潮(간조) 若干(약간)

刊
새길 간

부수 | 刂(칼 도) 급수 | 3급
干(방패 간) + 刂(칼 도)
칼로 대나무 줄기나 평평한 곳에 글을 새기다.

出刊(출간) 發刊(발간) 廢刊(폐간) 月刊(월간) 新刊(신간) 刊行(간행)

肝
간 간

부수 | 肉(고기 육) 급수 | 2급
月(肉,육달 월) + 干(방패 간)
외부에서 들어오는 독성을 해독해서 우리 몸을 방패처럼 도와주는 간.

肝腸(간장)
肝膽相照(간담상조) : 서로 속마음을 터놓고 친하게 사귐.

杆
몽둥이 간

부수 | 木(나무 목)　**급수** | 1급

木(나무 목) + 干(방패 간)
방패를 만들기 위한 나무가 몽둥이 모양처럼 생김.

欄干(欄杆, 난간) : 층계나 다리의 가장자리에 일정한 높이로 막아 세워 놓은 구조물.

奸
간사할 간

부수 | 女(계집 녀)　**급수** | 2급

女(계집 녀) + 干(방패 간)
간사한 여자는 조심하고 막아야 함. 간사, 간통, 범하다.

奸邪(간사) 奸計(간계)

竿
장대 간

부수 | 竹(대나무 죽)　**급수** | 1급

竹(대나무 죽) + 干(방패 간)
대나무로 만든 긴 장대.

*芋(토란 우) 竽(피리 우)와 다른 글자.
百尺竿頭(백척간두) : 백 자나 되는 높은 장대 위에 올라섰다는 뜻으로, 매우 위태롭고 어려운 지경을 이르는 말.

秆
볏짚 간

부수 | 禾(벼 화)　**급수** | 사범급

禾(벼 화) + 干(방패 간)
볏짚을 이름. 干(간)은 발음 역할.

* 秆(=稈) 볏짚 간
麥稈(맥간) : 밀짚이나 보릿짚의 줄기

旰
해질 간

부수 | 日(날 일)　**급수** | 사범급

日(해 일) + 干(방패 간)
방패로 적을 막듯이 햇빛을 막다. 해가 지다.

宵衣旰食(소의간식) : 날이 채 밝기 전에 옷을 입고, 해가 진 후에 저녁밥을 먹는다는 뜻으로, 임금이 정사(政事)에 바빠 겨를이 없음을 이르는 말.

岸
언덕 안

부수 | 山(뫼 산)   급수 | 3급

山(뫼 산) + 厂(언덕 한) + 干(방패 간)
산 아래에 있는 언덕.

---

*岸(= 堓) 언덕 안
沿岸(연안) 海岸(해안) 岸柳(안류)

汗
땀 한

부수 | 水(물 수)   급수 | 2급

水(물 수) + 干(방패 간)
땀이 살갗을 뚫고 나오는 것이 창이 방패를 뚫고 나오는 듯 하다.

汗蒸幕(한증막)
汗馬之勞(한마지로) : '말이 달려 땀투성이가 되는 노고' 라는 뜻으로, 혁혁한 전공이나 운반하는 데 겪는 수고를 이르는 말.

罕
그물 한
드물 한

부수 | 罒(그물 망)   급수 | 사범급

罒(그물 망) + 干(방패 간)
그물에 걸려 사용하기 힘든 방패들이 드물게 하나씩 있다.

稀罕(희한) *稀(드물 희)
罕例(한례) : 드문 前例(전례).

旱
가물 한

부수 | 日(날 일)   급수 | 2급

日(날 일) + 干(방패 간)
비가 오지 않고 가물어서, 논바닥이 창에 찢긴 방패처럼 금이 갈라져 있다.

旱魃(한발) : 가뭄을 맡은 귀신
旱害(한해) : 가뭄으로 인한 재해

悍
사나울 한

부수 | 忄(마음 심)   급수 | 사범급

忄(마음 심) + 旱(가물 한)
가뭄으로 인해서 사람들의 마음이 사나워짐.

悍馬(한마) : 사나운 말, 드센 말.
悍戾(한려) *戾 어그러질 려 : 포악하고 도리에 어긋남.

軒
수레 **헌**
처마 **헌**

부수 | 車(수레 거)　급수 | 2급

車(수레 거) + 干(방패 간)
大夫(대부) 이상의 벼슬아치가 타는 높고 큰 수레를 뜻하던 글자가
큰 수레에 난간, 추녀, 처마 등이 있어서 처마의 뜻이 됨.

軺軒(초헌) : 종이품 이상의 벼슬아치가 타던 외바퀴 수레.
烏竹軒(오죽헌) : 栗谷(율곡) 李珥(이이)가 태어난 집.

柬
가릴 **간**

부수 | 木(나무 목)　급수 | 사범급

束(묶을 속) + 八(나무에 낸 표시)
묶어 둔 물건을 풀어해쳐서 내용을 살펴가며 분별하고 가려보다.

*비슷한 글자와 구분하기
東(동녘 동), 束(묶을 속), 朿(가시 자)

揀
가릴 **간**

부수 | 扌(손 수)　급수 | 1급

扌(손 수) + 柬(가릴 간)
손으로 이것저것을 분별하고 가려내다.

分揀(분간)
揀擇(간택) : 왕 · 왕자 · 왕녀의 배우자를 고름, 분간하여 선택함.

諫
간할 **간**

부수 | 言(말씀 언)　급수 | 2급

言(말씀 언) + 柬(가릴 간)
윗사람에게 잘못한 일을 고치도록 말을 가려가며 간언하다.

諫言(간언) : 웃어른이나 임금에게 하는 충고.
司諫院(사간원) : 조선 때, 임금에게 간(諫)하는 일을 맡아보던 관아.

練
익힐 **련**

부수 | 糸(가는 실 멱)　급수 | 4급

糸(가는 실 멱) + 柬(가릴 간)
실을 만드는 법을 익히다.

熟練(숙련) 練習(연습) 洗練(세련) 練兵場(연병장)

錬
단련할 **련**

부수 | 金(쇠 금)   급수 | 2급

金(쇠 금) + 柬(가릴 간)
쇠를 담금질을 여러번 해서 단단하게 단련시킨다.

錬磨(연마) 鍛鍊(단련) 修練(수련) 訓鍊(훈련)

煉
달굴 **련**

부수 | 火(불 화)   급수 | 2급

火(불 화) + 柬(가릴 간)
쇠를 불에 달군다.

煉獄(연옥) 煉炭(연탄) 煉乳(연유)

闌
가로 막을 **란**

부수 | 門(문 문)   급수 | 사범급

火(불 화) + 柬(가릴 간)
나무로 문의 안팎을 분별해 놓다.

闌入(攔入)(난입) : 출입을 통제하는 구역에 함부로 마구 뛰어듦.

欄
난간 **란**

부수 | 木(나무 목)   급수 | 2급

木(나무 목) + 闌(가로 막을 란)
나무를 재료로 하여 만든 난간.

欄干(난간) 空欄(공란) 廣告欄(광고란)

蘭
난초 **란**

부수 | 艹(풀 초)   급수 | 2급

艹(풀 초) + 闌(가로 막을 란)
문 앞에 가로로 쭉 늘어서 있는 난초.

蘭草(난초) 芝蘭之交(지란지교)
和蘭(화란) : 네덜란드의 한자 표시.

爛 빛날 란

부수 | 火(불 화)　급수 | 2급

火(불 화) + 闌(가로 막을 란)
등불을 난간에 걸어 놓으니 불빛이 빛난다.

燦爛(찬란)
爛熟(난숙) : 열매 따위가 무르익음, 더할 수 없이 충분히 발달함.

瀾 물결 란

부수 | 氵(물 수)　급수 | 1급

氵(물 수) + 闌(가로 막을 란)
물의 흐름을 가로막는 물결.

波瀾(파란) = 波浪(파랑)
: 순탄하지 않고 어수선하게 계속되는 갖가지 어려움이나 시련.

瓓 옥무늬 란

부수 | 玉(구슬 옥)　급수 | 1급

玉(구슬 옥) + 闌(가로 막을 란)
아름다운 옥 무늬. 闌(란)은 발음 역할.

瓓石(난석) : 옥돌같이 아름다운 돌
瓓玕(난우) : 옥에 버금가는 돌

艮 그칠 간 / 괘이름 간

부수 | 艮(그칠 간)　급수 | 1급

目(눈 목) + 人(사람 인)
발을 멈추고 눈으로 다른 곳을 바라보다 멈추다. → 그치다의 뜻.

艮卦(간괘) : 64괘의 하나.
'☶' 둘을 포갠 아래위에 산이 거듭됨을 상징함.

墾 개간할 간

부수 | 土(흙 토)　급수 | 1급

貇(간절할 간) + 土(흙 토)
간절한 마음으로 땅을 개간하다.
*貇(간) - 일정한 범위 안에 마음을 멈춰 세워두다, 간절하다의 뜻.

開墾(개간) : 버려둔 거친 땅을 개척하여 처음으로 논밭 따위로 만듦.

懇
정성 간

부수 | 心(쇠 금)   급수 | 2급

豤(간절할 간) + 心(마음 심)
마음으로 간절히 바라며 정성을 다함.

懇切(간절) 懇請(간청)
懇談會(간담회) : 서로 터놓고 정답게 이야기를 나누는 모임.

艱
어려울 간

부수 | 艮(그칠 간)   급수 | 1급

堇(진흙 근) + 艮(그칠 간)
진흙 땅에 빠진 듯 모든 것이 제자리에 멈춰서 살기가 너무 어렵다, 가난하다.

艱難辛苦(간난신고) : 갖은 고초를 다 겪음.

根
뿌리 근

부수 | 木(나무 목)   급수 | 5급

木(나무 목) + 艮(그칠 간)
나무가 땅의 표면에서 그친 듯이 보이는 것은 땅속으로 잘 뻗은 뿌리 때문이다.

根本(근본) 根源(근원) 根據(근거) 根絶(근절) 禍根(화근) 根性(근성)

眼
눈 안

부수 | 目(눈 목)   급수 | 4급

目(눈 목) + 艮(그칠 간)
무엇인가를 바라보고 멈춰선 사람을 강조한 한자.

眼鏡(안경) 血眼(혈안) 眼目(안목) 老眼(노안) 近視眼(근시안)
着眼(착안) 眼下無人(안하무인)

恨
한할 한

부수 | 忄(마음 심)   급수 | 3급

忄(마음 심) + 艮(그칠 간)
원망스러운 일이 잊히지 못하고 마음속에 머물러 있음.

怨恨(원한) 恨歎(한탄) 痛恨(통한) 餘恨(여한) 悔恨(회한)

限
한정 한

부수 | 阝(언덕 부)　급수 | 4급

阝(阜, 언덕 부) + 艮(그칠 간)
앞이 험한 언덕으로 막혀 있어서 더 앞으로 나아갈 수 없어 땅이 한정되다.

限界(한계) 限定(한정) 制限(제한) 期限(기한) 無限(무한) 限度(한도)

銀
은 은

부수 | 金(쇠 금)　급수 | 5급

金(쇠 금) + 艮(그칠 간)
은도 금속의 일종으로 금만큼은 귀하지 않은 은.

銀行(은행) 銀粧刀(은장도) 銀貨(은화) 水銀(수은)

垠
지경 은

부수 | 土(흙 토)　급수 | 2급

土(흙 토) + 艮(그칠 간)
땅이 끝나는 곳이 지경(땅의 경계)이다.

垠界(은계) : 지경, 경계.

齦
잇몸 은

부수 | 齒(이 치)　급수 | 사범급

齒(이 치) + 艮(그칠 간)
치아를 제자리에 잘 있게 하는 것은 잇몸이다.

齒齦(치은) : 잇몸.

痕
흉터 흔

부수 | 疒(병들 녁)　급수 | 2급

疒(병들어 기댈 녁) + 艮(그칠 간)
상처가 다 나아, 그 표를 남긴 부분.

痕迹(흔적) = 痕跡(흔적) : 뒤에 남은 자국.

很
어길 혼
말다툼할 혼

부수 | 彳(조금 걸을 척)   급수 | 사범급

彳(조금 걸을 척) + 艮(그칠 간)
머물러 나아가지 않다. 자기 생각에 매달려 남의 의견을 받아들이지 않다.

很心(혼심) : 심술궂은 마음.
很戾(혼려) : 패려궂고 사나움. *戾 어그러질 려

退
물러날 퇴

부수 | 辶(辵,쉬엄쉬엄 갈 착)   급수 | 4급

辶(辵, 쉬엄쉬엄 갈 착) + 艮(그칠 간)
멈춰 서서 뒤로 물러나오다.

退步(퇴보) 退職(퇴직) 退化(퇴화) 辭退(사퇴) 隱退(은퇴) 退治(퇴치)

褪
옷바랠 퇴

부수 | 衤(衣,옷 의)   급수 | 사범급

衤(衣,옷 의) + 退(물러날 퇴)
옷의 빛깔이 물러나다, 즉 바래다의 뜻.

褪色(퇴색) : 빛이 바램.
褪英(퇴영) : 빛이 바랜 꽃잎.

腿
넓적다리 퇴

부수 | 月(肉,육달 월)   급수 | 사범급

月(肉,육달 월) + 退(물러날 퇴)
뒷걸음질로 물러날 때 힘을 많이 사용하는 넓적다리.

大腿(대퇴) : 넓적다리.

曷
어찌 갈

부수 | 曰(말할 왈)   급수 | 사범급

曰(말할 왈) + 匃(빌 갈)
구걸하듯이 말하다. → 아뢰다. 가차되어 '어찌'라는 뜻이 됨.

曷爲(갈위) : 어찌하여.

渴
목마를 갈

부수 | 氵(물 수)　급수 | 3급

氵(물 수) + 曷(어찌 갈)
목이 말라서 물을 달라고 구걸하다.

渴症(갈증) 渴望(갈망) 渴求(갈구) 枯渴(고갈) 飢渴(기갈) 解渴(해갈)

葛
칡 갈

부수 | 艹(풀 초)　급수 | 2급

艹(풀 초) + 曷(어찌 갈)
어찌 칡 풀만 먹고 살 수 있는가?

葛藤(갈등) : 칡과 등나무가 서로 얽히는 것과 같이, 개인이나 집단 사이에 목표·
이해관계 따위로 적대시 또는 불화하는 일. 상반(相反)하는 것이 양보하지 않고 대립함.

鞨
오랑캐 갈

부수 | 革(가죽 혁)　급수 | 1급

革(가죽 혁) + 曷(어찌 갈)
가죽을 널리 사용하는 오랑캐 말갈족.

靺鞨(말갈) : 중국 수나라·당나라 때, 둥베이(東北) 지방에 있던 퉁구스계의 일족.
여진족·만주족이 이 종족의 후예임.

喝
꾸짖을 갈

부수 | 口(입 구)　급수 | 1급

口(입 구) + 曷(어찌 갈)
입으로 소리를 지르며 꾸짖다.

恐喝(공갈) *恐 두려울 공
喝采(갈채) *采 캘 채 : 외침이나 박수로 칭찬이나 환영의 뜻을 나타냄.

褐
굵은 베옷 갈

부수 | 衤(衣,옷 의)　급수 | 사범급

衤(衣,옷 의) + 曷(어찌 갈)
옷을 실을 여러 번 겹쳐 꼬아서 만들었더니 갈색빛이 되었다.

褐色(갈색) 褐炭(갈탄)

碣
비석 갈

부수 | 石(돌 석)　**급수 |** 1급

石(돌 석) + 曷(어찌 갈)
큰 돌에 생전에 업적을 적어놓은 비석.

墓碣(묘갈) 碑碣(비갈)

竭
다할 갈

부수 | 立(설 립)　**급수 |** 1급

立(설 립) + 曷(어찌 갈)
모두 서서 온 힘을 다해서 구걸하듯이 아뢰다, 말하다.

竭力(갈력) 竭忠報國(갈충보국)

謁
아뢸 알

부수 | 言(말씀 언)　**급수 |** 2급

言(말씀 언) + 曷(어찌 갈)
어떻게 지내시는지 높은 분을 아뢰기 위해 찾아뵙다.

謁見(알현) : 찾아뵙다.
謁聖(알성) : 임금이 성균관 문묘(文廟)의 공자 신위에 참배하던 일.

遏
막을 알

부수 | 辶(辵,쉬엄쉬엄 갈 착)　**급수 |** 사범급

辶(辵,쉬엄쉬엄 갈 착) + 曷(어찌 갈)
어찌 그렇게 되었는지 이유를 물으러 나아가자, 나아가는 것을 막다.

防遏(방알) 遏絶(알절)

揭
높이들 게

부수 | 扌(손 수)　**급수 |** 2급

扌(손 수) + 曷(어찌 갈)
손을 높이 들다, 높이 걸다.

揭揚(게양) 揭示板(게시판) 揭載(게재)

偈
중의 글귀 게

부수 | 人(사람 인) **급수** | 사범급

人(사람 인) + 曷(어찌 갈)
불교의 덕을 찬양하거나 敎旨(교지)를 설명하는 글귀.

偈頌(게송) : 외기 쉽게 게구(偈句)로 지어 부처의 공덕을 찬미하는 노래.

歇
쉴 헐
다할 헐

부수 | 欠(하품 흠) **급수** | 사범급

曷(어찌 갈) + 欠(하품 흠)
일을 다 마치고 숨을 몰아쉬며 쉬다.

歇價(헐가) : 싼 값.
歇泊(헐박) : 쉬고 묵음.

靄
아지랑이 애

부수 | 雨(비 우) **급수** | 사범급

雨(비 우) + 謁(뵐 알)
구름처럼 피어오르는 아지랑이.

靄散(애산) : 연무가 흩어짐.
靄靄(애애) : 구름이 피어오르는 모양.

監
볼 감

부수 | 皿(그릇 명) **급수** | 3급

臥(누울 와) + 皿(그릇 명) + 一(물건)
누운 자세처럼 엎드려서 자세히 그릇에 담긴 물건을 살펴보다.

監督(감독) 監査(감사) 監獄(감옥) 監察(감찰) 國子監(국자감)

鑑
거울 감

부수 | 金(쇠 금) **급수** | 2급

金(쇠 금) + 監(볼 감)
청동, 쇠붙이 표면을 평평하고 광택을 내어서 거울로 사용함.

---

*鑑(＝鑒) 거울 감
龜鑑(귀감) : 거울로 삼아 본받을 만한 모범. 鑑別(감별) 鑑識(감식) 鑑賞(감상)

艦
싸움배 함

부수 | 舟(배 주)　급수 | 2급

舟(배 주) + 監(볼 감)
배 중에서 감독 역할 하는 큰 배.

軍艦(군함) 戰艦(전함) 潛水艦(잠수함) 驅逐艦(구축함)
航空母艦(항공모함)

檻
우리 함

부수 | 木(나무 목)　급수 | 사범급

木(나무 목) + 監(볼 감)
나무로 울타리를 만들어 우리 안에 있는 죄인을 감독함.

檻車(함거) : 죄인 호송에 쓰던, 사방을 통나무나 판자로 두른 수레.

覽
볼 람

부수 | 見(볼 견)　급수 | 3급

監(볼 감) + 見(볼 견)
자세히 살펴보는 것은 감(監) + 구경하듯이 보는 것은 견(見)

觀覽(관람) 遊覽(유람) 閱覽(열람) 展覽會(전람회) 便覽(편람)

濫
넘칠 람

부수 | 氵(물 수)　급수 | 2급

氵(물 수) + 監(볼 감)
물이 넘치는 것이 보이다.

氾濫(범람) 濫用(남용) 濫發(남발)

藍
쪽 람

부수 | 艹(풀 초)　급수 | 2급

艹(풀 초) + 監(볼 감)
남색을 만드는데 사용하는 풀.

藍色(남색) 靑出於藍(청출어람)

襤
누더기 **람**

부수 | 衤(옷 의) 급수 | 1급

衤(옷 의) + 監(볼 감)
옷을 입었는데 속살이 다 보일 정도로 누더기 같은 옷.

襤褸(남루) : 옷 따위가 낡고 해져서 너절함.

籃
바구니 **람**

부수 | 竹(대나무 죽) 급수 | 1급

竹(대나무 죽) + 監(볼 감)
대나무로 만든 속이 비치는 바구니.

搖籃(요람) : 젖먹이를 눕히거나 앉히고 흔들어서 즐겁게 하거나 잠재우는 채롱.

攬
잡을 **람**

부수 | 扌(손 수) 급수 | 사범급

扌(손 수) + 覽(볼 람)
손으로 보면서 잡다. 잡아당기다.

收攬(수람) : 인심 따위를 거두어 잡음.
攬要(남요) : 요점을 가려 뽑음.

纜
닻줄 **람**

부수 | 糸(가는 실 멱) 급수 | 사범급

糸(가는 실 멱) + 覽(볼 람)
실로 만든 배의 닻줄.

繫纜(계람) : 배를 부둣가에 맴.
解纜(해람) : 배가 출범함.

欖
감람나무 **람**

부수 | 木(나무 목) 급수 | 사범급

木(나무 목) + 覽(볼 람)
약재로 쓰이는 감람나무를 보다.

橄欖(감람) : 푸른빛이 나는 타원형의 핵과로 처음에는 맛이 좀 쓰고 떫으나 먹을수록 단맛이 남. 한약재로 쓰며 씨로는 기름을 짬.

甲
갑옷 갑

부수 | 田(밭 전) 급수 | 4급

① 가죽이 벗겨져 갈라진 모양
② 초목의 싹이 껍질을 깨고 돋아난 모양.
③ 거북 껍질의 모습을 본떠 만듦.

甲富(갑부) 鐵甲(철갑) 甲時(갑시) 還甲(환갑) 甲男乙女(갑남을녀)

鉀
갑옷 갑

부수 | 金(쇠 금) 급수 | 2급

金(쇠 금) + 甲(갑옷 갑)
쇠로 만든 갑옷.

貫鉀皮(관갑피) : 갑옷의 미늘을 만드는 데 쓰는 가죽.

岬
산허리 갑

부수 | 山(뫼 산) 급수 | 2급

山(뫼 산) + 甲(갑옷 갑)
*산허리(곶) - 바다나 들로 좁고 길게 내민 지형.

沙岬(사갑) : 해안에서 바다 가운데로 내밀어 곶을 이룬 모래사장.

閘
수문 갑

부수 | 門(문 문) 급수 | 사범급

門(문 문) + 甲(첫째 갑)
배를 띄울 땐 물 문이 제일 중요하다.

閘門(갑문) ① 운하 · 방수로 따위에서 수위(水位)를 일정하게 하는 데 쓰는 문.
② 선박을 높낮이의 차가 큰 수면으로 오르내리게 하는 장치.

匣
갑 갑

부수 | 匚(감출 혜) 급수 | 1급

匚(감출 혜) + 甲(갑옷 갑)
제일 귀중하다고 여기는 것을 상자에 넣어서 감추어 놓다.

手匣(수갑) 掌匣(장갑) 紙匣(지갑)

胛
어깨 갑

부수 | 月(肉, 육달 월)　급수 | 사범급

月(肉, 육달 월) + 甲(갑옷 갑)
신체 중에서 제일 중요한 어깨.

肩胛骨(견갑골) : 척추동물의 상지골을 몸통에 연결하는 뼈.
어깨 뒤쪽에 있는, 좌우 각 하나의 넓적하고 삼각형인 뼈.

押
누를 압

부수 | 扌(손 수)　급수 | 2급

扌(손 수) + 甲(첫째 갑)
손으로 제일 좋은 것을 억지로 눌로 잡아 가두다.

押收(압수)　押釘(압정)　押韻(압운)

狎
익숙할 압

부수 | 犭(개 견)　급수 | 사범급

犭(개 견) + 甲(첫째 갑)
사람들이 개와 제일 친하게 지내다.

親狎(친압) : 허물이 없이 지나칠 정도로 친함.
狎鷗亭(압구정) : 정자 이름.

鴨
오리 압

부수 | 鳥(새 조)　급수 | 1급

甲(첫째 갑) + 鳥(새 조)
제일 사람과 친숙한 조류 오리.

鴨鷗亭(압구정) : 조선 한명회(韓明澮)의 호(號).

岡
언덕 강

부수 | 网(그물 망)　급수 | 2급

网(그물 망) + 山(뫼 산)
그물처럼 산이 되어가는 언덕.

---

*崗(언덕 강)의 속자(俗字).　*罔 그물 망
岡巒(강만) : 언덕과 산　岡陵(강릉) : 언덕이나 작은 산

鋼
강철 강

부수 | 金(쇠 금) 급수 | 3급

金(쇠 금) + 岡(언덕 강)
산등성이에서 찾아낸 강철.

鋼鐵(강철) 鍊鋼(연강) 純鋼(순강)

綱
벼리 강

부수 | 糸(가는 실 멱) 급수 | 2급

糸(가는 실 멱) + 岡(언덕 강)
*벼리 : 그물을 버티는 줄, 사물의 가장 주가 되는 것, 통괄(統括)하다.

三綱(삼강) 綱領(강령) 紀綱(기강)

剛
굳셀 강

부수 | 刂(칼 도) 급수 | 2급

岡(언덕 강) + 刂(칼 도)
칼은 굳세고 단단해야 한다.

剛健(강건) 外柔內剛(외유내강)

지경 강

부수 | 田(밭 전) 급수 | 사범급

地境(지경) - 땅의 경계선을 의미 함.
밭과 밭 사이에 경계선을 '一'로 표시한 한자.

*疆 (지경 강)과 같은 글자.

疆
굳셀 강

부수 | 弓(활 궁) 급수 | 1급

弓(활 궁) + 畺(지경 강)
힘센 활로 나의 땅을 굳세게 지키다.

變法自疆運動(변법자강운동) : 중국 청나라 때 황제의 통치체제를 고쳐 국회를
만들고 헌법을 제정하여 입헌군주제로 바꾸려는 운동.

疆
지경 강

부수 | 土(흙 토) 급수 | 2급
土(흙 토) + 彊(굳셀 강)
땅을 굳세게 지켜 나가다.

*壃(지경 강) 과 같은 글자.
萬壽無疆(만수무강) 疆域(강역)

薑
생강 강

부수 | ⺿(풀 초) 급수 | 1급
⺿(풀 초) + 畺(지경 강)
땅에서 잘 자라고 있는 생강.

生薑(생강) 薑桂之性(강계지성) : 늙을수록 강직하여지는 성품.
생강과 계수나무 껍질은 오래될수록 매워지는 데서 온 말.

僵
쓰러질 강

부수 | 人(사람 인) 급수 | 사범급
人(사람 인) + 畺(지경 강)
사람이 땅에 쓰러져 있다.

僵尸(강시) : 쓰러져 있는 시체, 얼어죽은 송장.

去
갈 거

부수 | 厶(사사 사) 급수 | 5급
土(大의 변형 자-사람) + 厶(口의 변형 자-입)
사람이 입으로 기도하여 부정한 것을 제거하다.

除去(제거) 過去(과거) 逝去(서거)

祛
떨어 없앨 거

부수 | 示(조상 시) 급수 | 사범급
示(조상, 귀신 시) + 去(버릴 거)
악하고 나쁜 귀신을 떨어 없애다.

祛痰(거담) = 去痰(거담) : 가래를 없어지게 함.

怯
겁낼 **겁**

부수 | 忄(마음 심)　급수 | 1급
忄(마음 심) + 去(갈 거)
무서워서 뒤로 물러나 도망가고 싶은 마음.

---

* 㤼 겁낼 겁
卑怯(비겁)　食怯(식겁)

劫
위협할 **겁**

부수 | 力(힘 력)　급수 | 2급
去(갈 거) + 力(힘 력)
힘으로 위협하여 물러가게 하다.

---

* 劫(= 刼) 위협할 겁
劫奪(겁탈) = 劫姦(겁간) : 폭력을 써서 부녀자와 성관계를 맺음.

迲
갈 **겁**(거)

부수 | 辶(辵,쉬엄쉬엄 갈 착)　급수 | 사범급
辶(辵,쉬엄쉬엄 갈 착) + 去(갈 거)
활동적으로 옮겨 다니면서 나무를 하다.

우리나라에서는 (자래 겁)으로 쓰임. *나무 단을 세는 단위.
迲乃(거내) : 풀, 땔나무 따위의 묶음.

法
법 **법**

부수 | 氵(물 수)　급수 | 4급
氵(물 수) + 去(갈 거)
물 흘러가듯이 자연의 법칙을 따라야 한다.

法律(법률)　法廷(법정)　民法(민법)　遵法(준법)　方法(방법)　法人(법인)

琺
법랑 **법**

부수 | 玉(구슬 옥)　급수 | 사범급
玉(구슬 옥) + 法(법 법)
구슬에 법(규칙)대로 만든 유약을 바르다.

琺瑯(법랑) : 광물을 원료로 하여 만든 유약(釉藥).

却
물리칠 각

부수 | 卩(무릎 마디 절)　급수 | 2급

去(버릴 거) + 卩(무릎 마디 절)
웃어른 앞에서 등을 보이지 않고 다리를 구부려 뒷걸음질하며 물러가다.

棄却(기각) 忘却(망각) 賣却(매각) 却下(각하) 燒却(소각) 退却(퇴각)

脚
다리 각
연극 각

부수 | 月(肉,육달 월)　급수 | 3급

月(肉,육달 월) + 却(물리칠 각)
신체 중 걸어가고 무릎을 굽히고 펴는 신체는 다리.

脚線美(각선미) 脚氣病(각기병) 脚本(각본) 脚色(각색) 脚光(각광)

盍
덮을 합
어찌 아니 합

부수 | 皿(그릇 명)　급수 | 사범급

去(갈 거) + 皿(그릇 명)
여기서 去(거)는 그릇 위에 덮어놓은 뚜껑 모양이다.
*음만 빌려서 何不(하불)의 뜻으로 쓰여서 (어찌 아니 합)으로 쓰임.

饌盒(찬합) *饌 반찬 찬 : 층층이 포갤 수 있는 서너 개의 그릇을 한 벌로 하여 만든 그릇.

蓋
덮을 개

부수 | ⻌(풀 초)　급수 | 2급

⻌(풀 초) + 盍(덮을 합)
풀을 엮어 만든 덮개를 뜻함.

掩蓋(엄개) : 참호나 방공호 등의 위를 덮는 물건. *掩 가릴 엄
頭蓋骨(두개골)

巨
클 거

부수 | 工(장인 공)　급수 | 4급

목수들이 사용하는 큰 자 모양(匚)과 손잡이 모양(口)을 그린 한자.

巨人(거인) 巨商(거상) 巨匠(거장) 巨金(거금) 巨物(거물) 巨額(거액)

拒
막을 거

부수 | 扌(손 수)　급수 | 3급

扌(손 수) + 巨(클 거)
손을 크게 휘두르며 막다. 거부하다.

拒逆(거역) 抗拒(항거) 拒絕(거절) 拒否(거부)

距
떨어질 거

부수 | 足(발 족)　급수 | 3급

足(발 족) + 巨(클 거)
닭의 발 뒤쪽에 있는 며느리발톱이 다른 발로부터 떨어져 있다.

距離(거리) 距骨(거골) : 복사뼈.

渠
도랑 거

부수 | 氵(물 수)　급수 | 1급

洰(물 많을 거) + 木(나무 목)
물을 많이 모아 놓은 도랑 둘레에 나무로 둘레를 치다.

渠水(거수) : 땅을 파서 물이 통하게한 수로(水路).

炬
횃불 거

부수 | 火(불 화)　급수 | 사범급

火(불 화) + 巨(클 거)
큰 불 즉, 횃불.

炬火(거화) : 횃불.

鉅
단단할 거

부수 | 金(쇠 금)　급수 | 1급

金(쇠 금) + 巨(클 거)
큰 쇠가 단단하다.

＊巨(클 거)와 같은 의미로 쓰임.
鉅商(거상) : 밑천을 많이 가지고 있는 장사, 또는 그런 상인
鉅億(거억) : 매우 많은 수량

矩
곱자 구

부수 | 矢(화살 시) 급수 | 1급

矢(화살 시) + 巨(클 거)
곧고 바른 화살, 큰 자 즉, 자로 바르게 재는 데서 법을 의미함.

矩(곱자 구) – 방형(方形)을 그리는 데 사용.
矩度(구도) 矩繩(구승) 矩尺(구척)

見
볼 견
뵈올 현

부수 | 見(볼 견) 급수 | 5급

目(눈 목) + 儿(어진 사람 인)
사람이 눈으로 보다.

見聞(견문) 發見(발견) 見解(견해) 意見(의견) 豫見(예견) 謁見(알현)

硯
벼루 연

부수 | 石(돌 석) 급수 | 2급

石(돌 석) + 見(볼 견)
먹을 갈기 위해 만든 돌 즉, 벼루.

硯滴(연적) : 벼룻물을 담는 작은 그릇.
硯池(연지) : 벼루 앞쪽의 오목한 부분.

現
나타날 현

부수 | 玉(구슬 옥) 급수 | 준4급

玉(구슬 옥) + 見(볼 견)
옥을 갈고 닦으면 옥빛이 보인다.

現在(현재) 現像(현상) 現職(현직) 現況(현황) 現代(현대) 現金(현금)

峴
고개 현

부수 | 山(뫼 산) 급수 | 2급

山(뫼 산) + 見(볼 견)
산꼭대기가 보이는 고개.

峴嶺(현령) : 낮고 높은 고개의 총칭.

晛
햇살 **현**

부수 | 日(날 일) 급수 | 1급

日(날 일) + 見(볼 견)
밝은 빛이 보이다. 비추다.

晛光(현광) : 햇살이 비치는 모양.

睍
불거진 눈 **현**

부수 | 目(눈 목) 급수 | 1급

目(눈 목) + 見(볼 견)
눈이 쑥 나와 있는 모양

睍睍(현현) : 흘금흘금 보는 모양.

兼
겸할 **겸**

부수 | 八(여덟 팔) 급수 | 3급

벼 두 포기(秝)를 손(크)으로 한꺼번에 잡는 모습에서 겸하다, 두 가지이다.

兼任(겸임) 兼職(겸직) 兼用(겸용) 兼備(겸비) 兼床(겸상)

謙
겸손할 **겸**

부수 | 言(말씀 언) 급수 | 2급

言(말씀 언) + 兼(겸할 겸)
겸손한 사람은 말, 행동 모두 겸손하게 한다.

*嗛 겸손할 겸 謙遜(겸손) 謙讓(겸양) 謙虛(겸허)

鎌
낫 **겸**

부수 | 金(쇠 금) 급수 | 1급

金(쇠 금) + 兼(겸할 겸)
쇠로 만든 낫을 여러 가지로 겸해서 사용하다.

*鎌 낫 겸 鎌利(겸리) : 낫처럼 날카로움.

慊
찐덥지 않을 겸

부수 | ㅏ(마음 심)　급수 | 사범급

ㅏ(마음 심) + 兼(겸할 겸)
여러 가지를 겸하고 있으나 마음에 덜 차다.

---

*찐덥지 않다, 마음에 덜 차다.
慊然(겸연) : 마음에 차지 않은 모양, 미안해서 면목 없는 모양.

歉
흉년들 겸

부수 | 欠(하품 흠)　급수 | 사범급

兼(겸할 겸) + 欠(하품 흠)
여러 가지 겸해서 농사를 지었으나 입으로 먹을 것이 없는 흉년.

歉年(겸년) : 농작물이 잘되지 않은 해. 歉荒(겸황) : 흉년들어 곡식이 모자람.

廉
청렴할 렴

부수 | 广(집 엄)　급수 | 2급

广(집 엄) + 兼(겸할 겸)
많은 것을 겸해서 가지고 있는데도 겸손하고 청렴하게 살다.

淸廉(청렴) 廉恥(염치) 廉價(염가)

簾
발 렴

부수 | 竹(대나무 죽)　급수 | 1급

竹(대나무 죽) + 廉(청렴할 렴)
대나무로 만든 문에 거는 발, 현대식 커튼이나 가리개.

垂簾聽政(수렴청정) : 임금이 어린 나이로 즉위하였을 때,
왕대비나 대왕대비가 정사를 돌보던 일.

濂
내이름 렴

부수 | 氵(물 수)　급수 | 1급

氵(물 수) + 廉(청렴할 렴)
냇물 이름.

濂溪學派(염계학파) : 程朱學派(정주학파)인 주돈이 정호 정이 주희 등이 속한
성리학파.

嫌
싫어할 **혐**

부수 | 女(계집 녀)   급수 | 2급

女(계집 녀) + 兼(겸할 겸)
어떤 여자가 나쁜 심성을 많이 겸하고 있어서 그 여자를 싫어하다.

嫌惡(혐오) 嫌忌(혐기)
嫌疑(혐의) : 범죄를 저지른 사실이 있을 것이라는 의심.

坙
물줄기 **경**

부수 | 巛(내 천)   급수 | 사범급

① 냇물이 흐르는 강줄기 모양
② 베틀을 짜고 있는 날줄(세로줄)모양.

坙(지하수 경) : 물이 질펀하게 흐르는 모양.

輕
가벼울 **경**

부수 | 車(수레 거)   급수 | 준4급

車(수레 거) + 坙(물줄기 경)
전쟁터에서 물줄기처럼 전차(車)가 적진에 돌진하다, 상대를 가볍게 여기다.

輕重(경중) 輕減(경감) 輕視(경시) 輕油(경유) 輕率(경솔) 輕擧妄動(경거망동)

經
지날 **경**

부수 | 糸(가는 실 멱)   급수 | 4급

糸(가는 실 멱) + 坙(물줄기 경)
베틀의 날실 즉, 세로줄이 물줄기처럼 뻗어있다. 세로로 쓴 경서 글귀.

經過(경과) 經路(경로) 經驗(경험) 經濟(경제) 四書三經(사서삼경)
經營(경영) 經綸(경륜)

徑
지름길 **경**

부수 | 彳(조금 걸을 척)   급수 | 2급

彳(조금 걸을 척) + 坙(물줄기 경)
조금 걸어서 물줄기를 건너가면 지름길이다.

---

*逕 지름길 경
捷徑(첩경) : 지름길, 어떤 일에 이르기 쉬운 방편.

頸
목 경

부수 | 頁(머리 혈) 급수 | 1급

巠(물줄기 경) + 頁(머리 혈)
신체 머리 중에서 물줄기 흐르듯이 혈액이 잘 흘러야 하는 목.

頸椎(경추) *椎 몽치 추
刎頸之交(문경지교) *刎 목 벨 문
: 생사를 같이할 수 있는 아주 가까운 사이. 또는 그런 친구.

莖
줄기 경

부수 | 艹(풀 초) 급수 | 1급

艹(풀 초) + 巠(물줄기 경)
풀에 물이 줄기에 통하여 지나가다.

莖葉(경엽) : 줄기와 잎.
陰莖(음경) : 남자의 외부 생식기.

痙
심줄 당길 경

부수 | 疒(병들 녁) 급수 | 1급

疒(병들어 기댈 녁) + 巠(물줄기 경)
물 흐르듯이 혈액 순환이 안 되서 경련이 난다.

痙攣(경련) : 근육이 별다른 이유 없이 갑자기 수축하거나 떨게 되는 현상.

勁
굳셀 경

부수 | 力(힘 력) 급수 | 1급

巠(물줄기 경) + 力(힘 력)
센 찬 물줄기처럼 힘이 굳세고 세다.

勁健(경건) : 굳세고 건장함.

脛
정강이 경

부수 | 月(肉,육달 월) 급수 | 사범급

月(肉,육달 월) + 巠(물줄기 경)
신체 중에서 발아래 쪽 정강이.

*踁 종아리 경
脛骨(경골) : 하지골(下肢骨)의 하나로 하퇴부 안쪽에 있는 긴 뼈.

涇
통할 **경**

부수 | 氵(물 수) **급수** | 1급

氵(물 수) + 巠(물줄기 경)
물줄기 잘 통하는 지하수.

涇渭(경위) : 사리의 옳고 그름과 시비의 분간.

京
서울 **경**

부수 | 亠(머리 두) **급수** | 5급

高(높을 고) + 小(지붕 아래의 기둥, 벽)
높이 지은 건물 모습을 본떠 만든 글자.

京鄕(경향) 上京(상경) 歸京(귀경) 京畿道(경기도) 北京(북경)

景
볕 **경**

부수 | 日(날 일) **급수** | 4급

日(날 일) + 京(서울 경)
해가 높이 떠서 서울에 있는 궁궐을 밝게 비추다.

光景(광경) 景致(경치) 雪景(설경) 夜景(야경) 全景(전경) 背景(배경)

倞
굳셀 **경**

부수 | 人(사람 인) **급수** | 1급

人(사람 인) + 京(서울 경)
서울 사람들이 굳세다.

*强(강할 강)의 의미와 통함.
倞人(경인) : 성격이 굳고 강한 사람.

璟
옥빛 **경**

부수 | 玉(구슬 옥) **급수** | 2급

玉(구슬 옥) + 景(볕 경)
옥에서 빛이 나다.

璟光(경광) : 옥의 광채

憬
깨달을 **경**

부수 | 忄(마음 심)　급수 | 1급

忄(마음 심) + 景(볕 경)
마음에서 빛이 나는 것처럼 환하게 깨달음이 있다.

憬悟(경오) : 깨달음.
憧憬(동경) : 어떤 것을 간절히 그리워해서 그것만을 생각함.

鯨
고래 **경**

부수 | 魚(물고기 어)　급수 | 1급

魚(물고기 어) + 京(서울 경)
고래 등처럼 큰 집 같은 물고기.

捕鯨(포경) : 고래를 잡음.
鯨飮(경음) : 고래가 물을 마시듯이, 술 따위를 아주 많이 마심.

影
그림자 **영**

부수 | 彡(터럭 삼)　급수 | 2급

景(볕 경) + 彡(터럭 삼)
볕으로 인해 생긴 그림자가 퍼져나가는 모습.

影響(영향) 撮影(촬영) *撮 찍을 촬
幻影(환영) *幻 허깨비 환

顥
흴 **호**

부수 | 頁(머리 혈)　급수 | 1급

景(볕 경) + 頁(머리 혈)
볕 빛처럼 머리털이 세어서 희다.

顥顥(호호) : 흰 모양, 하늘이 희게 빛나는 모양.

掠
노략질할 **략**

부수 | 扌(손 수)　급수 | 2급

扌(손 수) + 京(서울 경)
손으로 부자가 많이 사는 서울에서 노략질을 하다.

擄掠(노략) *擄 사로잡을 로 *掠 노략질할 략
掠奪(약탈) 掠取(약취) 劫掠(겁략) *劫 위협할 겁

凉
서늘할 량

부수 | 冫(얼음 빙)　급수 | 3급

冫(얼음 빙) + 京(서울 경)
높은 건물은 얼음처럼 서늘하다.

清凉飲料(청량음료) 納凉特輯(납량특집) *凉 서늘할 량
炎凉世態(염량세태) : 세력의 성함과 쇠함에 따라 대하는 세상 태도.

諒
살필 량

부수 | 言(말씀 언)　급수 | 2급

言(말씀 언) + 京(서울 경)
서울 사람들 말을 살펴서 들어야 한다.

諒解(양해) 諒察(양찰) 諒知(양지)

竟
마침내 경

부수 | 立(설 립)　급수 | 2급

音(소리 음) + 儿(사람 인)
노래를 부르는 사람이 노래 부르기를 마침내 끝냈다.

畢竟(필경) : 마침내. 결국에는. *畢 마칠 필

境
지경 경

부수 | 土(흙 토)　급수 | 3급

土(흙 토) + 竟(다할 경)
땅이 끝나는 곳이 지경이다.(땅의 경계선)

境界(경계) 國境(국경) 地境(지경)

鏡
거울 경

부수 | 金(쇠 금)　급수 | 3급

金(쇠 금) + 竟(다할 경)
금속의 표면을 문질러서 광택을 내어 거울로 사용하다.

望遠鏡(망원경) 顯微鏡(현미경)
破鏡(파경) : 부부의 금슬이 좋지 않아 헤어지는 일.

競 다툴 경

부수 | 立(설 립) 급수 | 4급
誩(말다툼 할 경) + 儿(사람 인)
말다툼하는 두 사람의 모습.

競爭(경쟁) 競走(경주) 競馬(경마) 競技(경기) 競賣(경매) 競演(경연)

契 맺을 계
종족 이름 글
사람 이름 설

부수 | 大(큰 대) 급수 | 3급
㓞(새길 갈) + 木 → 大(나무 목)
나무에 칼로 숫자나 글을 새긴다.

契約(계약) 契機(계기) *契 새길 계
契丹(글단 → 글안, 거란)

潔 깨끗할 결

부수 | 氵(물 수) 급수 | 3급
氵(물 수) + 㓞(갈→결) + 糸(가는 실 멱)
물로 옷에 새겨진 얼룩을 깨끗하게 빨다.

純潔(순결) 潔白(결백) 淸潔(청결)

絜 헤아릴 혈

부수 | 糸(가는 실 멱) 급수 | 사범급
㓞(새길 갈) + 糸(가는 실 멱)
옷감에 새겨져 있는 글자를 헤아리다.

絜矩(혈구) *矩 곱자, 자 구
: 자로 잼, 자기의 마음을 미루어 남의 마음을 헤아리는 도덕상의 법도.

楔 문설주 설
쐐기 설

부수 | 木(나무 목) 급수 | 1급
木(나무 목) + 契(맺을 계)
나무에 글을 새기다.

楔形文字(설형문자) : 쐐기 모양의 문자.

偰
사람 이름 설

부수 | 人(사람 인)　**급수** | 사범급

人(사람 인) + 契(맺을 계)
맺은 약속을 굳게 지키는 사람.

---

*卨(사람 이름 설)과 같은 글자.
偰然(설연) : 맑은 모양

齧
깨물 설

부수 | 齒(이 치)　**급수** | 사범급

契(맺을 계) + 齒(이 치)
이로 표시가 남도록 (계약서처럼) 깨물다.

齧齒類(설치류) : 쥐나 토끼처럼 물건을 갉는 포유동물의 한 부류.

喫
마실 끽

부수 | 口(입 구)　**급수** | 1급

口(입 구) + 契(맺을 계)
입으로 먹고 싶은 것을 스스로 계약해 놓는다.

喫煙(끽연) 喫茶(끽다)
滿喫(만끽) : 음식을 마음껏 먹고 마심, 욕망을 마음껏 만족시킴.

古
예 고

부수 | 口(입 구)　**급수** | 준5급

十(열 십) + 口(입 구)
옛날이야기가 부모의 입에서 자식의 입으로 10대에 걸쳐서 내려와 매우 오래되었다.

古今(고금) 古典(고전) 復古(복고) 古物(고물) 古木(고목) 古稀(고희)

苦
쓸 고
괴로울 고

부수 | 艹(풀 초)　**급수** | 5급

艹(풀 초) + 古(예 고)
씀바귀 풀이 오래되어서 맛이 더욱 쓰다.

苦難(고난) 苦痛(고통) 苦行(고행) 苦悶(고민) 苦生(고생) 苦樂(고락)

故
까닭 고
죽을 고

부수 | 攵(칠 복) **급수 |** 4급

舌(예 고) + 攵(칠 복)
옛날에 일을 들추어내어 그 까닭을 알아내다. → 쳐서 죽이다.

緣故(연고) 事故(사고) 故障(고장) 故事成語(고사성어) 變故(변고)

枯
마를 고

부수 | 木(나무 목) **급수 |** 2급

木(나무 목) + 舌(예 고)
나무가 오래되고 늙어 마른 나무가 됨.

枯木(고목) 枯渴(고갈)
榮枯盛衰(영고성쇠) : 인생이나 사물의 성하고 쇠함이 서로 뒤바뀌는 현상.

姑
시어머니 고
고모 고

부수 | 女(여자 여) **급수 |** 3급

女(여자 여) + 舌(예 고)
나이 먹은 옛날 여자가 시어머니이다.

姑婦(고부) 姑母(고모)
姑息之計(고식지계) : 당장 편한 것만 택하는 꾀나 방법.

沽
팔 고

부수 | 氵(물 수) **급수 |** 사범급

氵(물 수) + 舌(예 고)
옛날에 물(술)을 팔다.

---

*賈(장사 고)와 같은 의미.
沽券(고권) : 토지 따위를 매매한 증서. 沽酒(고주) : 술을 팖.

詁
주낼 고

부수 | 言(말씀 언) **급수 |** 사범급

言(말씀 언) + 舌(예 고)
옛날 글에 해석, 주(註)를 적다.

訓詁學(훈고학) : 유교의 경전을 훈고의 방법으로 연구하는 학문.

祜
복 호

부수 | 示(조상 시) **급수** | 2급

示(조상 시) + 古(예 고)
옛날부터 조상을 잘 모셔야 복을 받는다.

天祜(천호) : 하늘이 내려준 복.

做
지을 주

부수 | 人(사람 인) **급수** | 1급

人(사람 인) + 故(까닭 고)
사람이 물건, 사건을 만든 까닭이 있다.

看做(간주) : 상태 · 모양 · 성질 따위가 그렇다고 여김.

居
살 거

부수 | 尸(집 시) **급수** | 3급

尸(집 시) + 古(예 고)
그 집에서 오랫동안 살다.

居住(거주) 居處(거처) 起居(기거) 隱居(은거) 別居(별거) 同居(동거)

据
일할 거

부수 | 扌(손 수) **급수** | 사범급

扌(손 수) + 居(살 거)
손으로 집에서 일을 하다.

拮据(길거) : 바쁘게 일함. *拮 일할 길

鋸
톱 거

부수 | 金(쇠 금) **급수** | 사범급

金(쇠 금) + 居(살 거)
집에서 쇠로 된 톱을 쓰다.

鋸齒(거치) : 톱니.

踞
웅크릴 거

부수 | 足(발 족)　급수 | 사범급

足(발 족) + 居(살 거)
발을 걸터앉듯이 웅크려 앉은 자세.

踞坐(거좌) : 걸터앉음.

倨
거만할 거

부수 | 人(사람 인)　급수 | 사범급

人(사람 인) + 居(살 거)
사람이 집에서 거만한 자세를 취하다.

倨慢(거만) *慢 거만할 만 : 잘난 체하고 남을 업신여김.

裾
옷자락 거

부수 | 衤(옷 의)　급수 | 사범급

衤(옷 의) + 居(살 거)
살면서 입는 옷. 옷이 옷자락, 옷깃

輕裾(경거) : 가벼운 옷자락.

固
굳을 고

부수 | 囗(나라 국)　급수 | 준4급

囗(나라 국) + 古(예 고)
나라의 성벽이 오랫동안 단단하게 굳어져 있다.

固體(고체) 固定(고정) 固執(고집) 確固(확고) 堅固(견고) 凝固(응고)

痼
고질 고

부수 | 疒(병들 녁)　급수 | 1급

疒(병들어 기댈 녁) + 古(예 고)
옛날부터 아파서 병으로 굳어져 버린 고질병.

痼疾病(고질병) : 오래되어 고치기 어려운 병.

錮
땜질할 고

부수 | 金(쇠 금) **급수** | 사범급

金(쇠 금) + 固(굳을 고)
쇠로 단단하게 구멍 난 둘레를 막는다.

禁錮(금고) : 교도소에 감금만 하고 노역(勞役)은 시키지 않는 형.
금고형(禁錮刑)

個
낱 개

부수 | 人(사람 인) **급수** | 준4급

人(사람 인) + 固(굳을 고)
사람들이 단단한 물건들을 세는 단위.

個別(개별) 個性(개성) 個人(개인) 個體(개체) 各個(각개) 別個(별개)

箇
낱 개

부수 | 竹(대나무 죽) **급수** | 2급

竹(대나무 죽) + 固(굳을 고)
대나무 가지로 물건의 수량을 헤아리는 것에 이용함.

*個(낱 개) = (個·箇·介) : 낱으로 된 물건의 수효를 세는 단위.
箇箇(개개) 箇數(개수)

涸
물 마를 학

부수 | 氵(물 수) **급수** | 사범급

氵(물 수) + 固(굳을 고)
물이 없어 땅이 굳어지다. 즉 마르다.

涸轍鮒魚(학철부어) *轍 바퀴자국 철 *鮒 붕어 부
: 수레바퀴 자국에 괸 물에 있는 붕어. '몹시 어려운 처지에 있는 사람'을 비유.

胡
오랑캐 호

부수 | 月(肉,육달 월) **급수** | 2급

古(예 고) + 月(肉,육달 월)
나이 먹은 사람의 턱 밑 살, 즉 턱에 수염이 난 북쪽 오랑캐(만주 사람).

胡亂(호란) 胡人(호인) 胡椒(호초) → 후추.

湖
호수 호

부수 | 氵(물 수) **급수** | 준4급

氵(물 수) + 胡(오랑캐 호)
턱 밑 살처럼 쭈글쭈글하게 생긴 호수.

湖水(호수) 自然湖(자연호)

糊
풀 호

부수 | 米(쌀 미) **급수** | 1급

米(쌀 미) + 胡(오랑캐 호)
오랑캐들이 쌀로 풀을 만들다.

糊口之策(호구지책) : 겨우 먹고 살아가는 방책.(호구책)

瑚
산호 호

부수 | 玉(구슬 옥) **급수** | 1급

玉(구슬 옥) + 胡(오랑캐 호)
오랑캐가 가지고 다니던 보석 산호.

珊瑚(산호) : 산호과의 자포동물로서, 산호충이 모여서 나뭇가지 모양을 형성한 것인데, 바깥쪽은 무르고 속은 단단한 석회질로 되어 있어 속을 가공하여 장식품으로 씀.

蝴
나비 호

부수 | 虫(벌레 훼,충) **급수** | 사범급

虫(벌레 훼,충) + 胡(오랑캐 호)
호수 가에 날아다니는 나비.

蝴蝶之夢(호접지몽) : 나비가 된 꿈. 物我一體(물아일체)의 경지를 이름.

葫
마늘 호

부수 | 艹(풀 초) **급수** | 사범급

艹(풀 초) + 胡(오랑캐 호)
오랑캐들이 즐겨 먹던 마늘, 호리병박의 의미도 지님.

葫瓜(호과) : 박의 일종, 가운데가 잘록한 호리병박이 열리는 일년생 덩굴 식물.

告
알릴 고
아뢸 곡

부수 | 口(입 구) 급수 | 준4급

牛(소 우) + 口(입 구)
소를 제물로 바친 후 조상에게 입으로 고하다.

廣告(광고) 警告(경고) 告白(고백) 告發(고발) 告訴(고소) 訃告(부고)

造
지을 조

부수 | 辶(辵,쉬엄쉬엄 갈 착) 급수 | 4급

辶(辵,쉬엄쉬엄 갈 착) + 告(알릴 고)
제사를 지내려고 여러 가지를 만들다.

造作(조작) 改造(개조) 僞造(위조) 人造(인조) 製造(제조) 創造(창조)

浩
넓을 호

부수 | 氵(물 수) 급수 | 2급

氵(물 수) + 告(알릴 고)
물이 넓게 흐르도록 만들어 알리다.

浩然之氣(호연지기) : 사물에서 해방되어 자유스럽고 유쾌한 마음.

晧
밝을 호

부수 | 日(날 일) 급수 | 2급

日(날 일) + 告(알릴 고)
해가 밝게 비추고 있는 것을 알리다.

晧齒(호치) :희고 깨끗한 이

皓
흴 호

부수 | 白(흰 백) 급수 | 2급

白(흰 백) + 告(알릴 고)
태양 빛이 하얀색임을 알다.

丹脣皓齒(단순호치) : 붉은 입술과 흰 이의 뜻으로, 아름다운 여자의 비유.

酷
독할 혹

부수 | 酉(술 유)　**급수** | 2급

酉(술 유) + 告(알릴 고)
조상에게 고하는 제상에 쓰는 술은 독하다.

酷毒(혹독) 酷評(혹평) 慘酷(참혹) 殘酷(잔혹) 苛酷(가혹) 酷寒(혹한)

誥
깨우쳐줄 고

부수 | 言(말씀 언)　**급수** | 사범급

言(말씀 언) + 告(알릴 고)
아랫사람을 말로 잘 가르치고 알려주어 깨우쳐 주다.

誥誡(고계) *誡 경계할 계 : 깨우쳐주어 경계함.

梏
수갑 곡

부수 | 木(나무 목)　**급수** | 1급

木(나무 목) + 告(알릴 고)
죄인에게 나무로 만든 수갑을 채워서 관청에 죄목을 알리다.

桎梏(질곡) *桎 차꼬 질
① 차꼬와 수갑. ② 몹시 속박하여 자유를 가질 수 없는 고통의 상태를 비유한 말.

鵠
고니 곡

부수 | 鳥(새 조)　**급수** | 사범급

告(알릴 고) + 鳥(새 조)
고니 새의 종류를 보고하다, 알리다.

正鵠(정곡) *鵠 과녁 곡 : 과녁의 한복판이 되는 점, 목표나 핵심의 비유.

高
높을 고

부수 | 口(입 구)　**급수** | 5급

높이 지은 누각이나 건물을 그린 한자.

高低(고저) 高尙(고상) 最高(최고) 崇高(숭고) 高價(고가) 高手(고수)

稿
원고 고

부수 | 禾(벼 화) 급수 | 3급

禾(벼 화) + 高(높을 고)
벼를 베고 난 후 볏단을 높이 쌓다. → 볏단처럼 높이 쌓인 원고지.

原稿(원고) 草稿(초고) 脫稿(탈고) 寄稿(기고) 原稿料(원고료)

膏
살찔 고

부수 | 月(肉, 육달 월) 급수 | 2급

高(높을 고) + 月(肉, 육달 월)
고기에 기름기가 많다(높다).

膏粱珍味(고량진미) : 기름진 고기와 좋은 곡식으로 만든 맛있는 음식.
膏血(고혈) : 몹시 고생해서 얻은 이익이나 재산을 비유한 말.

敲
두드릴 고

부수 | 攴(칠 복) 급수 | 1급

高(높을 고) + 攴(칠 복)
북(鼓)을 치다. 북채로 두드리다.

推敲(퇴고) : 시문을 지을 때 자구를 여러 번 생각하여 고침.
*推 옮길 추, 퇴

槀
마를 고

부수 | 木(나무 목) 급수 | 사범급

高(높을 고) + 木(나무 목)
마른 나무가 높이 쌓여 있다.

*槁 = 槀(마를 고)
槀槁(고고) : 초목이 바싹 마름, 신세 따위가 형편없게 됨의 비유, 야위어서 파리함.

豪
호걸 호

부수 | 豕(돼지 시) 급수 | 2급

高(높을 고) + 豕(돼지 시)
돼지 중에서 힘이 센 멧돼지.

豪傑(호걸) : 지혜와 용기가 뛰어나고 기개와 풍모가 있는 사람.
豪族(호족) : 재산이 많고 세력이 강한 집안.

毫 가는 털 호

부수 | 毛(털 모)   급수 | 2급

高(높을 고) + 毛(털 모)
털 중에서 가장 가는 털.

秋毫(추호) : 가을철에 가늘어진 짐승의 털이란 뜻으로, 몹시 적음의 비유.
揮毫(휘호) : 붓을 휘둘러 글씨를 쓰거나 그림을 그림.

縞 흰 명주 호

부수 | 糸(가는 실 멱)   급수 | 사범급

糸(가는 실 멱) + 高(높을 고)
실, 옷감 중에서 제일 값비싼 명주.

縞衣玄裳(호의현상) : 흰 저고리와 검은 치마, 즉 학(鶴)을 비유함.

鎬 호경 호

부수 | 金(쇠 금)   급수 | 2급

金(쇠 금) + 高(높을 고)
쇠로 아주 잘 만든 냄비.

鎬京(호경) : 주(周)의 무왕(武王)이 처음 도읍했던 곳, 또는 냄비.

嚆 울릴 효

부수 | 口(입 구)   급수 | 1급

口(입 구) + 蒿(쑥 호)
입처럼 소리가 나다. 蒿(쑥 호)는 발음 역할

嚆矢(효시) : 소리 나는 화살, 어떤 사물의 맨 처음의 비유.

골짜기 곡

부수 | 谷(골짜기 곡)   급수 | 4급

물이 흐르는 계곡을 정면에서 그린 자.

溪谷(계곡) 峽谷(협곡) 幽谷(유곡)

俗
풍속 **속**

부수 | 人(사람 인) 급수 | 4급

人(사람 인) + 谷(골짜기 곡)
사람들이 골짜기에 모여 살면서 만들어진 풍속.

俗談(속담) 俗說(속설) 土俗(토속) 俗語(속어) 卑俗(비속) 俗物(속물)

浴
목욕할 **욕**

부수 | 氵(물 수) 급수 | 준4급

氵(물 수) + 谷(골짜기 곡)
골짜기에서 목욕을 하다.

沐浴(목욕) 冷水浴(냉수욕) 日光浴(일광욕) 沐浴湯(목욕탕)

欲
하고자 할 **욕**

부수 | 欠(하품 흠) 급수 | 3급

谷(골짜기 곡) + 欠(하품 흠)
하품하듯이 입을 크게 벌리고 골짜기에서 먹다.(곡 → 욕)

＊慾(욕심 욕)과 같은 의미.
食欲(식욕) ＝ 食慾(식욕) 欲望(욕망) 情欲(정욕)

慾
욕심 **욕**

부수 | 心(마음 심) 급수 | 3급

欲(하고자 할 욕) + 心(마음 심)
하고 싶은 마음 즉, 욕심.

＊欲(하고자 할 욕)과 같은 의미.
名譽慾(명예욕) 過慾(과욕) 貪慾(탐욕) 慾心(욕심)

裕
넉넉할 **유**

부수 | 衤(옷 의) 급수 | 3급

衤(옷 의) + 谷(골짜기 곡)
옷이 넓은 골짜기처럼 넉넉하다.

裕福(유복) 富裕(부유) 餘裕(여유)

公 공평할 공

부수 | 八(나눌 팔)　급수 | 4급

八(나눌 팔) + 厶(사사로울 사)

여럿이(8명) 공평하게 나누어 자기 것으로 삼다.

公平(공평) 公正(공정) 公式(공식) 公共(공공) 公認(공인) 公衆(공중)

松 소나무 송

부수 | 木(나무 목)　급수 | 4급

木(나무 목) + 公(공평할 공)

사계절 공평하게 푸른 나무, 쓰임이 여러 가지로 많은 나무.

松花(송화) 松柏(송백) 老松(노송)

訟 송사할 송

부수 | 言(말씀 언)　급수 | 3급

言(말씀 언) + 公(공평할 공)

재판에서의 말은 공정해야 한다.

訴訟(소송) 訟事(송사) 爭訟(쟁송)

頌 기릴 송

부수 | 頁(머리 혈)　급수 | 3급

公(공평할 공) + 頁(머리 혈)

머리로 공평한 판단을 하는 사람은 칭찬받는다.

讚頌(찬송) 頌德(송덕)

翁 늙은이 옹

부수 | 羽(깃 우)　급수 | 2급

公(공평할 공) + 羽(깃 우)

공평한 다스림을 하는 늙은이의 턱수염이 새의 깃털 같다.

塞翁之馬(새옹지마) : 모든 것은 변화가 많아서 인생의 길흉화복을 예측할 수 없다는 뜻. 老翁(노옹)

甕
항아리 옹

부수 | 瓦(기와 와)   **급수** | 1급

公(공평할 공) + 瓦(기와 와)
모두가 함께 쓰는 항아리.

*甕(독 옹)와 같은 글자.
瓮水(옹수) : 독의 물, '얼마 되지 않는 것'의 비유.

蚣
지네 공

부수 | 虫(벌레 충, 훼)   **급수** | 사범급

虫(벌레 충, 훼) + 公(공평할 공)
곤충 중에서 약재로도 쓰이는 지네.

蜈蚣(오공) *蜈 지네 오 : 말린 지네. 독이 있으며, 빻아서 종기 약으로 씀.

共
함께 공

부수 | 八(여덟 팔)   **급수** | 5급

卄(스물 입) + 廾(손 모양)
여러 사람들이 함께 손을 모아 함께 일을 하다.

共感(공감) 共存(공존) 公募(공모) 共生(공생) 反共(반공) 公共(공공)

供
이바지할 공

부수 | 人(사람 인)   **급수** | 3급

人(사람 인) + 共(함께 공)
사람이 공손하게 물건을 바치다.

供給(공급) 提供(제공) 供養(공양)

恭
공손할 공

부수 | 心(마음 심)   **급수** | 3급

共(함께 공) + 心(마음 심)
공손한 마음으로 물건을 바치다.

恭遜(공손) 恭敬(공경) 恭待(공대)

拱
두 손 맞잡을 공

부수 | 扌(손 수)　급수 | 1급

扌(손 수) + 共(함께 공)
두 손을 나란히 함께 잡고 인사를 하다.

拱手(공수)
① 왼손을 오른손 위에 놓고 두 손을 맞잡아 공경의 뜻을 나타냄.
② 팔짱을 끼고 아무 일도 하지 않고 있음.

栱
두공 공

부수 | 木(나무 목)　급수 | 사범급

木(나무 목) + 共(함께 공)
나무를 함께 조립해서 만든 두공.

枓栱(두공)
*枓 주두 두 : 목조 건축물의 기둥 위에 지붕을 받치며 장식하기 위해 올린 구조.

洪
넓을 홍

부수 | 氵(물 수)　급수 | 2급

氵(물 수) + 共(함께 공)
물이 한꺼번에 불어나다. 홍수가 났다.

洪水(홍수) 洪魚(홍어)

哄
떠들 홍

부수 | 口(입 구)　급수 | 사범급

口(입 구) + 共(함께 공)
입으로 함께 마구 떠들다, 술렁거리다.

哄動(홍동) : 여럿이 지껄이며 떠듦.
哄笑(홍소) : 입을 크게 벌리고 웃거나 떠들썩하게 웃어 댐.

烘
횃불 홍

부수 | 火(불 화)　급수 | 1급

火(불 화) + 共(함께 공)
여럿이 함께 들고 가는 횃불.

紅柿(홍시) = 烘柿(홍시) : 볕에 쬐어 익힌 감.

87

巷
거리 항

부수 | 己(몸 기) 급수 | 2급

共(함께 공) + 邑(고을 읍)
함께 사는 고을의 거리.

巷間(항간) 巷說(항설) : 사람들 사이에서 떠도는 말.

港
항구 항

부수 | 氵(물 수) 급수 | 3급

氵(물 수) + 巷(거리 항)
물길이 닿아 있는 거리가 항구다.

港口(항구) 空港(공항) 港灣(항만)

工
장인 공

부수 | 工(장인 공) 급수 | 7급

목수가 사용하는 자의 모양, 연장 모양

工業(공업) 工場(공장) 工程(공정) 完工(완공) 竣工(준공) 工學(공학)

功
공 공

부수 | 力(힘 력) 급수 | 5급

工(장인 공) + 力(힘 력)
힘써 싸워 공을 세우다.

功勞(공로) 功德(공덕) 成功(성공)

攻
칠 공

부수 | 攵(칠 복) 급수 | 3급

工(장인 공) + 攵(칠 복)
적을 쳐서 공격하다.

攻擊(공격) 專攻(전공) 攻掠(공략)

貢
바칠 공

부수 | 貝(조개 패)　급수 | 3급

工(장인 공) + 貝(조개 패)
왕이나 공신들에게 재물, 공물을 바치다.

貢納(공납) 貢物(공물) 貢獻(공헌)

恐
두려울 공

부수 | 心(마음 심)　급수 | 2급

巩(안을 공) + 心(마음 심)
두려운 마음을 안고, 지니고 있다.

恐慌(공황) 恐怖心(공포심) 恐龍(공룡)

鞏
묶을 공

부수 | 革(가죽 혁)　급수 | 1급

巩(안을 공) + 革(가죽 혁)
가죽 끈으로 단단히 묶다.

鞏固(공고) : 굳고 튼튼함.

江
강 강

부수 | 水(물 수)　급수 | 7급

水(물 수) + 工(장인 공)
작은 시냇물이 흘러 모여 만들어진 강.

江南(강남) 江村(강촌) 漢江(한강)

扛
마주들 강

부수 | 扌(손 수)　급수 | 1급

扌(손 수) + 工(장인 공)
장인 두 명이 막대기를 가로질러서 마주 들어 메다.

扛擧(강거) 扛夫(강부)

杠
깃대 **강**

부수 | 木(나무 목)   급수 | 사범급

木(나무 목) + 工(장인 공)
나무로 장인이 만든 깃대, 또는 다리.

杠梁(강량) :다리
*杠(강) - 보행하는 다리. *梁(량) - 수레가 다닐 수 있는 다리.

項
목 **항**

부수 | 頁(머리 혈)   급수 | 3급

工(장인 공) + 頁(머리 혈)
머리 밑에 工(장인 공)자 모양으로 있는 신체(목)를 말함. → 조목, 항목이라는 뜻.

項目(항목) 條項(조항) 項鎖(항쇄) *鎖 쇠사슬 쇄

肛
똥구멍 **항**

부수 | 月(肉,육달 월)   급수 | 사범급

月(肉,육달 월) + 工(장인 공)
사람 신체 중 붉은 빛(紅, 붉을 홍)을 띠는 신체. 즉, 똥구멍, 항문

肛門(항문) 脫肛(탈항)

缸
항아리 **항**

부수 | 缶(장군 부)   급수 | 사범급

缶(장군 부) + 工(장인 공)
장군부가 뜻을 강조하여 사기 종류 그릇인 항아리, 질그릇.

缸胎(항태) : 오지그릇의 한 가지. 질이 토기(土器)와 같으나 거칠고 두꺼우며
무거움.

紅
붉을 **홍**

부수 | 糸(가는 실 멱)   급수 | 3급

糸(가는 실 멱) + 工(장인 공)
장인 실로 붉은 빛 옷감을 만들다.

紅顔(홍안) 百日紅(백일홍) 紅衣將軍(홍의장군) : 곽재우 장군.
綠衣紅裳(녹의홍상) : 연두저고리에 다홍치마라는 뜻으로, 젊은 여자의 고운 옷
차림을 이르는 말.

虹
무지개 홍

부수 | 虫(벌레 훼,충) **급수** | 1급

虫(벌레 훼,충) + 工(장인 공)
무지개가 긴 뱀처럼 생김, 곤충의 등껍질이 무지개빛이 나기도 함.

虹彩(홍채) 虹橋(홍교) 虹蜺(홍예) : 무지개 *蜺 무지개 예

訌
어지러울 홍

부수 | 言(말씀 언) **급수** | 1급

言(말씀 언) + 工(장인 공)
장인들이 의견이 달라서 말다툼이 생기다.

內訌(내홍) : 내부에서 저희끼리 일으키는 분쟁.

空
빌 공

부수 | 穴(구멍 혈) **급수** | 준5급

穴(구멍 혈) + 工(장인 공)
동굴이나 구멍 안이 비어 있다.

空間(공간) 空氣(공기) 虛空(허공) 空白(공백) 架空(가공) 空軍(공군)
空名帖(공명첩)

控
당길 공

부수 | 扌(손 수) **급수** | 1급

扌(손 수) + 空(빌 공)
허공을 향해 손으로 당기다.

控除(공제) : 일정한 금액이나 수량을 빼냄.
控弦(공현) : 활을 쏨 *弦 활시위 현

箜
공후 공

부수 | 竹(대나무 죽) **급수** | 사범급

竹(대나무 죽) + 空(빌 공)
대나무로 만든 악기, 공후.

箜篌(공후) : 하프와 비슷한 동양의 옛 현악기.

腔
빈속 **강**

부수 | 月(肉,육달 월) 급수 | 2급

月(肉,육달 월) + 空(빌 공)
사람 몸 안에서 속이 비어있는 신체.

鼻腔(비강) 口腔(구강) 腔腸動物(강장동물)

果
열매 **과**

부수 | 木(나무 목) 급수 | 5급

木(나무 목) + 田(열매 모양)
나무 위에 열매가 달려 있는 모습. → 농사의 결실이 열매다.(결과)

果樹園(과수원) 果實(과실) 結果(결과) 因果(인과) 效果(효과)

課
매길 **과**

부수 | 言(말씀 언) 급수 | 준4급

言(말씀 언) + 果(결과 과)
수확물에 대한 세금을 말로 알려주다.

課稅(과세) 賦課(부과) 課外(과외) 公課金(공과금) 課題(과제)

菓
과자 **과**

부수 | 艹(풀 초) 급수 | 2급

艹(풀 초) + 果(열매 과)
옛날에는 풀이나 열매가 과자였다.

菓子(과자) 茶菓(다과) 製菓店(제과점)

顆
낟알 **과**

부수 | 頁(머리 혈) 급수 | 사범급

果(열매 과) + 頁(머리 혈)
열매의 윗부분 중요한 낟알, 씨앗

顆粒(과립)
① 둥글고 잔 알갱이. ② 마마나 홍역 따위로 피부에 돋는 것.

裹
쌀 과

부수 | 衣(옷 의) **급수** | 사범급

果(열매 과) + 衣(옷 의)
옷 입히듯이 열매를 싸다, 포장하다.

裹糧(과량) : 먼 길을 떠날 때에 가지고 가는 양식.
裹屍(과시) : 전쟁터에서의 죽음.

裸
벗을 라

부수 | 衤(옷 의) **급수** | 2급

衤(옷 의) + 果(열매 과)
과일 껍질이 벗겨지듯이 옷을 벗다.

赤裸裸(적나라) 裸體(나체) 全裸(전라) 半裸(반라)

巢
새집 소

부수 | 巛(내 천) **급수** | 2급

巛(내 천) + 果(열매 과)
나무 위 새집에서 어미 새에게 먹이를 받아먹으려 입 벌린 새 모양.

巢窟(소굴) 卵巢(난소) 歸巢本能(귀소본능) : 동물이 서식처나 둥지 등에서 멀리
다른 곳으로 갔다가 되돌아오는 성질.

剿
죽일 초

부수 | 刂(칼 도) **급수** | 사범급

巢(새집 소) + 刂(칼 도)
새집에 있는 새를 칼로 죽이다.

剿討(초토) : 도둑의 무리를 쳐서 물리침.
剿滅(초멸) : 외적이나 도적 떼를 무찔러 없앰.

瓜
오이 과

부수 | 瓜(오이 과) **급수** | 2급

중앙에 오이 1개, 양쪽으로 넝쿨 2개를 그린 한자.

瓜田不納履(과전불납리) : 참외밭에서는 신을 고쳐 신지 말라. 남에게 의심받
을 일은 하지 말라.

孤
외로울 고

부수 | 子(아들 자)   급수 | 3급

子(아들 자) + 瓜(오이 과)
오이 열매만 남은 것처럼 부모를 일찍 여읜 아들을 말함.

孤兒(고아) 孤獨(고독) 孤立(고립)
孤掌難鳴 : 외손뼉만으로는 소리가 울리지 않는다는 뜻에서 ① 혼자서는 일을
이루기가 어려움. ② 맞서는 사람이 없으면 싸움이 일어나지 않는다는 뜻.

呱
울 고

부수 | 口(입 구)   급수 | 사범급

口(입 구) + 瓜(오이 과)=孤
부모를 여읜 아들이 입으로 통곡하며 울고 있다.

呱呱(고고) ① 아이가 세상에 나오면서 처음 우는 울음소리.
② 값있고 귀중한 것이 처음으로 발족함을 알리는 소식의 비유.

苽
줄 고

부수 | ⺾(풀 초)   급수 | 사범급

⺾(풀 초) + 瓜(오이 과)
볏과에 다년초 식물 줄.

---

*苽 줄 고 苽根(고근) 苽菜(고채)

觚
술잔 고

부수 | 角(뿔 각)   급수 | 사범급

角(뿔 각) + 瓜(오이 과)
뿔로 만든 술잔, 술잔 모양이 길쭉한 오이 모양.(모난 술잔)

觚不觚(고불고) : 고(觚)가 모가 나지 않음. 이름만 있고 실속이 없음. 후대엔
이 술잔이 없어지고 이름만 그대로 쓰고 있음.

狐
여우 호

부수 | 犭(개 견)   급수 | 1급

犭(개 견)(변) + 瓜(오이 과)
개과에 속하는 여우.

狐假虎威(호가호위) : 여우가 호랑이의 위세를 빌려 호기를 부린다는 뜻으로, 남
의 권세를 빌려 위세를 부림의 비유.

弧
활 호

부수 | 弓(활 궁) 급수 | 1급

弓(활 궁) + 瓜(오이 과)
활을 뜻하는 동시에 곡선, 원둘레의 한 부분을 뜻함.

括弧(괄호) *括 묶을 괄 圓弧(원호) : 원둘레의 일부분.

瓠
표주박 호

부수 | 瓜(오이 과) 급수 | 사범급

夸(클 과) + 瓜(오이 과)
오이보다 큰 표주박.

瓠犀(호서) : 박의 속 같이 희고 고운 치아를 이름, 또는 미인을 지칭함.

瓢
표주박 표

부수 | 瓜(오이 과) 급수 | 사범급

票(표 표) + 瓜(오이 과)
오이과에 속하는 표주박

簞食瓢飮(단사표음) ① 도시락밥과 표주박에 든 물이라는 뜻으로, 소박한 생활의 비유.
② 청빈한 생활.

雚
황새 관

새의 머리 부분 두리번거리는 두 눈을 그린 황새의 모습.

*鸛 황새 관
鸛鳥(관조) : 황새

觀
볼 관

부수 | 見(볼 견) 급수 | 준4급

雚(황새 관) + 見(볼 견)
황새가 두리번거리며 보다.

觀光(관광) 觀客(관객) 參觀(참관) 主觀(주관) 觀察使(관찰사)

灌
물댈 **관**

부수 | 水(물 수)　급수 | 1급

水(물 수) + 雚(황새 관)
물을 끌어오다. 관(雚)은 발음 역할.

灌漑水(관개수) 灌腸(관장)

罐
두레박 **관**

부수 | 缶(장군 부)　급수 | 1급

缶(장군 부) + 雚(황새 관)
항아리 모양의 두레박.

---

*礭 두레박 관
汽罐(기관) : 밀폐된 용기 안에서 물을 끓여 고온·고압의 증기를 발생시키는 장치.

權
권세 **권**

부수 | 木(나무 목)　급수 | 4급

木(나무 목) + 雚(황새 관)
나무로 만든 저울. 저울추가 황새 모양.

權勢(권세) 權利(권리) 人權(인권) 選擧權(선거권) 親權(친권)
特權(특권) 政權(정권) 執權(집권)

勸
권할 **권**

부수 | 力(힘 력)　급수 | 3급

雚(황새 관) + 力(힘 력)
힘써 노력하며 권하다.

勸奬(권장) 勸告(권고) 勸學(권학)
勸善懲惡(권선징악) : 착한 일을 권장하고 악한 일을 징계함.

歡
기쁠 **환**

부수 | 欠(하품 흠)　급수 | 3급

雚(황새 관) + 欠(하품 흠)
하품하듯이 입을 크게 벌리고 기뻐하다.

歡迎(환영) 歡呼(환호) 歡待(환대)

驩
기쁠 **환**

부수 | 馬(말 마)　급수 | 1급

馬(말 마) + 雚(황새 관)
말을 타다, 관직에 올라 기쁘다.

驩然(환연) : 기뻐하는 모양.

官
벼슬 **관**

부수 | 宀(집 면)　급수 | 1급

宀(집 면) + 𠂤(언덕 부)
언덕 위에 우뚝 솟은 집, 높은 집 관청. 관청에서 일하는 벼슬아치 관리.

官吏(관리) 官廳(관청) 官服(관복) 官職(관직) 官舍(관사) 官僚(관료)

館
집 **관**

부수 | 食(먹을 식)　급수 | 2급

食(먹을 식) + 官(벼슬 관)
여행객들이 먹고 자는 집, 여관.

旅館(여관) 倭館(왜관) *倭 왜국 왜 公館(공관) 別館(별관) 開館(개관)

管
대롱 **관**

부수 | 竹(대나무 죽)　급수 | 3급

竹(대나무 죽) + 官(벼슬 관)
대나무로 만든 피리나 수도관 같은 것.수도관을 관리하다.

管理(관리) 管絃樂(관현악) 管轄(관할) *轄 다스릴 할

琯
옥피리 **관**

부수 | 玉(구슬 옥)　급수 | 1급

玉(구슬 옥) + 官(벼슬 관)
관리가 구슬로 만든 옥피리.

白琯(백관) : 6개의 구멍이 난 흰 옥피리

棺
널 관

부수 | 木(나무 목)   급수 | 1급

木(나무 목) + 官(벼슬 관)
사람이 죽으면 들어가는 나무로 만든 집

木棺(목관) 石棺(석관) 入棺(입관) 下棺(하관)
棺槨(관곽) *槨 덧널 곽 : 시체를 넣는 속 널과 겉 널.

菅
골풀 관

부수 | 艹(풀 초)   급수 | 사범급

艹(풀 초) + 官(벼슬 관)
벼슬아치가 관리하는 골풀.

菅屨(관구) *屨 신 구 : 왕골로 삼은 신.

輨
비녀장 관

부수 | 車(수레 거)   급수 | 사범급

車(수레 거) + 官(벼슬 관)
수레에 끼워놓은 쇠로 된 비녀장. *비녀장 – 수레의 굴대 머리에 끼우는 큰 못

輨轄(관할) *轄 비녀장 할 : 권한에 의하여 통제하거나 지배함. 또는 그 지배가 미치는 범위

綰
얽을 관

부수 | 糸(가는 실 멱)   급수 | 사범급

糸(가는 실 멱) + 官(벼슬 관)
관리가 실로 얽어매다.

綰攝(관섭) : 통괄하여 다스림.

交

사귈 교

부수 | 亠(머리 두)   급수 | 5급

사람 다리가 교차 되어 있는 모습. 즉, 교차적으로 주고받으며 사귀다.

交流(교류) 交通(교통) 交涉(교섭) 交換(교환) 交替(교체) 交代(교대)

校
학교 교

부수 | 木(나무 목)　**급수 |** 준5급

木(나무 목) + 爻(사귈 교)
꼬인 나무를 바로 잡아가듯이 학생의 행실을 바로잡아주는 학교.
→ 바로잡을 교, 군관 교

學校(학교) 校服(교복) 登校(등교) 將校(장교) 校官(교관) 校正(교정)

較
견줄 교

부수 | 車(수레 거)　**급수 |** 3급

車(수레 거) + 爻(사귈 교)
수레의 실은 짐들이 수레가 기울지 않도록 좌우 잘 비교하며 정리한다.

比較(비교) 日較差(일교차)

郊
들 교

부수 | 阝(邑,고을 읍)　**급수 |** 2급

爻(사귈 교) + 阝(邑,고을 읍)
백성들이 서로 교류하며 사는 마을 밖.

郊外(교외) 近郊(근교)

絞
목맬 교

부수 | 糸(가는 실 멱)　**급수 |** 2급

糸(가는 실 멱) + 爻(사귈 교)
실을 서로 엇갈리게 매어서 목을 졸라 죽이다.

絞首刑(교수형) : 사형수의 목을 옭아매어 죽이는 형벌.

皎
달빛 교

부수 | 白(흰 백)　**급수 |** 사범급

白(흰 백) + 爻(사귈 교)
흰 달빛 아래에서 친구와 사귀다.

皎月(교월) : 희고 밝게 비치는 달.

咬
깨물 교

부수 | 口(입 구)　급수 | 사범급

口(입 구) + 交(사귈 교)
입에 있는 치아로 깨물다.

咬傷(교상) : 짐승 · 독사 등에 물려 상처를 입음. 또는 그 상처.

狡
교활할 교

부수 | 犭(개 견)　급수 | 2급

犭(개 견) + 交(사귈 교)
교활한 개와 교감(사귀다)을 했다.

狡猾(교활) *猾 교활할 활

鮫
상어 교

부수 | 魚(물고기 어)　급수 | 사범급

魚(물고기 어) + 交(사귈 교)
물고기 중에 서로 몰려다니는(交) 상어.

鮫魚(교어) : 상어.

餃
경단 교

부수 | 食(밥 식)　급수 | 사범급

食(밥 식) + 交(사귈 교)
서로 교류하며 사귀는 자리에서 먹는 맛있는 경단 떡, 또는 만두.

餃子(교자): 찐 고기만두

蛟
교룡 교

부수 | 虫(벌레 충,훼)　급수 | 사범급

虫(벌레 충,훼) + 交(사귈 교)
파충류(虫)과에 속하며, 전설의 동물.

蛟龍(교룡) ① 전설 속에 나오는 동물의 하나로모양이 뱀과 같다 함. ② 때를 못 만나 뜻을 이루지 못하는 영웅호걸을 비유한 말.

鉸 가위 교

부수 | 金(쇠 금)　급수 | 1급

金(쇠 금) + 交(사귈 교)
쇠가 서로 엇갈려져서 만들어진 가위.

鉸刀(교도) = 剪刀(전도) *剪 가위 전 : 가위.

效 본받을 효

부수 | 攵(칠 복)　급수 | 준4급

交(사귈 교) + 攵(칠 복)
바른 사람과 사귀도록 하며, 회초리로 때려서라도 배우게 하다.

*効(본받을 효)의 속자(俗字). 效果(효과) 效用(효용) 效能(효능)

喬 높을 교

부수 | 口(입 구)　급수 | 1급

夭(어질 요) + 高(높을 고)
나무 끝이 늘어지고 키가 큰 나무, 높은 누각이나 건물.

出谷遷喬(출곡천교) : 「봄이면 새가 깊은 산골짜기에서 나와 높은 나무 위에 올라앉는다.」는 뜻으로, 사람의 출세를 비유해 이르는 말.

橋 다리 교

부수 | 木(나무 목)　급수 | 준4급

木(나무 목) + 喬(높을 교)
나무로 높이 설치한 다리.

橋梁(교량) 陸橋(육교) 架橋(가교)

矯 바로 잡을 교

부수 | 矢(화살 시)　급수 | 2급

矢(화살 시) + 喬(높을 교)
휘어진 화살을 바로 잡아서 높이 쏘아 올리다.

矯正(교정) 矯角殺牛(교각살우) : 소의 뿔을 바로잡으려다가 소를 죽인다는 뜻으로, 결점이나 흠을 고치려다가 수단이나 정도가 지나쳐 일을 그르침.

僑
더부살이 교

부수 | 人(사람 인) 급수 | 2급

人(사람 인) + 喬(높을 교)
사람이 크고 높은 집에 더부살이하다.

僑胞(교포) 在日僑胞(재일교포)

驕
교만할 교

부수 | 馬(말 마) 급수 | 1급

馬(말 마) + 喬(높을 교)
높은 말을 타다. 즉 높은 관직에 오르니 사람이 교만해졌다.

驕慢(교만) *慢 게으를 만 驕奢(교사) *奢 사치할 사

嬌
아리따울 교

부수 | 女(계집 녀) 급수 | 1급

女(계집 녀) + 喬(높을 교)
여자의 미모가 높으니 아리땁다.

嬌態(교태) : 아름답고 아양 부리는 자태.

嶠
산 높을 교

부수 | 山(뫼 산) 급수 | 사범급

山(뫼 산) + 喬(높을 교)
산이 높다.

嶠路(교로) : 산길

轎
가마 교

부수 | 車(수레 거) 급수 | 1급

車(수레 거) + 喬(높을 교)
높이가 높은 가마 수레.

轎子(교자) = 평교자(平轎子) : 조선시대에 종1품이 타던 가마.

니
얽힐 구

덩굴이 얽혀 있는 넝쿨 모양.

___

* 단독으로 쓰이지 않는다. 다른 한자와 결합하여 한자의 뜻과 독음에 영향을 준다.

叫
부르짖을 규

부수 | 口(입 구)　급수 | 2급

口(입 구) + 니(얽힐 구)
얽혀있는 관계 때문에 입으로 소리쳐 부르짖다.

___

絶叫(절규) 阿鼻叫喚(아비규환) : 여러 사람이 참담한 지경에 빠져 울부짖는 참상.

糾
얽힐 규

부수 | 糸(가는 실 멱)　급수 | 2급

糸(가는 실 멱) + 니(얽힐 구)
실이 넝쿨 꼬이듯이 얽혀 있다. → 얽힌 것을 바로잡다.

___

糾明(규명) 糾合(규합) 勞使紛糾(노사분규) : 노동자와 사용자 간의 이해나
주장이 뒤얽혀서 말썽이 많고 시끄러움.

赳
헌걸찰 규

부수 | 走(달릴 주)　급수 | 사범급

走(달릴 주) + 니(얽힐 구)
걸음걸이가 얽히지 않고 용맹스럽다. *헌걸차다(매우 풍채가 좋고 의기가 당당한 듯하다.)

___

赳赳(규규) : 용맹스럽고 씩씩한 모양.

收
거들 수

부수 | 攵(칠 복)　급수 | 4급

니(얽힐 구) + 攵(칠 복)
얽혀 있는 풀들을 쳐내고, 곡식의 낟알들을 두들겨 농작물을 거두어들이다.

___

*穫 거둘 확 秋收(추수) 收穫(수확) 收入(수입) 回收(회수) 還收(환수)

冓
쌓을 구

나무토막을 쌓아 올릴 때 정(井)모양으로 거듭 쌓아 올린다.
원래 뜻은 '재목 어긋 매겨 쌓을 구' 이다.

---

*방(궁중에서 여관들이 거처하는 곳)
內冓(내구) : 궁중의 깊숙한 방 또는 그 속의 비사(秘事)

構
얽을 구

부수 | 木(나무 목)　급수 | 3급
木(나무 목) + 冓(얽을 구)
나무가 쌓여 얽혀 있다.

構成(구성) 構造(구조) 構想(구상) 構圖(구도) 虛構(허구) 機構(기구)

購
살 구

부수 | 貝(조개 패)　급수 | 2급
貝(조개 패) + 冓(얽을 구)
돈으로 건축에 쓸 재료를 사다.

購買(구매) 購讀(구독) 購入(구입)

溝
도랑 구

부수 | 水(물 수)　급수 | 1급
水(물 수) + 冓(얽을 구)
물이 잘 통하도록 나무를 얽어매어 도랑을 잘 만들다.

下水溝(하수구) 海溝(해구) : 바다 밑바닥에 좁고 길게 움푹 들어간 곳.

搆
이끌 구

부수 | 扌(손 수)　급수 | 사범급
扌(손 수) + 冓(얽을 구)
복잡하게 얽혀 있는 것들을 손으로 잘 이끌어 감.

搆兵(구병) : 군대를 출동시킴.

講 익힐 강

부수 | 言(말씀 언)　급수 | 3급

言(말씀 언) + 冓(얽을 구)

말로 들은 것을 머릿속에 쌓아 외우다. → 익히다. 배우다. 설명하다.

講義(강의) 講習(강습) 講士(강사) 講堂(강당) 開講(개강) 講座(강좌)

區 나눌 구

부수 | 匸(감출 혜)　급수 | 3급

匸(감출 혜) + 品(물건 품)

창고에 쌓여 있는 물건들을 구분하다.

區別(구별) 區分(구분) 區域(구역)

驅 몰 구

부수 | 馬(말 마)　급수 | 2급

馬(말 마) + 區(나눌 구)

말을 타고 몰아 다른 구역으로 감.

驅使(구사) ① 사람이나 동물을 함부로 몰아쳐 부림. ② 말이나 기교, 수사법
등을 자유자재로 다루어 씀. 驅逐(구축) 驅步(구보) 先驅者(선구자)

毆 때릴 구

부수 | 殳(몽둥이 수)　급수 | 1급

區(나눌 구) + 殳(몽둥이 수)

구분 지어 놓고 몽둥이로 때리다.

毆打(구타) 毆殺(구살)

鷗 갈매기 구

부수 | 鳥(새 조)　급수 | 2급

區(나눌 구) + 鳥(새 조)

바닷가 구역에 날아드는 갈매기.

白鷗(백구) 鷗鷺(구로) *鷺 해오라기 로

軀
몸 구

부수 | 身(몸 신)　**급수** | 1급

身(몸 신) + 區(나눌 구)

신(身) 뜻을 담당하고, 구(區)는 소리를 나타냄.

體軀(체구) 巨軀(거구) 老軀(노구)

嶇
산 험할 구

부수 | 山(뫼 산)　**급수** | 사범급

山(뫼 산) + 區(나눌 구)

산길 중에서 험한 구역.

崎嶇(기구) : 세상살이가 순탄치 못하고 가탈이 많음. *崎 험할 기

謳
노래할 구

부수 | 言(말씀 언)　**급수** | 사범급

言(말씀 언) + 區(나눌 구)

노래하는 구역에서 노래하다.

*嘔 노래할 구 謳歌(구가) ① 많은 사람들이 칭송하여 노래함.
② 행복한 처지나 기쁜 마음 등을 거리낌 없이 나타냄.

樞
지도리 추

부수 | 木(나무 목)　**급수** | 1급

木(나무 목) + 區(나눌 구)

나무로 만들어서, 문짝을 여닫을 때 문짝 한 귀퉁이에 달아 놓는 지도리.

*지도리 - 사물의 제일 중요한 곳. 中樞(중추) : 사물의 중심이 되는 중요한 부분이나 자리.

句
글귀 구

부수 | 口(입 구)　**급수** | 4급

口(입 구) + 勹(쌀 포)

입으로 글을 묶어서 읽다. (글을 포장하듯이 묶다.)

句節(구절) 詩句(시구) 字句(자구)

拘
잡을 구

부수 | 手(손 수)　**급수** | 2급

手(손 수) + 句(글귀 구)
손으로 물건을 묶어서(勹) 잡다.

拘束(구속) 拘禁(구금) 拘留(구류)

狗
개 구

부수 | 犭(개 견)　**급수** | 2급

犭(개 견) + 句(글귀 구)
개를 묶어(勹) 놓다.

黃狗(황구) 堂狗風月(당구풍월)
泥田鬪狗(이전투구) : 볼썽사납게 서로 헐뜯거나 다투는 모양.

苟
진실로 구

부수 | 艹(풀 초)　**급수** | 3급

艹(풀 초) + 句(글귀 구)
원래 풀 이름이었으나 가차되어서 '진실로'의 뜻이 됨.

苟且(구차) ① 말이나 행동이 당당하거나 떳떳하지 못함. ② 살림이 몹시 가난함.

枸
구기자 구

부수 | 木(나무 목)　**급수** | 1급

木(나무 목) + 句(글귀 구)
나무 이름.

枸杞子(구기자)

劬
수고로울 구

부수 | 力(힘 력)　**급수** | 사범급

句(글귀 구) + 力(힘 력)
글공부를 시켜주신 부모님 노력, 수고.

劬勞(구로)

耇
늙을 구

부수 | 耂(늙을 로)　급수 | 사범급

耂(늙을 로) + 句(글귀 구)

허리가 굽은 노인이 글을 읽고 있다.

老(늙을 로) - 50~60세. 耇(늙을 구) - 60~70세. 耇老(구로) : 늙은이. 노인.

駒
망아지 구

부수 | 馬(말 마)　급수 | 1급

馬(말 마) + 句(글귀 구)

말의 새끼. 작은 말

白駒過隙(백구과극) *隙 틈 극 : 흰 망아지가 빨리 달리는 것을 문틈으로 본다는 뜻으로, 인생이나 세월이 덧없이 짧음을 이르는 말.

鉤
갈고랑이 구

부수 | 金(쇠 금)　급수 | 사범급

金(쇠 금) + 句(글귀 구)

쇠를 구부려서(勹) 만든 갈고리, 즉 낚싯바늘.

鉤刀(구도) 鉤取(구취) : 갈고리로 잡아당겨 취함.

煦
따뜻하게 할 후

부수 | 灬(불 화)　급수 | 사범급

呴(숨 내쉴 구) + 灬(불 화)

따뜻한 숨을 불어 따뜻하게 하다.

煦嘘呼吸(후허호흡) : 입으로 묵은 기운을 내뿜고 코로 새 기운을 들이마심. *嘘 불 허

君
임금 군

부수 | 口(입 구)　급수 | 준4급

尹(다스릴 윤) + 口(입 구)

손에 지휘봉을 들고 입으로 명령을 하면서 다스리는 윗사람, 임금.

君臣(군신) 聖君(성군) 大君(대군) 君師父一體(군사부일체) 興宣大院君(흥선대원군)

郡
고을 군

부수 | 阝(邑,고을 읍) 급수 | 5급

君(임금 군) + 阝(邑,고을 읍)
고을을 다스리는 임금.

郡民(군민) 郡守(군수) 郡縣(군현)

群
무리 군

부수 | 羊(양 양) 급수 | 3급

君(임금 군) + 羊(양 양)
무리 지어 다니는 양 떼처럼, 무리 지어 사는 백성들을 임금이 다스림.

群衆(군중) 群鷄一鶴(군계일학) 群落(군락) 群集(군집)

窘
막힐 군

부수 | 穴(구멍 혈) 급수 | 사범급

穴(구멍 혈) + 君(임금 군)
구멍이 막히다.

窘塞(군색) *塞 막힐 색

裙
치마 군

부수 | 衤(옷 의) 급수 | 사범급

衤(옷 의) + 君(임금 군)
치마처럼 생긴 임금 겉옷.

紅裙(홍군) : 붉은 치마라는 뜻으로, 예기(藝妓)나 미인을 일컫는 말.

軍
군사 군

부수 | 車(수레 거) 급수 | 준5급

冖(덮을 멱) + 車(수레 거)
수레에 무기를 싣고, 전차를 덮어서 진군하는 군사.

軍人(군인) 軍隊(군대) 軍紀(군기) 陸軍(육군) 軍用(군용) 軍事(군사)

運
움직일 운

부수 | 辶(辵,쉬엄쉬엄 갈 착)　급수 | 5급

辶(辵, 쉬엄쉬엄 갈 착) + 軍(군사 군)

군대가 이동하여 가다. 움직이다.

運動(운동) 運轉(운전) 運搬(운반) 幸運(행운) 運命(운명) 運數(운수)

暈
무리 훈

부수 | 日(날 일)　급수 | 사범급

日(날 일) + 軍(군사 군)

군사가 모여 있듯이, 해나 달 둘레에 생긴 둥근 테 모양의 빛.

暈圍(훈위) = 暈輪(훈륜) : 해나 달의 주위를 두른 둥근 테 모양의 빛.

揮
휘두를 휘

부수 | 扌(손 수)　급수 | 3급

扌(손 수) + 軍(군사 군)

군대를 지휘하기 위해 손을 휘두르다.

指揮(지휘) 揮發油(휘발유)
揮毫(휘호) *毫 가는 털 호 : 붓을 휘둘러 글씨를 쓰거나 그림을 그림.

輝
빛날 휘

부수 | 車(수레 거)　급수 | 2급

光(빛 광) + 軍(군사 군)

업적이 빛이 나는 군대.

*煇(빛날 휘)와 같은 글자.
輝煌燦爛(휘황찬란) : 광채(光彩)가 나서 눈부시게 번쩍임.

暉
빛 휘

부수 | 日(날 일)　급수 | 1급

日(날 일) + 軍(군사 군)

햇빛이 빛나다.

暉映(휘영) : 반짝이며 비침.

卷
책 권

부수 | 卩(무릎마디 절) 급수 | 3급
共(구부리다 권) + 刀(칼 도)
무릎을 구부리고 앉아서 책을 보다. 또는, 무릎 구부리듯이 두루마리로 말려있는 책.

卷數(권수) 開卷有益(개권유익)

券
문서 권

부수 | 刀(칼 도) 급수 | 3급
共(구부리다 권) + 刀(칼 도)
대나무 죽간으로 된 책에 칼로 글을 새기고, 서로 나눠 가진 문서.

證券(증권) 福券(복권) 債券(채권) 旅券(여권) 割引券(할인권)

拳
주먹 권

부수 | 手(손 수) 급수 | 3급
共(구부리다 권) + 手(손 수)
손을 말아서 쥐면 주먹이 된다.

拳鬪(권투) 拳法(권법) 拳銃(권총)

倦
게으를 권

부수 | 人(사람 인) 급수 | 2급
人(사람 인) + 卷(책 권)
사람이 책도 읽지 않고 게으르다.

倦怠(권태) 倦厭(권염) : 지겨워서 싫증이 남. *厭 싫을 염

捲
말 권

부수 | 扌(손 수) 급수 | 사범급
扌(손 수) + 卷(책 권)
죽간으로 만든 책이 돌돌 말려있다.

捲土重來(권토중래) : 한번 싸움에 패하였다가 다시 힘을 길러 쳐들어오는 일, 또는 어떤 일에 실패한 뒤 다시 힘을 쌓아 그 일에 재차 착수하는 일.

圈
둘레 권

부수 │ 囗(에워싸다)   급수 │ 2급

囗(에워싸다) + 卷(책 권)
말려있는 책의 둘레를 둘러싸다.

大氣圈(대기권) 首都圈(수도권) 商圈(상권)

眷
돌아볼 권

부수 │ 目(눈 목)   급수 │ 1급

𠔉(구부리다 권) + 目(눈 목)
책을 눈으로 자주 보듯이 식구를 돌보다.

眷屬(권속) : 한집안 식구, '아내'의 낮춤말. 眷愛(권애) : 보살펴 사랑함.

港
물돌아 흐를 권

부수 │ 氵(물 수)   급수 │ 사범급

氵(물 수) + 卷(책 권)
책이 말려있는 것처럼 물이 돌아 흐르다.

港漣(권련) : 물결이 굽이치는 모양.

귀신 귀

부수 │ 鬼(귀신 귀)   급수 │ 2급

由(귀신 머리) + 儿(사람 인) + 厶(사악함)
사악함을 지닌 채 사람 모습으로 변한 귀신

鬼神(귀신) 惡鬼(악귀) 鬼才(귀재)

愧
부끄러울 괴

부수 │ 忄(마음 심)   급수 │ 2급

忄(마음 심) + 鬼(귀신 귀)
귀신처럼 나쁜짓 한 마음이 부끄럽다.

自愧(자괴) 慙愧(참괴) 羞愧(수괴)

塊 흙덩이 괴

부수 | 土(흙 토) 급수 | 2급

土(흙 토) + 鬼(귀신 귀)
귀신처럼 험상궂게 생긴 흙덩이.

金塊(금괴) 銀塊(은괴) 塊石(괴석)

傀 꼭두각시 괴

부수 | 人(사람 인) 급수 | 2급

人(사람 인) + 鬼(귀신 귀)
귀신이 시키는 것처럼 꼭두각시가 된 사람.

傀儡(괴뢰) : 꼭두각시, 허수아비.

槐 홰나무 괴

부수 | 木(나무 목) 급수 | 1급

木(나무 목) + 鬼(귀신 귀)
귀신을 막아주는 나무 홰나무(느티나무).

槐木(괴목) : 회화나무.

魁 우두머리 괴

부수 | 鬼(귀신 귀) 급수 | 1급

鬼(귀신 귀) + 斗(말 두)
귀신 중 곡식을 빼앗아 가는 귀신이 제일 우두머리.

魁首(괴수) : 못된 짓을 하는 무리의 우두머리.

蒐 모을 수

부수 | 艹(풀 초) 급수 | 1급

艹(풀 초) + 鬼(귀신 귀)
풀숲에 귀신들이 모여 있다.

蒐集(수집) : 여러 가지 재료를 찾아서 모음. = 收集(수집)

圭
홀 규

부수 | 土(흙 토) 급수 | 2급

홀(笏) : 조선 때, 벼슬아치가 임금을 만날 때 조복(朝服)에 갖추어 손에 쥐던 패(천자가 제후를 봉할 때 주던 신표).

圭角(규각) ① 모나 귀퉁이의 뾰족한 곳. ② 사물이 서로 들어맞지 않음. ③ 말·뜻이나 행동 등이 남과 서로 맞지 않음.

閨
안방 규

부수 | 門(문 문) 급수 | 2급

門(문 문) + 圭(홀 규)
집안 깊숙이 보관하던 홀, 즉 여자들이 거처하는 깊숙한 안방.

閨房(규방) 閨秀(규수) 閨中(규중)

珪
서옥 규

부수 | 玉(구슬 옥) 급수 | 2급

玉(구슬 옥) + 圭(홀 규)
옥으로 만든 상서로운 옥 홀.

*圭(홀 규)의 고자(古字).

奎
별 이름 규

부수 | 大(큰 대) 급수 | 2급

大(큰 대) + 圭(홀 규)
28개 별자리 중에서 15번째 문장을 주관하는 큰 별.

奎章閣(규장각) : 조선 정조 때 설치한, 역대 임금의 글·글씨·고명(顧命)·유교(遺敎) 등과 어진(御眞)을 보관하던 관아.

硅
규소 규

부수 | 石(돌 석) 급수 | 사범급

石(돌 석) + 圭(홀 규)
광석 중 쓰임이 귀한 규소.

硅素(규소) : 비금속 원소의 하나. 천연적으로는 따로 존재하지 않고, 산화물·규산염으로서 바위·흙 등의 주요 성분을 이룸.

畦 밭두둑 휴

부수 | 田(밭 전)　급수 | 사범급

田(밭 전) + 圭(홀 규)
임금이 하사한 홀처럼 귀한 밭.

畦畔(휴반) : 밭두둑.

街 거리 가

부수 | 行(다닐 행)　급수 | 4급

行(다닐 행) + 土(흙 토) + 土(흙 토)
사람이 다니는 길이 거리다.

街路燈(가로등) 商街(상가) 貧民街(빈민가) 繁華街(번화가)

佳 아름다울 가

부수 | 人(사람 인)　급수 | 4급

人(사람 인) + 圭(홀 규)
손에 홀을 든 벼슬아치가 존귀하고 아름답다.

佳約(가약) 佳作(가작) 佳景(가경) 絶世佳人(절세가인)

桂 계수나무 계

부수 | 木(나무 목)　급수 | 2급

木(나무 목) + 圭(홀 규)
귀한 홀처럼 귀하게 쓰이는 계수나무.

桂皮(계피) 月桂冠(월계관) ① 고대 그리스에서 경기의 우승자를 기리는 뜻
을 표하기 위해 월계수의 가지와 잎으로 만든 관. ② 우승의 영예.

卦 점괘 괘

부수 | 卜(점 복)　급수 | 2급

圭(홀 규) + 卜(점 복)
홀을 받은 제후가 부임하기 좋은 날을 점쳐 보다.

占卦(점괘)
八卦(팔괘) : 중국 상고 시대에 복희씨(伏羲氏)가 지었다는 여덟 가지의 괘.
☰(건(乾)) · ☱(태(兌)) · ☲(이(離)) · ☳(진(震)) · ☴(손(巽)) · ☵(감(坎)) · ☶(간(艮)) · ☷(곤(坤))

掛
걸 괘

부수 | 手(손 수)　**급수** | 2급

手(손 수) + 卦(걸 괘)
여러 사람이 볼 수 있게 점괘를 손을 사용해서 걸어 놓다.

掛圖(괘도) 掛鐘時計(괘종시계)

罫
줄 괘

부수 | 罓(그물 망)　**급수** | 사범급

罓(그물 망) + 卦(걸 괘)
그물망처럼 가로세로 교차하며 친 줄.

罫線(괘선) : 편지지나 공책 따위에 가로 또는 세로로 일정하게 그은 줄.

蛙
개구리 와

부수 | 虫(벌레 훼, 충)　**급수** | 사범급

虫(벌레 훼, 충) + 土(흙 토) + 土(흙 토)
땅에서 뛰어다니는 개구리.

井底之蛙(정저지와) : '우물 안의 개구리' 식견이 좁은 사람을 비유함.

窪
웅덩이 와

부수 | 穴(구멍 혈)　**급수** | 사범급

穴(구멍 혈) + 洼(웅덩이 와)
구멍이 있는 곳에 웅덩이가 생김.

蹄窪(제와) : 움푹 들어간 마소의 발자국, 즉 협소한 땅.

娃
예쁠 왜

부수 | 女(계집 녀)　**급수** | 사범급

女(계집 녀) + 圭(홀 규) = 佳(아름다울 가)
아름다운 여자.

娃姣(왜교) : 예쁜 여성, 미녀 *姣 예쁠 교

厓
언덕 애

부수 | 厂(언덕 엄, 한)　**급수** | 1급

厂(언덕 엄, 한) + 土(흙 토) + 土(흙 토)
흙이 쌓여 만들어진 언덕.

絶厓(절애) = 斷崖(단애) 깎아 세운 듯한 낭떠러지.

涯
물가 애

부수 | 水(물 수)　**급수** | 3급

水(물 수) + 厓(언덕 애)
벼랑과 물이 만나는 언덕 지점.

生涯(생애) 崖岸(애안) 無涯(무애) : 넓고 멀어서 끝이 없음.

崖
벼랑 애

부수 | 山(뫼 산)　**급수** | 1급

山(뫼 산) + 厓(언덕 애)
산 밑에 있는 벼랑, 낭떠러지.

崖脚(애각) : 낭떠러지 밑. 崖壁(애벽) : 낭떠러지.

菫
진흙 근

부수 | 艹(풀 초)　**급수** | 사범급

黃(누를 황) + 土(흙 토)
누런색의 진흙.

---

*菫 - 제비꽃 근, 진흙 근, 노란 진흙 근
*단독으로 쓰이지 않는다. 다른 한자와 결합하여 한자의 뜻과 독음에 영향을 준다.

勤
부지런할 근

부수 | 力(힘 력)　**급수** | 3급

菫(진흙 근) + 力(힘 력)
진흙밭에서 부지런히 힘을 쓰며 일을 하다.

勤勉(근면) 勤務(근무) 勤勞(근로) 勤政殿(근정전) 皆勤(개근)
退勤(퇴근) 缺勤(결근)

謹
삼갈 근

부수 | 言(말씀 언)　급수 | 3급

言(말씀 언) + 堇(진흙 근)

어려움에 처하지 않도록 말을 삼가고 조심히 해야 한다.

謹愼(근신) 謹賀新年(근하신년) 謹弔(근조) 謹嚴(근엄)

僅
겨우 근

부수 | 人(사람 인)　급수 | 2급

人(사람 인) + 堇(진흙 근)

겨우겨우 농사지으며 근근이 사는 사람

僅僅(근근) 僅少(근소)

槿
무궁화 근

부수 | 木(나무 목)　급수 | 2급

木(나무 목) + 堇(진흙 근)

누런 진흙에서도 잘 자라는 무궁화.

槿花(근화)

瑾
구슬 근

부수 | 玉(구슬 옥)　급수 | 2급

玉(구슬 옥) + 堇(진흙 근)

진흙에서 발견된 옥.

瑾瑜(근유) : 아름다운 옥.

覲
뵐 근

부수 | 見(볼 견)　급수 | 사범급

堇(진흙 근) + 見(볼 견)

진흙 길을 잘 지나 어렵게 찾아뵙다.

覲親(근친) ① 시집간 딸이 친정에 와서 친정 어버이를 뵘.
② 승려가 속가(俗家)의 어버이를 뵘.

饉
흉년들 근

부수 | 食(밥 식) 급수 | 1급

食(밥 식) + 堇(진흙 근)
먹을 곡식은 없고 진흙만 남아있는 땅.

飢饉(기근) = 饑饉(기근) : 흉년으로 먹을 양식이 없어 굶주림. 비유적으로, 최소
한의 수요에도 따르지 못할 만큼 부족한 현상.

懃
은근할 근

부수 | 心(마음 심) 급수 | 사범급

勤(부지런할 근) + 心(마음 심)
부지런한 마음, 늘 속으로 생각하고 있는 마음.

慇懃(은근) : 야단스럽지 아니하고 꾸준함, 행동 따위가 드러나지 않고 은밀함.

漌
맑을 근

부수 | 水(물 수) 급수 | 1급

水(물 수) + 堇(진흙 근)
물이 맑다.

漌清(근청) : 맑고 깨끗한 모양.

難
어려울 난

부수 | 隹(새 추) 급수 | 3급

堇(진흙 근) + 隹(새 추)
진흙에 발이 빠진 새가 날아오르기가 어렵다.

災難(재난) 難解(난해) 難局(난국) 避難(피난) 險難(험난) 困難(곤란)

漢
한수 한

부수 | 水(물 수) 급수 | 준5급

水(물 수) + 堇(진흙 근)
양자강 상류 진흙으로 되어 있는 강.

漢文(한문) 漢族(한족) 門外漢(문외한) : 어떤 일에 전문적인 지식이 없거나
직접 관계가 없는 사람. *漢 사나이 한

부수 | 欠(하품 흠)   급수 | 3급

堇(진흙 근) + 欠(하품 흠)
진흙밭에 빠지듯이 어려움에 처해서 입으로 탄식의 한숨이 나오다.

歎息(탄식) 感歎(감탄) 恨歎(한탄) 慨歎(개탄) 歎願書(탄원서) *嘆 탄식할 탄

부수 | 水(물 수)   급수 | 1급

水(물 수) + 難(어려울 난)
물이 바닥이 얕거나 폭이 좁아서 어렵게 흐르는 곳이 여울.

漢灘江(한탄강) 灘聲(탄성)

부수 | 人(사람 인)   급수 | 사범급

人(사람 인) + 難(어려울 난)
사람이 어려움을 가져다주는 귀신을 쫓아내다.

儺禮(나례) : 민가와 궁중에서, 음력 섣달 그믐날 밤에 잡귀를 쫓기 위하여 베풀던 의식.

부수 | 斤(도끼 근)   급수 | 3급

도끼 모양을 그린 한자. 땔감 나무 장작을 자를 때 사용, 전쟁 때 무기로 사용.

*斤(무게단위 근) - 저울로 다는 무게의 단위. 고기나 한약재 따위에서는 1근을 600g으로, 채소 따위에서는 375g으로 씀. 千斤萬斤(천근만근) : 아주 무거움.

부수 | 辶(辵,쉬엄쉬엄 갈 착)   급수 | 5급

辶(辵,쉬엄쉬엄 갈 착) + 斤(도끼 근)
저울추(斤)를 조금씩 가깝게 움직여 가며 저울질하다.

近視(근시) 遠近法(원근법) 最近(최근) 側近(측근) 近況(근황)

芹
미나리 근

부수 | 艹(풀 초)　**급수** | 사범급

艹(풀 초) + 斤(도끼 근)
도끼처럼 날카로운 칼로 베어온 미나리.

芹誠(근성) : 정성을 다하여 바치는 마음. 농부가 봄에 미나리를 캐어 임금에게 바친 데서 유래한 말. 芹獻(근헌) : 물품을 남에게 보내는 겸칭(謙稱)

欣
기뻐할 흔

부수 | 欠(하품 흠)　**급수** | 1급

斤(도끼 근) + 欠(하품 흠)
도끼는 임금이 선물로 준 하사품. 선물을 받아서 기쁘다.

*忻 기뻐할 흔 *訢 기뻐할 흔 欣快(흔쾌) 欣然(흔연)

炘
화끈거릴 흔

부수 | 火(불 화)　**급수** | 1급

火(불 화) + 斤(도끼 근)
불처럼 달구어진 도끼처럼 뜨겁게 화끈거리다.

炘炘(흔흔) : 광선이 강렬하여 대단히 뜨거운 모양.

昕
아침 흔

부수 | 日(날 일)　**급수** | 1급

日(날 일) + 斤(도끼 근)
아침에 해가 뜨다. 斤(근)은 발음 역할.

昕旦(흔단) : 새벽녘

祈
빌 기

부수 | 示(보일 시)　**급수** | 3급

示(보일 시) + 斤(도끼 근)
신에게 가까이(近) 다가가는 마음으로 두 손 모아 행복을 빌다.

祈禱(기도) 祈願(기원) 祈雨祭(기우제)

沂
물 이름 기

부수 | 水(물 수)　**급수** | 1급

水(물 수) + 斤(도끼 근)
물 이름. 강 이름.

浴沂(욕기) : 공자의 제자 증석(曾皙)이 기수(沂水)에서 목욕하고 기산(沂山)의 무우(舞雩)에 올라가 시가를 읊조리고 돌아오겠다고 한 고사에서, 명리(名利)를 잊고 유유자적함을 비유한 말.

匠
장인 장

부수 | 匚(상자 방)　**급수** | 2급

匚(상자 방) + 斤(도끼 근)
상자에 장인이 쓰는 도끼를 넣고 다닌다.

匠人(장인) : 손으로 물건 만드는 것을 업으로 하는 사람. 巨匠(거장)

斫
벨 작

부수 | 石(돌 석)　**급수** | 사범급

石(돌 석) + 斤(도끼 근)
돌도끼로 나무을 베다.

長斫(장작) : 통나무를 길쭉하게 쪼갠 땔나무. 斫刀(작도) : 작두의 옛말.

折
꺽을 절

부수 | 扌(손 수)　**급수** | 2급

扌(손 수) + 斤(도끼 근)
손으로 도끼를 들고 나뭇가지를 꺾다.

夭折(요절) 骨折(골절) 挫折(좌절)

斬
벨 참

부수 | 車(수레 차)　**급수** | 2급

車(수레 차) + 斤(도끼 근)
도끼로 머리를 자르거나 사지를 절단하든 형벌.

斬首(참수) 陵遲處斬(능지처참) : 머리·몸통·팔·다리를 토막 쳐 죽이던 극형. 대역죄를 범한 자에게 내리던 형벌.

慚
부끄러울 **참**

부수 | 心(마음 심)　급수 | 2급

斬(벨 참) + 心(마음 심)
참형을 당해서 부끄럽다.

慚悔(참회) 慚死(참사) 慚愧(참괴)

塹
구덩이 **참**

부수 | 土(흙 토)　급수 | 1급

斬(벨 참) + 土(흙 토)
구덩이를 파 참형을 한 후 묻음.

塹壕(참호) : 성 둘레의 구덩이. 야전(野戰)에서 몸을 숨기어 적의 공격에 대비하는 방어 시설.

暫
잠깐 **잠**

부수 | 日(날 일)　급수 | 2급

斬(벨 참) + 日(날 일)
날을 베어서 작게 만든 시간이 잠깐.

暫時(잠시) 暫間(잠간) 暫定(잠정) : 임시로 정함.

漸
점점 **점**

부수 | 水(물 수)　급수 | 2급

水(물 수) + 斬(벨 참)
물이 깎아내듯이 점점 해안가로 밀려나가다.

漸漸(점점) 漸次(점차) 漸層法(점층법) 漸入佳境(점입가경) : 차차 재미있는 경지로 들어감.

今
이제 **금**

부수 | 人(사람 인)　급수 | 준5급

合(합할 합) + ㄱ(물건)
물건을 지금 모아서 덮어 싸다.

古今(고금) 只今(지금) 方今(방금)

琴
거문고 금

부수 | 玉(구슬 옥)　급수 | 2급

玉玉(거문고 줄 모양) + 今(이제 금)

거문고 연주를 지금 하다.

___

琴瑟(금슬) : 거문고와 비파, '금슬(琴瑟)'의 본딧말.

大琴(대금) 風琴(풍금) 奚琴(해금)

衾
이불 금

부수 | 衣(옷 의)　급수 | 1급

今(이제 금) + 衣(옷 의)

지금 옷 대신 덮은 이불.

___

鴛鴦衾枕(원앙금침) : 원앙을 수놓은 이불, 부부가 함께 덮는 이불. *鴛 원앙 원
*鴦 원앙 앙

衿
옷깃 금

부수 | 衤(옷 의)　급수 | 1급

衤(옷 의) + 今(이제 금)

衤(의)는 옷깃을 의미하고, 今(금)은 발음 역할.

___

衿帶(금대) : 옷깃과 띠. 즉, 산천에 둘러싸인 요해처(要害處). *襟 옷깃 금

禽
날짐승 금

부수 | 内(짐승 발자국 유)　급수 | 2급

今(이제 금) + 凶(흉할 흉) + 内(짐승 발자국 유)

새의 머리(今, 발음 역할), 새의 몸(凶), 새의 발(内)을 나타낸 모양.

___

禽獸(금수) ① 날짐승과 길짐승. 곧, 모든 짐승. ② 행실이 무례하고 추잡한 사람.

妗
외숙모 금

부수 | 女(계집 녀)　급수 | 사범급

女(계집 녀) + 今(이제 금)

외숙모가 이제 싱글벙글 웃으신다.

___

*妗(금)의 여러 훈과 음.
① 싱글벙글할 첨 ② 계집 방정스러울 함 ③ 외숙모 금

笒
첨대 금

부수 | 竹(대나무 죽)　급수 | 사범급

竹(대나무 죽) + 今(이제 금)
대나무 조각으로 지금 점을 쳐보다.

---

*笒(첨대 금) – 점을 치는 데 쓰이는 대오리, 댓조각으로 만든 점대. 속이 비어 있지 않은 대나무.

吟
읊을 음

부수 | 口(입 구)　급수 | 3급

口(입 구) + 今(이제 금)
입으로 바로 시구(詩句)를 읊조리다.

吟風弄月(음풍농월) : 맑은 바람과 밝은 달에 대하여 시를 짓고 즐겁게 놂.
吟遊(음유) : 시를 지어 읊으며 여기저기 떠돌아다님.

含
머금을 함

부수 | 口(입 구)　급수 | 2급

今(이제 금) + 口(입 구)
입으로 지금 먹은 음식을 삼키지 않고, 머금고 있다.

包含(포함) 含量(함량) 含蓄(함축) 含憤(함분) : 분한 마음을 품음.

陰
그늘 음

부수 | 阝(阜,언덕 부)　급수 | 4급

阝(阜,언덕 부) + 今(이제 금) + 云(雲,구름 운)
언덕에 지금 구름이 껴있다. 그늘지다.

陰陽(음양) 陰德(음덕) 綠陰(녹음) 陰莖(음경) 陰謀(음모) 陰散(음산)
*蔭 그늘 음

矜
자랑할 긍

부수 | 矛(창 모)　급수 | 2급

矛(창 모) + 今(이제 금)
지금 방금 만든 신제품 창을 자랑스럽게 여기다.

自矜心(자긍심) 矜持(긍지) : 자신의 재능이나 능력을 믿음으로써 가지는 떳떳하고 자랑스러운 마음.

念
생각할 념

부수 | 心(마음 심)　급수 | 준4급

今(이제 금) + 心(마음 심)
지금을 마음에 두고 생각해 보다.

信念(신념) 觀念(관념) 念慮(염려)

捻
비틀 념

부수 | 扌(손 수)　급수 | 사범급

扌(손 수) + 念(생각 념)
손을 사용, 생각한 것을 다시 비틀어 생각해 보다.

捻鼻(염비) : 코를 쥠. '달갑지 않게 여기는 모양'을 이름.

黔
검을 검

부수 | 黑(검을 흑)　급수 | 사범급

黑(검을 흑) + 今(이제 금)
지금 검은 머리가 다 드러나 보이는 사람.

黔首(검수) : 머리에 아무것도 쓰지 않고 검은 맨머리라는 뜻으로, 일반 백성을 이르는 말. 서민. 여민(黎民).

鈐
비녀장 검

부수 | 金(쇠 금)　급수 | 사범급

金(쇠 금) + 今(이제 금)
수레에 끼우는 쇠로 만든 비녀장.

*비녀장 - 수레의 굴레 머리에서 내리질러 바퀴가 벗겨져 나가지 않게 하는 쇠.
鈐鍵(검건) : 자물쇠, 열쇠

貪
탐할 탐

부수 | 貝(조개 패)　급수 | 2급

今(이제 금) + 貝(조개 패)
지금 재물을 탐하다, 욕심내다.

貪慾(탐욕) 食貪(식탐) 貪官汚吏(탐관오리) : 탐욕이 많고 행실이 깨끗하지 못한 관리.

及
미칠 급

부수 | 又(오른손 우) **급수** | 4급

人(사람 인) + 又(오른손 우)
앞에 도망가는 사람을 손으로 잡다. 잡다 → 손이 닿다 → 미치다.

及第(급제) 及其也(급기야) 普及(보급) 波及(파급) 言及(언급)

級
등급 급

부수 | 糸(가는 실 멱, 사) **급수** | 3급

糸(가는 실 멱, 사) + 及(미칠 급)
실과 실을 이었더니 매듭, 즉 등급이 생겼다.

級數(급수) 等級(등급) 階級(계급) 進級(진급) 低級(저급) 上級(상급)

扱
다룰 급

부수 | 扌(손 수) **급수** | 1급

扌(손 수) + 及(미칠 급)
손으로 물건을 직접 다루다.

取扱(취급) : 사람이나 사건을 어떤 태도로 대하거나 처리함.

汲
물길을 급

부수 | 水(물 수) **급수** | 1급

水(물 수) + 及(미칠 급)
우물가에 도착해 물을 길어 오다.

汲汲(급급) : 어떤 일에 마음을 쏟아서 틈이 없는 모양.

伋
속일 급

부수 | 人(사람 인) **급수** | 사범급

人(사람 인) + 及(미칠 급)
사람이 다가와 속이다.

伋伋(급급) : 남을 속이는 모양.

急
급할 **급**

부수 | 心(마음 심) 급수 | 5급

及(미칠 급) + 心(마음 심)
앞서 도망가는 것을 잡으려고 마음이 급하다.

應急(응급) 緊急(긴급) 性急(성급) 急流(급류) 急所(급소) 緩急(완급)

吸
마실 **흡**

부수 | 口(입 구) 급수 | 3급

口(입 구) + 及(미칠 급)
입으로 공기가 닿듯이 마시다.

吸煙(흡연) 呼吸(호흡) 吸收(흡수)

鈒
창 삽

부수 | 金(쇠 금) 급수 | 사범급

金(쇠 금) + 及(미칠 급)
쇠로 창을 만들다.

鈒鏤(삽루) : 가느다란 선으로 새김. *鏤 새길 루

气

기운 기

아지랑이 안개 수증기가 피어오르는 모양.
기운, 기세, 공기, 기후, 날씨, 기체를 의미.

*중국에서는 원자 기호 이름으로 사용. 氧(산소 양), 氫(수소 경).

氣
기운 기

부수 | 气(기운 기) 급수 | 준5급

气(기운 기) + 米(쌀 미)
쌀로 밥을 만들어 먹으면 기운이 난다.

氣分(기분) 氣運(기운) 感氣(감기) 勇氣(용기) 氣體(기체) 氣壓(기압)

汽
증기 기

부수 | 水(물 수)   급수 | 2급

水(물 수) + 气(기운 기)
물을 추가해서 수증기의 뜻을 강조.

汽車(기차) 汽笛(기적) *笛 피리 적 汽罐(기관) *罐 두레박 관

愾
성낼 개

부수 | 忄(마음 심)   급수 | 사범급

忄(마음 심) + 氣(기운 기)
마음으로 성을 내며 거친 숨을 쉬는 기운.

敵愾心(적개심) : 적에 대하여 느끼는 분노와 증오. *愾 성낼 개, 한숨쉴 희

其
그 기

부수 | 八(여덟 팔)   급수 | 4급

甘(곡식을 까부르는 키) + 丌(두 손 모양)
농기구 키를 지시함. → 지시대명사 이것, 그것으로 변함 *箕 키 기

其他(기타) 其人制度(기인제도) : 기인(其人)을 뽑아 중앙에 보냈던 제도.

期
기약할 기

부수 | 月(달 월)   급수 | 준4급

其(그 기) + 月(달 월)
달의 모양 변화를 보고 날을 정하다.

期約(기약) 期間(기간) 期限(기한) 延期(연기) 適期(적기) 婚期(혼기)

基
터 기

부수 | 土(흙 토)   급수 | 준4급

其(그 기) + 土(흙 토)
집을 지으려고 한 그 땅, 그 터.

基盤(기반) 基準(기준) 基礎(기초) 基本(기본)

欺
속일 기

부수 | 欠(하품 흠)　급수 | 3급

其(그 기) + 欠(하품 흠)

하품하듯이 입을 크게 벌리고 말을 꾸며내서 남을 속이다.

詐欺(사기) 欺瞞(기만) *瞞 속일 만

麒
기린 기

부수 | 鹿(사슴 록)　급수 | 2급

鹿(사슴 록) + 其(그 기)

상상 속의 동물 기린. 몸이 사슴 같고, 꼬리는 소와 같으며, 발굽, 갈기는 말과 같음.

麒麟兒(기린아) : 재주와 지혜가 뛰어나 장래가 촉망되는 젊은이.

騏
준마 기

부수 | 馬(말 마)　급수 | 2급

馬(말 마) + 其(그 기)

빠르게 잘 달리는 그 말.

騏驥(기기) : 하루에 천 리를 달린다는 준마. *驥 천리마 기

棋
바둑 기

부수 | 木(나무 목)　급수 | 1급

木(나무 목) + 其(그 기)

나무로 만든 장기 알.

棋士(기사) : 바둑, 장기를 전문적으로 두는 사람.
棋院(기원) : 바둑을 두는 시설이나 장소를 제공하는 일을 업으로 삼는 곳. *碁 바둑 기

琪
옥 기

부수 | 玉(구슬 옥)　급수 | 2급

玉(구슬 옥) + 其(그 기)

그 아름다운 옥.

琪花瑤草(기화요초) : 신선세계에 있다는 아름다운 꽃과 풀.

淇
물 이름 기

부수 | 水(물 수)   급수 | 1급

水(물 수) + 其(그 기)
강 이름, 물 이름.

___

淇水(기수) : 강 이름, 하남성(河南省) 임현(林縣)에서 발원하는, 황하(黃河)의
지류.

箕
키 기

부수 | 竹(대나무 죽)   급수 | 1급

竹(대나무 죽) + 其(그 기)
대나무로 만든 농기구 키. *키 - 곡식을 까부르는 기구.

___

箕子朝鮮(기자조선) : 기자와 그 자손들이 단군 조선의 뒤를 이어 다스렸다고 하는
나라.

朞
돌 기

부수 | 月(달 월)   급수 | 사범급

其(그 기) + 月(달 월)
달을 보고 시간이 되돌아오는 시기. *만 하루가 되는 때나, 만 일 년이 되는 날

___

朞年服(기년복) : 일 년 동안 입는 상복.

鎤
호미 기

부수 | 金(쇠 금)   급수 | 1급

金(쇠 금) + 其(그 기)
쇠로 만든 호미.

___

*호미 - 김매는 농기구. 鎡鎤(자기) : 호미의 이름
*鎡 호미 자 *鋤 호미 서

璂
피변꾸미개 기

부수 | 玉(구슬 옥)   급수 | 1급

玉(구슬 옥) + 基(터 기)
구슬로 가죽 고깔모자를 꾸미다.

___

*皮弁(피변) -가죽고깔 모자. 피변의 솔기를 장식하는 옥.

斯
이 사

부수 | 斤(도끼 근)　**급수** | 3급

其(그 기) ＋ 斤(도끼 근)

키(箕)를 만들려고 도끼로 나무를 찍다. 찍듯이 가리키는 지시대명사, 이것.

斯文亂賊(사문난적) : 성리학에서, 교리를 어지럽히고 사상에 어긋나는 언행을 하는 사람을 이르는 말. *사문(斯文) – 유학자의 경칭.

嘶
울 시

부수 | 口(입 구)　**급수** | 사범급

口(입 구) ＋ 斯(이 사)

짐승이 입으로 울다. 사(斯)는 발음 역할.

---

*말이 울다, 흐느끼다, 짐승이나 새 등의 울음이 애처롭다.

己
몸 기

부수 | 己(몸 기)　**급수** | 준5급

상체를 구부리고 꿇어앉아 있는 사람 모습.

自己(자기) 克己(극기)

記
기록할 기

부수 | 言(말씀 언)　**급수** | 준5급

言(말씀 언) ＋ 己(몸 기)

사람의 말을 기록하다.

日記(일기) 記錄(기록) 記者(기자) 書記(서기) 暗記(암기) 傳記(전기)

起
일어날 기

부수 | 走(달릴 주)　**급수** | 4급

走(달릴 주) ＋ 己(몸 기)

달리기를 하려고 몸을 일으키다.

起立(기립) 起床(기상) 起源(기원)

紀
벼리 기

부수 | 糸(가는 실 멱) **급수** | 3급

糸(가는 실 멱) + 己(몸 기)
그물의 가장자리의 굵은 줄, 제일 중요한 줄로써 중심, 기본, 규범을 뜻함.

紀綱(기강) 軍紀(군기) 紀元(기원) 紀行文(기행문) 世紀(세기)

忌
꺼릴 기

부수 | 心(마음 심) **급수** | 2급

己(몸 기) + 心(마음 심)
몸과 마음이 모두 꺼리다.

忌日(기일) 忌祭祀(기제사) 忌避(기피) 禁忌(금기)

杞
구기자 기

부수 | 木(나무 목) **급수** | 1급

木(나무 목) + 己(몸 기)
몸에 좋은 구기자.

枸杞子(구기자) 杞憂(기우) : 옛날 기(杞)나라 사람이 하늘이 무너질까 걱정했다는 고사에서 나온 말로 쓸데없는 걱정을 의미.

玘
패옥 기

부수 | 玉(구슬 옥) **급수** | 1급

玉(구슬 옥) + 己(몸 기)
몸에 지니고 다니는 장식 옥.

玘都歌(기도가) : 중국 원(元)나라 때의 벼슬이름.

改
고칠 개

부수 | 攵(칠 복) **급수** | 준4급

己(몸 기) + 攵(칠 복)
잘못이 있는 사람을 때려서라도 고치게 하다.

改善(개선) 改定(개정) 改編(개편) 改革(개혁) 改憲(개헌) 改良(개량)

妃
왕비 **비**

부수 | 女(계집 녀) 급수 | 2급

女(계집 녀) + 己(몸 기)
왕 앞에 꿇어앉아 있는 왕비.

王妃(왕비) 大妃(대비) 廢妃(폐비) 妃嬪(비빈)

圮
무너질 **비**

부수 | 土(흙 토) 급수 | 사범급

土(흙 토) + 己(몸 기)
내 땅이 무너지다.

圮毀(비훼) : 허물어짐 *毀 헐 훼

配
짝 **배**

부수 | 酉(술 유) 급수 | 3급

酉(술 유) + 己(몸 기)
술을 나와 같이 꿇어앉아서 나누어 마시며 결혼식을 올리다. 나의 짝이 되다.

配偶者(배우자) 配慮(배려) 配置(배치) 配達(배달) 配給(배급)

幾
기미 **기**
몇 **기**

부수 | 幺(작을 요) 급수 | 3급

幺幺(작은 낌새) + 戈(창 과) + 人(사람 인)
창을 맨 사람이 작은 기미를 살피다.

幾微(기미) 幾日(기일) 幾何(기하)

機
베틀 **기**

부수 | 木(나무 목) 급수 | 3급

木(나무 목) + 幾(몇 기)
베 짜는 기계인 베틀은 나무로 만든다.

機械(기계) 機密(기밀) 機關(기관) 機智(기지) : 경우에 따라 재치 있게 대처하는 슬기.

부수 | 田(밭 전)　**급수** | 3급

田(밭 전) + 幾(몇 기)

왕이 직접 다스리는 지역인 경기 땅.

京畿(경기) : 서울을 중심으로 한 가까운 주위의 지방. 서울을 중심으로 하여 500리 이내의 땅.

부수 | 玉(구슬 옥)　**급수** | 1급

玉(구슬 옥) + 幾(몇 기)

옥(玉)은 둥글지 않은 구슬.

璿璣玉衡(선기옥형) : 천체의 운행과 그 위치를 관측하던 기계. *璿 구슬 선

부수 | 食(밥 식)　**급수** | 2급

食(밥 식) + 幾(몇 기)

밥을 못 먹고 굶주린 게 며칠이다.

*飢(굶주릴 기)와 같은 글자. 饑餓(기아) 饑饉(기근) 饑渴(기갈)

부수 | 言(말씀 언)　**급수** | 1급

言(말씀 언) + 幾(몇 기)

말로 몇 가지를 지적하며 나무라다.

譏謗(기방) 譏弄(기롱)

부수 | 耒(쟁기 뢰)　**급수** | 사범급

耒(쟁기 뢰) + 幾(몇 기)

쟁기로 밭을 갈다.

耭耕(기경) : 밭가는 일

旣
이미 기

부수 | 无(없을 무)　급수 | 3급

皀(밥 고소할 흡) + 旡(목멜 기)
고소한 밥을 이미 빨리 먹어서 목이 메다.

旣婚(기혼) 旣得權(기득권) 旣往(기왕) 旣成世代(기성세대)

槪
대개 개

부수 | 木(나무 목)　급수 | 2급

木(나무 목) + 旣(이미 기)
평미레로 밀어서 고르게 대강 간결하게 만들다.
*평미레- 곡식을 되로 잴 때, 그 위를 밀어서 고르게 하는 원기둥모양의 나무 방망이.

槪念(개념) 槪要(개요) 大槪(대개)

慨
슬퍼할 개

부수 | 忄(마음 심)　급수 | 2급

忄(마음 심) + 旣(이미 기)
음식을 목이 메게 먹은 것처럼 답답하고 슬프다.

慨歎(개탄) 慷慨(강개) 憤慨(분개) 感慨無量(감개무량) : 마음속에서 배어 나오는 감동이나 느낌이 끝이 없음.

漑
물댈 개

부수 | 水(물 수)　급수 | 1급

水(물 수) + 旣(이미 기)
물을 많이 대주다.

灌漑(관개) : 농사에 필요한 물을 끌어 논밭에 대는 일. *灌 물댈 관

廏
마구간 구

부수 | 广(집 엄)　급수 | 사범급

广(집 엄) + 旣(이미 기)
말이 수그리듯이 들어가는 마굿간.

廏置(구치) : 통행 중 말을 갈아타게 된 곳. 역참.

豈
어찌 기
즐길 개

부수 | 豆(콩 두) 급수 | 2급

전쟁에 승리하여 개선할 때 치는 북모양. 승리 → 어찌(기쁘지 아니한가)

豈不(기불) : 어찌 ~ 않으랴.

凱
즐길 개

부수 | 几(안석 궤) 급수 | 2급

豈(어찌 기) + 几(안석 궤)
북을 치고 안석 모양의 다른 악기들도 치며 기뻐하다.

凱歌(개가) 凱旋(개선) : 싸움에서 이기고 돌아옴.

愷
즐거울 개

부수 | 忄(마음 심) 급수 | 1급

忄(마음 심) + 豈(즐길 개)
전쟁에서 승리해서 북을 치며 좋아하며 즐거워하는 마음.

*凱(개)와 같은 글자. 愷樂(개악) = 凱樂(개악) 愷悌(개제) : 용모와 기상이 화락하고 단아함. *悌 공경할 제

塏
높은 땅 개

부수 | 土(흙 토) 급수 | 1급

土(흙 토) + 豈(즐길 개)
높고 환한 땅.

塏塏(개개) : 언덕 같은 것이 높은 모양.

鎧
갑옷 개

부수 | 金(쇠 금) 급수 | 사범급

金(쇠 금) + 豈(즐길 개)
전쟁 때 입었던 갑옷과 승전가를 부르며 치던 북.

鎧甲(개갑) : 쇠로 된 비늘을 단 갑옷.

137

吉
길할 **길**

부수 | 口(입 구)   급수 | 준4급

士(선비 사) + 口(입 구)

훌륭한 선비의 말씀을 잘 따르면 좋은 일이 생긴다. *길하다 - 운이 좋거나 일이 상서롭다.

吉日(길일) 吉凶(길흉) 吉兆(길조) 不吉(불길)

桔
도라질 **길**

부수 | 木(나무 목)   급수 | 1급

木(나무 목) + 吉(길할 길)

나무 밑에서 자라는 도라지는 몸을 좋게 한다.

桔梗(길경) : 도라지.

佶
건장할 **길**

부수 | 人(사람 인)   급수 | 1급

人(사람 인) + 吉(길할 길)

운이 좋은 건강한 사람.

佶屈(길굴) : 문장이 읽기 어렵고 이해하기 어려운 글 *佶 막힐 길

拮
일할 **길**

부수 | 扌(손 수)   급수 | 1급

扌(손 수) + 吉(길할 길)

손으로 복된 좋은 일을 하다.

拮据(길거) : 바쁘게 일함. *据 일할 거

姞
삼갈 **길**

부수 | 女(계집 녀)   급수 | 사범급

女(계집 녀) + 吉(길할 길)

여자들이 길한 일을 앞두고 행동을 조심하고 있다.

姞謹(길근) : 삼가고 조심하는 모양.

詰
꾸짖을 **힐**

부수 | 言(말씀 언)   **급수** | 1급

言(말씀 언) + 吉(길할 길)
좋은 일에 방해가 되어서 말로 꾸짖다.

詰難(힐난) : 트집을 잡아 거북할 만큼 따지고 듦. 詰責(힐책) 詰問(힐문)

結
맺을 **결**

부수 | 糸(가는 실 멱, 사)   **급수** | 준4급

糸(가는 실 멱, 사) + 吉(길할 길)
실로 좋은 일을 매듭지어 표시하다.

結果(결과) 結婚(결혼) 結實(결실) 結合(결합) 連結(연결) 結末(결말)

喆
밝을 **철**

부수 | 口(입 구)   **급수** | 2급

吉(길할 길) + 吉(길할 길)
좋고 복된 일이 겹쳤으니 앞일이 밝고 좋다.

*哲(밝을 철)과 같은 글자. *인명자(人名字)에 많이 쓰임.

髻
상투 **계**

부수 | 髟(머리털 늘어질 표)   **급수** | 사범급

髟(머리털 늘어질 표) + 吉(길할 길)
머리털을 머리 위에 묶어 상투를 틀다.

髻根(계근) : 상투 밑.

內
안 **내**

부수 | 入(들 입)   **급수** | 6급

冂(멀 경) + 入(들 입)
먼 곳에서 울타리 안으로 들어오다.

內包(내포) 內需(내수) 內紛(내분) 內憂外患(내우외환) 內助(내조)

納
바칠 **납**

부수 | 糸(가는 실 멱, 사) **급수** | 3급

糸(가는 실 멱, 사) + 內(안 내)

비단, 옷감으로 세금을 바치다.

___

納稅(납세) 納付(납부) 納品(납품)

衲
기울 **납**
장삼 **납**

부수 | 衤(옷 의) **급수** | 사범급

衤(옷 의) + 內(안 내)

옷을 안쪽으로 바느질하여 깁다.

___

衲衣(납의) : 승려가 입는 검은색의 옷, '가사(袈裟)'의 다른 이름.

訥
말 더듬을 **눌**

부수 | 言(말씀 언) **급수** | 사범급

言(말씀 언) + 內(안 내)

말을 밖으로 내뱉지 못하고 안으로 들어가듯이 말을 하다.

___

語訥(어눌) 訥辯(눌변) 訥言(눌언) *吶 말 더듬을 눌

芮
풀 뾰족뾰족 날 **예**
성 **예**

부수 | 艹(풀 초) **급수** | 1급

艹(풀 초) + 內(안 내)

풀이 안쪽에서부터 뾰족뾰족하게 자라나다.

___

芮芮(예예) : 풀이 뾰족뾰족 나는 모양.

汭
물굽이 **예**

부수 | 氵(물 수) **급수** | 사범급

氵(물 수) + 內(안 내)

물이 강 안쪽으로 굽어서 흐르다.

___

*흐르는 강물이 육지로 쑥 들어간 곳, 후미의 뜻을 나타냄.

汭水(예수) : 중국 강서성(江西省)과 감숙성(甘宿省)을 흐르는 강 이름

女 여자 녀

부수 | 女(여자 녀)   급수 | 8급
무릎을 꿇고 그 위에 단정히 손을 얹고 있는 여자의 옆모습을 그린 한자.

女王(여왕) 女丈夫(여장부) 少女(소녀) 淑女(숙녀) 烈女(열녀) 處女(처녀)
下女(하녀) 仙女(선녀)

如 같을 여

부수 | 女(여자 녀)   급수 | 준4급
女(여자 녀) + 口(입 구)
아녀자는 남편의 말에 순종하다.

如前(여전) 如何(여하) 如實(여실)
如反掌(여반장) : 손바닥을 뒤집는 것처럼 매우 쉽다는 뜻.

汝 너 여

부수 | 氵(물 수)   급수 | 3급
氵(물 수) + 女(여자 녀)
중국의 강 이름인데 전하여 '너'라는 뜻으로 쓰이는 한자

汝等(여등) = 汝輩(여배) : 너희들

恕 용서할 서

부수 | 心(마음 심)   급수 | 3급
如(같을 여) + 心(마음 심)
남의 처지와 같은 마음을 가지면 상대방을 용서할 수 있다.

容恕(용서) 忠恕(충서)

絮 솜 서

부수 | 糸(가는 실 멱)   급수 | 사범급
如(같을 여) + 糸(가는 실 멱)
옷을 만드는 실, 솜.

絮縷(서루) *縷 실 루 柳絮(유서) : 버들개지.

奴
종 노

부수 | 女(여자 녀)　급수 | 3급

女(여자 녀) + 又(또 우)
손으로 잡아온 여자 종 (사내종 노)

奴婢(노비) : 사내종과 계집종.
守錢奴(수전노) : 돈을 모을 줄만 알고 쓰려고는 하지 않는 사람을 낮잡아 이르는 말.

怒
성낼 노

부수 | 心(마음 심)　급수 | 3급

奴(종 노) + 心(마음 심)
종들의 마음은 분노, 성냄이 있다.

忿怒(분노) 怒髮(노발) 怒濤(노도)

努
힘쓸 노

부수 | 力(힘 력)　급수 | 3급

奴(종 노) + 力(힘 력)
노예가 힘을 쓰며 노력하다.

努力(노력)

駑
둔할 노

부수 | 馬(말 마)　급수 | 사범급

奴(종 노) + 馬(말 마)
노비가 가지고 있는 둔한 말.

駑鈍(노둔) : 미련하고 둔함.

弩
쇠뇌 노

부수 | 弓(활 궁)　급수 | 사범급

奴(종 노) + 弓(활 궁)
활을 잘 쏘는 노비. *쇠뇌 - 쇠로 된 발사 장치가 달린 활. 여러 개의 화살을 연달아 쏘게 되어 있는 것

弩手(노수) : 쇠뇌를 잘 쏘는 사람.

孥
자식 노

부수 | 子(아들 자)　급수 | 사범급

奴(종 노) + 子(아들 자)
종의 자식.

___

孥戮(노륙) : 죄가 무거운 죄인의 처와 자식까지도 모조리 죽이던 일.

拏
붙잡을 나

부수 | 手(손 수)　급수 | 1급

奴(종 노) + 手(손 수)
도망가는 노비를 붙잡아 오다.

___

漢拏山(한라산) 拏捕(나포) *拏 붙잡을 나
① 죄인을 붙잡는 일. ② 영해를 침범한 배를 붙잡음.

單
홑 단
오랑캐 이름 선

부수 | 口(입 구)　급수 | 4급

줄 양 끝에 돌을 매어 던져 짐승이나 사람을 산 채로 잡는 무기를 그린 글자.
(짐승을 잡는 그물 모양)

___

單獨(단독) 簡單(간단) 單純(단순) 單刀直入(단도직입)

簞
대광주리 단

부수 | 竹(대나무 죽)　급수 | 사범급

竹(대나무 죽) + 單(홑 단)
대나무로 만든 하나의 소쿠리, 대광주리.

___

簞食瓢飮(단사표음) *瓢 박 표
① 도시락밥과 표주박에 든 물이라는 뜻으로, 소박한 생활의 비유.
② 청빈한 생활.

鄲
조나라 서울 단

부수 | 阝(邑,고을 읍)　급수 | 사범급

單(홑 단) + 阝(邑,고을 읍)
중국 趙(조)나라 수도 한단.

___

邯鄲之步(한단지보) : 연(燕)나라의 한 청년이 한단에 가서 걷는 방법을 배우려다가 본래의 걸음걸이까지도 잊어버리고 기어 돌아왔다는 고사에서, 자기의 본분을 잊고 함부로 남의 흉내를 내면 두 가지 다 잃는다는 말.

彈
탄알 **탄**

부수 | 弓(활 궁)   급수 | 3급

弓(활 궁) + 單(홑 단)

활을 떠나 날아가는 화살 같은 탄알.

銃彈(총탄) 彈壓(탄압) 實彈(실탄) 彈劾(탄핵) *劾 캐물을 핵
① 죄상을 들어서 책망함. ② 대통령·국무총리·국무위원·법관 등의 위법에
대하여 국회의 소추에 따라 헌법재판소의 심판으로 해임하거나 처벌하는 일.

憚
꺼릴 **탄**

부수 | 忄(마음 심)   급수 | 1급

忄(마음 심) + 單(홑 단)

혼자 하려니 마음이 꺼려지다, 두렵다.

忌憚(기탄) : 어렵게 여기어 꺼림.

殫
다할 **탄**

부수 | 歹(부서진 뼈 알)   급수 | 사범급

歹(부서진 뼈 알) + 單(홑 단)

하나도 남김없이 죽어서 없어짐.

殫竭(탄갈) : 마음이나 힘을 남김없이 다 쏟음.

戰
싸움 **전**

부수 | 戈(창 과)   급수 | 준4급

單(홑 단) + 戈(창 과)

돌맹이 달린 무기와 창을 사용하며 싸움을 하다.

戰爭(전쟁) 戰術(전술) 作戰(작전) 舌戰(설전) 交戰(교전) 休戰(휴전)

禪
참선할 **선**

부수 | 示(보일 시)   급수 | 2급

示(보일 시) + 單(홑 단)

제단 앞에서 나라를 대표해서 홀로 나아가 제사를 지내고, 참선하다.

參禪(참선) 禪讓(선양) 禪宗(선종)

蟬
매미 선

부수 | 虫(벌레 훼, 충)　급수 | 1급

虫(종 노) + 單(홑 단)
나무에 혼자 붙어있는 매미.

___

蟬脫(선탈) : 매미가 허물을 벗는다는 뜻으로, 낡은 인습이나 속박에서 벗어남을
이르는 말.

嬋
고울 선

부수 | 女(여자 녀)　급수 | 1급

女(여자 녀) + 單(홑 단)
꾸밈없이 단출하게 고운 여자.

___

嬋娟(선연) : 맵시 있는 모양. * 娟 예쁠 연

磾
검은 돌 제

부수 | 石(돌 석)　급수 | 사범급

石(돌 석) + 單(홑 단)
검은 돌 하나로 비단에 물을 들이다.

___

磾石(제석) : 비단에 물들이는데 쓰는 검은 돌.

闡
열 천

부수 | 門(문 문)　급수 | 사범급

門(문 문) + 單(홑 단)
홑 문을 활짝 열다.

___

闡明(천명) : 사실이나 입장 따위를 드러내서 밝힘.

旦
아침 단

부수 | 日(해 일)　급수 | 2급

日(해 일) + 一(지평선)
지평선 위로 해가 떠오르는 아침.

___

元旦(원단) = 歲旦(세단) : 설날.

但
다만 **단**

부수 | 人(사람 인)   급수 | 3급

人(사람 인) + 旦(아침 단)

사람들이 아침엔 '다만' 하며 조심하다.

但只(단지) 但書(단서) : 법률 조문이나 문서 따위에서, 본문 다음에 그에 대한 조건이나 예외 따위를 나타내는 글.

袒
웃통 벗을 **단**

부수 | 衤(옷 의)   급수 | 사범급

衤(옷 의) + 旦(아침 단)

아침에 웃통을 벗어 어깨를 드러내다.

左袒(좌단) : 왼쪽 소매를 벗는다는 뜻으로, 남을 편들어 동의함을 이르는 말로 중국 전한(前漢) 때에, 여후(呂后)가 반란을 꾀할 때 주발(周勃)이 군중에서, 여후를 돕고자 하는 자는 오른쪽 소매를 벗고 한나라 왕실을 돕고자 하는 자는 왼쪽 소매를 벗으라고 명하자 모두 왼쪽 소매를 벗었다는 데서 유래한다.

疸
황달 **달**

부수 | 疒(병들 녁)   급수 | 1급

疒(병들 녁) + 旦(아침 단)

아침에 더 심해진 황달.

黃疸(황달) : 주로 간의 이상으로 쓸개즙의 색소가 혈액에 옮아가서 생기는 병.

怛
슬플 **달**

부수 | 忄(마음 심)   급수 | 사범급

忄(마음 심) + 旦(아침 단)

아침에 마음이 슬프다.

惻怛(측달) : 가엾게 여겨 슬퍼함.

坦
평평할 **탄**

부수 | 土(흙 토)   급수 | 1급

土(흙 토) + 旦(아침 단)

해가 떠오르는 평평한 땅.

坦坦大路(탄탄대로) 順坦(순탄) 平坦(평탄)

亶 믿음 단

부수 | 亠(머리 두) 급수 | 사범급

向(곳집 름) + 旦(아침 단)
창고의 곡식으로 아침부터 정성스럽게 제사를 지내다.

亶時(단시) : 진실로 그 때를 얻음.

壇 제단 단

부수 | 土(흙 토) 급수 | 3급

土(흙 토) + 亶(믿음 단)
흙을 쌓아 올린 제단에서 제사를 지내다.

祭壇(제단) 花壇(화단) 文壇(문단) 敎壇(교단)

檀 박달나무 단

부수 | 木(나무 목) 급수 | 2급

木(나무 목) + 亶(믿음 단)
박달나무에서 단군이 제사를 지내다.

檀君(단군) 檀紀(단기)

氈 모전 전

부수 | 毛(털 모) 급수 | 사범급

亶(믿음 단) + 毛(털 모)
짐승의 털로 짠 모직물 모전.

毛氈(모전) ① 짐승의 털로 색을 맞추고 무늬를 놓아 두툼하게 짠 부드러운 요.
② 융단. 양탄자.

顫 떨릴 전

부수 | 頁(머리 혈) 급수 | 사범급

亶(믿음 단) + 頁(머리 혈)
머리까지 떨리다.

手顫症(수전증) : 물건을 잡거나 할 때 손이 지나치게 떨리는 증세.

擅
멋대로 천

부수 | 手(손 수)   급수 | 사범급

手(손 수) + 亶(믿음 단)
제사를 자기 맘대로 하다.

擅橫(천횡) : 거리낌 없이 제멋대로 함.

代
대신할 대
시대 대

부수 | 人(사람 인)   급수 | 준5급

人(사람 인) + 弋(주살 익)
사람들이 싸움에 대신 사용하는 주살.

代金(대금) 代價(대가) 近代(근대) 時代(시대) 年代(연대) 世代(세대)

貸
빌릴 대

부수 | 貝(조개 패)   급수 | 3급

代(대신할 대) + 貝(조개 패)
돈을 내고 대신 물건을 빌리다.

貸與(대여) 貸金(대금) 賃貸(임대)

垈
터 대

부수 | 土(흙 토)   급수 | 2급

代(대신할 대) + 土(흙 토)
다음 세대가 살 집을 지을 터.

垈地(대지) : 집터로서의 땅. 垈地面積(대지면적)

袋
자루 대

부수 | 衣(옷 의)   급수 | 2급

代(대신할 대) + 衣(옷 의)
옷으로 대신 만든 자루.

布袋(포대) : 베로 만든 자루. 麻袋(마대) : 거친 삼실로 짠 큰 자루.

岱 산 이름 대

부수 | 山(뫼 산) 급수 | 1급

代(대신할 대) + 山(뫼 산)
작은 산을 대신한 큰 산. *타이산산(泰山山)을 이름.

岱山(대산) : 타이산산(泰山山)

玳 대모 대

부수 | 玉(구슬 옥) 급수 | 1급

玉(구슬 옥) + 代(대신할 대)
보물류에 속하는 대모.

玳瑁甲(대모갑) : 대모의 등과 배를 싸고 있는 껍데기. 안경테, 담뱃갑 따위의 장식품을 만드는 데 씀. *瑁 서옥 모

黛 눈썹먹 대

부수 | 黑(검을 흑) 급수 | 사범급

代(대신할 대) + 黑(검을 흑)
눈썹을 그리는 먹.

粉黛(분대) : 분을 바른 얼굴과 먹으로 그린 눈썹, 화장한 미인의 비유.

敦 도타울 돈

부수 | 攵(칠 복) 급수 | 2급

𠬝(두툼한 토기 모양) + 子(羊,양고기) + 攵(칠 복)
솥에 두툼한 고기를 잘라서 삶고 있다.

敦篤(돈독) 敦睦(돈목)

墩 돈대 돈

부수 | 土(흙 토) 급수 | 1급

土(흙 토) + 敦(도타울 돈)
흙을 높이 두껍게 쌓아 올린 돈대.

墩臺(돈대) : 조금 높직한 평지.

暾
아침해 돈

부수 | 日(날 일) 급수 | 1급

日(날 일) + 敦(도타울 돈)

해가 빛을 크게 비추며 떠오르는 아침.

晨暾(신돈) : 아침 해. 海暾(해돈) : 바다위로 떠오르는 해

燉
불빛 돈

부수 | 火(불 화) 급수 | 1급

火(불 화) + 敦(도타울 돈)

불이 크게 이글거리며 타다.

燉燉(돈돈) : 불길이 성한 모양.

享
누릴 향

부수 | 亠(머리 두) 급수 | 3급

高(두툼한 토기 모양) + 子(羊,양고기)

그릇에 고기를 담아서 제사를 지내니 복을 누리게 된다.

享有(향유) : 누리어 가짐. 享年(향년) ; 죽은 이가 한평생 살아서 누린 나이.

淳
순박할 순

부수 | 氵(물 수) 급수 | 2급

氵(물 수) + 享(누릴 향)

물이 깨끗하듯이 성격이 꾸밈없이 순박하다.

淳朴(순박) 淳厚(순후)

醇
진한 술 순

부수 | 酉(술 유) 급수 | 1급

酉(술 유) + 享(누릴 향, 제사 드릴 향)

제사에 드리는 술이 진하고 순수하다.

醇化(순화) : 정성 어린 가르침으로 감화함, 잡스러운 것을 떼어 버리고 순수한 것으로 만듦.

錞
악기 이름 순

부수 | 金(쇠 금)　급수 | 1급

金(쇠 금) + 享(누릴 향, 제사지낼 향)
제사 때 사용하는 악기.

錞釪(순우) : 동이 모양의 금속 악기. *釪 악기이름 우

諄
타이를 순

부수 | 言(말씀 언)　급수 | 1급

言(말씀 언) + 享(누릴 향)
말로 잘 타이르다.

諄諄(순순) : 친절히 타이르는 모양.

孰
누구 숙

부수 | 子(아들 자)　급수 | 2급

享(누릴 향 = 烹(삶을 팽)의 의미) + 丸(알 환 = (잡을 극)의 의미)
짐승을 잡아서 음식을 만들다. 익히다. → 누가, 무엇의 의미로 변함.

孰若(숙약) : 어느 쪽인가?

熟
익을 숙
익숙할 숙

부수 | 灬(불 화)　급수 | 3급

孰(누구 숙) + 灬(불 화)
솥에 두툼한 고기를 잘라서 삶고 있다.

半熟(반숙) 能熟(능숙) 熟達(숙달) 熟練(숙련) 熟眠(숙면) 成熟(성숙)

塾
글방 숙

부수 | 土(흙 토)　급수 | 1급

孰(누구 숙) + 土(흙 토)
누군가와 흙으로 담장을 쌓아 만든 글방.

私塾(사숙) 書塾(서숙)

郭
성곽 곽

부수 | 阝(邑, 고을 읍)   급수 | 2급

享(누릴 향) + 阝(邑, 고을 읍)
마을이 행복을 누리기 위해서 안전하게 만든 성곽.

*廓(성곽 곽)과 같은 글자. 城郭(성곽) 外郭(외곽) 輪郭(윤곽)

槨
덧널 곽

부수 | 木(나무 목)   급수 | 사범급

木(나무 목) + 郭(성곽 곽)
나무로 둘레를 쳐서 만든 관.

*槨(덧널 곽) – 棺(속널 관)을 넣는 궤짝.

同
같을 동

부수 | 口(입 구)   급수 | 6급

凡(무릇, 모두 범) + 口(입 구)
모든 사람들이 같은 말을 하다.

*司(맡을 사)와 비슷한 글자.
同感(동감) 同苦同樂(동고동락) 同窓(동창) 同胞(동포) 同僚(동료)

洞
고을 동
통할 통

부수 | 氵(물 수)   급수 | 준5급

氵(물 수) + 同(같을 동)
물이 있는 곳에서 사람들이 모여 사는 마을.

洞里(동리) 洞窟(동굴) 洞民(동민) 洞事務所(동사무소) 洞察(통찰) = 通察(통찰)

銅
구리 동

부수 | 金(쇠 금)   급수 | 3급

金(쇠 금) + 同(같을 동)
금과 같은 색을 가진 구리.

銅像(동상) 銅錢(동전) 靑銅(청동) 金銅佛(금동불)

桐
오동나무 동

부수 | 木(나무 목) 급수 | 2급

木(나무 목) + 同(같을 동)
오동나무는 중심부가 위아래로 똑같이 비어있다.

梧桐(오동) 桐梓(동재) : 좋은 재목. *梓 가래나무 재

胴
큰창자 동

부수 | 月(肉,육달 월) 급수 | 사범급

月(肉,육달 월) + 同(같을 동)
우리 신체 중 몸통을 뜻함.

胴體(동체) ① 사람이나 동물의 몸에서, 목·팔·다리 따위를 제외한 가운데 부분.
② 함선·비행기 등의 몸체 부분.

垌
항아리 동

부수 | 土(흙 토) 급수 | 사범급

土(흙 토) + 同(같을 동)
흙으로 만든 항아리

*垌(동막이 동) - 둑을 쌓아 막는 일.

筒
대롱 통

부수 | 竹(대나무 죽) 급수 | 사범급

竹(대나무 죽) + 同(같을 동)
대나무로 만든 통.

筆筒(필통) 煙筒(연통)

東
동녘 동

부수 | 木(나무 목) 급수 | 6급

木(나무 목) + 日(해 일)
나무 사이로 해가 떠오르는 동쪽.

東西南北(동서남북) 東洋(동양) 東西古今(동서고금) 東夷族(동이족)
東問西答(동문서답)

凍
얼 동

부수 | 冫(얼음 빙) 급수 | 2급

木(나무 목) + 東(동녘 동)

동쪽에도 얼음이 얼다.

凍傷(동상) 凍土(동토) 凍氷寒雪(동빙한설) : 얼어붙은 얼음과 차가운 눈이라는 뜻으로, 매서운 추위를 이르는 말.

棟
마룻대 동

부수 | 木(나무 목) 급수 | 2급

木(나무 목) + 東(동녘 동)

집에서 가장 높은 곳에 수평으로 걸려 있는 나무 막대. *마루 – 꼭대기, 높다는 뜻인 순우리말

棟梁之材(동량지재) : 한 집안이나 한 나라의 기둥이 될 만한 인재. *梁 들보 량

童
아이 동

부수 | 立(설 립) 급수 | 5급

立(설 립) + 里(마을 리)

마을에서 뛰어다니거나 서 있는 아이들.

童畫(동화) 童心(동심) 兒童(아동) 牧童(목동) 童謠(동요) 童顔(동안) *僮 아이 동

憧
그리워할 동

부수 | 忄(마음 심) 급수 | 1급

忄(마음 심) + 童(아이 동)

어릴 적을 그리워하는 마음.

憧憬(동경) : 어떤 것을 간절히 그리워해서 그것만을 생각함.

瞳
눈동자 동

부수 | 目(눈 목) 급수 | 1급

目(눈 목) + 童(아이 동)

아이들의 해맑은 눈동자.

瞳子(동자) 瞳孔(동공)

潼
강이름 동

부수 | 水(물 수)　급수 | 1급

水(물 수) + 童(아이 동)
아이들이 물놀이하며 노는 강.

＊쓰촨성(四川省)에서 발원하는 강. 碧潼郡(벽동군) : 평안북도 북쪽 중앙에 위치한 군.

撞
칠 당

부수 | 扌(손 수)　급수 | 1급

扌(손 수) + 童(아이 동)
아이들이 손으로 치다.

撞球(당구) 自家撞着(자가당착) : 같은 사람이 하는 말과 행동의 앞뒤가 어긋나 모순됨. 자기모순.

幢
기 당

부수 | 巾(수건 건)　급수 | 1급

巾(수건 건) + 童(아이 동)
수건 같은 천으로 만든 깃발. ＊절에 세우는 旗(기)

幢竿(당간) : 당(幢)을 달아 세우는 대. ＊竿 장대 간

鐘
쇠북 종

부수 | 金(쇠 금)　급수 | 3급

金(쇠 금) + 童(아이 동)
아이들을 불러 모을 때 치던 종.

＊鍾(술잔 종)과 같은 글자. 自鳴鐘(자명종) 警鐘(경종) : 다급한 일이나 위험을
알리기 위하여 치는 종, 잘못된 일이나 위험에 대해 경계하여 주는 주의나 충고.

重
무거울 중

부수 | 里(마을 리)　급수 | 5급

壬(사람이 땅에 우뚝 서 있는 모습) + 東(동)은 발음 역할
무거운 짐을 들고 있는 사람의 모습.

重量(중량) 輕重(경중) 重大(중대) 尊重(존중) 體重(체중) 重態(중태)

155

動
움직일 동

부수 | 力(힘 력)　급수 | 준4급

重(무거울 중) + 力(힘 력)

무거운 것을 힘으로 움직이다.

行動(행동) 運動(운동) 擧動(거동) 自動車(자동차) 動靜(동정)

慟
서럽게 울 통

부수 | 忄(마음 심)　급수 | 사범급

忄(마음 심) + 動(움직일 동)

마음이 요동치면서 힘들어 서럽게 울다.

慟哭(통곡) = 痛哭(통곡)

種
씨 종

부수 | 禾(벼 화)　급수 | 준4급

禾(벼 화) + 重(무거울 중)

곡식 중 무거운 씨앗을 종자로 쓴다.

種子(종자) 種類(종류) 種族(종족) 種瓜得瓜(종과득과) : 오이를 심으면 오이가 난
다는 뜻으로, 원인이 있으면 결과가 생김을 이르는 말. = 종두득두(種豆得豆).

鍾
술잔 종

부수 | 金(쇠 금)　급수 | 1급

金(쇠 금) + 重(무거울 중)

쇠로 만든 술잔.

---

*鐘(쇠북 종)과 같은 글자. 鍾鉢(종발) *鉢 바리때 발 鐘乳石(종유석)

腫
부스럼 종

부수 | 月(肉,육달 월)　급수 | 1급

月(肉,육달 월) + 重(무거울 중)

몸이 무거워지고 아프면서 생긴 종기.

腫氣(종기) 腫瘍(종양) *瘍 종기 양 浮腫(부종) = 浮症(부증)

踵 발뒤꿈치 종

부수 | 足(발 족) 급수 | 사범급

足(발 족) + 重(겹칠 중)
발과 발이 겹쳐질 정도로 뒤를 밟아가며 따라감.

踵接(종접) = 接踵(접종) ① 남에게 바싹 붙어서 따름. ② 사물이나 사건이 계속
뒤를 이어 일어남. *豫防接種(예방접종)

董 바로잡을 동

부수 | 艹(풀 초) 급수 | 1급

艹(풀 초) + 重(겹칠 중)
많은 풀들이 겹쳐있는 것을 바로잡다.

董督(동독) : 바로잡아 단속함. 骨董品(골동품) : 오래되고 희귀한 물품.

衝 부딪칠 충

부수 | 行(다닐 행) 급수 | 2급

行(다닐 행) + 重(겹칠 중)
길에서 겹쳐져서 부딪치다.

衝突(충돌) 衝擊(충격) 衝動(충동)

豆 콩 두 제기 두

부수 | 豆(콩 두) 급수 | 3급

굽이 높은 제기 그릇 모양. 이 그릇에 콩을 담아서 콩 두로 쓰임.

豆腐(두부) 豆乳(두유) 綠豆(녹두)

頭 머리 두

부수 | 頁(머리 혈) 급수 | 5급

豆(콩 두) + 頁(머리 혈)
제기 그릇 받침 같이 목이 있는 사람 머리를 의미함.

頭腦(두뇌) 頭痛(두통) 先頭(선두) 頭目(두목) 頭髮(두발) 頭緒(두서)

痘
천연두 두

부수 | 疒(병들 녁)　급수 | 1급

疒(병들 녁) + 豆(콩 두)

병을 앓고 나서 몸에 콩 모양처럼 흉터가 생기는 천연두.

天然痘(천연두) : 옛날에 마마라고 부르던 병으로 발진이 나서 나은 뒤에도 흉터가 남아 곰보가 되었다.

荳
콩 두

부수 | 艹(풀 초)　급수 | 사범급

艹(풀 초) + 豆(콩 두)

풀 초를 더해서 콩의 의미를 더 강조함.

荳餠(두병) : 콩기름을 짜고 난 찌기. (가축 사료, 비료로 사용) *餠 떡 병

逗
머무를 두

부수 | 辶(辵,쉬엄쉬엄 갈 착)　급수 | 사범급

辶(辵,쉬엄쉬엄 갈 착) + 豆(제기 두)

제사를 위해서 일정 기간 머무르다.

逗留(두류) = 滯留(체류) *滯 머무를 체, 막힐 체

短
짧을 단
모자랄 단

부수 | 矢(화살 시)　급수 | 5급

矢(쇠 금) + 豆(콩 두)

자가 없던 시대에 짧은 길이는 화살로 재고, 아주 작은 것은 콩으로 길이를 재었다.

長短(장단) 短點(단점) 短身(단신) 短縮(단축) 短期(단기) 短篇(단편)

登
오를 등

부수 | 癶(걸을 발)　급수 | 준5급

癶(걸을 발) + 豆(제기 두)

제기 그릇에 음식을 담아 제단 위에 올리듯이 올라가다.

登山(등산) 登校(등교) 登場(등장)

燈 등잔 등

부수 | 火(불 화)   급수 | 4급

火(불 화) + 登(오를 등)
불을 켜서 높은 곳에 올려놓은 등잔불.

燈臺(등대) 街路燈(가로등) 燈下不明(등하불명) 燈火可親(등화가친)

鄧 나라 이름 등

부수 | 阝(邑,고을 읍)   급수 | 1급

登(오를 등) + 阝(邑,고을 읍)
높이 올라가야 하는 마을, 나라. 등나라.

*鄧(등) - 춘추 시대에, 노(魯)나라의 땅, 전국시대 魏(위)나라의 도시.

橙 등자나무 등

부수 | 木(나무 목)   급수 | 사범급

木(나무 목) + 登(오를 등)
등자나무에 열매를 따러 올라가다.

橙子(등자) - 등자나무의 열매

嶝 고개 등

부수 | 山(뫼 산)   급수 | 사범급

山(뫼 산) + 登(오를 등)
산 고개를 오르다.

嶝峴(등현) : 나지막한 고개

證 증거 증

부수 | 言(말씀 언)   급수 | 3급

言(말씀 언) + 登(오를 등)
증거가 될만한 말을 공개적으로 윗사람에게 올리다. 보고하다.

證明(증명) 證據(증거) 證券(증권)

屯
진칠 둔

부수 | 屮(싹 날 철)　급수 | 2급

一(일) + 屮(싹 날 철)

땅을 뚫고 나온 풀의 모양. 즉, 언덕에 어렵게 진을 치다.

駐屯(주둔) 屯田(둔전) : 주둔병의 군량을 자급하기 위하여 마련되었던 밭.

鈍
무딜 둔

부수 | 金(쇠 금)　급수 | 2급

金(쇠 금) + 屯(진칠 둔)

쇠로 만든 칼이 무디다.

鈍感(둔감) 鈍角(둔각) 愚鈍(우둔)

芚
채소 이름 둔

부수 | 艹(풀 초)　급수 | 사범급

艹(풀 초) + 屯(진칠 둔)

땅에서 돋아나는 채소.

芚兮(둔혜) : 초목이 싹트는 모양.

頓
조아릴 돈

부수 | 頁(머리 혈)　급수 | 2급

屯(진칠 둔) + 頁(머리 혈)

머리를 땅에 닿도록 조아리다.

頓悟(돈오) 整頓(정돈) 査頓(사돈)

沌
어두울 돈

부수 | 氵(물 수)　급수 | 사범급

氵(물 수) + 屯(진칠 둔)

물이 땅속으로 들어가서 안보이듯 어둡다.

混沌(혼돈)
①하늘과 땅이 아직 나눠지지 않은 상태. ②사물의 구별이 확실하지 않음. 또는 그런 상태.

旽 밝을 돈

부수 | 日(날 일) 급수 | 사범급

日(날 일) + 屯(진칠 둔)
태양이 땅에 진을 치다. 밝다.

旽然(돈연) : 밝게 빛나는 모양. *暾(아침해 돈)과 같은 의미.

純 순수할 순

부수 | 糸(가는 실 멱) 급수 | 4급

糸(가는 실 멱) + 屯(진칠 둔)
누에에서 뽑아낸 명주실이 희고 부드럽다. 순수한 흰색이다.

純粹(순수) 純潔(순결) 純金(순금) 純眞(순진) 單純(단순) 純白(순백)

邨 마을 촌

부수 | 阝(邑,고을 읍) 급수 | 사범급

屯(진칠 둔) + 阝(邑,고을 읍)
고을에 진을 치듯이 사람들이 모여 사는 마을.

*村(마을 촌)의 本字(본자). 邨落(촌락) : 마을, 부락.

朕 나 짐

부수 | 月(달 월) 급수 | 사범급

舟 → 月(배 주) + 배가 지나가니 물이 갈라지는(八) 모습과 지나간 자국.
배가 강물을 떠갈 때, 지나간 자국을 본뜬 글자. → 조짐 → 천자의 自稱(자칭)

朕(나 짐) - 나, 신분의 귀천 없이 일컫는 자칭(自稱), 천자의 자칭(自稱),
兆朕(조짐)의 의미.

勝 이길 승

부수 | 力(힘 력) 급수 | 5급

朕(나 짐) + 力(힘 력)
짐(임금)이 힘을 다해 이겼노라.

勝利(승리) 勝敗(승패) 決勝(결승) 勝訴(승소) 勝戰鼓(승전고)

謄
베낄 등

부수 | 言(말씀 언)　급수 | 2급

朕(나 짐) + 言(말씀 언)

내가 직접 말을 듣고 보고 베낀다.

謄本(등본) 謄寫(등사) 謄抄(등초)

藤
등나무 등

부수 | 艹(풀 초)　급수 | 2급

艹(풀 초) + 滕(물 이름 등)

물을 잘 흡수하여 잘 자라는 등나무.

葛藤(갈등) 藤牌(등패)

騰
오를 등

부수 | 馬(말 마)　급수 | 2급

朕(나 짐) + 馬(말 마)

임금이 말에 올라타다.

暴騰(폭등) 騰落(등락) = 登落(등락) 沸騰點(비등점) : 끓는 점. *沸 끓을 비

어질 량

부수 | 艮(그칠 간)　급수 | 준4급

곡류 중에서 특히 좋은 것만을 골라내기 위한 기구를 그린 한자

善良(선량) 良心(양심) 良好(양호) 改良(개량) 優良(우량) 良質(양질)

浪
물결 랑

부수 | 水(물 수)　급수 | 3급

水(물 수) + 良(좋을 량)

좋은 물결이 출렁이다.

風浪(풍랑) 流浪(유랑) 放浪(방랑) 浪費(낭비)

娘
아가씨 **낭**

부수 | 女(계집 녀)　급수 | 3급

女(계집 녀) + 良(좋을 량)

좋은 여자 아가씨.

娘子(낭자) : 아가씨, 처녀　娘娘(낭낭) : 어머니, 왕비

朗
밝을 **랑**

부수 | 月(달 월)　급수 | 2급

良(좋을 량) + 月(달 월)

밝게 빛나고 있는 달.

明朗(명랑) 朗讀(낭독) 朗報(낭보)

郎
사내 **랑**

부수 | 阝(邑,고을 읍)　급수 | 3급

良(좋을 량) + 阝(邑,고을 읍)

마을에서 어질고 선한 사내.

郎君(낭군) 新郎(신랑) 花郎徒(화랑도)

廊
행랑 **랑**

부수 | 广(집 엄)　급수 | 2급

广(집 엄) + 郎(사내 랑)

남자 즉, 사내만 쓰는 손님 접대하던 행랑채, 사랑채

舍廊(사랑) 行廊(행랑) 畫廊(화랑)

瑯
고을 이름 **랑**
법랑 **랑**

부수 | 玉(구슬 옥)　급수 | 사범급

玉(구슬 옥) + 郎(사내 랑)

귀한 구슬같이 귀한 사내가 사는 고을.

*琅(옥이름 랑)의 俗字(속자). 琺瑯(법랑) : 금속기, 도자기 등의 표면에
구워 올려 윤이 나게 하는 광물을 원료로 한 유약.

螂
사마귀 **랑**

부수 | 虫(벌레 훼,충)   급수 | 사범급

虫(벌레 훼,충) + 郎(사내 랑)
사내같이 무서운 사마귀.

___

螳螂拒轍(당랑거철) : 제 분수를 모르고 강적에게 반항함.
'장자'에 나오는 말로, 중국 제나라의 장공(莊公)이 사냥을 나가는데 사마귀가 앞
발을 들고 수레바퀴를 멈추려 했다는 데서 유래한다. *螳 사마귀 당

狼
이리 **랑**

부수 | 犭(개 견)   급수 | 1급

犭(개 견) + 良(어질 량)
늑대과에 속하는 이리.

___

狼狽(낭패) : 일이 실패로 돌아가 매우 딱하게 됨. 狼(이리 낭) - 앞다리가 길고 뒷다리가
짧음. 狽(이리 패) - 그 반대이기 때문에 서로 의지해야만 다닐 수 있다는 데서 온 말.

琅
옥 이름 **랑**

부수 | 玉(구슬 옥)   급수 | 1급

玉(구슬 옥) + 良(좋을 량)
구슬 중에서 좋은 옥구슬.

___

琳琅(임랑) : 아름다운 옥. 아름다운 시문, 진귀한 서적, 걸출한 인재의 비유.
*琳아름다운 옥 림

列
벌일 **렬**

부수 | 刂(칼 도)   급수 | 4급

歹(앙상한 뼈 알) + 刂(칼 도)
죽은 짐승이나 가축에서 뼈와 살을 칼로 갈라서 벌여놓다.

___

羅列(나열) 列島(열도) 竝列(병렬)

烈
사나울 **렬**

부수 | 灬(불 화)   급수 | 4급

列(벌일 렬) + 灬(불 화)
불이 넓게 벌어져 가며 타들어 가니 사납고 세차다.

___

熱烈(열렬) 烈士(열사) : 나라가 어려움을 당했을 때 절의를 굳게 지키며 목숨을 바쳐 싸운 사람.

裂 찢을 **렬**

부수 | 衣(옷 의)　급수 | 2급
列(벌일 렬) + 衣(옷 의)
옷이 벌어져 찢어지다.

分裂(분열) 龜裂(균열) *龜 터질 균 破裂(파열)

洌 맑을 **렬**

부수 | 氵(물 수)　급수 | 1급
氵(물 수) + 列(벌일 렬)
맑은 물이 벌려져 흐르다.

洌水(열수) : 조선시대 '한강'을 이르던 말.

冽 찰 **렬**

부수 | 冫(얼음 빙)　급수 | 1급
冫(얼음 빙) + 列(벌일 렬)
차가운 물이 벌여 흐르다.

冽冽(열렬) : 추위가 혹독한 모양. 冽淸(열청) : 맑고 투명함.

例 법식 **례**

부수 | 人(사람 인)　급수 | 준4급
人(사람 인) + 列(벌일 렬)
사람이 만들어서 예시로 늘어놓은 규칙, 법식, 본보기.

例示(예시) 例文(예문) 例外(예외) 通例(통례) = 常例(상례)

令 하여금 **령**

부수 | 人(사람 인)　급수 | 준4급
스(합할 합) + 卩(병부, 무릎마디 절)
모여서 무릎을 꿇고 명령을 듣고 있는 모습. '누구로 하여금 ~을 하게 하다'

命令(명령) 假令(가령) 設令(설령) 令夫人(영부인) 令愛(영애)

領 거느릴 령

부수 | 頁(머리 혈)　**급수** | 준4급

令(명령 령) + 頁(머리 혈)

아랫사람에게 명령을 내리는 우두머리.
우두머리 표시를 옷깃에 표시하기도 하여 우두머리라는 뜻도 있음.

大統領(대통령) 首領(수령) 領袖會談(영수회담) *袖 소매 수
領收證(영수증) *領 받아들일 령

嶺 고개 령

부수 | 山(뫼 산)　**급수** | 3급

山(뫼 산) + 領(거느릴 령)

높은 산이 여러 산봉우리를 거느리듯이 높이 솟아있는 고개.

大關嶺(대관령) 嶺東(영동) 分水嶺(분수령) : 분수계가 되는 산마루나 산맥, 어떤
일이 결정되는 중요한 고비나 발전의 전환점.

零 떨어질 령

부수 | 雨(비 우)　**급수** | 2급

雨(비 우) + 令(명령 령)

비가 하늘에서 명령받듯이 아래로 떨어지다.

---

*零(영)- 수(數)가 전연 없음. '0'을 기호로 함.
零點(영점) 零細(영세) 零落(영락)

鈴 방울 령

부수 | 金(쇠 금)　**급수** | 1급

金(쇠 금) + 令(명령 령)

쇠로 만든 방울을 울리면서 명령을 내리다.

猫項懸鈴(묘항현령) : '고양이 목에 방울 달기'라는 뜻으로, 실행하지 못할 일을 공연
히 의논만 한다는 말 *猫 고양이 묘

玲 옥소리 령

부수 | 玉(구슬 옥)　**급수** | 2급

玉(구슬 옥) + 令(명령 령)

명령하는 목소리가 구슬 소리처럼 아름답다.

玲瓏(영롱) : 소리가 맑고 아름다움. *瓏 옥소리 롱

齡
나이 령

부수 | 齒(이 치)　급수 | 2급

齒(이 치) + 令(명령 령)
치아를 보고 나이를 알 수 있다.

年齡(연령) 高齡(고령) 老齡(노령) 適齡期(적령기)

囹
감옥 령

부수 | 囗(에울 위)　급수 | 1급

囗(에울 위) + 令(명령 령)
명령으로 죄인을 에워싸 가둬두는 감옥.

囹圄(영어) : 죄수를 가두는 곳. 감옥. *圄 감옥 어

伶
영리할 령

부수 | 亻(사람 인)　급수 | 1급

亻(사람 인) + 令(명령 령)
명령을 내리는 지도자는 영리한 사람이다.

伶俐(영리) = 怜悧(영리) : 눈치가 빠르고 똑똑함. *怜 영리할 령

翎
깃 령

부수 | 羽(깃 우)　급수 | 사범급

令(명령 령) + 羽(깃 우)
명령하는 사람이 위에 있듯이, 하늘 위에서 날아다니는 새의 깃털.

*翎(령) - 화살 깃을 의미하기도 함. 翎毛(영모) : 새의 깃과 짐승의 털.

羚
영양 령

부수 | 羊(양 양)　급수 | 사범급

羊(양 양) + 令(명령 령)
제물로 바칠 영양을 잡으라고 명령하다.

羚羊(영양) : 소과의 짐승. 염소와 비슷하나 더 크로 살진 편임.

苓
복령 령

부수 | 艹(풀 초)   급수 | 사범급

艹(풀 초) + 令(명령 령)

국화과에 속하는 일년초 복령. 버섯 종류의 하나. 약재로 씀.

---

*笭(종다래기 령) – 작은 대바구니. 茯苓 (복령) : 벤 소나무의 땅속뿌리에 기생하는 버섯의 하나. *茯 복령 복

岭
재 령

부수 | 山(뫼 산)   급수 | 사범급

山(풀 초) + 令(명령 령)

산이 깊고 높은 고개, 재.

岭嶙(영린) : 돌소리 *嶙 산깊숙할 린

聆
들을 령

부수 | 耳(귀 이)   급수 | 사범급

耳(귀 이) + 令(명령 령)

귀로 명령을 듣다. 듣고 깨닫다.

聆聆(영령) : 마음에 깨닫는 모양. 聆風(영풍) : 바람 소리를 들음.

冷
찰 랭

부수 | 冫(얼음 빙)   급수 | 준4급

冫(얼음 빙) + 令(명령 령)

명령이 얼음처럼 차갑다.

冷笑(냉소) 冷情(냉정) 冷淡(냉담) 冷藏庫(냉장고) 熱冷(숙랭)

盧
밥그릇 로

부수 | 虍(호랑이 호)   급수 | 2급

虍(호랑이 호) + 田(무늬 모양) + 皿(그릇 명)

무늬가 있는 그릇 모양. 화로 그릇. 虍(호)는 발음 역할. 호 → 로

---

*盧(로) 성씨로 사용. 盧生之夢(노생지몽) = 邯鄲之夢(한단지몽) : 인생의 영고성쇠는 한바탕 꿈처럼 덧없음을 이름.

爐
화로 로

부수 | 火(불 화)　**급수** | 2급

火(불 화) + 盧(그릇 로)

불을 담아 놓은 그릇 화로.

火爐(화로) 煖爐(난로)

蘆
갈대 로

부수 | ⺾(풀 초)　**급수** | 2급

⺾(풀 초) + 盧(그릇 로)

검은빛이 나는 갈대.

蘆笛(노적) : 갈대잎을 말아서 만든 피리. *笛 피리 적

瀘
강이름 로

부수 | 水(물 수)　**급수** | 사범급

水(물 수) + 盧(그릇 로)

그릇에 강물을 담다.

瀘水(노수) : 운남성(雲南省)에서 발원하여 양자강으로 흘러가는 강.

廬
오두막집 려

부수 | 广(집 엄)　**급수** | 2급

广(집 엄) + 盧(그릇 로)

화로(爐)를 피워놓은 오두막집.

三顧草廬(삼고초려) : 중국 삼국 시대에, 유비가 제갈량의 초려를 세 번이나 방문하여 마침내 그를 군사(軍師)로 삼았다는 데서 인재를 맞아들이기 위해 참을성 있게 노력한다는 말.

驢
나귀 려

부수 | 馬(말 마)　**급수** | 사범급

馬(말 마) + 盧(검을 로)

검은빛 나는 당나귀.

驢騾(여라) : 당나귀와 노새. *騾 노새 라

彔
나무 깎을 록

彑(돼지머리 계) + 氺(물 수)
날카로운 것으로 나무껍질을 벗기니 나무에서 진액 물이 나온다.

＊단독으로 쓰이지 않는다. 다른 한자와 결합하여 한자의 뜻과 독음에 영향을 준다.

綠
푸를 록

부수 | 糸(가는 실 멱, 사)   급수 | 5급
糸(가는 실 멱, 사) + 彔(나무 깎을 록)
나무껍질, 뿌리, 잎으로 푸른색의 실을 만들다.

綠色(녹색) 葉綠素(엽록소) 綠陰(녹음) 草綠(초록) 綠地(녹지)

錄
기록할 록

부수 | 金(쇠 금)   급수 | 3급
金(쇠 금) + 彔(나무 깎을 록)
쇠로 만든 청동그릇이나 종에 글을 새기다.

記錄(기록) 錄畫(녹화) 錄音(녹음) 朝鮮王朝實錄(조선왕조실록)

祿
녹 록

부수 | 礻(보일 시)   급수 | 2급
礻(보일 시) + 彔(나무 깎을 록)
신이 복을 준다. 즉 녹봉, 봉급을 받다.

祿俸(녹봉) : 관원에게 일 년 또는 계절 단위로 나누어 주던 물건.
祿邑(녹읍) 福祿(복록)

碌
돌 많을 록

부수 | 石(돌 석)   급수 | 사범급
石(돌 석) + 彔(나무 깎을 록)
돌이 나무를 깎는듯한 모양.

碌碌(녹록) = 錄錄(녹록) : 평범하고 하잘것없는 모양, 만만하고 상대하기가 쉽다.

菉
조개풀 **록**

부수 | 艹(풀 초) **급수** | 사범급
艹(풀 초) + 彔(나무 깎을 록)
나무를 깎으면 나오는 푸른 조개풀.

菉竹(녹죽) : 푸른 대나무 *벼목 화본과의 한해살이풀.

籙
책상자 **록**

부수 | 竹(대나무 죽) **급수** | 사범급
竹(대나무 죽) + 錄(기록할 록)
대나무 죽간에 기록해 놓고 보관하는 책 상자.

籙圖(녹도) : 역사에 관한 서적.

剝
벗길 **박**

부수 | 刂(칼 도) **급수** | 1급
彔(나무 새길 록) + 刂(칼 도)
칼로 껍질을 깎아서 벗기다.

剝製(박제) : 동물의 가죽을 곱게 벗겨 썩지 않도록 처리한 후에 솜 따위의 심 (心)을 속에 넣어 살아 있을 때와 같은 모양으로 만듦.

尞
횃불 **료**
밝을 **료**

부수 | 日(날 일) **급수** | 사범급
炎(불꽃 염) + 日(날 일) + 火(불 화)
불꽃을 많이 밝혀둔 모습에서 횃불, 밝다의 의미가 됨.

*단독으로 쓰이지 않는다. 다른 한자와 결합하여 한자의 뜻과 독음에 영향을 준다.

僚
동료 **료**

부수 | 人(사람 인) **급수** | 2급
人(사람 인) + 尞(밝을 료)
밝은 날 나와 같이 일을 하는 동료, 관리.

官僚(관료) 同僚(동료) 閣僚(각료)

병 고칠 **료**

부수 | 疒(병들 녁)   급수 | 2급

疒(병들 녁) + 尞(밝을 료)

병을 밝게 해주다. 즉 병을 고쳐주다.

治療(치료) 療法(요법) 醫療(의료) 診療(진료) 療養院(요양원)

멀 **료**

부수 | 辶(辵,쉬엄쉬엄 갈 착)   급수 | 1급

辶(辵,쉬엄쉬엄 갈 착) + 尞(횃불 료)

횃불을 들고 멀리 가다.

遼遠(요원) 遼河(요하) 遼東半島(요동반도)

밝을 **료**

부수 | 目(눈 목)   급수 | 1급

目(눈 목) + 尞(밝을 료)

빛을 비추니 눈이 밝아져 잘 보인다.

明瞭(명료) 一目瞭然(일목요연)

화톳불 **료**

부수 | 火(불 화)   급수 | 사범급

火(불 화) + 尞(횃불 료)

불을 더 추가한 화롯불.

燎火(요화) : 화톳불.

벼슬아치 **료**

부수 | 宀(집 면)   급수 | 사범급

宀(집 면) + 尞(밝을 료)

집에서 불을 밝히고 일을 하는 벼슬아치.

*僚(동료 료)와 같은 글자. 同僚(동료) = 同寮(동료)

龍
용 룡

부수 | 龍(용 룡)　급수 | 3급

용이 하늘로 오르는 모습을 본뜬 한자. 용은 임금을 상징.

龍顔(용안) 龍床(용상) 恐龍(공룡) 袞龍袍(곤룡포) 龍頭蛇尾(용두사미)

籠
대바구니 롱

부수 | 竹(대나무 죽)　급수 | 2급

竹(대나무 죽) + 龍(용 룡)
대나무로 용모양 새장, 바구니를 만듦.

籠球(농구) 鳥籠(조롱) 籠城(농성) ① 적에게 둘러싸여 성문을 굳게 닫고 성을 지킴. ② 어떤 목적을 위하여 줄곧 한자리를 떠나지 않고 시위함.

聾
귀머거리 롱

부수 | 耳(귀 이)　급수 | 1급

龍(용 룡) + 耳(귀 이)
용은 귀가 없어서 뿔로 소리를 듣는다. 용은 귀로 듣지 못한다.

聾啞(농아) *啞 벙어리 아 耳聾(이롱)

瀧
비올 롱

부수 | 水(물 수)　급수 | 1급

水(물 수) + 龍(용 룡)
용이 하늘에서 내려오듯이 비가 오는 모습. 여울물을 의미.

瀧瀧(농롱) : 비가 부슬부슬 오는 모양.

朧
흐릿할 롱

부수 | 月(달 월)　급수 | 사범급

月(달 월) + 龍(용 룡)
용이 날아오를 때 달빛이 흐릿하게 비춰주다.

朦朧(몽롱) : 달빛이 흐릿한 모양. *朦 풍부할 몽

壟
언덕 **롱**

부수 | 土(흙 토)　급수 | 사범급

龍(용 룡) + 土(흙 토)

용 모양으로 흙이 쌓여 언덕이 되다.

壟斷(농단) : 땅이 높이 솟은 곳, 이익을 독점함. 어떤 장사꾼이 높은 곳에 올라서서 시장을 내려다보고 시세를 파악한 다음, 싼 것을 사서 비싸게 팔아 이익을 독차지했다는 고사에서 유래.

瓏
옥소리 **롱**

부수 | 玉(구슬 옥)　급수 | 1급

玉(구슬 옥) + 龍(용 룡)

용이 움직일 때 나는 소리가 옥소리 같다.

玲瓏(영롱) : 소리가 맑고 아름다움.

襲
염습할 **습**
엄습할 **습**

부수 | 衣(옷 의)　급수 | 2급

龍(용 룡) + 衣(옷 의)

죽은 임금의 몸을 관에 넣기 전에 씻기고, 삼베옷을 입히고 홑이불로 싸는 일.

掩襲(엄습) : 불시에 습격함.　*掩 가릴 엄
殮襲(염습)　襲擊(습격)　世襲(세습)　因襲(인습)　*襲 계승할 습

寵
사랑할 **총**

부수 | 宀(집 면)　급수 | 2급

宀(집 면) + 龍(용 룡)

임금의 집안에서 사랑받는 사람.

恩寵(은총)　寵愛(총애) : 남달리 귀엽게 여겨 사랑함.

婁
포갤 **루**

부수 | 女(여자 녀)　급수 | 사범급

여자가 머리 위에 쌓인 물건을 이고 있는 모습.

*별이름 루(별자리 28수 중 16번째 별자리를 뜻하기도 함.)
解夫婁(해부루) : 동부여 시조　桂婁部(계루부) : 고구려 5부의 하나

樓
다락 루

부수 | 木(나무 목) 급수 | 2급

木(대나무 죽) + 婁(포갤 루)
나무로 집을 지을 때 여러 층으로 포개어 지은 높은 누각.

樓閣(누각) : 사방이 탁 트이게 높이 지은 다락집.
沙上樓閣(사상누각) : 기초가 약하여 오래 견디지 못할 일이나 실현 불가능한 일.

屢
여러 루

부수 | 尸(집 시) 급수 | 2급

尸(집 시) + 婁(포갤 루)
집이 여러 층으로 포개어져 있다.

屢屢(누누) 屢次(누차) 屢代(누대)

數
셈 수

부수 | 攵(칠 복) 급수 | 준4급

婁(여러 루) + 攵(칠 복)
여자가 여러 번 수를 헤아리는데 막대기로 때리면서 셈을 하다.

數學(수학) 分數(분수) 倍數(배수) 頻數(빈삭) *數 자주 삭
數罟(촉고) *數 촘촘할 촉

侖
둥글 륜

부수 | 人(사람 인) 급수 | 1급

亼(모을 집) + 冊(책 책)
죽간으로 만든 책을 둥글게 말아 놓은 모습.

昆侖集(곤륜집) : 조선 숙종 때 최창대의 시문집.

倫
인륜 륜

부수 | 人(사람 인) 급수 | 4급

人(사람 인) + 侖(둥글 륜)
사람이 지키고 살아가야 하는 인륜을 책에 기록하다.

人倫(인륜) 倫理(윤리) 三綱五倫(삼강오륜)

輪
바퀴 륜

부수 | 車(수레 차)　급수 | 3급

車(수레 차) + 侖(둥글 륜)
수레의 바퀴가 둥글다.

輪回(윤회) 輪作(윤작) 年輪(연륜)

崙
산 이름 륜

부수 | 山(뫼 산)　급수 | 1급

山(뫼 산) + 侖(둥글 륜)
온갖 산들이 모여 있는 큰 산.

崑崙山(곤륜산) : 중국 고대의 전설상의 성스러운 산. *崑 산 이름 곤

淪
빠질 륜

부수 | 水(물 수)　급수 | 1급

水(물 수) + 侖(둥글 륜)
물에 빠지듯이 책에 빠지다.

淪落(윤락) 沈淪(침륜)

綸
인끈 륜

부수 | 糸(가는 실 멱)　급수 | 1급

糸(가는 실 멱) + 侖(둥글 륜)
도장에 손잡이에 달린 끈

經綸(경륜) 일을 조직적으로 잘 계획함.

論
논할 론

부수 | 言(말씀 언)　급수 | 4급

言(말씀 언) + 侖(둥글 륜)
책에 있는 말을 논하다.

論語(논어) 論文(논문) 論說(논설) 討論(토론) 論議(논의) 輿論(여론)

粦 도깨비불 **린**

도깨비불은 과학적으로는 인골(人骨) 등의 인이 자연 발화한 불빛.

* 단독으로 쓰이지 않는다. 다른 한자와 결합하여 한자의 뜻과 독음에 영향을 준다.

燐 도깨비불 **린**

부수 | 火(불 화)　급수 | 사범급

火(불 화) + 粦(도깨비불 린)
불 화 부수를 추가해서 도깨비불의 뜻을 더 강조했다.

鬼燐(귀린) : 도깨비불　燐酸(인산) : 오산화인이 여러 가지 방법으로 물과 작용하여 생기는 산을 통틀어 이르는 말.

隣 이웃 **린**

부수 | 阝(阜언덕 부)　급수 | 2급

阝(阜언덕 부) + 粦(도깨비불 린)
언덕에 모여 사는 이웃.

近隣(근린) 隣接(인접) 隣村(인촌) *鄰 이웃 린

麟 기린 **린**

부수 | 鹿(사슴 록)　급수 | 1급

鹿(사슴 록) + 粦(도깨비불 린)
고대 중국 전설의 상상 속의 짐승.
*몸 - 사슴, 꼬리 - 소, 발굽, 갈기 - 말, 빛깔은 오색인 전설상의 짐승

麒麟(기린) : 성인(聖人)이 세상에 나올 전조로 나타난다는 상상의 상서로운 동물.
*오늘날 동물인 기린을 지칭하기도 함

鱗 비늘 **린**

부수 | 魚(물고기 어)　급수 | 1급

魚(물고기 어) + 粦(도깨비불 린)
물고기의 비늘. 粦(린)은 발음 역할.

逆鱗(역린) : 임금의 분노. 용의 턱 아래에 난 비늘을 건드리면 죽임을 당한다는 전설에서 나온 말.

璘
옥빛 린

부수 | 玉(구슬 옥)　급수 | 1급

玉(구슬 옥) + 粦(도깨비불 린)

아름다운 옥. 粦(린)은 발음 역할.

璘班(인반) : 화려하게 빛나는 모양.

潾
맑을 린

부수 | 氵(물 수)　급수 | 1급

氵(물 수) + 粦(도깨비불 린)

물이 맑다. 粦(린)은 발음 역할.

潾潾(인린) : 물이 맑은 모양.

憐
불쌍히 여길 련

부수 | 忄(마음 심)　급수 | 2급

忄(마음 심) + 粦(도깨비불 린)

마음으로 이웃(隣)을 불쌍히 여기다.

憐憫(연민)　可憐(가련)　哀憐(애련)　同病相憐(동병상련)

立
설 립

부수 | 立(설 립)　급수 | 7급

大(큰 대) + 一(한 일)

두 팔을 벌리고 땅을 딛고 서 있는 사람.

獨立(독립)　立地(입지)　建立(건립)　自立(자립)　立身揚名(입신양명)

粒
낟알 립

부수 | 米(쌀 미)　급수 | 2급

米(쌀 미) + 立(설 립)

쌀알의 하나하나의 낟알.

粒子(입자)　粒粒皆辛苦(입립개신고) : 쌀알 하나하나가 다 농부의 애써 고생한 결과

笠
삿갓 **립**

부수 | 竹(대나무 죽)　급수 | 1급

竹(대나무 죽) + 立(설 립)
대나무로 만든 삿갓.

簑笠(사립) : 도롱이와 삿갓. *簑 도롱이 사

砬
돌소리 **립**

부수 | 石(돌 석)　급수 | 사범급

石(돌 석) + 立(설 립)
돌이 하나씩 무너져 내리는 소리.

砬聲(입성) : 돌 무너지는 소리.

拉
끌고 갈 **랍**

부수 | 扌(손 수)　급수 | 2급

扌(손 수) + 立(설 립)
서 있는 사람을 손으로 끌고 가다.

拉致(납치) : 강제 수단을 써서 억지로 데리고 감.

泣
울 **읍**

부수 | 水(물 수)　급수 | 3급

水(물 수) + 立(설 립)
서서 눈물을 흘리며 울다.

泣訴(읍소) 泣諫(읍간) 泣斬馬謖(읍참마속) : 중국 촉(蜀)나라 제갈량(諸葛亮)이,
마속이 군령을 어겨 싸움에서 패했을 때, 울면서 그를 참형에 처하였다는 고사(故事)
에서 큰 목적을 위하여 자기가 아끼는 사람을 버림의 비유. *謖 일어날 속

竝
나란히 **병**

부수 | 立(설 립)　급수 | 2급

立(설 립) + 立(설 립)
나란히 두 명의 사람이 서 있는 모습.

竝列(병렬) 竝行(병행) 竝設(병설)

麻
삼 마

부수 | 麻(삼 마) 급수 | 3급

广(집 엄) + 林(삼 껍질 모양)
집 안에서 삼껍질을 걸어 놓고 말리는 모습.

*蔴(麻,삼 마)의 속자(俗字). 麻衣(마의) 麻布(마포) 大麻草(대마초) *麻 마약 마

磨
갈 마

부수 | 石(돌 석) 급수 | 2급

麻(삼 마) + 石(돌 석)
삼을 돌로 갈듯이 두드리며 만들다.

練磨(연마) 磨崖(마애) *崖 벼랑 애 切磋琢磨(절차탁마) : 옥·돌 따위를 갈고 다
듬는다는 뜻으로, 부지런히 학문이나 덕행을 닦음을 이름. *磋 갈 차 *琢 쪼을 탁

摩
문지를 마

부수 | 手(손 수) 급수 | 2급

麻(삼 마) + 手(손 수)
손으로 삼을 문지르다.

摩擦(마찰) 撫摩(무마) 按摩(안마)

痲
저릴 마

부수 | 疒(병들 녁) 급수 | 2급

疒(병들 녁) + 麻(삼 마)
마(麻)잎에 마취 성분이 들어있음.

痲藥(마약) 痲痹(마비) *痹 저릴 비 痲醉(마취)

魔
마귀 마

부수 | 鬼(귀신 귀) 급수 | 2급

麻(삼 마) + 鬼(귀신 귀)
마약을 먹은 귀신처럼 나쁜 귀신 마귀.

魔鬼(마귀) 魔術(마술) 惡魔(악마) 病魔(병마) 魔力(마력)

靡
쏠릴 미

부수 | 非(아닐 비)　급수 | 1급

麻(삼 마) + 非(아닐 비)

삼이 바람으로 인해서 한쪽으로 쏠리다.

風靡(풍미) : 바람에 몰려 초목이 쓰러지듯이 어떤 현상이나 사조 따위가 널리 사회에 퍼짐.

糜
죽 미

부수 | 米(쌀 미)　급수 | 사범급

麻(삼 마) + 米(쌀 미)

쌀로 만든 죽. 마(麻)는 발음 역할.

糜粥(미죽) : 죽, 미음.

縻
고삐 미

부수 | 糸(가는 실 멱)　급수 | 사범급

麻(삼 마) + 糸(가는 실 멱)

실(줄)을 사용해서 짐승을 묶어두는 고삐. 마(麻)는 발음 역할.

羈縻(기미) : 굴레를 씌우듯 자유를 속박함. *羈 굴레 기

麾
대장기 휘

부수 | 毛(털 모)　급수 | 사범급

麻(삼 마) + 毛(털 모)

털 장식이 달린 대장기. 마(麻)는 발음 역할.

麾下(휘하) : 주장(主將)의 지휘 아래. 또는 그 아래 딸린 사졸.

莫
없을 막

부수 | 艹(풀 초)　급수 | 3급

艹(풀 초) + 日(날 일) + 艹(풀 초)

해가 풀 속 사이로 지다, 없어졌다.

莫上莫下(막상막하)　莫論(막론)　莫逆之友(막역지우)　莫大(막대)

漠
사막 막

부수 | 氵(물 수)　**급수** | 2급

氵(물 수) + 莫(없을 막)

물이 없는 사막.

沙漠(사막) = 砂漠(사막)　漠然(막연)　漠漠(막막)

幕
장막 막

부수 | 巾(수건 건)　**급수** | 2급

莫(없을 막) + 巾(수건 건)

햇빛 비치는 것을 막는 수건 즉, 장막.

帳幕(장막)　天幕(천막)　閉幕(폐막)　幕府(막부)　幕舍(막사)　幕僚(막료)

膜
막 막

부수 | 肉(月)(고기 육)　**급수** | 2급

肉(月)(고기 육) + 莫(없을 막)

우리 몸의 세포, 기관을 싸고 있는 막.

鼓膜(고막)　網膜(망막)　角膜(각막)　細胞膜(세포막)　處女膜(처녀막)

寞
쓸쓸할 막

부수 | 宀(집 면)　**급수** | 2급

宀(집 면) + 莫(없을 막)

집에 아무도 없이 혼자 있어 쓸쓸함.

索寞(삭막)　寞寞(막막)　寂寞(적막)

瘼
병들 막

부수 | 疒(병들 녁)　**급수** | 사범급

疒(병들 녁) + 莫(없을 막)

병이 들어 힘이 없음.

疾瘼(질막)　深瘼(심막)

冪
덮을 멱

부수 | 冖(덮을 멱)　급수 | 사범급

冖(덮을 멱) + 莫(없을 막)
보기로 덮어서 보이지 않게 하다.

冪冪(멱멱) : 구름 따위가 덮여 있는 모양.

驀
말탈 맥

부수 | 馬(말 마)　급수 | 사범급

莫(없을 막) + 馬(말 마)
말을 힘차게 타다. 막(莫)은 발음 역할.

驀進(맥진) : 좌우를 돌아볼 겨를이 없이 힘차게 나아감.

募
모을 모

부수 | 力(힘 력)　급수 | 3급

莫(없을 막) + 力(힘 력)
아무것도 없으므로 힘써 사람과 재물을 모아 오다.

募金(모금) 募集(모집) 公募(공모) 應募(응모) 募兵(모병)

慕
사모할 모

부수 | 心(마음 심)　급수 | 3급

莫(없을 막) + 心(마음 심)
보고 싶은 사람을 못 보게 되니 마음으로 더 그리워하고 사모하다.

戀慕(연모) 思慕(사모) 愛慕(애모) 追慕(추모)

模
법 모

부수 | 木(나무 목)　급수 | 3급

木(나무 목) + 莫(없을 막)
나무를 깎아 실제 모습과 같이 만들 틀을 만들다. 본뜨다.

模倣(모방) 模範(모범) 模型(모형) 模造品(모조품) 規模(규모)

暮
저물 모

부수 | 日(날 일)   급수 | 3급

莫(없을 막) + 日(날 일)
해가 풀 속 사이로 저물어 없어지다.

歲暮(세모) 朝令暮改(조령모개) 朝暮(조모) 朝三暮四(조삼모사)

謨
꾀 모

부수 | 言(말씀 언)   급수 | 2급

言(말씀 언) + 莫(없을 막)
없는 말을 지어내어 꾀를 내다.

謨訓(모훈) : 후왕(後王)의 모범이 될 가르침.

摸
더듬어 찾을 모

부수 | 扌(손 수)   급수 | 1급

扌(손 수) + 莫(없을 막)
손으로 더듬어 가며 찾아보다.

摸索(모색) 摸寫(모사) = 模寫(모사) *摹 베낄 모

墓
무덤 묘

부수 | 土(흙 토)   급수 | 3급

莫(없을 막) + 土(흙 토)
땅에 시체를 파묻어 만든 무덤.
*분(墳) - 땅 위로 솟아오른 무덤. *묘(墓) - 봉분이 없는 평평한 무덤.

省墓(성묘) 墓碑(묘비) 墓地(묘지)

曼
길게 끌 만

부수 | 曰(말할 왈)   급수 | 1급

冃(모자 모) + 目(눈 목) + 又(오른손 우)
모자도 쓰고, 눈 화장하는 손. 즉, 화장하는 시간이 길다.

曼壽(만수) : 오래 삶. 曼聲(만성) : 긴 소리.

慢
거만할 **만**

부수 | 忄(마음 심)　급수 | 2급

忄(마음 심) + 曼(길게 끌 만)
일을 항상 오래 끌려는 마음.

倨慢(거만) 驕慢(교만) 傲慢(오만) 自慢(자만) 怠慢(태만)

漫
질펀할 **만**

부수 | 氵(물 수)　급수 | 2급

氵(물 수) + 曼(길게 끌 만)
물이 길게 퍼져 흐르다.

漫然(만연) 散漫(산만) 漫畫(만화) 漫評(만평) : 어떤 주의나 체계 없이 생각나는 대로 비평함, 만화를 그려서 인물 · 사회를 풍자적으로 비평함.

蔓
덩굴 **만**

부수 | 艹(풀 초)　급수 | 1급

艹(풀 초) + 曼(길게 끌 만)
풀 덩굴이 길게 뻗어 있다.

蔓延(만연) = 蔓衍(만연) : 전염병이나 나쁜 현상 따위가 널리 퍼짐.

饅
만두 **만**

부수 | 食(먹을 식)　급수 | 사범급

食(먹을 식) + 曼(길게 끌 만)
먹는 음식 중 만들 때 시간이 오래 걸리는 음식이 만두.

饅頭(만두) : 밀가루 등을 반죽하여 소를 넣고 빚어서 삶거나 찌거나 기름에 지져 만든 음식.

鰻
뱀장어 **만**

부수 | 魚(물고기 어)　급수 | 사범급

魚(물고기 어) + 曼(길게 끌 만)
뱀처럼 긴 물고기 뱀장어.

鰻鱺(만리) : 뱀장어. *鱺 뱀장어 리

亡
망할 **망**

부수 | 亠(머리 두) 급수 | 준4급

人(사람 인) + ㄴ(숨을 은)

사람을 구덩이에 파서 숨기다. 즉, 죽은 사람을 뜻함.

死亡(사망) 亡國(망국) 失望(실망) 敗亡(패망) 存亡(존망) 興亡(흥망)

望
바랄 **망**

부수 | 月(달 월) 급수 | 준4급

亡(망할 망) + 月(달 월) + 壬(서 있다)

나라가 망해서 달을 보고 서서 소원을 빌다.

希望(희망) 所望(소망) 慾望(욕망) 望遠鏡(망원경) 朔望月(삭망월)

忘
잊을 **망**

부수 | 心(마음 심) 급수 | 4급

亡(망할 망) + 心(마음 심)

마음속에서 없어지다. 잊다.

健忘症(건망증) 備忘錄(비망록) 忘却(망각) 勿忘草(물망초)

忙
바쁠 **망**

부수 | 忄(마음 심) 급수 | 3급

忄(마음 심) + 亡(망할 망)

마음에서 잊어버릴 정도로 바쁘다.

忙中閑(망중한) 奔忙(분망) 公私多忙(공사다망)

妄
망령될 **망**

부수 | 女(여자 녀) 급수 | 3급

亡(망할 망) + 女(여자 녀)

본분을 잊고 제멋대로 행동하는 망령된 여자.

妄靈(망령) 老妄(노망) 妖妄(요망) 輕擧妄動(경거망동)

罔
그물 **망**
없을 **망**

부수 | 网(罒)(그물 망)　급수 | 2급

网(罒)(그물 망) + 亡(죽일 망)

그물로 짐승을 잡아서 죽이다.

---

*망(罔) - 짐승을 잡는 그물. *고(罟) - 물고기를 잡는 그물.

昊天罔極(호천망극) 罔測(망측)

網
그물 **망**

부수 | 糸(가는 실 멱)　급수 | 2급

糸(가는 실 멱) + 罔(그물 망)

실로 만든 물고기 잡는 그물.

---

*망(網) - 물고기를 잡는 그물. *라(羅) - 새를 잡는 그물.

網膜(망막) 漁網(어망) 投網(투망)

芒
까끄라기 **망**

부수 | 艹(풀 초)　급수 | 사범급

艹(풀 초) + 亡(망할 망)

벼, 보리의 수염 부분인 까끄라기.

芒種(망종) ① 까끄라기가 있는 곡식(벼 · 보리)

② 24절기의 하나. 6월 6일 무렵으로 보리는 익어 먹게 되고 모를 심음.

茫
아득할 **망**

부수 | 艹(풀 초)　급수 | 2급

氵(물 수) + 芒(까끄라기 망)

물이 푸르고 아득히 넓다. 망(芒)은 발음 역할

茫茫(망망) : 한없이 넓고 멂. 茫然自失(망연자실) 茫漠(망막)

邙
산 이름 **망**

부수 | 阝(邑(고을 읍)　급수 | 1급

亡(죽을 망) + 阝(邑(고을 읍)

죽은 사람을 묻어 놓은 무덤이 많은 마을.

北邙山(북망산) : 무덤이 많은 곳, 사람이 죽어서 묻히는 곳.

輞
바퀴테 **망**

부수 | 車(머리 두) 급수 | 1급

車(수레 거) + 罔(없을 망)

수레의 바퀴테. 망(罔)은 발음 역할.

---

*수레바퀴의 바깥 둘레에 끼우는 테. 重輞(중망) : 바퀴테.

氓
백성 **맹**

부수 | 氏(성씨 씨) 급수 | 사범급

亡(망할 망) + 民(백성 민)

폭정으로 망해가고 죽어가는 힘없는 백성들.

蒼氓(창맹) : 모든 백성.

盲
소경 **맹**

부수 | 目(눈 목) 급수 | 3급

亡(망할 망) + 目(눈 목)

눈이 망하여 보이지 않는 사람.

色盲(색맹) 盲人(맹인) 盲信(맹신) 盲點(맹점) 文盲(문맹) 盲啞(맹아)

肓
명치끝 **황**

부수 | 月(肉,육달 월) 급수 | 사범급

亡(망할 망) + 月(肉,육달 월)

명치를 치면 죽는다. *심장 아래, 횡경막의 윗부분.

泉石膏肓(천석고황) = 연하고질(煙霞痼疾) : 산수를 사랑하는 것이 너무 정도에 지나쳐 마치 불치의 고질과 같다는 뜻으로, 벼슬길에 나서지 않음을 이르는 말.

荒
거칠 **황**

부수 | 艹(풀 초) 급수 | 2급

艹(풀 초) + 㠩(없을 황)

넓은 들판에 풀 말고는 아무것도 없는 거친 땅.

荒蕪地(황무지) 荒唐(황당) : 언행이 거칠고 주책없음.

慌
다급할 황

부수 | 忄(마음 심) 급수 | 사범급

忄(마음 심) + 荒(거칠 황)
마음이 다급하고 경황이 없을 정도로 급하고 또는 황홀함.

慌忙(황망) : 몹시 급하고 당황하여 어리둥절함.

매양 매

부수 | 毋(말 무) 급수 | 준5급

人(머리에 꽂은 비녀) + 母(어미 모)
매일 머리를 단정히 하고 비녀를 꽂는 어머니.

每番(매번) 每事(매사) 每樣(매양) 每日(매일) 每週(매주)

梅
매화 매

부수 | 木(나무 목) 급수 | 3급

木(나무 목) + 每(매양 매)
매번 매화꽃이 봄에 핀다.

梅實(매실) 梅花(매화)

侮
업신여길 모

부수 | 人(사람 인) 급수 | 2급

人(사람 인) + 每(매양 매)
사람이 여자를 매번 업신여기다.

侮辱(모욕) 侮蔑(모멸) 受侮(수모)

姆
여스승 모

부수 | 女(여자 녀) 급수 | 사범급

女(여자 녀) + 母(어미 모)
엄마처럼 잘 보호 해주는 보모.

保姆(보모) ① 아동 복지 시설에서 어린이를 돌보아 주며 가르치는 여자.
② 유치원 교사의 옛 명칭. ③ 왕세자를 가르치고 기르던 여자

敏
재빠를 **민**

부수 | 攵(칠 복) **급수** | 3급

每(매양 매) + 攵(칠 복)
매번 회초리로 때려서 일을 재빠르게 하도록 한다.

銳敏(예민) 敏感(민감) 過敏(과민) 敏捷(민첩) *捷 빠를 첩

繁
번성할 **번**

부수 | 糸(가는 실 멱,사) **급수** | 3급

敏(재빠를 민) + 糸(가는 실 멱, 사)
실로 만든 장식이 화려하다, 많다.

繁盛(번성) 繁殖(번식) 頻繁(빈번)

海
바다 **해**

부수 | 氵(물 수) **급수** | 준5급

氵(물 수) + 每(매양 매)
물이 매번, 늘 마르지 않는 바다.

海洋(해양) 航海(항해) 海岸(해안) 海東盛國(해동성국) 海運(해운)

悔
뉘우칠 **회**

부수 | 忄(마음 심) **급수** | 3급

忄(마음 심) + 每(매양 매)
매일 마음에서 뉘우치다.

悔改(회개) 後悔(후회) 悔恨(회한)

晦
그믐 **회**

부수 | 日(날 일) **급수** | 1급

日(날 일) + 每(매양 매)
해가 지고 달이 매번 뜨는 그믐날. 그믐(한 달의 끝날)

晦朔(회삭) : 그믐과 초하루.

誨 가르칠 회
부수 | 言(말씀 언) 급수 | 1급
言(말씀 언) + 每(매양 매)
매일 가르치다.

教誨(교회) : 잘 가르쳐 지난날의 잘못을 깨우치게 함.

免 면할 면
부수 | 儿(사람 인) 급수 | 3급
人(사람 인) + 女(여자 녀) + 儿(사람 인)
여자가 아기를 낳는 모양, 즉 어떤 상태를 면하다는 뜻으로 됨.

免除(면제) 免疫(면역) 免許(면허) 赦免(사면) 放免(방면) 罷免(파면) *兎토끼 토

勉 힘쓸 면
부수 | 力(힘 력) 급수 | 3급
免(면할 면) + 力(힘 력)
가난을 면하려고 힘써 노력한다.

勤勉(근면) 勉學(면학) 勸勉(권면)

冕 면류관 면
부수 | 冂(멀 경) 급수 | 1급
冃(모자 모) + 免(면할 면)
머리에 쓰는 면류관. 免(면)은 발음 역할.

冕旒冠(면류관) : 제왕(帝王)의 정복(正服)에 갖추어 쓰던 관으로 국가의 대제 때나 왕의 즉위 때 썼음. *旒 깃발 류

俛 구부릴 면
부수 | 人(사람 인) 급수 | 1급
人(사람 인) + 免(면할 면)
머리를 숙이는 사람. 免(면)은 발음 역할.

俛仰(면앙) : 굽어봄과 쳐다봄.

晚
늦을 **만**

부수 | 日(날 일)　급수 | 3급

日(날 일) + 免(면할 면)

해가 할 일을 끝내다. 즉, 해가 진 뒤의 늦은 시간.

晚時(만시) 早晚(조만) 晚年(만년) 大器晚成(대기만성)

娩
해산할 **만**

부수 | 女(여자 녀)　급수 | 2급

女(여자 녀) + 免(면할 면)

여자가 아기를 낳으면서 만삭인 상태를 벗어났다.

分娩(분만)

挽
당길 **만**

부수 | 扌(손 수)　급수 | 1급

扌(손 수) + 免(면할 면)

손으로 끌어당기다. 免(면)은 발음 역할.

挽留(만류) : 붙들고 하지 못하게 말림. 挽回(만회) : 바로잡아 돌이킴.

輓
상여소리 **만**

부수 | 車(수레 거)　급수 | 사범급

車(수레 거) + 免(면할 면)

삶의 마지막(삶을 면하다, 끝마치다)에 탄 상여를 끌며 상여 노래를 하다.

輓歌(만가) : 상여를 메고 갈 때에 하는 노래. 상엿소리.

名
이름 **명**

부수 | 口(입 구)　급수 | 6급

夕(저녁 석) + 口(입 구)

저녁이 되면 사람이 보이지 않으면 이름을 부른다.

姓名(성명) 有名(유명) 名銜(명함) 惡名(악명) 名曲(명곡) 署名(서명)

銘 새길 명

부수 | 金(쇠 금) 급수 | 3급

金(쇠 금) + 名(이름 명)

쇠로 만든 물건에 이름을 새겨놓다.

銘心(명심) 墓碑銘(묘비명) 座右銘(좌우명) 感銘(감명)

酩 술취할 명

부수 | 酉(술 유) 급수 | 1급

酉(술 유) + 名(이름 명)

이름을 잊을 정도로 술에 취하다.

酩酊(명정) : 정신을 차리지 못할 정도로 술에 취함. *酊 술 취할 정

茗 차 싹 명

부수 | 艹(풀 초) 급수 | 3급

艹(풀 초) + 名(이름 명)

이름이 있는 풀, 찻잎.

茗果(명과) : 차와 과일 茗宴(명연) : 차를 마시는 모임.

冥 어두울 명

부수 | 冖(덮을 멱) 급수 | 2급

冖(덮을 멱) + 日(날 일) + 六(여섯 륙)

날(달)이 16일째부터는 어두워진다. 冖(멱)은 발음 역할.

冥福(명복) 冥府(명부) 冥想(명상)

瞑 어두울 명

부수 | 日(날 일) 급수 | 사범급

日(날 일) + 冥(어두울 명)

날이 어두워지다.

瞑途(명도) : 어두운 길

溟
바다 **명**

부수 | 水(물 수)　급수 | 1급

水(물 수) + 冥(어두울 명)
어두운 바닷속은 깊고 넓다.

溟洲(명주) 溟海(명해)

瞑
눈감을 **명**

부수 | 目(눈 목)　급수 | 사범급

目(눈 목) + 冥(어두울 명)
눈을 감아 어둡게 하다.

瞑想(명상) = 冥想(명상)

螟
마디충 **명**

부수 | 虫(벌레 충,훼)　급수 | 사범급

虫(벌레 충, 훼) + 冥(어두울 명)
어두운 곳에 서식해서 잘 보이지 않는 벌레 마디충.

螟蟲(명충) : 식물의 줄기 속을 파먹는 곤충의 총칭.

蓂
명협 **명**

부수 | 艹(풀 초)　급수 | 사범급

艹(풀 초) + 冥(어두울 명)
어두운 밤을 잘 이겨내고 자라는 상서로운 명협풀.

蓂荚(명협) : 요(堯)임금 때 났다는 상서로운 풀. *荚 풀열매 협

矛
창 모

부수 | 矛(창 모)　급수 | 2급

창날이 긴 자루에 박힌 창을 그린 한자.

矛盾(모순) : 말이나 행동 또는 사실의 앞뒤가 서로 맞지 않음.

茅
띠 모

부수 | 艹(풀 초)　급수 | 2급

艹(풀 초) + 矛(창 모)
창으로 띠 풀을 베다.

茅屋(모옥) = 茅舍(모사) : 이엉이나 띠 따위로 지붕을 인 초라한 집.

務
힘쓸 무

부수 | 力(힘 력)　급수 | 4급

矛(창 모) + 务(힘쓸 무)
창으로 전쟁에서 힘껏 싸우다.

義務(의무) 用務(용무) 公務(공무) 職務(직무) 勤務(근무) 債務(채무)

柔
부드러울 유

부수 | 木(나무 목)　급수 | 3급

矛(창 모) + 木(나무 목)
창의 자루는 부드러운 나무로 만든다.

柔道(유도) 柔順(유순) 柔弱(유약) 外柔內剛(외유내강)

矞
송곳질할 율

부수 | 矛(창 모)　급수 | 사범급

矛(창 모) + 冏(빛날 경)
송곳으로 빛이 들어올 수 있도록 창문에 구멍을 뚫다. 아름다운 구름 빛.

矞雲(율운) : 상서로운 구름.

譎
속일 휼

부수 | 言(말씀 언)　급수 | 1급

言(말씀 언) + 矞(송곳질할 율)
말을 송곳으로 찌르는 것처럼 날카롭게 하며 상대를 속이다.

譎計(휼계) : 남을 속이는, 간사하고 능청스러운 꾀.

鷸
도요새 **휼**

부수 | 鳥(새 조)   급수 | 사범급

鷸(송곳질할 율) + 鳥(새 조)
새 중에서 도요새. 鷸(율)은 발음 역할.

蚌鷸之爭(방휼지쟁) : 도요새와 조개가 다투다가 다 같이 어부에게 잡히고 말았다
는 뜻으로, 제삼자만 이롭게 하는 다툼을 이르는 말. *蚌 방합 방

橘
귤나무 **귤**

부수 | 木(나무 목)   급수 | 1급

木(나무 목) + 鷸(송곳질할 율)
귤나무. 鷸(율)은 발음 역할.

柑橘(감귤) = 甘橘(감귤)

卯
토끼 **묘**

부수 | 卩(병부 절)   급수 | 4급

같은 값의 물건을 두 개로 나누어 놓고 서로 바꾸려 한다. → 무역하다.

*卯(토끼 묘)로 자원 풀이할 때는 토끼의 귀를 그린 것으로 보기도 함.

昴
별이름 **묘**

부수 | 日(날 일)   급수 | 1급

日(날 일) + 卯(토끼 묘)
日(일)은 별자리를 뜻하고 卯(묘)는 발음 역할.

*二十八宿(이십팔수)의 별자리 중 하나. 昴星(묘성) 昴宿(묘수) *宿 별자리 수

聊
귀 울 **료**
즐거울 **료**

부수 | 耳(귀 이)   급수 | 사범급

耳(귀 이) + 卯(토끼 묘)
귀에 소리가 울린다. 卯(묘)는 발음 역할

無聊(무료) : 탐탁하게 어울리는 맛이 없음, 지루하고 심심함. *聊 애오라지(그런대로) 료

柳
버들 류

부수 | 木(나무 목)   급수 | 3급

木(나무 목) + 卯(토끼 묘)
나무 중에서 토끼처럼 빠르게 성장하는 나무 버드나무.

柳腰(유요) : 버들가지처럼 가늘고 부드러운 미인의 허리. *柳 성씨 류

貿
무역할 무

부수 | 貝(조개 패)   급수 | 3급

卯(토끼 묘) + 貝(조개 패)
같은 값의 물건을 서로 나누어 돈이나 다른 재물로 바꾸다.

貿易(무역) 貿易風(무역풍)

留
머무를 류

부수 | 田(밭 전)   급수 | 3급

卯=卵(토끼 묘) + 田(밭 전)
밭에 머무르면서 농사를 짓다. 밭에 토끼가 머물러 있다.

停留(정류) 滯留(체류) 留學(유학) 押留(압류) 抑留(억류) 留保(유보)

榴
석류 류

부수 | 木(나무 목)   급수 | 사범급

木(나무 목) + 留(머무를 류)
나무 열매인 석류.

石榴(석류) 手榴彈(수류탄)

瘤
혹 류

부수 | 疒(병들 녁)   급수 | 사범급

疒(병들 녁) + 留(머무를 류)
신체 부위에 머물러 있는 혹 덩어리.

瘤腫(유종) : 혹

溜 물방울 류

부수 | 水(물 수)　급수 | 사범급

水(물 수) + 留(머무를 류)
물이 방울져 머물러 있는 상태.

蒸溜(증류) : 액체를 가열하여 생긴 증기를 냉각시켜 다시 액체로 만드는 일. 액체 속에 여러 성분을 분리하거나 정제하는 데 씀.

劉 죽일 류

부수 | 刂(칼 도)　급수 | 2급

卯=丣(토끼 묘) + 金(쇠 금) + 刂(칼 도)
단단한 쇠칼로 둘로 나누듯이 토끼를 죽이다.*파자(破字)법으로 묘금도(卯金刂)라 함.

劉邦(유방) 劉備(유비)

瀏 맑을 류

부수 | 水(물 수)　급수 | 사범급

水(물 수) + 劉(죽일 류)
물이 맑다. 劉(류)는 발음 역할.

瀏漂(류표) : 서늘한 모양. 시원한 모양.

武 굳셀 무

부수 | 止(그칠 지)　급수 | 준4급

戈(창 과) + 止(그칠 지)
창 무기를 들고 전쟁을 끝낸 굳센 무사.

武器(무기) 武術(무술) 武士(무사) 武臣政變(무신정변) 文武(문무)

珷 옥돌 무

부수 | 玉(구슬 옥)　급수 | 1급

玉(구슬 옥) + 武(굳셀 무)
무사가 임금의 신표로 가지고 다니는 옥돌.

珷玞(무부) : 옥과 비슷한 아름다운 돌
*옥돌 : 옥의 원석

鵡
앵무새 무

부수 | 鳥(새 조) 급수 | 1급

武(굳셀 무) + 鳥(새 조)
무사처럼 씩씩해 보이는 앵무새.

鸚鵡(앵무) *鸚 앵무새 앵

賦
구실 부

부수 | 貝(조개 패) 급수 | 2급

貝(조개 패) + 武(굳셀 무)
돈, 세금을 무력으로 거두어들인다.

賦課(부과) 賦役(부역) 天賦(천부)

斌
빛날 빈

부수 | 文(글월 문) 급수 | 1급

文(글월 문) + 武(굳셀 무)
문화적인 요소와 용맹스러움의 조화가 이루어져서 빛나다.

斌斌(빈빈) : 문(文)과 질(質), 문채가 잘 조화가 된 모양.
*人名字(인명자)에 쓰임.

贇
예쁠 빈(윤)

부수 | 貝(조개 패) 급수 | 사범급

斌(빛날 빈) + 貝(조개 패)
문무와 금품이 다 갖추어져 있어 아름답다. 예쁘다.

美贇(미윤) : 아름다운 모양 *人名字(인명자)에 쓰임.

文
글월 문

부수 | 文(글월 문) 급수 | 6급

가슴에 문신을 한 사람의 모습을 본떠 만든 글자.
(문신 → 무늬 → 글자 → 학문을 의미)

文字(문자) 文身(문신) 文學(문학) 公文(공문) 文化(문화) 文武(문무)

紋
무늬 문

부수 | 糸(가는 실 멱, 사)   급수 | 1급

糸(가는 실 멱, 사) + 文(글월 문)

옷에 문신처럼 무늬가 새겨져 있다.

指紋(지문) 波紋(파문) : 물 위에 이는 물결, 어떤 일의 영향.

紊
어지러울 문

부수 | 糸(가는 실 멱, 사)   급수 | 2급

文(글월 문) + 糸(가는 실 멱, 사)

글로 인해서 실타래가 엉켜있듯이 어지러운 상태.

紊亂(문란) : 도덕, 질서 등이 뒤죽박죽이 되어 어지러움.

蚊
모기 문

부수 | 虫(벌레 충, 훼)   급수 | 1급

虫(벌레 충, 훼) + 文(글월 문)

벌레들 중 물리면 문신처럼 자국을 남기는 벌레 모기.

見蚊拔劍(견문발검) : 모기를 보고 칼을 뺀다는 뜻으로, 하찮은 일에 지나치게 성내 덤빔.

雯
구름무늬 문

부수 | 雨(비 우)   급수 | 사범급

雨(비 우) + 文(글월 문)

구름에 글씨 같은 무늬가 보임.

雯華(문화) : 구름의 아름다운 무늬.

旻
하늘 민

부수 | 日(날 일)   급수 | 2급

日(날 일) + 文(글월 문)

해가 맑게 떠 있는 가을 하늘 문(文)은 발음 역할.

旻天(민천) : 가을 하늘. *人名字(인명자)에 쓰임.

閔
근심할 민

부수 | 門(문 문)　**급수** | 2급

門(문 문) + 文(글월 문)
문을 닫고 글공부만 하는 자녀를 근심, 걱정하다.

閔然(민연) : 불쌍히 여기는 모양.

憫
불쌍히 여길 민

부수 | 忄(마음 심)　**급수** | 2급

忄(마음 심) + 閔(근심할 민)
마음으로 근심하며 불쌍하게 여기다.

憐憫(연민) 憫惘(민망) *惘 멍할 망

玟
옥돌 민

부수 | 玉(구슬 옥)　**급수** | 2급

玉(구슬 옥) + 文(글월 문)
무늬가 새겨진 옥돌, 구슬.

玟砌(민체) : 아름다운 돌로 쌓은 서돌 *砌 섬돌 체
*人名字(인명자)에 쓰임.

旼
온화할 민

부수 | 日(날 일)　**급수** | 2급

日(날 일) + 文(글월 문)
날씨가 온화하다. 문(文)은 발음 역할.

旼天 = 旻天(민천) : 가을 하늘. *人名字(인명자)에 쓰임.

忞
힘쓸 민

부수 | 心(마음 심)　**급수** | 사범급

文(글월 문) + 心(마음 심)
글공부에 마음을 쓰다.

忞忞(민민) : 어두운 모양, 어지러운 모양. *人名字(인명자)에 쓰임.

虔
정성 건

부수 | 虍(범 호)　급수 | 1급

虍(범 호) + 文(글월 문)

호랑이 가죽에 글을 새겨 넣을 때 온 정성을 다하다.

敬虔(경건) : 공경하고 삼감.　虔誠(건성) : 삼가고 정성스러움.

吝
인색할 린

부수 | 口(입 구)　급수 | 1급

文(글월 문) + 口(입 구)

글을 알아 갈수록 말을 아껴가며 해야 한다.

吝嗇(인색) : 체면을 돌아보지 않고 재물을 지나치게 아낌. *悋아낄 린 *嗇 아낄 색

門
문 문

부수 | 門(문 문)　급수 | 8급

왼쪽 문짝과 오른쪽 문짝 모양을 그린 한자.

正門(정문) 家門(가문) 名門(명문) 窓門(창문) 城門(성문) 專門(전문)

問
물을 문

부수 | 口(입 구)　급수 | 준5급

門(문 문) + 口(입 구)

대문 앞에서 입으로 안부를 물어보듯이 물어본다.

質問(질문) 問答(문답) 問議(문의) 問安(문안) 問題(문제) 訪問(방문)

聞
들을 문

부수 | 耳(귀 이)　급수 | 5급

門(문 문) + 耳(귀 이)

문 앞에서 귀로 소리를 듣다.

見聞(견문) 新聞(신문) 聽聞(청문) 風聞(풍문) 醜聞(추문) 所聞(소문)

們 무리 문

부수 | 人(사람 인)　급수 | 사범급

人(사람 인) + 門(문 문)
문 앞에 많은 사람들이 있다.

---

*인칭대명사의 뒤에 붙여 복수를 만드는 글자.
圖們江(도문강) : 두만강의 중국명(中國名)

悶 번민할 민

부수 | 忄(마음 심)　급수 | 2급

門(문 문) + 心(마음 심)
마음의 문을 닫고 속으로 괴로워하다.

煩悶(번민) 苦悶(고민)

閏 윤달 윤

부수 | 門(문 문)　급수 | 2급

門(문 문) + 王(임금 왕)
윤달엔 임금이 문을 닫고 출입을 자제했다.

閏年(윤년) : 윤달이나 윤일이 든 해.

潤 젖을 윤 윤택할 윤

부수 | 水(물 수)　급수 | 2급

水(물 수) + 閏(윤달 윤)
윤달에 물에 적시다. → 번지르르해져 윤택해짐.

潤澤(윤택) 潤滑(윤활) 潤氣(윤기) 利潤(이윤) 濕潤(습윤)

閑 한가할 한

부수 | 門(문 문)　급수 | 3급

門(문 문) + 木(나무 목)
문에 나무 빗장을 걸어두어 사람의 출입을 막고 한적하게 지냈다.

---

*閒(틈, 한가할 한)과 같은 글자.
閑暇(한가) 閑散(한산) 閑寂(한적) 等閑視(등한시) 忙中閑(망중한)

間
사이 간

부수 | 門(문 문)　급수 | 준5급

門(문 문) + 日(날 일)
문틈 사이로 햇빛이 들어오다.

時間(시간) 間食(간식) 間隔(간격) 間接(간접) 年間(연간) 夜間(야간)

簡
대쪽 간
간략할 간

부수 | 竹(대나무 죽)　급수 | 2급

竹(대나무 죽) + 間(사이 간)
대나무 사이에 글을 간략하게 쓰다.

簡單(간단) 簡略(간략) 簡便(간편)

澗
산골 물 간

부수 | 水(물 수)　급수 | 1급

水(물 수) + 間(사이 간)
산골 사이에서 물이 나오는 산골 물.

澗溪(간계) : 산골 물

磵
계곡 간

부수 | 石(돌 석)　급수 | 1급

水(물 수) + 間(사이 간)
산속 바위틈에서 흘러나오는 계곡물.

*澗(산골 물 간)과 同字(동자).

開
열 개

부수 | 門(문 문)　급수 | 5급

門(빗장 산) + 廾(두 손 맞잡을 공)
문빗장을 두 손으로 잡고 열고 있는 모습을 그린 한자.

開放(개방) 開港(개항) 開設(개설) 開通(개통) 開化(개화) 公開(공개)

閉
닫을 **폐**

부수 | 門(문 문)　급수 | 3급

門(빗장 산) + 才(빗장을 잠근 모양)
문에 빗장을 끼워 문을 잠가놓은 모양을 그린 한자.

閉門(폐문) 開閉(개폐) 閉店(폐점) 閉鎖(폐쇄) 密閉(밀폐) 閉館(폐관)

勿
말 **물**

부수 | 勹(쌀 포)　급수 | 3급

찢어진 깃발 모양을 그린 것으로, 찢어진 깃발은 행동을 금지하는 깃발이었다.
따라서 '～을 하지 말라'라는 금지의 의미.

勿論(물론) : 말할 것도 없음.　勿施(물시) : 하려던 일을 그만둠

物
물건 **물**

부수 | 牛(소 우)　급수 | 준5급

牛(소 우) + 勿(말 물)
부정한 것을 없애기 위해서 소와 여러 가지 물건을 제사에 바치다.

物件(물건) 生物(생물) 動物(동물) 物價(물가) 物質(물질) 物品(물품)

沕
아득할 **물**

부수 | 水(물 수)　급수 | 사범급

水(물 수) + 勿(말 물)
깊고 넓은 아득한 물.

沕漠(물막) : 변경의 멀고 아득한 지방.

刎
목 벨 **문**

부수 | 刂(칼 도)　급수 | 1급

勿(말 물) + 刂(칼 도)
하지 말라고 명령을 했는데 명령을 지키지 않은 사람을 칼로 목을 베다.

刎頸之交(문경지교) : 생사를 같이할 수 있는 아주 가까운 사이. 또는 그런 친구.
*頸 목 경

吻
입술 문

부수 | 口(입 구)　**급수** | 사범급
口(입 구) + 勿(말 물)
말을 하지 말라고 하여 입술을 다물었다.

吻合(문합) : 다문 입술처럼 딱 들어맞음.

忽
갑자기 홀

부수 | 心(마음 심)　**급수** | 2급
勿(말 물) + 心(마음 심)
마음에 두지 않았다. 소홀하다.

忽然(홀연) 忽待(홀대) 疏忽(소홀)

惚
황홀할 홀

부수 | 忄(마음 심)　**급수** | 1급
忄(황홀할 홀) + 忽(갑자기 홀)
마음이 황홀하다. 忽(홀)은 발음 역할.

恍惚(황홀) : 눈이 부실 만큼 찬란하고 화려함, 사물에 마음이 팔려 정신이 어지러움.

笏
홀 홀

부수 | 竹(대나무 죽)　**급수** | 사범급
竹(대나무 죽) + 勿(말 물)
대나무로 만들 홀.

*笏(홀) – 신하가 임금을 뵐 때 조복(朝服)에 갖추어 손에 드는, 옥이나 대나무로 만든 패.

未
아닐 미

부수 | 木(나무 목)　**급수** | 준4급
木(나무 목) + 一(나뭇가지)
나무의 나뭇가지가 짧은 모양을 그려서 아직 나무가 덜 자랐다 하여 아직, 아니다의
의미가 됨.

未達(미달) 未納(미납) 未熟(미숙) 未婚(미혼) 未成年(미성년)

味 맛 미

부수 | 口(입 구) 급수 | 준4급

口(입 구) + 未(아닐 미)

입으로 아직 완성되지 않은 음식을 시험삼아 맛을 보다.

味覺(미각) 意味(의미) 趣味(취미) 興味(흥미) 妙味(묘미)

妹 아랫누이 매

부수 | 女(여자 녀) 급수 | 준4급

女(여자 녀) + 未(아닐 미)

아직 덜 자란 손아래 여동생.

姉妹(자매) 妹兄(매형) 妹弟(매제)

昧 어두울 매

부수 | 日(날 일) 급수 | 2급

日(날 일) + 未(아닐 미)

아직 해가 뜨지 않아서 어둡다.

蒙昧(몽매) 愚昧(우매) *昧 눈 흐릴 말

魅 도깨비 매

부수 | 鬼(귀신 귀) 급수 | 1급

鬼(귀신 귀) + 未(아닐 미)

귀신이 사람을 제정신이 아니게 유혹하다.

魅惑(매혹) 魅了(매료) 魅力(매력)

寐 잠잘 매

부수 | 宀(집 면) 급수 | 2급

宀(집 면) + 爿(나무 침대 장) + 未(아닐 미)

집 나무 침대에서 모자란 잠을 자다.

寤寐不忘(오매불망) 夙興夜寐(숙흥야매):아침 일찍 일어나고 밤에 늦게 자며 부지런히 일함.*夙 일찍 숙

米
쌀 미

부수 | 米(쌀 미)　급수 | 5급

木(나무 목) + 八(쌀 알)

벼에 붙어 있는 쌀알을 그린 한자.

白米(백미) 精米(정미) 玄米(현미)

迷
미혹할 미

부수 | 辶(辵,쉬엄쉬엄 갈 착)　급수 | 2급

辶(辵,쉬엄쉬엄 갈 착) + 米(쌀 미)

갈림길에서 가야 할 곳을 정하지 못하고 망설이다. (米 – 갈림길 모양)

迷路(미로) 迷信(미신) 迷兒(미아) 昏迷(혼미) 迷惑(미혹) 迷宮(미궁)

謎
수수께끼 미

부수 | 言(말씀 언)　급수 | 1급

言(말씀 언) + 迷(미혹할 미)

정확하지 못하고 미혹스러운 말.

謎語(미어) : 수수께끼 같은 이야기.

屎
똥 시

부수 | 尸(몸 시)　급수 | 사범급

尸(몸 시) + 米(쌀 미)

사람 몸에서 죽어서 나오는(찌꺼기). 똥.

屎尿(시뇨) : 똥과 오줌.

民
백성 민

부수 | 氏(성씨 씨)　급수 | 준5급

한쪽 눈을 바늘로 찌른 형상을 본떠, 한쪽 눈이 망가진 노예, 백성들.

庶民(서민) 民心(민심) 民營(민영) 民泊(민박) 民譚(민담) 民間(민간)

珉
옥돌 민

부수 | 玉(구슬 옥)   급수 | 2급

玉(구슬 옥) + 民(백성 민)
구슬같이 귀한 옥돌을 가진 백성.

*人名字(인명자)에 쓰임. *玟(옥돌 민)과 같은 글자.

泯
망할 민

부수 | 氵(물 수)   급수 | 1급

氵(물 수) + 民(백성 민)
물에 빠진 백성.

泯亂(민란) = 民亂(민란)

岷
산 이름 민

부수 | 山(뫼 산)   급수 | 1급

山(뫼 산) + 民(백성 민)
산 이름. 民(민)은 발음 역할.

*중국 사천성 송번현에 있는 산. 岷江(민강): 중국 쓰촨성의 큰 강

緡
낚싯줄 민

부수 | 糸(가는 실 멱, 사)   급수 | 사범급

糸(가는 실 멱, 사) + 昏(힘쓸 민)
실을 꼬아 낚싯줄을 만들려 힘쓰다.

緡綸(민륜):낚싯줄. *罠 낚싯줄 민

眠
잠잘 면

부수 | 目(눈 목)   급수 | 3급

目(눈 목) + 民(백성 민)
백성들이 눈을 감고 자다.

熟眠(숙면) 冬眠(동면) 催眠(최면) *眼 눈 안 비슷한 한자

半
반 반

부수 | 十(열 십) 급수 | 5급

牛(소 우) + 八(여덟 팔)

소를 반으로 나누다.

前半(전반) 折半(절반) 半月(반월) 半世紀(반세기) 半熟(반숙)

伴
짝 반

부수 | 人(사람 인) 급수 | 2급

人(사람 인) + 半(반 반)

부부 중의 한 사람을 절반으로 생각하면서 다른 한 사람을 짝이라 함.

伴侶者(반려자) 伴侶犬(반려견) 同伴(동반) 隨伴(수반) 伴奏(반주)

叛
배반할 반

부수 | 又(또 우) 급수 | 2급

半(반 반) + 反(되돌릴 반)

되돌아가서 나의 반대편에 서서 배신함.

背叛(배반) 謀叛(모반) 叛亂(반란) 叛逆(반역) 叛軍(반군)

泮
학교 반

부수 | 氵(물 수) 급수 | 사범급

氵(물 수) + 半(반 반)

학교건물 주변으로 東西(동서) 이남에 물을 둘러침.

泮宮(반궁) : 성균관과 문묘(文廟)를 통틀어 이르는 말.

拌
버릴 반

부수 | 扌(손 수) 급수 | 사범급

扌(손 수) + 半(반 반)

손으로 절반을 버리다. 반으로 쪼개다.

攪拌(교반) : 휘저어 섞음. *攪 어지러울 교

畔
밭두둑 **반**

부수 | 田(밭 전) **급수** | 1급

田(밭 전) + 半(반 반)
밭 절반 정도가 밭두렁이다.

湖畔(호반) 畔路(반로)

絆
줄 **반**

부수 | 糸(가는 실 멱, 사) **급수** | 사범급

糸(가는 실 멱, 사) + 半(반 반)
실로 상처를 옭아매다.

絆瘡膏(반창고) *瘡 부스럼 창 *膏 기름 고

胖
살찔 **반**

부수 | 月(肉,육달 월) **급수** | 사범급

月(肉,육달 월) + 半(반 반)
절반이 고기다. 즉, 살이 많이 찜.

胖大(반대) : 살이 많이 쪄서 몸집이 뚱뚱하고 큼.

判
판단할 **판**

부수 | 刂(칼 도) **급수** | 4급

半(반 반) + 刂(칼 도)
칼로 자르듯이 정확하게 판단하다.

判斷(판단) 判決(판결) 判讀(판독)

反
돌이킬 **반**

부수 | 又(오른손 우) **급수** | 5급

厂(언덕 한) + 又(오른손 우)
언덕 밑에 돌을 손으로 뒤집어 놓는다.

反對(반대) 反亂(반란) 反復(반복) 反映(반영) 相反(상반) 反應(반응)

返
돌아올 반

부수 | 辶(辵,쉬엄쉬엄 갈 착)　급수 | 3급

辶(辵,쉬엄쉬엄 갈 착) + 反(돌이킬 반)

돌이켜 오다, 돌아오다.

返納(반납) 返還(반환) 返禮(반례)

飯
밥 반

부수 | 食(밥 식)　급수 | 4급

食(밥 식) + 反(돌이킬 반)

밥그릇에 들어 있는 밥.

飯店(반점) 白飯(백반) 朝飯(조반)

板
널빤지 판

부수 | 木(나무 목)　급수 | 3급

木(나무 목) + 反(돌이킬 반)

나무로 만든 넓고 판판한 나무 널빤지.

板書(판서) 板子(판자) 坐板(좌판) 看板(간판) 懸板(현판)

版
판목 판

부수 | 片(조각 편)　급수 | 3급

片(조각 편) + 反(돌이킬 반)

나무 조각에 글을 새기는 판.

出版(출판) 初版(초판) 版權(판권)

販
팔 판

부수 | 貝(조개 패)　급수 | 3급

貝(조개 패) + 反(돌이킬 반)

돈을 받고 되돌려 물건을 팔다.

販賣(판매) 自販機(자판기) 共販(공판) 總販(총판) 販路(판로)

阪 비탈 판

부수 | 阝(阜,언덕 부)　급수 | 2급

阝(阜,언덕 부) + 反(돌이킬 반)
언덕 반대편이 비탈짐.

阪上走丸(판상주환) : 비탈 위에서 공을 굴림.
즉, 형세에 편승하면 일이 손쉬움을 비유함. *坂 비탈 판

鈑 금박 판

부수 | 金(쇠 금)　급수 | 사범급

金(쇠 금) + 反(돌이킬 반)
금으로 겉을 감싸다.

金鈑(금판) : 금 화폐.

걸을 발

止(그칠 지 상형자 발모양) + 止(발모양)
좌우 나란히 있는 발모양. 서로 발이 등지고 있다고 하여 '등질 발'이라고 함.

*發(필 발)의 머리 부분이라 하여 '필 발 머리'라고도 함.
* 단독으로 쓰이지 않는다. 다른 한자와 결합하여 한자의 뜻과 독음에 영향을 준다.

發 필 발

부수 | 癶(걸을 발)　급수 | 5급

癶(걸을 발) + 弓(활 궁) + 殳(창 수)
서서 활과 창을 쏘다 → 퍼지다로 변함

發明(발명) 發射(발사) 開發(개발) 發刊(발간) 出發(출발) 發見(발견)

撥 다스릴 발

부수 | 扌(손 수)　급수 | 사범급

扌(손 수) + 發(필 발)
손으로 다스리고 퉁기고 치다.

撥亂(발란) 反撥(반발) 擺撥(파발) *擺 열릴 파
: 조선 후기에, 공문을 급히 보내기 위해 설치했던 역참.

醱
술익을 **발**

부수 | 酉(술 유)　급수 | 사범급

酉(술 유) + 發(필 발)

술이 발전한다. → 술을 익히다.

醱酵(발효) : 효모·박테리아 따위 미생물의 작용으로 유기물이 분해되는 현상
*酵 술밑 효

潑
물뿌릴 **발**

부수 | 氵(물 수)　급수 | 1급

氵(물 수) + 發(필 발)

물을 뿌리다 → 사방으로 흩어지다.

活潑(활발) 潑剌(발랄) 潑墨(발묵) : 수묵화를 그리거나 붓글씨를 쓸 때 먹물이 번져서
퍼짐.

廢
폐할 **폐**

부수 | 广(집 엄)　급수 | 2급

广(집 엄) + 發(필 발)

집을 화살(무기)로 쏴서 무너뜨리다.

廢刊(폐간) 廢業(폐업) 廢棄(폐기) 廢品(폐품) 廢人(폐인) 荒廢(황폐)

方
모 **방**

부수 | 方(모 방)　급수 | 6급

쟁기 모양 → 네모 → 모서리 → 사방 → 방향 등의 뜻이 생김.
'네모'나 '방위', '방향', '두루'라는 뜻을 가진 글자이다.

方今(방금) 四方(사방) 方向(방향) 方位(방위) 方法(방법) 方便(방편)

放
놓을 **방**

부수 | 攵(칠 복)　급수 | 5급

方(모 방) + 攵(칠 복)

죄인을 때려 변방으로 내쫓다. 풀어주다.

放心(방심) 放生(방생) 放學(방학) 放送(방송) 釋放(석방) 放牧(방목)

防
막을 **방**

부수 | 阝(阜,언덕 부)　급수 | 4급

阝(阜,언덕 부) + 方(모 방)
언덕을 쌓아서 강물의 범람을 막다.

防禦(방어) 防水(방수) 國防(국방) 堤防(제방) 豫防(예방) 消防(소방)

房
방 **방**

부수 | 戶(지게문 호)　급수 | 4급

戶(지게문 호) + 方(모 방)
집에 문을 설치해서 방을 만들다.

暖房(난방) 獨房(독방) 茶房(다방) 廚房(주방) 房貰(방세) 寢房(침방)

訪
찾을 **방**

부수 | 言(말씀 언)　급수 | 4급

言(말씀 언) + 方(모 방)
사방을 돌아다니고 말로 물어가며 찾다.

訪問(방문) 巡訪(순방) 探訪(탐방)

妨
방해할 **방**

부수 | 女(여자 녀)　급수 | 3급

女(여자 녀) + 方(모 방)
때로는 여자가 일하는 데 방해가 된다.

妨害(방해) 無妨(무방)

芳
꽃다울 **방**

부수 | 艹(풀 초)　급수 | 3급

艹(풀 초) + 方(모 방)
향기나는 풀 → 아름답다 → 청춘

芳香劑(방향제) 芳名錄(방명록) 芳年(방년) 流芳百世(유방백세)

紡
길쌈 **방**

부수 | 糸(가는 실 멱)   급수 | 2급

糸(가는 실 멱) + 方(모 방)

실을 만드는 과정, 방법을 길쌈이라고 함

紡績(방적) 混紡(혼방) 綿紡(면방)

肪
기름 **방**

부수 | 月(肉,육달 월)   급수 | 2급

月(肉,육달 월) + 方(모 방)

고기에 기름이 있다.

脂肪(지방)

昉
밝을 **방**

부수 | 日(날 일)   급수 | 1급

日(날 일) + 方(모 방)

해가 마침 사방을 밝히며 뜨다.

昉時(방시) : 날이 밝을 무렵.

坊
동네 **방**

부수 | 土(흙 토)   급수 | 1급

土(흙 토) + 方(모 방)

땅의 구획을 나누어서 동네를 정해주다.

坊坊曲曲(방방곡곡) : 한 군데도 빠짐없는 모든 곳.

倣
본뜰 **방**

부수 | 人(사람 인)   급수 | 2급

人(사람 인) + 放(놓을 방)

사람이 자기의 본연의 모습을 놓아버리고 남의 것을 무조건 따라하다.

模倣(모방) 依倣(의방)

彷
거닐 **방**

부수 | 彳(자축거릴 척)　**급수** | 1급

彳(자축거릴 척) + 方(모 방)
사방을 생각없이 걸어다니다.

彷徨(방황) : 일정한 목적이나 방향이 없이 헤맴. *徨 노닐 황

枋
박달나무 **방**

부수 | 木(나무 목)　**급수** | 사범급

木(나무 목) + 方(모 방)
사방에서 흔히 볼 수 있는 박달나무.

引枋(인방) : 기둥과 기둥 사이 또는 문이나 창의 아래나 위로 가로지른 나무. 상인방·
하인방이 있음.

舫
배 **방**

부수 | 舟(배 주)　**급수** | 사범급

舟(배 주) + 方(모 방)
사방을 타고 다니는 배.

舫船(방선) : 두 척을 매어 나란히 가게 한 배.

두루 **방**

부수 | 方(모 방)　**급수** | 2급

凡(무릇 범) + 方(모 방)
모든 방향, 널리, 두루두루.

旁求(방구) : 널리 찾아서 구함. 祝願旁(축원방) : 축원문을 모아서 만든 책

傍
곁 **방**

부수 | 人(사람 인)　**급수** | 2급

人(사람 인) + 旁(두루 방)
곁에 있는 많은 사람들을 두루 알다.

傍觀(방관) 傍聽客(방청객) 袖手傍觀(수수방관) : 팔장을 끼고 보고만 있다는 뜻으로,
간섭하거나 거들지 않고 그대로 버려둠을 이름.

謗
헐뜯을 **방**

부수 | 言(말씀 언) 급수 | 2급

言(말씀 언) + 旁(두루 방)

말로 사소한 것까지도 헐뜯다.

誹謗(비방) : 남을 헐뜯어 말함. *誹 헐뜯을 비

膀
오줌통 **방**

부수 | 月(肉, 육달 월) 급수 | 1급

月(肉, 육달 월) + 旁(두루 방)

우리 신체에서 평범한듯한 장기지만 매우 중요한 장기 방광.

膀胱(방광) : 비뇨기의 한 기관. 신장(腎臟)에서 흘러내리는 오줌을 한동안 저장하여 두는 주머니 모양의 기관. *胱 오줌통 광

榜
방 붙일 **방**

부수 | 木(나무 목) 급수 | 사범급

木(나무 목) + 旁(두루 방)

여러 사람에게 두루 알리기 위해 나무 게시판에 방을 붙이다.

榜文(방문) 落榜(낙방) 紙榜(지방) : 종이로 만든 신주(神主).

蒡
인동덩굴 **방**

부수 | 艹(풀 초) 급수 | 사범급

艹(풀 초) + 旁(두루 방)

두루 사방에 자라는 인동덩굴, 흰 쑥.

牛蒡(우방) : 우엉

磅
돌 떨어지는
소리 **방**

부수 | 石(돌 석) 급수 | 사범급

石(돌 석) + 旁(두루 방)

두루 사방의 산에서 돌이 떨어지는 소리가 들린다.

*우리나라에서는 '파운드 방'으로 사용.(화폐, 무게의 단위)

磅磕(방개) : 천둥소리 *磕 돌 부딪치는 소리 개

楞
모 릉

부수 | 木(나무 목)　급수 | 1급

木(나무 목) + ⺳(그물 망) + 方(모 방)
나무의 모서리.

___

*棱 모서리 릉 棱(릉)은 상용하지 않고 불가에서는 이 한자를 사용.
楞嚴經(능엄경) : 불교경전의 하나

白
흰 백

부수 | 白(흰 백)　급수 | 8급

쌀알이 희다, 햇빛이 희다. 曰(말할 왈)과 비슷하여 '말하다'의 의미도 있음.

___

白米(백미) 白眉(백미) 白髮(백발) 告白(고백) 獨白(독백) 餘白(여백)

百
일백 백

부수 | 白(흰 백)　급수 | 7급

一(한 일) + 白(흰 백)
숫자를 의미하는 一(일)을 더하고, 소리를 나타내는 白(백)을 더해 일백 백이 됨.

___

百方(백방) 百姓(백성) 百歲(백세) 百戰百勝(백전백승) 百折不屈(백절불굴)

佰
백사람 백

부수 | 人(사람 인)　급수 | 1급

人(사람 인) + 百(일백 백)
사람이 백 명. 백 사람의 우두머리.

___

*百(백)의 갖은자. 仟佰(천백) : 천 사람의 우두머리와 백사람의 우두머리.

伯
맏 백

부수 | 人(사람 인)　급수 | 2급

人(사람 인) + 白(흰 백)
흰색 머리카락은 연장자를 의미해서 맏이를 의미함.

___

伯父(백부) 伯爵(백작) 畫伯(화백) 伯仲叔季(백중숙계) : 네 형제의 차례. 백은 맏이,
중은 둘째, 숙은 셋째, 계는 막내를 이름.

柏
잣나무 **백**

부수 | 木(나무 목)　**급수** | 2급

木(나무 목) + 白(흰 백)
목재가 흰색인 잣나무.

松柏(송백) 側柏(측백) *栢 잣나무 백

魄
넋 **백**

부수 | 鬼(귀신 귀)　**급수** | 2급

白(나무 목) + 鬼(귀신 귀)
죽어서 백골이 된 넋.

魂飛魄散(혼비백산) : 혼백이 이리저리 날아 흩어진다는 뜻으로, 몹시 놀라 넋을
잃음을 이르는 말.

帛
비단 **백**

부수 | 巾(수건 건)　**급수** | 2급

白(흰 백) + 巾(수건 건)
흰색의 천이 비단, 명주다.

幣帛(폐백) : 예를 갖추어 보내거나 가지고 가는 예물. *幣 비단 폐

棉
목화 **면**

부수 | 木(나무 목)　**급수** | 1급

木(나무 목) + 帛(비단 백)
비단, 솜을 만드는 목화가 열리는 나무.

棉花(면화)

綿
솜 **면**

부수 | 糸(가는 실 멱, 사)　**급수** | 2급

糸(가는 실 멱, 사) + 帛(비단 백)
솜과 실로 비단을 만들다.

綿織物(면직물) 純綿(순면) 綿紡(면방) 綿密(면밀)

奭
클 석

부수 | 大(큰 대) 급수 | 2급

大(큰 대) + 百(일백 백)
크다와 많다의 의미인 百(백)을 두 번 써서 크다를 강조함.

奭然(석연) : 풀어지는 모양. *人名字(인명자)로 사용함.

貊
북방종족 맥

부수 | 豸(발 없는 벌레 치) 급수 | 1급

豸(발 없는 벌레 치) + 百(일백 백)
용맹한 짐승처럼 강성한 부족.

濊貊(예맥) : 한족의 조상이 되는 민족, 고조선 때 있었던 부족 국가. *濊 깊을 예

陌
두렁 맥

부수 | 阝(阜,언덕 부) 급수 | 사범급

阝(阜,언덕 부) + 百(일백 백)
언덕에 길게 많이 있는 밭두렁.

阡陌(천맥) : 밭 사이의 길. 남북으로 난 것을 천(阡), 동서로 난 것을 맥(陌)이라 함.

碧
푸를 벽

부수 | 石(돌 석) 급수 | 2급

玉(구슬 옥) + 白(흰 백) + 石(돌 석)
푸른빛, 흰빛이 동시에 나는 돌.

碧眼(벽안) 碧溪(벽계) 碧玉(벽옥) 桑田碧海(상전벽해) : 뽕나무밭이 변하여 푸른 바다가 된다는 뜻으로, 세상일이 덧없이 변천함.

拍
칠 박

부수 | 扌(손 수) 급수 | 2급

扌(손 수) + 白(흰 백)
하얀 손바닥을 부딪치며 손뼉을 치다.

拍手(박수) 拍子(박자) 拍車(박차) 拍掌大笑(박장대소)

迫

핍박할 **박**

부수 | 辶(辵,쉬엄쉬엄 갈 착)　급수 | 2급

辶(辵,쉬엄쉬엄 갈 착) + 白(흰 백)

가까이 다가오다 → 다그치다 → 핍박하다.

迫害(박해) 脅迫(협박) 驅迫(구박) 逼迫(핍박) *逼 닥칠 핍

泊

배 댈 **박**

부수 | 氵(물 수)　급수 | 2급

氵(물 수) + 白(흰 백)

하얀 파도가 이는 바다에 배를 대다.

碇泊(정박) 宿泊(숙박) 淡泊(담박)

舶

큰 배 **박**

부수 | 舟(배 주)　급수 | 2급

舟(배 주) + 白(흰 백)

배 중에서 희고 큰 배.

舶來(박래) : 외국에서 배로 날라옴.

箔

발 **박**

부수 | 竹(대나무 죽)　급수 | 사범급

竹(대나무 죽) + 泊(배댈 박)

대나무로 만들 가리개 발.

金箔(금박) : 금 또는 금빛 나는 물건을 두드려 종이처럼 얇게 만든 물건.

鉑

금박 **박**

부수 | 金(쇠 금)　급수 | 1급

金(쇠 금) + 白(흰 백)

얇은 금 조각.

鉑製(박제) : 금박을 입혀 만든 제품 *剝製(박제) : 동물 살, 내장을 발라내고 그 안에 솜, 실을 넣어 살았을 때 모양 그대로 만듦.

粕
지게미 **박**

부수 | 米(쌀 미) 급수 | 사범급

米(쌀 미) + 白(흰 백)
쌀의 껍질 같은 지게미. 술을 거르고 난 찌꺼기.

糟粕(조박) : 지게미. '보잘것없는 물건'을 비유. *糟 지게미 조

珀
호박 **박**

부수 | 玉(구슬 옥) 급수 | 1급

玉(구슬 옥) + 白(흰 백)
흰빛, 노란빛 나는 보석 호박.

琥珀(호박) : 황색으로 거의 투명하고 광택이 있으며, 마찰하면 전기가 생겨 절
연재나 장식용 따위로 씀. *琥 호박 호

番
차례 **번**

부수 | 田(밭 전) 급수 | 5급

釆(발자국 모양) + 田(밭 전)
농부가 지나간 자리에 발자국이 차례대로 나 있다.

番號(번호) 番地(번지) 當番(당번)

飜
번역할 **번**

부수 | 飛(날 비) 급수 | 2급

番(차례 번) + 飛(날 비)
새가 차례차례 날개를 펄럭이며, 장소를 옮겨 가듯이 말을 다른 나라의 말로 옮긴다.

飜譯(번역) 飜覆(번복) 飜案(번안)

燔
구울 **번**

부수 | 火(불 화) 급수 | 사범급

火(불 화) + 番(차례 번)
불로 여러 번 굽는다.

燔肉(번육) 燔鐵(번철) : 지짐질에 쓰는, 솥뚜껑을 젖힌 모양의 무쇠 그릇.

蕃
우거질 번

부수 | ⺿(풀 초)   급수 | 1급

⺿(풀 초) + 番(차례 번)

풀이 여러 겹으로 무성하게 우거져 있다.

___

蕃盛(번성) = 繁盛(번성) 蕃國(번국) : 오랑캐 나라

藩
울타리 번

부수 | ⺿(풀 초)   급수 | 사범급

⺿(풀 초) + 潘(뜨물 반)

풀로 우거져 있는 울타리. 潘(반)은 발음 역할.

___

藩籬(번리) *籬 울타리 리 藩臣(번신) : 왕실을 수호하는 신하.

幡
기 번

부수 | 巾(수건 건)   급수 | 사범급

巾(수건 건) + 番(차례 번)

수건 같은 천으로 만든 깃발. 番(번)은 발음 역할.

___

幡旗(번기) : 표지(標識)가 있는 깃발.

磻
강 이름 반

부수 | 石(돌 석)   급수 | 1급

石(돌 석) + 番(차례 번)

강바닥에 돌이 많은 강.

___

磻溪隨錄(반계수록) : 실학파의 유형원이 지은 책. *磻(번)은 인명용 발음.

潘
뜨물 반

부수 | 氵(물 수)   급수 | 1급

氵(물 수) + 番(차례 번)

여러 번 쌀 씻는 물 뜨물.

___

潘沐(반목) : 뜨물로 머리를 감음. *물 이름, 강 이름이기도 함.

蟠
서릴 반

부수 | 虫(벌레 훼, 충) 급수 | 사범급

虫(벌레 훼, 충) + 番(차례 번)
뱀이나 용이 여러 겹으로 몸을 감고 엎드려 있음.

蟠龍(반룡) : 아직 하늘에 오르지 못하고 땅에 서리고 있는 용.

播
뿌릴 파

부수 | 扌(손 수) 급수 | 2급

扌(손 수) + 番(차례 번)
농부가 밭이랑을 지나가며 손으로 차례차례 씨를 뿌린다.

播種(파종) 傳播(전파) 俄館播遷(아관파천) : 고종과 태자가 친(親)러시아 세력
에 의하여 러시아 공사관으로 옮겨서 거처한 사건.

審
살필 심

부수 | 宀(집 면) 급수 | 2급

宀(집 면) + 番(차례 번)
집 뜰에 있는 발자국을 유심히 살핀다.

審議(심의) 審判(심판) 再審(재심)

瀋
물 이름 심

부수 | 氵(물 수) 급수 | 1급

氵(물 수) + 審(살필 심)
강 이름. 審(심)은 발음 역할.

瀋陽(심양) : 중국 요동성의 도시. *중국 랴오닝성 선양현에서 발원하는 강.

凡
무릇 범
모두 범

부수 | 几(안석 궤) 급수 | 3급

几(돛 모양) + 丶(바람을 안아 부푼 모습)
배는 보통, 모두 돛을 펼치고 간다.

平凡(평범) 非凡(비범) 大凡(대범)

汎
뜰 범
넓을 범

부수 | 氵(물 수) 급수 | 1급

氵(물 수) + 凡(무릇 범)

돛을 단 배가 물에 뜨다. 배가 뜨는 바다는 넓다.

汎愛(범애) 汎稱(범칭) 汎論(범론)

帆
돛 범

부수 | 巾(수건 건) 급수 | 1급

巾(수건 건) + 凡(무릇 범)

원래의 뜻인 돛에 수건 건을 더해서 돛의 의미를 더 강조한 한자.

出帆(출범) : 배가 돛을 달고 항구를 떠남, 단체가 새로 조직되어 일을 시작함.

梵
범어 범

부수 | 木(나무 목) 급수 | 사범급

林(수풀 림) + 凡(무릇 범)

스님들이 모두 깊은 숲 절에서 불경을 외우다.

梵語(범어) 梵鍾(범종) 梵僧(범승)

鳳
봉황새 봉

부수 | 鳥(새 조) 급수 | 2급

凡(무릇 범) + 鳥(새 조)

바람을 타는 돛처럼 하늘을 날아다니는 새가 봉황이다.

鳳凰(봉황) : 상상의 상서로운 새. 닭의 머리, 뱀의 목, 제비의 턱, 거북의 등, 물고기의 꼬리 모양을 함. 몸과 날개 빛은 오색이 찬란하며, 오음의 소리를 냄. *수컷을 '봉', 암컷을 '황'이라 함.

風
바람 풍

부수 | 風(바람 풍) 급수 | 5급

凡(돛 범) + 虫(벌레 훼)

돛, 벌레가 바람을 받아 움직인다. 바람 → 경치

風浪(풍랑) 扇風機(선풍기) 風景(풍경) 風聞(풍문) 颱風(태풍)

楓
단풍나무 풍

부수 | 木(나무 목)　급수 | 2급

木(나무 목) + 風(바람 풍)
찬 가을바람이 불면 나무에 붉게 물드는 단풍.

丹楓(단풍) 楓嶽山(풍악산)

諷
욀 풍

부수 | 言(말씀 언)　급수 | 1급

言(말씀 언) + 風(바람 풍)
바람이 스쳐 지나가듯이 시를 외우다.

諷詠(풍영) 諷刺(풍자) : 남의 결점을 무엇에 빗대어 재치 있게 경계하거나 비판함.

辟
임금 벽(피)

부수 | 辛(매울 신)　급수 | 사범급

尸(몸 시) + 口(입 구) + 辛(죄인 신)
죄인을 심문하고 있는 임금.

復辟(복벽) : 물러났던 임금이 다시 왕위에 오름.
辟除(벽제) : 지위 높은 사람이 행차할 때 일반 사람의 통행을 금하여 길을 치우는 일.

壁
벽 벽

부수 | 土(흙 토)　급수 | 3급

辟(임금 벽, 피할 피) + 土(흙 토)
도둑이나 적을 피하기 위해 흙으로 만든 벽.

壁畫(벽화) 壁報(벽보) 絶壁(절벽) 城壁(성벽) 壁紙(벽지)

璧
구슬 벽

부수 | 玉(구슬 옥)　급수 | 1급

辟(임금 벽) + 玉(구슬 옥)
임금이 가지고 있는 보물급 옥.

完璧(완벽) : 흠이 없는 구슬이라는 뜻으로, 결점이 없이 완전함.

僻 후미질 **벽**

부수 | 亻(사람 인)　급수 | 2급

亻(사람 인) + 辟(임금 벽)

어떤 사람을 임금이 후미진 곳으로 보내다.

窮僻(궁벽) 偏僻(편벽) 僻地(벽지) : 도시에서 멀리 떨어져 으슥하고 한적한 곳.

闢 열 **벽**

부수 | 門(문 문)　급수 | 1급

門(문 문) + 辟(임금 벽)

임금이 대궐 문을 열다.

開闢(개벽) : 세상이 처음으로 생김, '새로운 사태가 열림'을 비유함.

擘 엄지손가락 **벽**

부수 | 手(손 수)　급수 | 사범급

辟(임금 벽) + 手(손 수)

임금처럼 제일 크고 귀한 엄지손가락.

巨擘(거벽) : 학식이나 전문적인 분야에서 뛰어난 사람.

劈 쪼갤 **벽**

부수 | 刀(칼 도)　급수 | 사범급

辟(임금 벽) + 刀(칼 도)

임금이 칼로 쪼개다.

劈頭(벽두) : 글이나 일의 첫머리.

霹 벼락 **벽**

부수 | 雨(비 우)　급수 | 1급

雨(비 우) + 辟(임금 벽)

하늘에서 내리는 벼락처럼 임금이 벼락같이 화를 내다.

靑天霹靂(청천벽력) : 맑게 갠 하늘에서 치는 날벼락이란 뜻으로, 뜻밖에 일어난 큰 변고나 갑자기 생긴 큰 사건의 비유. *靂 벼락 력

蘗 황병나무 벽

부수 | 艹(풀 초)　급수 | 사범급

艹(풀 초) + 檗(황병나무 벽)
약초로 쓰이는 황병나무.

운향과의 낙엽 활엽 교목. *檗 황병나무 벽

甓 벽돌 벽

부수 | 瓦(기와 와)　급수 | 사범급

辟(임금 벽) + 瓦(기와 와)
임금의 궁궐을 짓기 위해 기와와 같이 만든 벽돌.

甓瓦(벽와) : 벽돌과 기와.

譬 비유할 비

부수 | 言(말씀 언)　급수 | 1급

辟(임금 벽) + 言(말씀 언)
임금이 비유법으로 빗대어 말을 하시다.

譬喩(비유) : 어떤 현상이나 사물을 직접 설명하지 않고 그와 비슷한 다른 현상
이나 사물을 빌려 표현함.

臂 팔 비

부수 | 月(肉, 육 달 월)　급수 | 1급

辟(임금 벽) + 月(肉, 육 달 월)
임금의 팔, 팔뚝.

攘臂(양비) : 소매를 걷어붙이며 용기를 내는 모양. *攘 물리칠 양

避 피할 피

부수 | 辶(辵, 쉬엄쉬엄 갈 착)　급수 | 3급

辶(辵, 쉬엄쉬엄 갈 착) + 辟(임금 벽)
임금이 달아나다. 피신하다.

避難(피난) 避暑(피서) 忌避(기피) 回避(회피) 待避(대피)

嬖 사랑할 폐

부수 | 女(여자 녀)   급수 | 사범급

辟(임금 벽) + 女(여자 녀)

임금이 사랑하는 여자.

嬖姬(폐희) 嬖臣(폐신) 嬖幸(폐행) = 嬖愛(폐애) : 남에게 아첨하여 사랑을 받음.

죄인 송사할 **변**

부수 | 辛(매울 신)   급수 | 사범급

辛(죄인 신) + 辛(죄인 신)

죄인 두 명이 송사하는 모습, 재판받는 모습.

*辛(매울 신, 죄인 신) - 노예나 죄인의 이마, 몸에 문신하는 큰 침을 그린 한자.

辯 말 잘할 변

부수 | 辛(매울 신)   급수 | 3급

辡(죄인 송사할 변) + 言(말씀 언)

서로 송사하는 죄인들이 말을 잘하다, 또는 죄인의 송사를 도와주는 말 잘하는 변호인.

辯護士(변호사) 辯論(변론) 雄辯(웅변) 詭辯(궤변) *詭 속일 궤

辨 분별할 변

부수 | 辛(매울 신)   급수 | 3급

辡(죄인 송사할 변) + 刀(칼 도)

두 죄인이 송사할 때 판단을 칼로 자르듯이 분명히 해야 한다.

辨明(변명) 辨別(변별) 辨證(변증)

辮 땋을 변

부수 | 糸(가는 실 멱, 사)   급수 | 사범급

辡(죄인 송사할 변) + 糸(가는 실 멱, 사)

죄인이 머리를 실타래 꼬듯이 땋았다.

辮髮(변발) : 만주족이나 몽골인의 풍습으로, 남자 머리의 뒷부분을 남기고 나머지 부분을 깎아 뒤로 길게 땋아 늘임. 또는 그 머리.

瓣 외씨 판

부수 | 瓜(오이 과)　급수 | 사범급

辡(죄인 송사할 변) + 瓜(오이 과)
오이의 꽃잎. 辡(변)은 판으로 발음 역할.

瓣膜(판막) : 혈관이나 림프관 속에 있어, 피나 림프액이 거꾸로 흐르는 것을 막는 막.
*膜 막 막

辦 힘쓸 판

부수 | 辛(매울 신)　급수 | 사범급

辡(죄인 송사할 변) + 力(힘 력)
죄인들이 죄가 없음을 증명하려고 힘쓰다.

辦公(판공) : 공무를 처리함.　辦備(판비) : 갖추어 준비함.

丙 남녘 병
셋째 천간 병

부수 | 一(한 일)　급수 | 4급

물건의 받침대 모양을 그린 한자. 또는 땅 위로 식물이 자라고 있는 모습에서 식물
뿌리가 남쪽으로 향함.

甲乙丙丁(갑을병정) 丙子胡亂(병자호란)

病 병 병

부수 | 疒(병들 녁)　급수 | 5급

疒(병들 녁) + 丙(남녘 병)
따뜻한 남쪽에서 병이 시작되다.

病院(병원) 病菌(병균) 疾病(질병) 傳染病(전염병) 白血病(백혈병)
看病(간병) 熱病(열병) 病暇(병가)

柄 자루 병

부수 | 木(나무 목)　급수 | 2급

木(나무 목) + 丙(남녘 병)
나무로 만든 손잡이 자루. 丙(병)은 발음 역할.

權柄(권병) : 권력을 가지고 마음대로 사람을 좌우할 수 있는 힘.
柄用(병용) : 권력을 잡음.

昞 밝을 병

부수 | 日(날 일) 급수 | 1급

日(날 일) + 丙(남녘 병)
남쪽 지방의 해가 아주 밝다.

昞明(병명) : 환하고 밝음. 昞煜(병욱) : 빛나는 모양. *昺 밝을 병

炳 불꽃 병

부수 | 火(불 화) 급수 | 2급

火(불 화) + 丙(남녘 병)
남쪽처럼 따뜻한 불, 불꽃.

炳然(병연) : 환한 모양. 炳映(병영) : 빛나서 환히 비침.

幷 아우를 병

부수 | 干(방패 간) 급수 | 2급

亻(사람 인) + 亻(사람 인)
두 사람을 아우르다, 합하다, 겸하다의 의미를 가짐.

*주로 발음 역할. *倂(아우를 병)과 같은 글자.
幷合(병합) : 아울러 합침. 幷有(병유) : 아울러 가짐.

倂 아우를 병

부수 | 人(사람 인) 급수 | 1급

亻(사람 인) + 幷(아우를 병)
사람인을 추가하여 더 뜻을 강조함.

*'아우르다' - 여럿을 모아 하나로 만들다.
合倂症(합병증) : 한 질환에 관련하여 일어나는 다른 질환.

屛 병풍 병

부수 | 尸(주검 시) 급수 | 2급

尸(주검 시) + 幷(아우를 병)
죽은 시체를 가리기 위해 나란히 펼쳐 놓은 병풍을 의미.

屛風(병풍) : 바람을 막거나 무엇을 가리기 위하여 또는 장식용으로 방 안에 치는, 직사각형의 물건.

餅
떡 병

부수 | 食(먹을 식)　급수 | 1급

食(먹을 식) + 幷(아우를 병)
떡 시루에 떡이 나란히 놓여 있다.

畵中之餅(화중지병) : '그림의 떡'
煎餅(전병) : 찹쌀, 밀 등의 가루를 반죽하여 번철에 지진 떡.

瓶
병 병

부수 | 瓦(기와 와)　급수 | 1급

幷(아우를 병) + 瓦(기와 와)
기와처럼 가마에 구워서 만든 병.

花瓶(화병) 火焰瓶(화염병)

軿
수레 병(변)

부수 | 車(수레 거)　급수 | 사범급

車(수레 거) + 幷(아우를 병)
나란히 달리는 수레 *가벼운 병거(兵車), 부인이 타는 수레

騈儷文(변려문) : 한문체의 하나로 4자 또는 6자의 대구를 써서 읽는 사람에게 미감(美感)을 줌. *騈 나란할 변 *儷 짝 려

步
걸음 보

부수 | 止(그칠 지)　급수 | 5급

止(그칠지) 즉, 발모양의 한자가 앞뒤로 놓여 있으므로 '걸어가다' 라는 뜻.

步行(보행) 步調(보조) 踏步(답보) 闊步(활보) 驅步(구보)

頻
자주 빈

부수 | 頁(머리 혈)　급수 | 2급

步(걸음 보) + 頁(머리 혈)
자주 걸어가서 우두머리를 찾아뵙다.

頻度(빈도) 頻繁(빈번) 頻發(빈발) 頻數(빈삭) *數 자주 삭

瀕

물가 **빈**

부수 | 氵(물 수)　**급수** | 사범급

氵(물 수) + 頻(자주 빈)

물가에 자주 가다. 물가에 다다르다.

瀕死(빈사) : 거의 죽을 지경에 이름.

嚬

찡그릴 **빈**

부수 | 口(입 구)　**급수** | 사범급

口(입 구) + 頻(자주 빈)

자주 얼굴과 입을 삐죽거리며 찡그리다. *顰 찡그릴 빈

嚬蹙·顰蹙(빈축) : 남을 비난하거나 미워함. *蹙 대지를 축

效顰(효빈) : 덩달아 남의 흉내를 내거나 남의 결점을 장점으로 알고 본뜸.

涉

건널 **섭**

부수 | 氵(물 수)　**급수** | 3급

氵(물 수) + 步(걸음 보)

물을 건너가다.

涉外(섭외) 交涉(교섭) 涉獵(섭렵) : 물을 건너 찾아다닌다는 뜻으로, 온갖 책을 널리
읽거나 여기저기 찾아다니며 여러 일을 경험함을 이름. *獵 사냥 렵

陟

오를 **척**

부수 | 阝(阜,언덕 부)　**급수** | 1급

阝(阜,언덕 부) + 步(걸음 보)

언덕을 오르다.

進陟(진척) : 일이 목적한 방향대로 진행되어 감.

甫

클 **보**

부수 | 用(쓸 용)　**급수** | 2급

田(밭 전) + 屮(싹날 철)

밭에서 새싹이 크게 잘 자라고 있다.

---

*甫 남자 미칭(美稱)보 : 본이름 외에 부르는 이름.

杜甫(두보) : 중국 唐나라 시인. 甫田(보전) : 큰 밭

補
기울 보

부수 | 衤(옷 의) 급수 | 3급

衤(옷 의) + 甫(클 보)
크게 찢어진 옷을 깁다, 기우다.

補藥(보약) 補完(보완) 補闕(보궐) 補講(보강) 補償(보상) 補給(보급)

輔
도울 보

부수 | 車(수레 거) 급수 | 2급

車(수레 거) + 甫(클 보)
수레바퀴에 덧대는 나무 덧방나무, 크게(많이) 짐을 실은 수레를 돕다.

*備 도울 보 輔弼(보필) *弼 도울 필 輔國安民(보국안민)

簠
제기 이름 보

부수 | 竹(대 죽) 급수 | 사범급

竹(대 죽) + 甫(클 보) + 皿(그릇 명)
대나무로 만든 제사 때 사용하는 그릇.

簠簋(보궤) : 제사 때 서직(黍稷)을 담는 그릇. *簋 제기 이름 궤

黼
수 보

부수 | 黹(바느질할 치) 급수 | 사범급

黹(바느질할 치) + 甫(클 보)
크고 넓은 천에 바느질로 수를 놓다.

黼黻(보불):임금이 예복으로 입던 하의(下衣)인 곤상(袞裳)자락에 놓은,도끼와 '亞'자모양의 수.*黼(수보):흑백의 실로 도끼 모양의 무늬를 수.*黻(수불):흑청의 실로 '亞' 모양으로 놓은수.

浦
물가 포

부수 | 氵(물 수) 급수 | 3급

氵(물 수) + 甫(클 보)
물이 많은 물가, 포구.

浦口(포구) 木浦(목포) 浦港(포항)

捕
잡을 포

부수 | 扌(손 수) **급수** | 3급

扌(손 수) + 甫(클 보)

손으로 큰 것을 잡다.

捕手(포수) 捕捉(포착) 捕虜(포로)

葡
포도 포

부수 | 艹(풀 초) **급수** | 2급

艹(풀 초) + 匍(길 포)

덩굴이 많이(甫) 생기는 덩굴식물 포도.

葡萄糖(포도당) 葡萄(포도)

鋪
펼 포

부수 | 金(쇠 금) **급수** | 2급

金(쇠 금) + 甫(클 보)

쇠로 만든 물건을 크게 펼쳐놓은 가게.

店鋪(점포) 鋪裝道路(포장도로) *鋪 펼 포

哺
먹일 포

부수 | 口(입 구) **급수** | 2급

口(입 구) + 甫(클 보)

입으로 음식을 크게 만들어 먹이다.

哺乳類(포유류) 反哺之孝(반포지효) : 자식이 자라서 어버이의 은혜에 보답하는 효성.

圃
밭 포

부수 | 囗(에울 위) **급수** | 사범급

囗(에울 위) + 甫(클 보)

크게 에워싸며 만든 밭.

圃田(포전) 藥圃(약포)

脯 포 포

부수 | 月(肉,육달 월)　급수 | 사범급

月(肉,육달 월) + 甫(클 보)
고기를 크게 썰어서 만든 포.

肉脯(육포) 魚脯(어포)

匍 길 포

부수 | 勹(쌀 포)　급수 | 사범급

勹(쌀 포) + 甫(클 보)
몸을 웅크리고 감싸듯 땅을 기어가다.

匍匐(포복) *匐 길 복

逋 달아날 포

부수 | 辶(辵,쉬엄쉬엄 갈 착)　급수 | 사범급

辶(辵,쉬엄쉬엄 갈 착) + 甫(클 보)
덩치가 큰 범인이 달아나다.

逋亡(포망) 租稅逋脫(조세포탈)

晡 신시 포

부수 | 日(날 일)　급수 | 사범급

日(날 일) + 甫(클 보)
시간을 2시간 간격으로 크게 나누다.

晡時(포시) : 오후 3시 ~ 5시.

尃 펼 부

부수 | 寸(마디 촌)　급수 | 사범급

甫(클 보) + 寸(마디 촌, 손)
밭에 식물들이 많이 펼쳐져 있다.

* 專 오로지 전 * 단독으로 쓰이지 않는다.
다른 한자와 결합하여 한자의 뜻과 독음에 영향을 준다.

傳
스승 부

부수 | 人(사람 인)　급수 | 1급

人(사람 인) + 尃(펼 부)

제자들의 재능을 펼칠 수 있도록 가르침을 주는 스승.

師傅(사부)

敷
펼 부

부수 | 攵(칠 복)　급수 | 1급

甫(클 보) + 放(놓을 방)

크게 펼쳐 놓다.

敷設(부설) 敷地(부지) 敷衍(부연) *衍 펼 연

溥
넓을 부(보)

부수 | 氵(물 수)　급수 | 1급

氵(물 수) + 尃(펼 부)

물이 넓게 퍼져 있다.

溥大(보대) : 광대함.

簿
장부 부

부수 | 竹(대나무 죽)　급수 | 2급

竹(대나무 죽) + 溥(넓을 부)

넓은 대나무 죽간에 기록한 장부.

帳簿(장부) 名簿(명부) 簿記(부기) 家計簿(가계부)

賻
부의 부

부수 | 貝(조개 패)　급수 | 2급

貝(조개 패) + 尃(펼 부)

초상집을 도우려고 보낸 돈이나 물품.

賻儀(부의) 賻助(부조)

博
넓을 박

부수 | 十(열 십)   급수 | 3급

十(열 십) + 尃(펼 부)

열 번을 펼치니 넓다.

博士(박사) 博學(박학) 博愛(박애) 博物館(박물관) 該博(해박)

薄
얇을 박

부수 | 艹(풀 초)   급수 | 3급

艹(풀 초) + 溥(넓을 부)

풀잎이 얇아 풀이 물에 떠 있다.

薄福(박복) 刻薄(각박) 淺薄(천박) 美人薄命(미인박명)

縛
묶을 박

부수 | 糸(가는 실 멱, 사)   급수 | 1급

糸(가는 실 멱, 사) + 尃(펼 부)

줄로 묶다.

結縛(결박) 束縛(속박) 捕縛(포박) 自繩自縛(자승자박) : 자신이 한 말과 행동에 자신이 구속되어 괴로움을 당함.

搏
칠 박

부수 | 扌(손 수)   급수 | 사범급

扌(손 수) + 尃(펼 부)

손으로 치고 두드리다.

搏動(박동) 搏殺(박살) 脈搏(맥박)

膊
포 박

부수 | 肉(月,육 달월)   급수 | 사범급

肉(月,육 달월) + 尃(펼 부)

고기를 썰어서 펼쳐 말린 포.

肩膊(견박) : 어깨의 바깥쪽 위팔의 윗머리 부분. *膊 어깨 박

复
갈 복

人(사람 인) + 日(발자국 모양) + 夂(천천히 걸을 쇠)
사람이 천천히 걸어갔다가 다시 되돌아오다.

---

* 단독으로 쓰이지 않는다. 다른 한자와 결합하여 한자의 뜻과 독음에 영향을 준다.

復
돌아올 복
다시 부

부수 | 彳(자축거릴 척)　급수 | 4급

彳(자축거릴 척) + 复(갈 복)
걸어갔다가 다시 돌아오다.

復舊(복구) 復習(복습) 回復(회복) 復職(복직) 往復(왕복) 復活(부활)

複
겹칠 복

부수 | 衤(옷 의)　급수 | 3급

衤(옷 의) + 复(갈 복)
옷을 여러 겹 다시 입다.

複寫(복사) 複利(복리) 複式(복식) 複雜(복잡) 重複(중복)

覆
덮을 복

부수 | 襾(덮을 아)　급수 | 2급

襾(덮을 아) + 復(회복할 복)
덮은 것을 뒤집어엎다.

覆蓋(복개) 飜覆(번복) 顚覆(전복)

腹
배 복

부수 | 月(肉,육달 월)　급수 | 3급

月(肉,육달 월) + 复(갈 복)
호흡할 때 배가 나왔다 들어갔다 하다.

腹部(복부) 腹痛(복통) 腹帶(복대)

馥
향기 복

부수 | 香(향기 향)　급수 | 1급

香(향기 향) + 复(갈 복)

좋은 향기가 멀리 가다. 퍼지다.

馥郁(복욱) : 향기가 자욱한 모양. *郁 성할 욱

輹
복토 복

부수 | 車(수레 거)　급수 | 사범급

車(수레 거) + 复(갈 복)

수레 굴대의 중앙에 있는 복토.

輹兎(복토) : 차여(車輿)의 바닥 밑에 장치하여 차여와 굴대를 연결 고정하는 나무.

鰒
전복 복

부수 | 魚(물고기 어)　급수 | 1급

魚(물고기 어) + 复(갈 복)

어패류의 하나인 전복.

全鰒(전복)

鍑
솥 복

부수 | 金(쇠 금)　급수 | 사범급

金(쇠 금) + 复(갈 복)

쇠로 만든 솥.

鍑形(복형) : 큰 솥 모양. *아가리가 오므라진 솥

愎
괴팍할 퍅

부수 | 忄(마음 심)　급수 | 사범급

忄(마음 심) + 复(갈 복)

마음이 왔다갔다하며 성을 자주 냄.

乖愎(괴퍅 → 괴팍) : 붙임성이 없이 까다롭고 걸핏하면 성을 냄. *乖 어그러질 괴

가득 찰 복

술병에 술이 가득 차 있는 모습을 그린 한자. 가득 차다 → 복을 채우다.

* 단독으로 쓰이지 않는다. 다른 한자와 결합하여 한자의 뜻과 독음에 영향을 준다.

福
복 복

부수 | 示(보일 시) 급수 | 준4급

示(보일 시) + 畐(가득 찰 복)
조상이나 신에게 술과 음식을 가득 차려놓고 제사를 지내며 복을 빈다.

禍福(화복) 福祉(복지) 福券(복권) 飮福(음복) 幸福(행복) 祝福(축복)

輻
바퀴살 복(폭)

부수 | 車(수레 거) 급수 | 사범급

車(수레 거) + 畐(가득 찰 복)
수레바퀴에 부챗살 모양으로 가득 차있는 가느다란 막대기 바퀴살.

輻輳(복주 → 폭주) : 바퀴살이 바퀴통으로 모여들 듯이 많은 것이 한 곳으로 몰려들다.
*輳 모일 주

匐
길 복

부수 | 勹(쌀 포) 급수 | 사범급

勹(쌀 포) + 畐(가득 찰 복)
몸을 웅크리며 땅을 기어가다.

匍匐(포복) : 배를 땅에 대고 김. *匍 길 포

蔔
무 복

부수 | 艹(풀 초) 급수 | 사범급

艹(풀 초) + 畐(가득 찰 복)
땅속에서 자라나는 무.

蔔匏(복포) : 무와 박. *匏 박 포

副
버금 부

부수 | ㄐ(칼 도) 급수 | 3급

畐(가득 찰 복) + ㄐ(칼 도)
술을 나누어서 여러 신에게 제사를 지내다.

副社長(부사장) 副作用(부작용) 副食(부식) 副業(부업) 副應(부응)

富
부자 부

부수 | 宀(집 면) 급수 | 준4급

宀(집 면) + 畐(가득 찰 복)
집에 재물이 가득 차있는 부자.

富者(부자) 富貴(부귀) 甲富(갑부) 豐富(풍부) 富裕(부유) 貧富(빈부)

幅
너비 폭

부수 | 巾(수건 건) 급수 | 2급

巾(수건 건) + 畐(가득 찰 복)
옷감의 가로 길이 너비.

大幅(대폭) 全幅(전폭) 震幅(진폭)

逼
닥칠 핍

부수 | 辶(辵,쉬엄쉬엄 갈 착) 급수 | 1급

辶(辵,쉬엄쉬엄 갈 착) + 畐(가득 찰 복)
복이 다다르다, 닥치다.

逼迫(핍박) : 형세가 매우 절박하도록 바싹 닥쳐옴, 심히 억압하여 괴롭게 함.

卜
점 복

부수 | 卜(점 복) 급수 | 3급

거북이 등딱지나 소뼈의 갈라지는 형태를 보고 점을 치는 모습을 그린 한자.

卜債(복채) 占卜(점복)

朴
순박할 **박**
성 **박**

부수 | 卜(점 복)　급수 | 5급

木(나무 목) + 卜(점 복)
나무의 껍질이 갈라진 모양을 보고 점을 쳐보는 순박한 점.

素朴(소박) 淳朴(순박) ＝ 醇朴(순박) 朴氏(박씨) *朴 성씨 박

赴
다다를 **부**

부수 | 走(달릴 주)　급수 | 2급

走(달릴 주) + 卜(점 복)
점을 쳐서 임무를 맡기며 다른 곳으로 보내니 달려가다.

赴任(부임)

訃
부고 **부**

부수 | 言(말씀 언)　급수 | 2급

言(옷 의) + 卜(점 복)
사람의 죽음을 알리는 글에 점치듯이 상세히 기록하여 알림.

訃告(부고)

仆
엎드릴 **부**

부수 | 人(사람 인)　급수 | 사범급

人(사람 인) + 卜(점 복)
사람이 거북이처럼 엎드림.

仆倒(부도) : 섰던 것이 넘어짐.

만날 **봉**
끌 **봉**

夂(뒤져서올 치) + 丰(예쁠 봉)
걸어가서 예쁘고 좋은 것을 끌어오다. 만나다.

* 단독으로 쓰이지 않는다. 다른 한자와 결합하여 한자의 뜻과 독음에 영향을 준다.

逢 만날 봉

부수 | 辶(辵,쉬엄쉬엄 갈 착)　급수 | 3급

辶(辵,쉬엄쉬엄 갈 착) + 夆(이끌 봉)
서로 헤어진 사람을 끌리듯이 만나러 가다.

相逢(상봉) 逢着(봉착) 逢變(봉변)

峯 봉우리 봉

부수 | 山(뫼 산)　급수 | 3급

山(뫼 산) + 夆(이끌 봉)
산 능선이 만나서 만들어진 봉우리. *峰 봉우리 봉

雲峯(운봉) 孤峯(고봉) 最高峰(최고봉)

蜂 벌 봉

부수 | 虫(벌레 훼, 충)　급수 | 2급

虫(벌레 훼, 충) + 夆(이끌 봉)
여왕벌에 이끌려 군집 생활하는 벌.

養蜂(양봉) 蜂蜜(봉밀) 蜂蠟(봉랍)

縫 꿰맬 봉

부수 | 糸(가는 실 멱, 사)　급수 | 2급

糸(가는 실 멱, 사) + 逢(만날 봉)
실로 찢어진 부분을 서로 만나게 하여 꿰매다.

縫製(봉제) 彌縫策(미봉책) 天衣無縫(천의무봉)

蓬 쑥 봉

부수 | 艹(풀 초)　급수 | 1급

艹(풀 초) + 逢(만날 봉)
자주 볼 수 있는 식물 쑥.

蓬萊山(봉래산) : 여름 금강산 별칭. 蓬廬(봉려) : 가난한 집.

烽
봉화 봉

부수 | 火(불 화)　**급수** | 1급

火(불 화) + 夆(이끌 봉)

불을 피워 신호를 보내고 만나다.

烽火(봉화) 烽燧臺(봉수대)

燧
연기 자욱할 봉

부수 | 火(불 화)　**급수** | 사범급

火(불 화) + 逢(만날 봉)

불을 피우니 연기가 자욱하다.

燧氣(봉기) : 불기운 화기(火氣) *烽(봉화 봉)과 같은 글자.

받들 봉

부수 | 大(큰 대)　**급수** | 준4급

丰(예쁠 봉) + 廾(두 손 모아 바칠 공)

양손 가득 좋은 것을 들고 윗사람에게 물건을 바치는 모습.

奉仕(봉사) 奉養(봉양) 奉職(봉직)

俸
녹 봉

부수 | 人(사람 인)　**급수** | 2급

人(사람 인) + 奉(받들 봉)

벼슬하는 사람을 받들기 위해 주는 금품 녹, 봉급.

年俸(연봉) 俸給(봉급) 薄俸(박봉)

棒
몽둥이 봉

부수 | 木(나무 목)　**급수** | 1급

木(나무 목) + 奉(받들 봉)

나무로 만든 몽둥이.

鐵棒(철봉) 棍棒(곤봉) 針小棒大(침소봉대)

捧
반들 봉

부수 | 扌(손 수)   급수 | 1급

扌(손 수) + 奉(받들 봉)
손으로 바쳐들다.

捧納(봉납) 捧讀(봉독) = 奉讀(봉독)

琫
칼집 장식 봉

부수 | 玉(구슬 옥)   급수 | 1급

玉(구슬 옥) + 奉(받들 봉)
칼집을 옥으로 장식하다.

琫珌(봉필) : 패도(佩刀)이 장식

咅
침 부
나눌 부

立(설 립) + 口(입 구)
사람이 서서 입으로 침을 뱉는 모습. 또는, 마주 서서 다투는 사람으로 서로
헤어지다, 나누다의 의미도 있음.

---

* 단독으로 쓰이지 않는다. 다른 한자와 결합하여 한자의 뜻과 독음에 영향을 준다.

部
떼 부

부수 | 阝(邑,고을 읍)   급수 | 5급

咅(나눌 부) + 阝(邑,고을 읍)
고을을 나누다. 떼 지어 사는 마을.

部落(부락) 部首(부수) 部下(부하) 部署(부서) 幹部(간부) 外部(외부) *陪 모실 배

剖
쪼갤 부

부수 | 刂(칼 도)   급수 | 2급

咅(나눌 부) + 刂(칼 도)
칼로 나누다, 쪼개다.

解剖(해부) 剖檢(부검) 剖棺斬屍(부관참시) : 죽은 후에 큰 죄가 드러난 사람에게 내
리던 극형.

倍
갑절 **배**

부수 | 人(사람 인)　급수 | 3급

人(사람 인) + 咅(나눌 부)

사람이 나누어 갑절로 만들다.

倍數(배수) 倍率(배율) 倍加(배가)

培
북돋을 **배**

부수 | 土(흙 토)　급수 | 2급

土(흙 토) + 咅(나눌 부)

뿌리를 싸고 있는 흙을 위로 북돋아 주다.

培養(배양) 栽培(재배)

賠
물어줄 **배**

부수 | 貝(조개 패)　급수 | 2급

貝(조개 패) + 咅(나눌 부)

돈을 나누어서 물어주다.

賠償(배상)

陪
모실 **배**

부수 | 阝(阜,언덕 부)　급수 | 1급

阝(阜,언덕 부) + 咅(나눌 부)

언덕에 흙을 나누어서 부어 더하다.

陪席(배석) 陪審員(배심원) *部 거느릴 부

焙
불쬘 **배**

부수 | 火(불 화)　급수 | 사범급

火(불 화) + 咅(나눌 부)

불을 서로 나누어 쬐다.

焙籠(배롱) : 화로에 씌워놓고 기저귀나 젖은 옷 따위를 얹어 말리는 기구

菩
보리 보
보살 보

부수 | ⺾(풀 초)　급수 | 1급

⺾(풀 초) + 咅(나눌 부)
보리, 모사(茅沙)풀, 자리, 멍석을 만드는 재료.

菩薩(보살) : 부처의 다음가는 성인, 여자 신도를 대접해 부르는 말. *薩 보살 살

不
아니 불(부)

부수 | 一(한 일)　급수 | 준5급

새가 하늘 높이 올라가 다시 내려오지 않았다 → 아니다.
꽃받침은 없고 씨방만 있는 꽃 모습을 그린 한자. → 없다.(부정사)

不景氣(불경기) 不感症(불감증) 不正(부정) 不信(불신) 不義(불의)

否
아닐 부

부수 | 口(입 구)　급수 | 4급

不(아니 불) + 口(입 구)
입으로 '아니다'라고 말하다.

否認(부인) 可否(가부) 拒否(거부) 否決(부결) 否定(부정)

杯
잔 배

부수 | 木(나무 목)　급수 | 3급

木(나무 목) + 不(아니 불)
나무로 만든 잔.

毒杯(독배) 祝杯(축배) 乾杯(건배) 苦杯(고배) *盃 잔 배

胚
아이밸 배

부수 | 月(肉, 육 달월)　급수 | 사범급

月(肉, 육 달월) + 丕(클 비)
큰 사람이 되어가려고 하는 임신 1개월 정된 아기를 뜻함.

胚芽(배아) : 아이밴 싹, 식물의 씨눈. 즉, 사물의 시작

丕 클 비

부수 | 一(한 일)　급수 | 1급

丕(아니 불) + 一(한 일)

아무것도 없던 상태에서 으뜸이 되고, 크게 되어가다.

丕子(비자) : 천자의 적자(嫡子).

歪 삐뚤 왜

부수 | 止(그칠 지)　급수 | 2급

丕(아니 불) + 正(바를 정)

아닌 것과 바른 것을 바꿔서 삐뚤어지게 해석함.

歪曲(왜곡) : 사실과 다르게 해석하거나 그릇되게 함.

付 줄 부

부수 | 人(사람 인)　급수 | 3급

人(사람 인) + 寸(마디 촌, 손 모양)

손으로 사람에게 주다.

發付(발부) 付託(부탁) 付着(부착)

府 관청 부

부수 | 广(집 엄)　급수 | 3급

广(집 엄) + 付(줄 부)

백성의 부탁을 들어주는 집, 관청.

政府(정부) 議政府(의정부) 府君(부군) : 죽은 아버지나 남자 조상에 대한 존칭.
*府 죽은아비 부

腐 썩을 부

부수 | 肉(고기 육)　급수 | 2급

府(관청 부) + 肉(고기 육)

관청에서 백성의 식량인 고기를 썩혔다.

腐敗(부패) 豆腐(두부) 腐蝕(부식) 防腐(방부) 陳腐(진부)

符
부신 부

부수 | 竹(대나무 죽) **급수** | 2급

竹(대나무 죽) + 付(줄 부)
대나무에 그림, 글씨를 써서 귀신을 쫓아내기 위한 부적, 나눠 가진 신표 물건

符籍(부적) 符信(부신) 符節(부절) 符合(부합) 符號(부호)

附
붙을 부

부수 | 阝(阜,언덕 부) **급수** | 2급

阝(阜, 언덕 부) + 付(줄 부)
언덕에 의지하여 붙어 있다.

附錄(부록) 附屬病院(부속병원) 附近(부근) 附加稅(부가세)
寄附(기부) 添附(첨부) 附着(부착)

咐
분부할 부

부수 | 口(입 구) **급수** | 사범급

口(입 구) + 付(줄 부)
입으로 명령을 내리다.

吩咐(분부) = 分付(분부)

腑
장부 부

부수 | 月(肉,육달 월) **급수** | 1급

月(肉,육달 월) + 府(관청 부)
우리 신체에서 각자 맡은 역할이 있는 관청처럼 장기마다 역할이 있다.

五臟六腑(오장육부) 肺腑(폐부) 六腑(육부) : 대장·소장·위·담·방광·삼초(三焦).

駙
곁마 부

부수 | 馬(말 마) **급수** | 사범급

馬(말 마) + 付(줄 부)
임금의 사위에게 좋은 말을 주다.

駙馬都尉(부마도위) : 임금의 사위.

鮒
붕어 부

부수 | 魚(물고기 어)   급수 | 사범급

魚(물고기 어) + 付(줄 부)
물고기 붕어.

鮒魚(부어)

나눌 분

부수 | 刀(칼 도)   급수 | 준5급

八(여덟 팔, 나눌 팔) + 刀(칼 도)
칼로 나누다.

區分(구분) 部分(부분) 分析(분석) 分離(분리) 分明(분명) 分類(분류)

粉
가루 분

부수 | 米(쌀 미)   급수 | 3급

米(쌀 미) + 分(나눌 분)
쌀을 잘게 나누어 가루로 만들다.

粉食(분식) 粉末(분말) 粉紅(분홍) 粉骨碎身(분골쇄신) : 뼈가 가루가 되고 몸이 부서
진다는 뜻으로, 정성으로 노력함을 이르는 말.

紛
어지러울 분

부수 | 糸(가는 실 멱, 사)   급수 | 3급

糸(가는 실 멱, 사) + 分(나눌 분)
여러 개로 나누어 놓은 실들이 엉클어져 어지럽다.

紛亂(분란) 紛爭(분쟁) 紛紛(분분)

芬
향기 분

부수 | 艹(풀 초)   급수 | 1급

艹(풀 초) + 分(나눌 분)
풀을 칼로 나누었더니 향기가 난다.

芬皇寺(분황사)

盆
동이 분

부수 | 皿(그릇 명)　급수 | 2급

分(나눌 분) + 皿(그릇 명)
양쪽에 손잡이가 달린 물을 담는 동이.

花盆(화분) 盆栽(분재) 盆地(분지)

忿
성낼 분

부수 | 心(마음 심)　급수 | 1급

分(나눌 분) + 心(마음 심)
나눔이 불공평하여 성을 내다.

忿怒(분노) 激忿(격분)

雰
안개 분

부수 | 雨(비 우)　급수 | 1급

雨(비 우) + 分(나눌 분)
빗방울이 잘게 나누어져 만들어진 안개.

雰圍氣(분위기)

吩
분부할 분

부수 | 口(입 구)　급수 | 사범급

口(입 구) + 分(나눌 분)
아랫사람에게 명령을 나누어서 내리다.

吩咐(분부) = 分付(분부)

扮
꾸밀 분

부수 | 扌(손 수)　급수 | 사범급

扌(손 수) + 分(나눌 분)
손으로 자세히 부분을 나누어 가며 꾸미다.

扮裝(분장) : 배우가 출연 작품 중의 어느 인물로 꾸밈. 또는 그런 차림새.

汾
클 분

부수 | 氵(물 수)　급수 | 1급

氵(물 수) + 分(나눌 분)

큰 강의 지류가 나뉘어 흐른다.

汾沄(분운) : 많고 성한 모양. *沄 소용돌이칠 운

昐
햇빛 분

부수 | 日(날 일)　급수 | 사범급

日(날 일) + 分(나눌 분)

햇빛이 나누어져 비치는 듯하다.

昐光(분광) : 햇빛

貧
가난할 빈

부수 | 貝(조개 패)　급수 | 준4급

分(나눌 분) + 貝(조개 패)

돈을 여러 사람이 나누어 가져 가난하다.

貧富(빈부) 貧困(빈곤) 貧弱(빈약) 貧血(빈혈) 極貧(극빈)

賁
클 분
꾸밀 비

부수 | 貝(조개 패)　급수 | 사범급

卉(풀 훼) + 貝(조개 패)

많은 풀과 조개로 장식하다, 꾸미다.

賁鼓(분고) : 큰 북 賁飾(비식) : 아름답게 꾸밈.

憤
분할 분

부수 | 忄(마음 심)　급수 | 2급

忄(마음 심) + 賁(클 분)

마음에서 크게 분함이 일어나다.

憤怒(분노) 憤慨(분개) 憤痛(분통) 鬱憤(울분) 憤敗(분패) 悲憤(비분)

墳
무덤 분

부수 | 土(흙 토) 급수 | 2급

土(흙 토) + 賁(클 분)
흙으로 무덤의 높은 봉분을 만들다.

封墳(봉분) 墳墓(분묘)

噴
뿜을 분

부수 | 口(입 구) 급수 | 2급

口(입 구) + 賁(클 분)
입으로 한 번에 많이 뿜어내다.

噴出(분출) 噴火口(분화구) 噴水(분수) 噴霧器(분무기)

弗
아니 불

부수 | 弓(활 궁) 급수 | 2급

활에 줄을 맬 때 한 줄은 위 방향으로, 한 줄은 아래 방향으로 어긋나게 감다.
어긋나다 → 아니다.

*弗(불) - '$(달러)'의 한자식 표기.
弗素(불소) : 화학에서 할로겐 원소의 하나로 자극적인 냄새가 나는 연한 황록색의 기체

佛
부처 불

부수 | 人(사람 인) 급수 | 4급

人(사람 인) + 弗(아니 불)
보통 사람과는 다른 부처.

佛敎(불교) 佛經(불경) 佛國寺(불국사)

拂
떨칠 분

부수 | 扌(손 수) 급수 | 3급

扌(손 수) + 弗(아니 불)
아니라고 생각되는 것을 손으로 떨치다.

支拂(지불) 先拂(선불) 滯拂(체불) 還拂(환불) 拂拭(불식)

비슷할 불

부수 | 彳(자축거릴 척) 급수 | 사범급

彳(자축거릴 척) + 弗(아니 불)

걸어가는 걸음이 비슷하다.

彷彿(방불) = 髣髴(방불) *髴 비슷할 불

費
쓸 비

부수 | 貝(조개 패) 급수 | 3급

弗(아니 불) + 貝(조개 패)

돈(달러)을 쓰다. 弗=$(달러 모양)

消費(소비) 費用(비용) 學費(학비) 浪費(낭비) 經費(경비) 虛費(허비)

沸
끓을 비

부수 | 氵(물 수) 급수 | 사범급

氵(물 수) + 弗(아니 불)

물이 끓다.

沸騰點(비등점) : 끓는 점.

낮을 비

부수 | 十(열 십) 급수 | 2급

田(밭 전) + 又(손 우) + 卜(도구 모양)

밭에서 손에 도구를 들고 일하는 신분이 낮은 사람.

卑賤(비천) 卑屈(비굴) 野卑(야비) 卑俗語(비속어) 卑下(비하)

碑
비석 비

부수 | 石(돌 석) 급수 | 2급

石(돌 석) + 卑(낮을 비)

작은 돌로 비석을 세우다.

碑石(비석) 碑文(비문) 墓碑銘(묘비명)

婢
계집종 비

부수 | 女(여자 녀)　급수 | 2급

女(여자 녀) + 卑(낮을 비)
신분 계급이 낮은 여자 계집종.

奴婢(노비) 婢僕(비복)

脾
지라 비

부수 | 月(肉,육달 월)　급수 | 1급

月(肉,육달 월) + 卑(낮을 비)
우리 몸 속 장기 중에 작은 장기 지라, 비장.

脾臟(비장) : 위의 뒤쪽에 있으며 백혈구의 생성과 노폐한 적혈구를 파괴하는
기능 등을 가짐.

裨
도울 비

부수 | 衤(옷 의)　급수 | 사범급

衤(옷 의) + 卑(낮을 비)
옷이 신체의 체온 조절을 도와주듯이 도와주다.

裨益(비익) : 보태어 도움.

牌
패 패

부수 | 片(조각 편)　급수 | 1급

片(조각 편) + 卑(낮을 비)
작은 나무 조각으로 만든 패.

馬牌(마패) 門牌(문패) 位牌(위패) 號牌(호패) : 조선 때, 16세 이상의 남자가 신분
을 증명하기 위해 차던 패.

稗
피 패

부수 | 禾(벼 화)　급수 | 사범급

禾(벼 화) + 卑(낮을 비)
피는 쓸모없는 풀.

稗官(패관) 稗說(패설) : 민간에 떠도는 전설적·교훈적·세속적인 내용의 기이하고 짤
막한 이야기.

匕
비수 비

부수 | 匕(비수 비) 급수 | 2급

① 사람이 허리를 굽히고 있는 모습. ② 숟가락을 그린 모양.

匕首(비수) : 날이 날카로운 단도. 匕箸(비저) : 숟가락과 젓가락

匙
숟가락 시

부수 | 匕(비수 비) 급수 | 2급

是(이것 시) + 匕(숟가락 비)
이것이 바로 숟가락이다.

匙箸(시저) : 숟가락과 젓가락, 수저. 十匙一飯(십시일반) : 열 사람이 밥 한 술씩 보태면 한 사람 먹을 분량이 된다는 뜻으로, 여럿이 조금씩 힘을 합하면 한 사람을 돕기 쉬움을 이르는 말.

牝
암컷 빈

부수 | 牛(소 우) 급수 | 1급

牛(소 우) + 匕(비수 비)
소 중에서 중요한 암컷 소. 匕(비)는 발음 역할.

牝牡(빈모) : 짐승의 암컷과 수컷. *牡 수컷 모

比
견줄 비

부수 | 比(견줄 비) 급수 | 준4급

두 사람이 같은 방향을 보고 있는 모습으로 무언가를 겨루기 위한 모습, 비교하는 모습을 그린 한자.

比較(비교) 比例(비례) 對比(대비) 比率(비율)

批
비평할 비

부수 | 扌(손 수) 급수 | 3급

扌(손 수) + 比(견줄 비)
손으로 직접 비교해가며 비평하다.

批評(비평) 批判(비판) 批准(비준)

毗
도울 비

부수 | 田(밭 전)   급수 | 2급

田(밭 전) + 比(견줄 비)
밭일을 사람들이 나란히 도와주다.

*毘(도울 비)와 같은 글자. 茶毗(다비) : 불에 태운다는 뜻으로, 시체를 화장(火葬)하는 일을 이르는 말. 육신을 본디 이루어진 곳으로 돌려보낸다는 의미가 있음.

琵
비파 비

부수 | 玉(구슬 옥)   급수 | 1급

玉(구슬 옥) + 比(견줄 비)
구슬 굴러가듯이 아름다운 소리를 내는 비파.

琵琶(비파) : 동양 현악기의 하나. *琶 비파 파

砒
비상 비

부수 | 石(돌 석)   급수 | 사범급

石(돌 석) + 比(견줄 비)
독성이 있는 광물.

砒霜(비상) 砒素(비소)

庇
덮을 비

부수 | 广(집 엄)   급수 | 1급

广(집 엄) + 比(견줄 비)
집이 지붕으로 덮여있다.

庇護(비호) : 감싸서 보호함.

秕
쭉정이 비

부수 | 禾(벼 화)   급수 | 사범급

禾(벼 화) + 比(견줄 비)
벼에서 쭉정이 부분.

秕糠(비강) : 쭉정이와 겨, 변변치 못한 음식, 하찮은 물건. *秕 쭉정이 비 *糠 겨 강

毖
삼갈 비

부수 | 必(반드시 필)　급수 | 1급

比(견줄 비) + 必(반드시 필)
너무 견주는 것을 반드시 삼가라.

懲毖錄(징비록)

非
아닐 비

부수 | 非(아닐 비)　급수 | 4급

좌우 양쪽으로 펼친 새의 날개를 본떠 만든 글자. 좌우 양 날개가 서로 반대 방향을
향해 있다고 해서 '아니다'

非難(비난) 是非(시비) 非凡(비범) 非行(비행) 非一非再(비일비재)

悲
슬플 비

부수 | 心(마음 심)　급수 | 4급

非(아닐 비) + 心(마음 심)
마음이 기쁘지 않고 슬프다.

悲觀(비관) 悲劇(비극) 喜悲(희비) 慈悲(자비) 悲慘(비참) 悲鳴(비명)

匪
도둑 비

부수 | 匚(상자 방)　급수 | 2급

匚(상자 방) + 非(아닐 비)
도둑이 자기 물건이 아닌 것을 훔쳐 상자에 숨겨놓다.

共匪(공비) : 공산당의 유격대.
匪賊(비적) : 무장을 하고 떼를 지어 다니며 사람들을 해치는 도둑.

緋
비단 비

부수 | 糸(가는 실 멱)　급수 | 1급

糸(가는 실 멱) + 非(아닐 비)
보통 실이 아닌 좋은 실로 만든 비단.

緋緞(비단) : 명주실로 광택이 나게 짠 피륙의 총칭.

榧 비자나무 비

부수 | 木(나무 목)   급수 | 사범급

木(나무 목) + 匪(상자 비)
상자를 비자나무로 만듦.

榧子(비자) : 비자나무의 열매. 촌충약으로 유효함.

蜚 바퀴벌레 비

부수 | 虫(벌레 훼, 충)   급수 | 사범급

非(아닐 비) + 虫(벌레 훼, 충)
이로운 곤충이 아닌 해충인 바퀴벌레.

流言蜚語(유언비어) : 아무 근거 없이 널리 퍼진 소문.

誹 헐뜯을 비

부수 | 言(말씀 언)   급수 | 1급

言(말씀 언) + 非(아닐 비)
말도 안 되는 말로 남을 헐뜯다.

誹謗(비방)

扉 문짝 비

부수 | 戶(집 호)   급수 | 1급

戶(집 호) + 非(아닐 비)
집집마다 있는 사립문.

柴扉(시비) : 나뭇가지를 엮어서 만든 문짝을 단 문. *柴 섶 시

翡 물총새 비

부수 | 羽(깃 우)   급수 | 사범급

非(아닐 비) + 羽(깃 우)
보통 새들의 날개 빛이 아닌 물총새 날개는 아름답다.

翡翠(비취) : 치밀하고 짙은 푸른색의 윤이 나는 보석 구슬. *翠 물총새 취

菲
얇을 비

부수 ｜ 艹(풀 초)　급수 ｜ 사범급

艹(풀 초) + 非(아닐 비)

풀이 두텁지 않고 얇다.

菲德(비덕) : 부족한 덕 '자기 덕'의 겸칭.

輩
무리 배

부수 ｜ 車(수레 거)　급수 ｜ 3급

非(아닐 비) + 車(수레 거)

좌우로 날개를 펼친 듯 진영을 갖춘 수레의 무리.

先輩(선배) 同輩(동배) 年輩(연배) 暴力輩(폭력배)

排
밀칠 배

부수 ｜ 扌(손 수)　급수 ｜ 2급

扌(손 수) + 非(아닐 비)

아니라고 손으로 밀어내다, 물리치다.

排球(배구) 排斥(배척) 排卵(배란) 排出(배출) 排泄(배설) 排擊(배격)

俳
광대 배

부수 ｜ 人(사람 인)　급수 ｜ 2급

人(사람 인) + 非(아닐 비)

광대는 자신이 아닌 다른 사람이 되어 연기하다.

俳優(배우)

裵
옷 치렁거릴 배
성 배

부수 ｜ 衣(옷 의)　급수 ｜ 2급

衣(옷 의) + 非(아닐 비)

새의 날개처럼 옷이 치렁거리다.

裵裨將傳(배비장전) : 여색에 곧기로 자부하던 배비장이 제주 명기 애랑의 계교에 넘어가 망신당하는 내용. *성씨(姓氏)로 쓰임.

徘
거닐 배

부수 | 彳(자축거릴 척)　급수 | 1급

彳(자축거릴 척) + 非(아닐 비)
갈 곳을 정하지 않고 거닐다. 배회하다.

徘徊(배회) : 목적 없이 이리저리 돌아다님. *徊 노닐 회

罪
허물 죄

부수 | 罒(그물 망)　급수 | 준4급

罒(그물 망) + 非(아닐 비)
정상적인 행동을 아니므로 법의 그물에 걸림.

罪人(죄인) 犯罪(범죄) 免罪(면죄)

士
선비 사

부수 | 士(선비 사)　급수 | 준5급

一(한 일) + 十(열 십)
하나를 가르치면 열을 아는 선비.

名士(명사) 博士(박사) 士禍(사화) 士大夫(사대부) 士農工商(사농공상)

仕
벼슬할 사

부수 | 人(사람 인)　급수 | 준4급

人(사람 인) + 士(선비 사)
선비가 벼슬을 하다, 선비가 임금을 섬기다.

奉仕(봉사) 仕官(사관)

社
모일 사

부수 | 示(조상 시)　급수 | 3급

示(조상 시) + 土(흙 토) *土(사) → 土(토)
제사상을 차려놓고 토지신에게 제사를 지내려고 모이다.

社稷(사직) : 새 나라를 세울 때 천자나 제후가 제사를 지내던 토지신과 곡식신.
社會(사회) 社說(사설) 公社(공사) *稷 기장 직

志
뜻 지

부수 | 心(마음 심)　**급수** | 준4급

士(선비 사) + 心(마음 심)
뜻을 세우고 정진하는 선비의 마음.

志操(지조) 意志(의지) 志望(지망) 志向(지향) 同志(동지)

誌
기록할 지

부수 | 言(말씀 언)　**급수** | 3급

言(말씀 언) + 志(뜻 지)
뜻이 좋은 글을 기록하다.

日誌(일지) 雜誌(잡지) 誌面(지면)

乍
잠깐 사

부수 | ノ(삐침 별)　**급수** | 사범급

亡(㇄,망할 망) + 一(한 일)
사람의 일이 망할 수 있는 잠깐의 시간.

乍晴(사청) : 오던 비가 그치고 잠깐 갬. 猝乍間(졸사간) : 갑작스러운 짧은 동안
*발음 역할로 사용.

詐
속일 사

부수 | 言(말씀 언)　**급수** | 3급

言(말씀 언) + 乍(잠깐 사)
잠깐 사이에 말을 만들어 속이다.

詐欺(사기) 詐稱(사칭)

作
지을 작

부수 | 人(사람 인)　**급수** | 5급

人(사람 인) + 乍(잠깐 사)
사람이 잠깐 동안에 물건을 만들어 내다.

作家(작가) 作曲(작곡) 作品(작품) 操作(조작) 豊作(풍작) 作業(작업)

昨 어제 작

부수 | 日(날 일) 급수 | 5급

日(날 일) + 乍(잠깐 사)
잠깐 사이에 지나가 버린 어제.

昨年(작년) 昨今(작금) 再昨年(재작년)

炸 터질 작

부수 | 火(불 화) 급수 | 1급

火(불 화) + 乍(잠깐 사)
불이 잠깐 사이에 터지다.

炸裂(작렬) : 폭발하여 터짐. 炸發(작발) : 화약이 폭발함.

祚 복 조

부수 | 示(조상 시) 급수 | 1급

示(조상 시) + 乍(잠깐 사)
잠깐 시간을 내어 신께 복을 빌다.

大祚榮(대조영) : 발해의 시조 運祚(운조) : 천운으로 제왕(帝王)의 자리에 오르는 일.

胙 제사 지낸 고기 조

부수 | 月(肉, 육달 월) 급수 | 사범급

月(肉, 육달 월) + 乍(잠깐 사)
잠깐 제사 지낸 고기를 분배하여 가져가다.

胙餘(조여) : 남은 제사 고기.

窄 좁을 착

부수 | 穴(구멍 혈) 급수 | 사범급

穴(구멍 혈) + 乍(잠깐 사)
좁은 구멍을 잠깐 사이에 만들다.

狹窄(협착) *狹 좁을 협

搾
짤 **착**

부수 | 扌(손 수) **급수** | 사범급

扌(손 수) + 窄(좁을 착)

손으로 작아질 때까지 주물러 짜다.

搾取(착취) : 자본가나 지주 등이 근로자나 농민이 제공한 노동의 가치만큼 보수를 지급하지 않고 그 이익의 대부분을 차지하는 일.

司
맡을 **사**

부수 | 口(입 구) **급수** | 3급

匕(숟가락 비) + 口(입 구)

匕(비)자를 거꾸로 쓴 것이며, 수저를 사용해서 노인, 병자, 아기에게 밥을 먹여주는 일을 맡다. 제사를 맡다.

司法府(사법부) 司書(사서) 司祭(사제) 司令官(사령관)

詞
말 **사**

부수 | 言(말씀 언) **급수** | 2급

言(말씀 언) + 司(맡을 사)

단어 글 문장이 맡은 말의 성분.

品詞(품사) 歌詞(가사) 名詞(명사)

飼
먹일 **사**

부수 | 食(밥 식) **급수** | 2급

食(밥 식) + 司(맡을 사)

음식을 맡아서 먹이다.

飼料(사료) 飼育(사육) 放飼(방사)

祠
사당 **사**

부수 | 示(조상 시) **급수** | 2급

示(조상 시) + 司(맡을 사)

조상 제사를 맡아서 지내는 장소 사당.

祠堂(사당) 神祠(신사)

伺
엿볼 사

부수 | 亻(사람 인)   급수 | 사범급

亻(사람 인) + 司(맡을 사)
사람들을 엿보는 일을 맡아서 하다.

伺察(사찰) : 몰래 엿보아 살핌. *覗 엿볼 사

嗣
대이을 사

부수 | 口(사람 구)   급수 | 1급

口(사람 구) + 冊(책 책) + 司(맡을 사)
대를 이를 사람을 책에 기록해두다.

後嗣(후사) 繼嗣(계사)

寺
절 사
관청 시

부수 | 寸(법도 촌)   급수 | 4급

止(그칠 지) + 寸(법도 촌)
법에 따라 일을 보기 위해 벼슬아치가 머물러 있는 곳, 관청. 규율을 엄격하게 지키는 절.

寺院(사원) 寺刹(사찰) 佛國寺(불국사) 海印寺(해인사)

時
때 시

부수 | 日(해 일)   급수 | 준5급

日(해 일) + 寺(관청 시)
관청에서도 해를 보고 시간, 때를 알다.

時間(시간) 時勢(시세) 時節(시절) 當時(당시) 臨時(임시) 卽時(즉시)

詩
글 시

부수 | 言(말씀 언)   급수 | 5급

言(말씀 언) + 寺(관청 시)
말을 글자 수나 운율의 규칙에 맞게 지은 글.

詩人(시인) 詩集(시집) 詩想(시상) 敍情詩(서정시) 敍事詩(서사시)

侍
모실 시

부수 | 人(사람 인)　급수 | 2급

人(사람 인) + 寺(관청 시)

사람들의 절에서 부처를 모시다. 관청 사람들이 백성을 모시다.

侍女(시녀) 侍從(시종) 內侍(내시)

恃
믿을 시

부수 | 忄(마음 심)　급수 | 1급

忄(마음 심) + 寺(관청 시)

마음으로 부처의 가르침을 믿다. 백성들의 관청 사람들을 믿다.

恃賴(시뢰) *賴 의지할 뢰

蒔
모종낼 시

부수 | 艹(풀 초)　급수 | 사범급

艹(풀 초) + 時(때 시)

농사의 때가 되어서 식물의 모종을 심다.

蒔植(시식) : 채소 따위의 모종을 옮겨 심음.

塒
횃대 시

부수 | 土(흙 토)　급수 | 사범급

土(흙 토) + 時(때 시)

땅에서 모이를 먹다가 울 시간이 되면 닭이 올라가는 횃대.

*횃대 – 새장이나 닭장 속에 새나 닭이 앉을 수 있도록 가로지른 나무 막대기.
塒木(시목) : 횃대

待
기다릴 대

부수 | 彳(조금 걸을 척)　급수 | 준4급

彳(조금 걸을 척) + 寺(관청 시)

관청에서 나의 순번이 될 때까지 기다린다.

待期(대기) 待接(대접) 歡待(환대) 招待(초대) 苦待(고대) 薄待(박대)

持
가질 지

부수 | 扌(손 수)   급수 | 4급

扌(손 수) + 寺(관청 시)
관청에서 보내준 서류를 가지고 있다.

持參(지참) 持病(지병) 所持(소지)

峙
언덕 치

부수 | 山(뫼 산)   급수 | 1급

山(뫼 산) + 寺(관청 시)
언덕에 있는 관청.

對峙(대치) : 서로 맞서서 버팀.

痔
치질 치

부수 | 疒(병들 녁)   급수 | 사범급

疒(병들 녁) + 寺(관청 시)
관청에서 오랫동안 앉아서 일을 하다 보니 쉽게 걸리는 병 치질.

痔疾(치질)

特
특별할 특

부수 | 牛(소 우)   급수 | 준4급

牛(소 우) + 寺(관청 시)
관청에서 관리하는 특별한 소.

特別(특별) 特殊(특수) 特徵(특징)

尚
오히려 상

부수 | 小(작을 소)   급수 | 3급

小(작을 소) + 高(높을 고)
높은 건물보다 조금 더 높은 건물.

崇尙(숭상) 尙宮(상궁) 高尙(고상)

賞
상줄 상

부수 | 貝(조개 패) 급수 | 준4급

尙(높을 상) + 貝(조개 패)

공덕이 높아 칭찬하며 상금을 주다.

賞狀(상장) 賞罰(상벌) 大賞(대상)

償
갚을 상

부수 | 人(사람 인) 급수 | 3급

人(사람 인) + 賞(상줄 상)

사람이 상을 받은 은혜를 갚다.

報償(보상) 賠償(배상) 償還(상환)

常
항상 상

부수 | 巾(수건 건) 급수 | 준4급

尙(높을 상) + 巾(수건 건)

수건, 천을 항상 사용하다.

常識(상식) 非常(비상) 凡常(범상) 異常(이상) 日常(일상) 恒常(항상)

裳
치마 상

부수 | 衣(옷 의) 급수 | 2급

尙(높을 상) + 衣(옷 의)

윗옷 아래 입는 옷은 치마.

衣裳(의상) 綠衣紅裳(녹의홍상)

嘗
맛볼 상

부수 | 口(입 구) 급수 | 2급

尙(높을 상) + 旨(뜻 지, 맛있을 지)

최고 음식을 맛보다.

臥薪嘗膽(와신상담) : 섶에 누워 쓸개를 맛본다는 뜻으로, 원수를 갚거나 마음먹은 일을 이루려고 괴로움과 어려움을 참고 견딤. *薪 섶나무 신

當
마땅할 **당**

부수 | 田(밭 전)　급수 | 5급

尙(높을 상) + 田(밭 전)

높은 가격을 주고 밭을 거래하고픈 마음은 마땅하다.

當然(당연) 當局(당국) 當番(당번) 適當(적당) 擔當(담당) 該當(해당)

堂
집 **당**

부수 | 土(흙 토)　급수 | 5급

尙(높을 상) + 土(흙 토)

높이 지은 집.

書堂(서당) 祠堂(사당) 學堂(학당)

螳
사마귀 **당**

부수 | 虫(벌레 훼, 충)　급수 | 1급

虫(벌레 훼, 충) + 堂(집 당)

집에 사마귀가 살다.

螳螂拒轍(당랑거철) : 제 분수를 모르고 강적에게 반항함, 중국 제나라의 장공(莊公)이 사냥을 나가는데 사마귀가 앞발을 들고 수레바퀴를 멈추려 했다는 데서 유래. *螂 사마귀 랑

黨
무리 **당**

부수 | 黑(검을 흑)　급수 | 3급

尙(높을 상) + 黑(검을 흑)

높은 뜻을 품고 모인 검은 무리들.

政黨(정당) 黨論(당론) 黨派(당파) 與黨(여당) 野黨(야당) 惡黨(악당)

棠
팥배나무 **당**

부수 | 木(나무 목)　급수 | 1급

尙(높을 상) + 木(나무 목)

높이 무럭무럭 잘 자라는 팥배나무.

棠梨(당리) : 팥배나무 열매.

掌
손바닥 장

부수 | 手(손 수)　급수 | 2급
尙(높을 상) + 手(손 수)
손을 높이 들고 박수를 치다.

孤掌難鳴(고장난명) : 외손뼉만으로는 소리가 울리지 않는다는 뜻에서 혼자서는 일을 이루기가 어려움.

相
서로 상

부수 | 目(눈 목)　급수 | 준4급
木(나무 목) + 目(눈 목)
나무가 잘 자라는지 눈으로 살펴보듯이 상대방을 서로서로 감시하다.

相對(상대) 相互(상호) 觀相(관상)

想
생각 상

부수 | 心(마음 심)　급수 | 4급
相(서로 상) + 心(마음 심)
서로가 마음속으로 생각하다.

想像(상상) 假像(가상) 妄想(망상) 回想(회상) 理想(이상) 空想(공상)

霜
서리 상

부수 | 雨(비 우)　급수 | 3급
雨(비 우) + 相(서로 상)
비 같은 이슬이 서로 엉겨 서리가 됨.

霜降(상강) 雪上加霜(설상가상)

孀
과부 상

부수 | 女(여자 녀)　급수 | 사범급
女(여자 녀) + 霜(서리 상)
서리맞은 것처럼 세상살이가 쉽지 않은 과부.

靑孀寡婦(청상과부) : 젊은 과부.

箱 상자 상

부수 | 竹(대나무 죽)　급수 | 2급

竹(대나무 죽) + 相(서로 상)
대나무를 서로 엮어 만든 상자.

箱子(상자)

湘 강 이름 상

부수 | 氵(물 수)　급수 | 1급

氵(물 수) + 相(서로 상)
물이 서로 마주보며 흐르다.

湘水(상수) : 광서성(廣西省) 흥안현(興安縣)에서 동정호에 흘러드는 강.

廂 행랑 상

부수 | 广(집 엄)　급수 | 사범급

广(집 엄) + 相(서로 상)
서로 이야기를 나누던 집 행랑.

廂軍(상군) : 임금의 거동 때 호위하는 군사.

生 날 생

부수 | 生(날 생)　급수 | 7급

屮(싹 날 철) + 土(흙 토)
땅 위에 어린 새싹이 돋아나는 모습에서 태어나다

生命(생명) 生日(생일) 生産(생산) 平生(평생) 學生(학생) 再生(재생)

牲 희생 생

부수 | 牛(소 우)　급수 | 1급

牛(소 우) + 生(날 생)
소를 산채로 제사의 제물로 사용하다.

犧牲(희생) *犧 희생 희

甥
생질 생

부수 | 生(날 생) 급수 | 1급

生(날 생) + 男(사내 남)

누이가 아이를 낳아서 내가 생질이 생겼다.

甥姪(생질) : 누이의 아들.

笙
생황 생

부수 | 竹(대나무 죽) 급수 | 1급

竹(대나무 죽) + 生(날 생)

대나무로 만든 악기 생황.

笙篁(생황) = 笙簧(생황)

性
성품 성

부수 | 心(마음 심) 급수 | 5급

心(마음 심) + 生(날 생)

태어날 때 가지고 태어나는 천성인 성품

性品(성품) 性格(성격) 性質(성질) 性別(성별) 異性(이성) 敵性(적성)

姓
성씨 성

부수 | 女(여자 녀) 급수 | 준5급

女(여자 녀) + 生(날 생)

여자가 아이를 낳아서 자기 성을 붙임. *남자의 성을 붙이는 것은 氏(씨)를 말함.

姓氏(성씨) 百姓(백성) 姓名(성명)

星
별 성

부수 | 日(날 일) 급수 | 준4급

日(날 일) + 生(날 생)

해가 지니 보이기 시작하는 별.

星辰(성신) 彗星(혜성) 流星(유성)

醒
술깰 성

부수 | 酉(술 유)　급수 | 1급

酉(술 유) + 星(별 성)
샛별이 뜰 때쯤 술이 깨다.

覺醒(각성)

惺
영리할 성

부수 | 忄(마음 심)　급수 | 1급

忄(마음 심) + 星(별 성)
샛별이 뜨듯이 창조적인 생각을 해내는 영리한 사람.

惺悟(성오) : 깨달음.

腥
비릴 성

부수 | 月(肉,육달 월)　급수 | 사범급

月(肉,육달 월) + 星(별 성)
고기에서 비린 맛이 나다.

腥臭(성취)

猩
성성이 성

부수 | 犭(개 견)　급수 | 1급

犭(개 견) + 星(별 성)
개과에 속하는 성성이.

猩猩(성성) : 오랑우탄.

庶
여러 서

부수 | 广(집 엄)　급수 | 3급

广(집 엄) + 廿(스물 입) + 灬(불 화)
집에서 여러 사람들이 불을 피우고 모여있다.

庶民(서민) 庶子(서자) 嫡庶(적서)

遮 막을 차

부수 | 辶(辵,쉬엄쉬엄 갈 착)　급수 | 2급
辶(辵,쉬엄쉬엄 갈 착) + 庶(여러 서)
가고 있는 사람을 여러 사람이 막다.

遮斷(차단) 遮陽(차양) 遮光(차광)

席 자리 석

부수 | 巾(수건 건)　급수 | 5급
庶(여러 서) + 巾(수건 건)
여럿이 앉도록 천을 깔아놓은 자리.

座席(좌석) 空席(공석) 缺席(결석) *蓆 자리 석

度 법도 도
헤아릴 탁

부수 | 广(집 엄)　급수 | 5급
庶(여러 서) + 又(오른손, 또 우)
여러 사람을 손으로 헤아리다. 손으로 길이를 헤아리다.

度量(도량) 法度(법도) 制度(제도)
忖度(촌탁) : 다른 사람의 마음을 미루어 헤아림

渡 건널 도

부수 | 水(물 수)　급수 | 2급
水(물 수) + 度(법도 도)
물을 건너가는 나루터.

過渡(과도) 賣渡(매도) 讓渡(양도)

鍍 도금할 도

부수 | 金(쇠 금)　급수 | 1급
金(쇠 금) + 度(법도 도)
금속표면을 금, 은으로 얇게 입히다.

鍍金(도금)

昔 옛 석

부수 | 日(날 일)   급수 | 3급

卄(많이 포개어 있는 모습) + 日(날 일)
햇볕에 고기를 말려둔 지가 오래되었다.

今昔(금석) 昔年(석년)

惜 아낄 석

부수 | 忄(마음 심)   급수 | 3급

忄(마음 심) + 昔(옛 석)
지난 옛날을 마음으로 그리워하고 아쉬워하다.

惜別(석별) 哀惜(애석) 賣惜(매석)

籍 문서 적

부수 | 竹(대나무 죽)   급수 | 3급

竹(대나무 죽) + 耒(쟁기 뢰) + 昔(옛 석)
대나무로 만든 죽간에 쟁기로 옛적에 일했을 때부터의 행적을 기록한 문서.

戶籍(호적) 國籍(국적) 書籍(서적)

鵲 까치 작

부수 | 鳥(새 조)   급수 | 1급

昔(옛 석) + 鳥(새 조)
옛날부터 길조로 여겼던 새 까치.

烏鵲橋(오작교)

錯 섞일 착

부수 | 金(쇠 금)   급수 | 2급

金(쇠 금) + 昔(옛 석)
금 같은 여러 금속으로 섞어 꾸미다.

錯亂(착란) 錯覺(착각) 錯誤(착오)

借
빌릴 차

부수 | 亻(사람 인)   급수 | 3급

亻(사람 인) + 昔(옛 석)
다른 사람에게 옛날에 물건 등을 빌리다.

借用(차용) 借款(차관) 賃借(임차)

醋
식초 초

부수 | 酉(술 유)   급수 | 사범급

酉(술 유) + 昔(옛 석)
술처럼 오랫동안 묵혀서 만든 식초.

食醋(식초) 醋酸(초산)

措
둘 조

부수 | 扌(손 수)   급수 | 2급

扌(손 수) + 昔(옛 석)
옛날 물건을 손으로 가져다 두다.

措置(조치) 擧措(거조) : 행동거지.

산 부추 섬

산이나 들에서 자라는 가느다란 부추.

* 단독으로 쓰이지 않는다. 다른 한자와 결합하여 한자의 뜻과 독음에 영향을 준다.

纖
가늘 섬

부수 | 糸(가는 실 멱)   급수 | 2급

糸(가는 실 멱) + 韱(산 부추 섬)
실이나 산 부추처럼 가늘다.

纖細(섬세) 纖維(섬유) 纖纖玉手(섬섬옥수) : 가냘프고 고운 여자의 손.

殲
다 죽일 섬

부수 | 歹(부서진 뼈 알)　급수 | 1급

歹(부서진 뼈 알) + 韱(산 부추 섬)
작은 것까지도 다 죽이다.

殲滅(섬멸) : 모조리 무찔러 멸망시킴.

懺
뉘우칠 참

부수 | ↑(마음 심)　급수 | 1급

↑(마음 심) + 韱(산 부추 섬)
작은 잘못까지도 다 뉘우치다.

懺悔(참회)

讖
참서 참

부수 | 言(말씀 언)　급수 | 사범급

言(말씀 언) + 韱(산 부추 섬)
예언자의 말을 세세하게 다 기록한 책.

讖書(참서) : 미래에 일어날 일에 대한 예언을 적은 책.

籤
제비 첨

부수 | 竹(대나무 죽)　급수 | 1급

竹(대나무 죽) + 韱(산 부추 섬)
대나무 조각에 점괘를 써서 뽑기를 하는 제비뽑기.

抽籤(추첨) 當籤(당첨) 落籤(낙첨)

成
이룰 성

부수 | 戈(창 과)　급수 | 5급

戊(도끼날이 붙은 창) + 丁(장정 정)
도끼날이 달린 창으로 장정이 싸움에서 이기고 목적한 것을 이루다.

成功(성공) 成長(성장) 完成(완성) 贊成(찬성) 育成(육성) 成就(성취)

城
재 성

부수 | 土(흙 토)　급수 | 준4급

土(흙 토) + 成(이룰 성)

흙으로 만들어진 산 고개 재나 성곽.

城郭(성곽) 都城(도성) 城壁(성벽) 萬里長城(만리장성) 南漢山城(남한산성)

盛
담을 성

부수 | 皿(그릇 명)　급수 | 4급

成(이룰 성) + 皿(그릇 명)

음식을 풍성하게 그릇에 담다.

盛大(성대) 豊盛(풍성) 茂盛(무성) 盛衰(성쇠) 旺盛(왕성) 繁盛(번성)

誠
정성 성

부수 | 言(말씀 언)　급수 | 준4급

言(말씀 언) + 成(이룰 성)

말을 할 때에는 정성스럽게 해야 한다.

精誠(정성) 忠誠(충성) 至誠(지성)

晟
밝을 성

부수 | 日(날 일)　급수 | 2급

日(날 일) + 成(이룰 성)

해가 밝게 뜨다.

晟色(성색) : 말씨와 안색이 근엄함.

筬
바디 성

부수 | 竹(대나무 죽)　급수 | 1급

竹(대나무 죽) + 成(이룰 성)

대나무로 만든 베틀 바디.

筬匠(성장) : 바디를 만드는 장인 *바디 - 베틀, 가마니틀 등에 딸린 기구.

宬
서고 성

부수 | 宀(집 면)　급수 | 1급

宀(집 면) + 成(이룰 성)
책을 다 완성해서 보관하는 서고.

宬齋(성재) : 책을 모아두는 곳. *책을 넣어 두는 곳집.

珹
옥이름 성

부수 | 玉(구슬 옥)　급수 | 1급

玉(구슬 옥) + 成(이룰 성)
잘 만들어진 옥 구슬.

珹玉(성옥) : 옥의 한 종류. *인명자(人名字)에 쓰임.

召
부를 소

부수 | 口(입 구)　급수 | 2급

刀(칼 도) + 口(입 구)
칼처럼 무섭고 강제성의 뜻을 두고 사람을 부르는 것.

召喚(소환) 召命(소명) 召集(소집)

昭
밝을 소

부수 | 日(날 일)　급수 | 2급

日(날 일) + 召(부를 소)
해를 불러들이니 밝아진다.

昭詳(소상) 昭明(소명) *炤 밝을 소

沼
늪 소

부수 | 水(물 수)　급수 | 2급

水(물 수) + 召(부를 소)
물이 불러서 모인듯한 늪.

沼澤地(소택지) : 늪과 못으로 둘러싸인 습한 땅.

紹
이을 소

부수 | 糸(가는 실 멱) 급수 | 2급

糸(가는 실 멱) + 召(부를 소)

끊어진 실을 이어주다.

紹介(소개)

邵
고을 이름 소

부수 | 阝(邑,고을 읍) 급수 | 1급

召(부를 소) + 阝(邑,고을 읍)

사람들을 불러들여 모여 살게 하니 고을이 되었다.

邵(소) : 지금의 허난성 지위안 현의 서쪽.

韶
풍류 이름 소

부수 | 音(소리 음) 급수 | 1급

音(소리 음) + 召(부를 소)

음악을 연주하다. 피리를 부르다.

韶光(소광) : 봄철의 볕(봄철의 경치) *순(舜)임금의 음악

桖
나무 흔들릴 소

부수 | 木(나무 목) 급수 | 사범급

木(나무 목) + 召(부를 소)

나뭇가지들이 손짓하며 부르듯이 흔들린다.

桖然(소연) : 나무가 흔들이는 모양.

詔
고할 조

부수 | 言(말씀 언) 급수 | 1급

言(말씀 언) + 召(부를 소)

임금이 불러들여 물으시니 상세히 고하다.

詔書(조서) : 임금의 선지(宣旨)를 일반에게 알리고자 적은 문서.

照 비출 조

부수 | 灬(불 화) 급수 | 3급

김(부를 소) + 灬(불 화)
밝은 햇볕에 불빛을 더해서 더 환하게 비추다.

照明(조명) 對照(대조) 落照(낙조)

招 부를 초

부수 | 扌(손 수) 급수 | 3급

扌(손 수) + 김(부를 소)
손짓하며 부르다.

招待(초대) 招聘(초빙) 招請(초청)

超 넘을 초

부수 | 走(달릴 주) 급수 | 3급

走(달릴 주) + 김(부를 소)
윗사람이 불러 있는 힘껏 달려가다. 자기의 능력을 뛰어넘다.

超越(초월) 超過(초과) 超人(초인)

苕 능소화 초

부수 | 艹(풀 초) 급수 | 사범급

艹(풀 초) + 김(부를 소)
풀 이름과 능소화를 이름.

苕華(초화) : 완두(豌豆)이 꽃. *능소화과의 낙엽 덩굴나무.

貂 담비 초

부수 | 豸(발 없는 벌레 치) 급수 | 사범급

豸(발 없는 벌레 치) + 김(부를 소)
족제빗과의 짐승 담비

狗尾續貂(구미속초) : 담비의 꼬리가 모자라 개 꼬리로 잇는다는 뜻.
① 벼슬을 함부로 줌. ② 훌륭한 것에 하찮은 것이 뒤를 이음.

迢
멀 초

부수 | 辶(辵,쉬엄쉬엄 갈 착)   급수 | 사범급

辶(辵,쉬엄쉬엄 갈 착) + 召(부를 소)

멀리서 부르다.

迢遙(초요) : 아득히 멂.

髫
다박머리 초

부수 | 髟(머리털 늘어질 표)   급수 | 사범급

髟(머리털 늘어질 표) + 召(부를 소)

길게 늘어뜨린 머리.

髫年(초년) : 다박머리의 어린 나이

韶
풍류 이름 소

부수 | 音(소리 음)   급수 | 1급

音(소리 음) + 召(부를 소)

음악을 연주하다. 피리를 부르다.

韶光(소광) : 봄철의 볕(봄철의 경치) *순(舜)임금의 음악

軺
수레 초

부수 | 車(수레 거)   급수 | 사범급

車(수레 거) + 召(부를 소)

수레가 필요해서 수레를 부르다(가지고오다)

軺軒(초헌) : 종이품 이상의 벼슬아치가 타던 외바퀴 수레. *軒 수레 헌

少
적을 소

부수 | 小(작을 소)   급수 | 6급

小(작을 소) + 丿(끊어 내다)

작은 것을 끊어 내니, 그 분량이 더욱 적어지다.

多少(다소) 少年(소년) 減少(감소)

抄
베낄 **초**

부수 | 扌(손 수)   급수 | 2급

扌(손 수) + 少(적을 소)
손으로 조금씩 베껴 쓰다.

抄錄(초록) 抄書(초서) 抄本(초본)

秒
초 **초**
까끄라기 **묘**

부수 | 禾(벼 화)   급수 | 2급

禾(벼 화) + 少(적을 소)
벼의 아주 작은 부분 까끄라기. 작은 시간 단위인 '초'의 의미로도 쓰임.

秒針(초침) 分秒(분초)

炒
볶을 **초**

부수 | 火(불 화)   급수 | 사범급

火(불 화) + 少(적을 소)
강렬한 불에 조금씩 볶는다.

炒麪(초면)

鈔
노략질할 **초**

부수 | 金(쇠 금)   급수 | 사범급

金(쇠 금) + 少(적을 소)
무기로 작은 것까지도 다 빼앗아 가다.

鈔略(초략) : 노략질함.

妙
묘할 **묘**

부수 | 女(여자 녀)   급수 | 4급

女(여자 녀) + 少(적을 소)
여자가 나이가 적으니 젊고, 묘한 매력이 많다.

巧妙(교묘) 妙味(묘미) 奧妙(오묘)

땅이름 묘

부수 | 立(설 립)　**급수** | 사범급

立(설 립) + 少(적을 소)

적은 사람들이 자기들의 땅으로 세운 땅.

---

*妙(묘)와 같은 글자. *인명자로 사용함.

애꾸눈 묘

부수 | 目(눈 목)　**급수** | 사범급

目(눈 목) + 少(적을 소)

눈 한쪽이 멀어서 조금만 볼 수가 있는 애꾸눈.

眇目(묘목) : 애꾸눈.

渺

아득할 묘

부수 | 氵(물 수)　**급수** | 사범급

氵(물 수) + 眇(애꾸눈 묘)

애꾸눈이 잘 못 보듯이 아득히 선명히 보이지 않음.

渺然(묘연) : 아득히 넓은 모양.

沙

모래 사

부수 | 氵(물 수)　**급수** | 2급

氵(물 수) + 少(적을 소)

물가에 있는 작은 모래.

沙漠(사막) 沙金(사금) 土沙(토사) *砂(모래 사)와 같은 글자.

紗

깁 사

부수 | 糸(가는 실 멱, 사)　**급수** | 1급

糸(가는 실 멱, 사) + 少(적을 소)

명주실로 바탕을 조금 거칠게 짠 비단.

紗帽(사모) : 벼슬아치들이 쓰던, 검은 깁으로 만든 모자.
지금은 전통 혼례식 때 신랑이 씀.

娑
춤출 사
사바 사

부수 | 女(여자 녀)　급수 | 1급

沙(모래 사) + 女(여자 녀)
모래 밭에서 괴로움을 표현하는 춤을 추는 여자.

娑婆(사바) : 중생이 갖가지 고통을 참고 견뎌야 하는 이 세상. *婆 사바 바

裟
가사 사

부수 | 衣(옷 의)　급수 | 1급

沙(모래 사) + 衣(옷 의)
가사(법복)를 입고 모래사장을 걷는 스님.

袈裟(가사) : 승려가 장삼(長衫) 위에, 왼쪽 어깨에서 오른쪽 겨드랑이 밑으로 걸치는 법복(法服). *袈 가사 가

莎
향부자 사

부수 | 艹(풀 초)　급수 | 사범급

艹(풀 초) + 沙(모래 사)
모래가 섞인 흙에서 자라는 약초 향부자.

莎草(사초) : 香附子(향부자)를 이름.

雀
참새 작

부수 | 隹(쇠 금)　급수 | 2급

少(적을 소) + 隹(새 추)
작은 새 참새.

燕雀(연작) : 제비와 참새 즉, '도량이 좁은 사람'을 비유함.
雀躍(작약) : 너무 좋아서 뛰면서 기뻐함.

肖
닮을 초

부수 | 月(肉,육달월)　급수 | 2급

小(작을 소) + 月(肉,육달월-사람 신체)
작게 줄여서 그린 사람의 얼굴이나 몸의 모습이 닮았다.

肖像(초상) 不肖(불초) : 어버이의 덕망이나 유업을 이어받지 못함. 또는 그런 못나고 어리석은 사람

消
사라질 소

부수 | 氵(물 수)　급수 | 5급

氵(물 수) + 肖(닮을 초)
물은 그냥 두면 증발하여 점점 작아져 사라진다.

消費(소비) 消火(소화) 消化(소화) 消極的(소극적) 消滅(소멸)

逍
거닐 소

부수 | 辶(辵,쉬엄쉬엄 갈 착)　급수 | 1급

辶(辵,쉬엄쉬엄 갈 착) + 肖(닮을 초)
걸음걸이를 작게 하며 천천히 쉬엄쉬엄 거닐다.

逍風(소풍) 逍遙(소요) : 이리저리 자유롭게 거닒.

宵
밤 소

부수 | 宀(집 면)　급수 | 사범급

宀(집 면) + 肖(닮을 초)
집 작은 방에서 밤을 맞이하다.

宵衣旰食(소의한식) : 날이 채 밝기 전에 옷을 입고 해가 진 후에 저녁밥을 먹는다는 뜻
으로, 임금이 정사(政事)에 바빠 겨를이 없음을 이르는 말.

銷
녹일 소

부수 | 金(쇠 금)　급수 | 사범급

金(쇠 금) + 肖(닮을 초)
쇠를 조금씩 녹이다.

銷金(소금) : 그린 초상화 옷에 금으로 비단 무늬를 칠함. 또는 그 그림.

趙
나라 조

부수 | 走(달릴 주)　급수 | 2급

走(달릴 주) + 肖(닮을 초)
나와 뜻이 닮은(맞는) 사람을 달려가서 모셔와 나라를 같이 세움.

*趙光祖(조광조)와 관련된 走肖爲王(주초위왕)사건으로 조선 중종 때
己卯士禍(기묘사화)가 일어남.

削
깎을 삭

부수 | 刂(칼 도) 급수 | 2급

肖(닮을 초) + 刂(칼 도)

칼로 고기를 작게 깍아내다.

削減(삭감) 添削(첨삭) 削髮(삭발) 削除(삭제)

哨
망볼 초

부수 | 口(입 구) 급수 | 2급

口(입 구) + 肖(닮을 초)

망을 보다가 적이 조금이라도 보이면 입으로 보고를 하다.

步哨(보초) 哨所(초소)

稍
벼 줄기 끝 초
점점 초

부수 | 禾(벼 화) 급수 | 사범급

肖(닮을 초) + 禾(벼 화)

벼 줄기 끝이 점점 여물어 가다.

稍蠶食之(초잠식지) : 누에가 조금씩 갉아 먹음. '조금씩 조금씩 침략하여 먹어 들어감'을 이름.

梢
나무끝 초

부수 | 木(나무 목) 급수 | 사범급

木(나무 목) + 肖(닮을 초)

나무줄기가 끝부분까지 서로 닮아있다.

末梢神經(말초신경)

疋
발 소
필 필

疋 발족을 간략하게 만든 한자. 말 한 필, 비단 한 필 등 단위에도 사용.

疋(소) = 匹(필) - 피륙을 세는 단위.

疏
트일 소

부수 | 疋(발 소)　급수 | 2급

疋(발 소) + 㐬(흐를 류)

발걸음이 물 흐르듯이 소통이 됨.

疏遠(소원) 疏通(소통) 疏脫(소탈) *疎 트일 소

蔬
나물 소

부수 | 艹(풀 초)　급수 | 3급

艹(풀 초) + 疏(트일 소)

채소밭에 자주 발걸음 하여 잘 키우다.

菜蔬(채소) 蔬飯(소반)

楚
초나라 초

부수 | 木(나무 목)　급수 | 2급

木(나무 목) + 木(나무 목) + 疋(발 소)

나뭇가지로 종아리를 때리다, 아프고 괴롭다의 의미. 나중에 나라 이름으로 씀.

楚撻(초달) 四面楚歌(사면초가) : 아무에게도 도움을 받지 못하는, 외롭고 곤란한 지경에 빠진 형편을 이르는 말. *撻 매질할 달

礎
주춧돌 초

부수 | 石(돌 석)　급수 | 3급

石(돌 석) + 楚(초나라 초)

나무로 지은 집의 기둥 밑에 받치는 주춧돌.

基礎(기초) 楚石(초석) 定礎(정초)

胥
서로 서

부수 | 月(肉, 육달 월)　급수 | 사범급

疋(발 소) + 月(肉, 육달 월)

발걸음을 서로 맞추다.

胥吏(서리) : 조선 때, 관아에 딸려 말단의 행정 실무에 종사하던 하급 관리.
*胥 관리 서

壻 사위 서

부수 | 士(선비 사)　급수 | 1급

士(선비 사) + 胥(서로 서)
선비이며 조정의 관직을 가진 사위.

壻郞(서랑) : '남의 사위'를 높이는 말.
同壻(동서) : 형제의 아내끼리나, 자매의 남편끼리의 관계. *婿 사위 서

愇 슬기 서

부수 | 忄(마음 심)　급수 | 1급

忄(마음 심) + 胥(서로 서)
서로의 마음을 헤아릴 줄 아는 지혜.

愇人(서인) : 지혜로운 사람. *諝 슬기 서

巽 괘이름 손 / 뽑을 손

己(몸 기) + 己(몸 기) + 共(제단 모양)
제단 위에 제물을 바치기 위해 꿇어앉아 머리를 숙이고 있는 두 명의 사람 모습.
제물로 바칠 사람을 뽑다. 점치다.

巽卦(손괘) : 주역의 팔괘의 하나. 바람을 상징함. 동남쪽. 공손하고 유순함을 상징함.

選 가릴 선

부수 | 辶(辵,쉬엄쉬엄 갈 착)　급수 | 4급

辶(辵,쉬엄쉬엄 갈 착) + 巽(뽑을 손)
제사를 지내러 갈 대표자를 뽑다.

選擧(선거) 選拔(선발) 選擇(선택) 當選(당선) 特選(특선) 選手(선수)

撰 글지을 찬

부수 | 扌(손 수)　급수 | 1급

扌(손 수) + 巽(뽑을 손)
손으로 뽑아서 가려가며, 글을 짓는다.

撰述(찬술) : 책을 저술함. 改撰(개찬) : 책을 다시 고쳐 지음.

饌
반찬 찬

부수 | 食(먹을 식)　급수 | 사범급

食(먹을 식) + 巽(뽑을 손)

음식 중에서 제단에 올릴 음식을 뽑아서 올린다.

飯饌(반찬) 盛饌(성찬) 饌盒(찬합)

叟
늙은이 수

부수 | 又(오른손 우)　급수 | 사범급

(火→ 白 횃불) + 又(오른손 우)

손에 불을 들고 불을 잘 다스리는 경험이 많은 사람 늙은이.

釣叟(조수) : 낚시질하는 늙은이.

搜
찾을 수

부수 | 扌(손 수)　급수 | 2급

扌(손 수) + 叟(늙은이 수)

손으로 늙은이를 찾다.

搜査(수사) 搜索(수색) 搜所聞(수소문)

瘦
파리할 수

부수 | 疒(병들 녁)　급수 | 1급

疒(병들 녁) + 叟(늙은이 수)

나이든 늙은이가 병들어 몸이 마르고 낯빛에 핏기가 전혀 없다.

瘦瘠(수척) *瘠 파리할 척

嫂
형수 수

부수 | 女(여자 녀)　급수 | 1급

女(여자 녀) + 叟(늙은이 수)

나이가 많은 형의 아내 형수.

兄嫂(형수) 弟嫂(제수) = 季嫂(계수)

溲 오줌 수

부수 | 氵(물 수)　급수 | 사범급

氵(물 수) + 叟(늙은이 수)
늙은이의 오줌.

牛溲馬勃(우수마발) : 쇠오줌과 말똥이라는 뜻으로, 가치 없는 말이나 글 또는 품질이 나빠 쓸 수 없는 약재 따위를 이르는 말.

殳 몽둥이 수

几(몽둥이 모양) + 又(오른손 우)
손에 들고 있는 몽둥이로 치다. (별칭 – 칠 수, 갖은 등글월 문)

* 부수 글자이며, 단독으로 쓰이지 않는다. 다른 한자와 결합하여 한자의 뜻과 독음에 영향을 준다.

投 던질 투

부수 | 扌(손 수)　급수 | 3급

扌(손 수) + 殳(몽둥이 수)
손으로 창과 몽둥이를 던지다.

投資(투자) 投手(투수) 投身(투신)

股 넓적다리 고

부수 | 月(肉,육달 월)　급수 | 1급

月(肉,육달 월) + 殳(몽둥이 수)
몽둥이처럼 두꺼운 넓적다리.

股肱之臣(고굉지신) : 임금이 가장 믿고 중히 여기는 신하. *肱 팔뚝 굉

穀 곡식 곡

부수 | 禾(벼 화)　급수 | 3급

殼(껍질 각) + 禾(벼 화)
벼(곡식)의 껍질을 몽둥이 같은 농기구를 사용해서 벗겨 먹다.

穀物(곡물) 穀食(곡식) 脫穀(탈곡)

役
부릴 **역**

부수 | 彳(조금 걸을 척)　**급수** | 3급

彳(조금 걸을 척) + 殳(몽둥이 수)
몽둥이를 들고 걸어 다니면서 노예를 부리다.

賦役(부역) 役割(역할) 配役(배역)

疫
염병 **역**

부수 | 疒(병들 녁)　**급수** | 2급

疒(병들 녁) + 殳(몽둥이 수)
전염병 걸린 사람들을 몽둥이로 때려서 처리하다.

免疫(면역) 防疫(방역) 疫疾(역질)

殺
죽일 **살**
빠를, 감할 **쇄**

부수 | 殳(몽둥이 수)　**급수** | 3급

杀(죽일 찰, 살) + 殳(몽둥이 수)
나무 몽둥이로 쳐서 죽이다.

殺生(살생) 殺人(살인) 殺到(쇄도) 減殺(감쇄) 惱殺(뇌쇄)

設
베풀 **설**

부수 | 言(말씀 언)　**급수** | 3급

言(말씀 언) + 殳(몽둥이 수)
명령의 말을 하여 사람들을 부려서 물건을 만들다. 세우다, 베풀다.

建設(건설) 設置(설치) 施設(시설)

沒
빠질 **몰**

부수 | 氵(물 수)　**급수** | 2급

氵(물 수) + 殳(몽둥이 수)
물에 몽둥이(도구)들이 빠져서 없어지다.

沒殺(몰살) 沒入(몰입) 沒頭(몰두) 沒落(몰락) 沒知覺(몰지각)

殂
죽일 몰

부수 | 歹(부서진 뼈 알)   급수 | 1급

歹(부서진 뼈 알) + 殳(몽둥이 수)
몽둥이로 다 죽이다.

殂世(몰세) : 생을 마침. 俱殂(구몰) : 부모가 다 세상을 떠남. * 沒(몰)과 같은 의미.

荺
벨 삼

부수 | 艹(풀 초)   급수 | 사범급

艹(풀 초) + 殳(몽둥이 수)
몽둥이 같은 도구로 풀을 베다.

荺除(삼제) : 풀을 깎듯이 베어 없애 버림.

壽
목숨 수

부수 | 士(선비 사)   급수 | 3급

士(선비 사) + 一(한 일) + 工(장인 공) + 一(한 일) + 口(입 구) + 寸(마디 촌)
선비도 한번 살고, 장인도 한번 산다. 한 번 사는 인생 장수하려면 입으로 소식을
해야 한다

壽命(수명) 長壽(장수) 壽宴(수연)

鑄
쇠 부어
만들 주

부수 | 金(쇠 금)   급수 | 2급

金(쇠 금) + 壽(목숨 수)
쇠를 부어 오랫동안 쓸 수 있는 물건을 만들다.

鑄造(주조) 鑄貨(주화) 鑄物(주물)

疇
밭두둑 주

부수 | 田(밭 전)   급수 | 1급

田(밭 전) + 壽(목숨 수)
밭에 길게 뻗어있는 밭두둑, 밭이랑.

範疇(범주) : 같은 성질을 가진 부류나 범위.

躊 머뭇거릴 주

부수 | 足(발 족)   급수 | 1급

足(발 족) + 壽(목숨 수)

목숨과 관련된 사건이면 발걸음이 더욱 머뭇거리게 된다.

躊躇(주저) : 머뭇거리며 망설임. *躇 머뭇거릴 저

籌 산가지 주

부수 | 竹(대나무 죽)   급수 | 사범급

竹(대나무 죽) + 壽(목숨 수)

대나무로 만든 투호, 또는 셈을 하는 산가지

籌算(주산) 籌板(주판) 籌策(주책) : 이리저리 헤아린 끝에 생각한 꾀.

燾 비출 도

부수 | 灬(불 화)   급수 | 2급

壽(목숨 수) + 灬(불 화)

오랫동안 불을 비추다.

燾育(도육) : 덮어 보호하여 기름.

禱 빌 도

부수 | 示(보일 시)   급수 | 2급

示(보일 시) + 壽(목숨 수)

신에게 오랫동안 살게 해달라고 빈다.

祈禱(기도) 默禱(묵도)

濤 물결 도

부수 | 氵(물 수)   급수 | 1급

氵(물 수) + 壽(목숨 수)

물에 생긴 파도는 오랫동안 존재한다.

波濤(파도) 疾風怒濤(질풍노도)

璹
옥그릇 숙(수)

부수 | 玉(구슬 옥) 급수 | 1급

玉(구슬 옥) + 壽(목숨 수)
옥으로 만든 그릇.

璹器(수기) : 옥으로 만든 그릇

垂
드리울 수

부수 | 土(흙 토) 급수 | 2급

초목이 가지, 잎이 길게 늘어져 땅(土)에 늘어져 드리우고 있는 모습.

垂直(수직) 懸垂幕(현수막) 垂簾聽政(수렴청정) : 임금이 어린 나이로 즉위하였을 때, 왕대비나 대왕대비가 정사를 돌보던 일.

睡
졸 수

부수 | 目(눈 목) 급수 | 2급

目(눈 목) + 垂(드리울 수)
눈꺼풀이 초목이 드리우듯이 내려오다.

睡眠(수면) 午睡(오수) 昏睡狀態(혼수상태)

郵
우편 우

부수 | 阝(邑,고을 읍) 급수 | 3급

垂(드리울 수) + 阝(邑,고을 읍)
변방에 있는 고을에 우편을 배달하다.

郵遞局(우체국) = 郵政局(우정국) 郵便(우편) 郵票(우표)

錘
저울 추

부수 | 金(쇠 금) 급수 | 1급

金(쇠 금) + 垂(드리울 수)
쇠로 만들어져 아래로 드리워진 저울추.

時計錘(시계추) 秤錘(칭추)

唾
침 타

부수 | 口(입 구) 급수 | 1급

口(입 구) + 垂(드리울 수)

입에서 아래로 드리워져 흘러나오는 침.

___

唾液(타액) 唾罵(타매) *罵 욕할 매

需
구할 수

부수 | 雨(비 우) 급수 | 2급

雨(비 우) + 而(수염 이)

비가 수염 늘어져 있는 모습처럼 주룩주룩 내려서 농사에 요긴하게 쓰인다.

___

需要(수요) 必需(필수) 需用(수용)

儒
선비 유

부수 | 人(사람 인) 급수 | 3급

人(사람 인) + 需(구할 수)

사람들에게 필요한 지식을 구할 수 있게 도와주는 선비.

___

儒學(유학) 儒生(유생) 儒林(유림) 儒教(유교) 儒佛仙(유불선)

孺
젖먹이 유

부수 | 子(아들 자) 급수 | 1급

子(아들 자) + 需(구할 수)

아들이 어머니의 젖을 구하다.

___

孺子(유자) : 어린아이, 어린 남자
孺人(유인) : 생전에 벼슬하지 못한 사람의 아내의 신주나 명정(銘旌)에 쓰던 존칭.

濡
젖을 유

부수 | 氵(물 수) 급수 | 1급

氵(물 수) + 需(구할 수)

비가 내려 젖듯이 물에 젖다.

___

濡筆(유필) : 붓을 적심, 글을 씀.

襦
저고리 유

부수 | 衤(옷 의)　급수 | 사범급

衤(옷 의) + 需(구할 수)
저고리를 구해서 입다.

襦衣(유의) : 저고리.

懦
나약할 나

부수 | 忄(마음 심)　급수 | 1급

忄(마음 심) + 需(구할 수)
마음이 나약해서 도움을 계속 구하고 요청한다.

懦弱(나약)

叔
아재비 숙

부수 | 又(오른손 우)　급수 | 3급

尗(콩 숙) + 又(오른손 우)
손으로 연약한 콩나물을 뽑다. 아버지보다 어리고 연약한 작은 아버지

叔父(숙부) 堂叔(당숙) 叔姪(숙질)

淑
맑을 숙

부수 | 氵(물 수)　급수 | 3급

氵(물 수) + 叔(아재비 숙)
콩나물을 맑은 물로 기르다.

淑女(숙녀) 貞淑(정숙)

菽
콩 숙

부수 | 艹(풀 초)　급수 | 사범급

艹(풀 초) + 叔(콩 숙)
풀 초를 더해서 콩의 뜻을 더 확실히 함.

菽麥不辨(숙맥불변) : 콩과 보리를 구분하지 못함. '어리석은 사람'을 비유하는 말.

琡 옥이름 **숙**

부수 | 玉(구슬 옥) 급수 | 1급

玉(구슬 옥) + 叔(아재비 숙)

아재비가 가지고 계신 옥으로 만든 홀.

琡笏(숙홀) : 여덟 치 크기의 홀.

俶 비롯할 **숙**

부수 | 人(사람 인) 급수 | 1급

人(사람 인) + 叔(아재비 숙)

사람들이 같이 하는 일이 아재비로부터 시작되었다.

俶獻(숙헌) : 처음으로 드림. 俶裝(숙장) : 채비를 차림.

顑 찡그릴 **축**

부수 | 頁(머리 혈) 급수 | 사범급

叔(아재비 숙) + 頁(머리 혈)

아재비가 얼굴을 찡그리다.

嚬顑(빈축) = 顰蹙(빈축) : 얼굴을 찡그림, 남을 비난하거나 미워함.
*嚬 찡그릴 빈 *蹙 대지를 축

戚 겨레 **척**

부수 | 戈(창 과) 급수 | 2급

戉(도끼 월 - 큰 도끼) + 尗(콩 숙 - 작은 도끼)

큰 도끼, 작은 도끼 등 모든 무기를 사용해서 겨레를 지켜내다.

親戚(친척) 姻戚(인척) 戚臣(척신)

寂 고요할 **적**

부수 | 宀(집 면) 급수 | 2급

宀(집 면) + 叔(아재비 숙)

아재비가 사는 집이 고요하다.

寂寞(적막) 閑寂(한적) 入寂(입적)

督 감독할 독

부수 | 目(눈 목)　급수 | 3급

叔(아재비 숙) + 目(눈 목)

아재가 눈으로 자세히 살피고 감독하신다.

監督(감독) 總督(총독) 督促(독촉)

椒 산초나무 초

부수 | 木(나무 목)　급수 | 사범급

木(나무 목) + 叔(아재비 숙)

아재비가 드시는 매운 후추, 산초.

唐椒(당초) : 고추 胡椒(호초) : 후추

肅 엄숙할 숙

부수 | 聿(붓 율)　급수 | 2급

聿(붓 율) + 글을 쓰다

붓으로 먹물을 묻혀 글을 쓸 때의 마음가짐처럼 행동이 엄숙하다.

嚴肅(엄숙) 靜肅(정숙) 自肅(자숙)

橚 나무 줄지어설 숙

부수 | 木(나무 목)　급수 | 사범급

木(나무 목) + 肅(엄숙할 숙)

나무가 엄숙하고 줄지어서 서 있는 모습.

橚爽(숙상) : 초목이 무성한 모양. *爽 시원할 상

繡 수놓을 수

부수 | 糸(가는 실 멱, 사)　급수 | 1급

糸(가는 실 멱, 사) + 肅(엄숙할 숙)

비단실로 천에 정갈하게 수를 놓다.

十字繡(십자수) 錦繡江山(금수강산) : 아름다운 우리나라를 비유함.

簫
퉁소 소

부수 | 竹(대나무 죽)　급수 | 사범급

竹(대나무 죽) + 肅(엄숙할 숙)

대나무로 만든 퉁소.

太平簫(태평소)

嘯
휘파람 소

부수 | 口(입 구)　급수 | 1급

口(입 구) + 肅(엄숙할 숙)

입으로 휘파람을 불다.

長嘯(장소) : 휘파람을 길게 붊, 시가(詩歌) 따위를 길게 읊조림.

蕭
맑은 대쑥 소

부수 | 艹(풀 초)　급수 | 사범급

艹(풀 초) + 肅(엄숙할 숙)

대나무처럼 크게 자라는 쑥.

蕭索(소삭) : 쓸쓸한 모양.

瀟
강 이름 소

부수 | 水(물 수)　급수 | 사범급

水(물 수) + 蕭(맑은 대쑥 소)

풀이 우거진 강 이름.

瀟湘(소상) : 호남성(湖南省)에서 발원하여 상수(湘水)로 흘러가는 강.

旬
열흘 순

부수 | 日(날 일)　급수 | 3급

勹(쌀 포) + 日(날 일)

날짜를 열흘씩 묶었다.

上旬(상순) 初旬(초순) 中旬(중순) 下旬(하순) 八旬(팔순)

殉
따라 죽을 순

부수 | 歹(부서진 뼈 알) 급수 | 2급

歹(부서진 뼈 알) + 旬(열흘 순)
고대 국가에서 임금, 귀족이 죽으면 열흘 안에 부인, 신하, 종을 함께 매장시킴.

殉葬(순장) 殉國(순국) 殉敎(순교) 殉職(순직) 殉愛譜(순애보)

筍
풀 이름 순

부수 | 艹(풀 초) 급수 | 2급

艹(풀 초) + 旬(열흘 순)
열흘마다 자라는 것이 표시나는 풀.

筍子(순자)

筍
죽순 순

부수 | 竹(대나무 죽) 급수 | 2급

竹(대나무 죽) + 旬(열흘 순)
열흘 동안 쑥 자란 대나무 죽순.

雨後竹筍(우후죽순) 石筍(석순)

珣
옥 이름 순

부수 | 玉(구슬 옥) 급수 | 2급

玉(구슬 옥) + 旬(열흘 순)
열흘 만에 구한 귀한 구슬.

珣玕琪(순우기) : 옥돌의 이름.

洵
참으로 순

부수 | 氵(물 수) 급수 | 1급

氵(물 수) + 旬(열흘 순)
진심으로 눈물을 열흘 동안 흘리다.

洵美(순미) : 진실로 아름다움. 蘇洵(소순) : 蘇軾(소식)의 아버지.

恂
정성 순

부수 | 忄(마음 심) **급수** | 사범급

忄(마음 심) + 旬(열흘 순)

열흘간 쏟은 정성스런 마음.

恂恂(순순) : 진실한 모양, 두려워하는 모양.

徇
두루 순

부수 | 彳(조금 걸을 척) **급수** | 사범급

彳(조금 걸을 척) + 旬(열흘 순)

종종걸음으로 계속 뒤따라 감.

徇通(순통) : 널리 통함.

枸
가름대 나무 순

부수 | 木(나무 목) **급수** | 사범급

木(나무 목) + 旬(열흘 순)

종이나 경쇠에 매다는 나무.

枸木(순목) : 종과 경쇠를 매다는 가름대 나무.

詢
물을 순

부수 | 言(말씀 언) **급수** | 1급

言(말씀 언) + 旬(열흘 순)

열흘간 계속 물어보고 상의한다.

諮詢(자순) : 윗사람이 아랫사람에게 의견을 물어 의논함. *諮 물을 자

絢
무늬 현

부수 | 糸(가는 실 멱) **급수** | 사범급

糸(가는 실 멱) + 旬(열흘 순)

열흘간 옷감에 무늬를 새겨넣다.

絢爛(현란) : 눈부시게 빛나고 아름다움. *爛 빛날 란

戠 찰흙 시

音(소리 음) + 戈(창 과)
소리를 듣고 창으로 진흙 위에 글을 새기다.

* 단독으로 쓰이지 않는다. 다른 한자와 결합하여 한자의 뜻과 독음에 영향을 준다.

識 기록할 지 / 알 식

부수 | 言(말씀 언)　급수 | 준4급

言(말씀 언) + 戠(찰흙 시)
말로 전하는 사실들을 찰흙 위에 새겨 넣으며 기록해 놓다.

知識(지식) 常識(상식) 博識(박식) 有識(유식) 認識(인식) 標識(표지)

職 벼슬 직

부수 | 耳(귀 이)　급수 | 3급

耳(귀 이) + 戠(찰흙 시)
귀로 듣고 머리에 새겨 맡은 일을 하다.

職業(직업) 職員(직원) 就職(취직) 職分(직분) 罷職(파직) 現職(현직)

織 짤 직

부수 | 糸(가는 실 멱, 사)　급수 | 3급

糸(가는 실 멱, 사) + 戠(찰흙 시)
실로 무늬를 새겨 넣으며 베를 짜다.

織物(직물) 織女(직녀) 紡織(방직) 組織(조직) 神經組織(신경조직)

熾 성할 치

부수 | 火(불 화)　급수 | 1급

火(불 화) + 戠(찰흙 시)
불이 활활 잘 타다.

熾烈(치열) : 불길같이 맹렬함. 熾熱(치열) : 매우 뜨거움.

幟
기 치

부수 | 巾(수건 건)　급수 | 사범급

巾(수건 건) + 戠(찰흙 시)

천(깃발)에 상징하는 의미를 새겨넣다.

旗幟(기치) ① 예전에, 군대에서 쓰던 깃발. ② 어떤 목적을 위하여 내세우는 태도나 주장. ③ 기에 나타난 표지(標識).

是
옳을 시

부수 | 日(날 일)　급수 | 4급

日(날 일) + 正(바를 정)

해가 뜨고 지는 것처럼 정확하고 바르며 옳은 것.

是非(시비) 是認(시인) 是正(시정)

寔
진실로 식

부수 | 宀(집 면)　급수 | 1급

宀(집 면) + 是(옳을 시)

진실로 집에 바르고 옳은 것을 두다.

多士寔寧(다사식녕) : 준걸과 재사가 조정에 많으니 국가가 태평하다.

*寔(이 식) = 是(이 시)

湜
물맑을 식

부수 | 氵(물 수)　급수 | 2급

氵(물 수) + 是(옳을 시)

물이 맑고 바르다.

湜湜(식식) : 물이 맑아 속까지 훤히 보이는 모양.

題
제목 제

부수 | 頁(머리 혈)　급수 | 5급

是(옳을 시) + 頁(머리 혈)

사람 얼굴 중 맨 앞으로 튀어나온 이마처럼, 맨 앞부분에 나와 있는 책 제목.

題目(제목) 宿題(숙제) 問題(문제) 主題(주제) 標題(표제)

提
끌 제

부수 | 手(손 수)   급수 | 3급

手(손 수) + 是(옳을 시)

바른 것을 끌어오다.

提案(제안) 提供(제공) 提議(제의) 提出(제출) 提携(제휴)

堤
둑 제

부수 | 土(흙 토)   급수 | 3급

土(흙 토) + 是(옳을 시)

흙으로 바르게 만든 둑, 제방.

堤防(제방) 防波堤(방파제)

醍
맑은 술 제

부수 | 酉(술 유)   급수 | 사범급

酉(술 유) + 是(옳을 시)

맑은 술을 바른 방법으로 만든다.

醍醐(제호) : 우유에 갈분을 타서 미음같이 쑨 죽. *醐 제호 호

瑅
옥 이름 제

부수 | 玉(구슬 옥)   급수 | 1급

玉(구슬 옥) + 是(옳을 시)

구슬 이름, 옥 이름.

瑅塘(제당) : 옥이름.

式
법 식

부수 | 弋(주살 익)   급수 | 5급

工(장인 공) + 弋(주살 익)

주살을 만들 때 규칙과 순서를 정확히 지켜가며 만들다.

格式(격식) 法式(법식) 樣式(양식) 儀式(의식) 禮式場(예식장)

軾
수레 앞턱
가로나무 **식**

부수 | 車(수레 거) **급수** | 1급

車(수레 거) + 式(법 식)

수레 만드는 법칙으로 수레 앞턱에 가로로 나무를 만들다.

蘇軾(소식) : 중국 송대 문장가. *몸을 굽혀 절을 할 때 잡는 곳.

拭
닦을 **식**

부수 | 手(손 수) **급수** | 1급

手(손 수) + 式(법 식)

손으로 규칙에 맞게 닦고 청소함.

拂拭(불식) : 먼지를 떨고 훔친다는 뜻으로, 의심이나 부조리한 점 등을 말끔히 떨어 없앰을 이르는 말.

栻
점치는 판 **식**

부수 | 木(나무 목) **급수** | 사범급

木(나무 목) + 式(법 식)

나무판에 점을 치는 법식으로 점을 치다.

栻木(식목) : 길흉을 점치는데 쓰는 나무판. *점판 - 점치는 기구.

試
시험 **시**

부수 | 言(말씀 언) **급수** | 준4급

言(말씀 언) + 式(법 식)

말로 물어보거나 시험을 정한 규칙대로 치르다.

試驗(시험) 試食(시식) 入試(입시) 考試(고시) 試寫(시사)

弒
죽일 **시**

부수 | 弋(주살 익) **급수** | 2급

杀(죽일 살) + 式(법 식)

법을 어기면서 살인을 하다.

弒害(시해) = 弒殺(시살) = 弒逆(시역) : 부모나 임금을 죽임.

申
펼 신

부수 | 田(밭 전)   **급수** | 4급

번개가 치는 모습을 그린 한자.
번개가 치다 → 펼치다→ 소리쳐 알리다

申告(신고) 申請(신청) 申時(신시)

神
귀신 신

부수 | 示(보일 시)   **급수** | 5급

示(보일 시) + 申(펼 신)
번개처럼 움직이며 돌아다니는 것이 귀신이다.

鬼神(귀신) 神仙(신선) 神靈(신령) 精神(정신) 神經(신경)

伸
펼 신

부수 | 人(사람 인)   **급수** | 2급

人(사람 인) + 申(펼 신)
사람이 쭉 늘리고 펼치다.

伸張(신장) : 길게 늘임. 伸縮(신축) : 늘이고 줄임.

紳
큰 띠 신

부수 | 糸(가는 실 멱)   **급수** | 2급

糸(가는 실 멱) + 申(펼 신)
실로 만들어 허리에 매는 큰 띠.

紳士(신사) ↔ 淑女(숙녀)

呻
끙끙거릴 신

부수 | 口(입 구)   **급수** | 사범급

口(입 구) + 申(펼 신)
입으로 끙끙거리는 소리를 내다, 펴다.

呻吟(신음) : 병이나 고통으로 앓는 소리를 냄.

失
잃을 실

부수 | 大(큰 대) **급수** | 5급

手(손 수) + 乀(물건)
손에서 물건을 놓치다. 잃어버리다.

失手(실수) 失業(실업) 失敗(실패) 過失(과실) 得失(득실) 損失(손실)

秩
차례 질

부수 | 禾(벼 화) **급수** | 3급

禾(벼 화) + 失(잃을 실)
볏단을 쌓아 올릴 때 실수 없이 순서대로 차례차례 하다.

秩序(질서)

迭
갈마들 질

부수 | 辶(辵,쉬엄쉬엄 갈 착) **급수** | 사범급

辶(辵,쉬엄쉬엄 갈 착) + 失(잃을 실)
잃어버렸거나 실수하면 바꾸다.

更迭(경질) : 어떤 지위에 있는 사람을 갈아내고, 딴 사람을 앉힘.

跌
넘어질 질

부수 | 足(발 족) **급수** | 1급

足(발 족) + 失(잃을 실)
발걸음을 잘못해서 넘어지다.

蹉跌(차질) *蹉 넘어질 차
① 발을 헛디디어 넘어짐. ② 하던 일이 계획한 대로 되지 않고 어그러짐.

帙
책갑 질

부수 | 巾(수건 건) **급수** | 사범급

巾(수건 건) + 失(잃을 실)
천이나 가죽으로 책을 잃어버리지 않도록 묶어두다.

書帙(서질) : 한 권 또는 여러 권의 책을 한목에 넣어 두기 위해 헝겊으로 만든 싸개.
*질 - 여러 권으로 된 책 한 벌.

佚 편안할 일

부수 | 人(사람 인)　급수 | 사범급

人(사람 인) + 失(잃을 실)

사람이 잃어버리거나 실수가 없어 편안하다.

佚樂(일락) : 편안하게 즐김.

十 열 십

부수 | 十(열 십)　급수 | 8급

一(왼 손) + 丨(오른 손)

왼손과 오른손을 서로 수직이 되게 엇건 모양으로 열을 나타냄.

十字架(십자가) 十干(십간) 聞一知十(문일지십) 十中八九(십중팔구)

什 열사람 십 / 세간 집

부수 | 人(사람 인)　급수 | 1급

人(사람 인) + 十(열 십)

사람이 열 명이다.

什長(십장) : 공사판에서의 감독. 什器(집기)

針 바늘 침

부수 | 金(쇠 금)　급수 | 4급

金(쇠 금) + 十(열 십)

쇠를 여러 번 많이 갈아서 만든 바늘.

分針(분침) 毒針(독침) 針工(침공) 針小棒大(침소봉대)

汁 즙 즙

부수 | 氵(물 수)　급수 | 1급

氵(물 수) + 十(열 십)

여러 번 압축해서 짜내는 즙.

果汁(과즙) 肉汁(육즙) 汁液(즙액)

氏
성씨 씨

부수 | 氏(성씨 씨)　급수 | 준4급

뿌리 모양을 나타낸 글자, 조상의 피를 받아 대를 이어가는 사람의 뿌리 성씨.

金氏(김씨) 氏族(씨족) 姓氏(성씨)

紙
종이 지

부수 | 糸(가는 실 멱)　급수 | 준4급

糸(가는 실 멱) + 氏(나무뿌리 씨)

닥나무에서 섬유질을 뽑아내어 종이를 만들다.

紙面(지면) 紙幣(지폐) 白紙(백지) 韓紙(한지) 畵宣紙(화선지)

舐
핥을 지

부수 | 舌(혀 설)　급수 | 사범급

舌(혀 설) + 氏(뿌리 씨)

혀뿌리까지 나올 정도로 혀를 길게 내어 핥다.

舐犢之愛(지독지애) : 어미 소가 송아지를 사랑하여 혀로 핥아 준다는 뜻으로, 자식에 대한 부모의 지극한 사랑을 이르는 말 *犢 송아지 독

祇
토지신 기

부수 | 示(귀신 시)　급수 | 사범급

示(귀신 시) + 氏(뿌리 씨)

뿌리를 내리게 해주는 토지신에게 제사를 지내다.

地祇(지기) : 토지의 신. *祗 공경할 지

祗
공경할 지

부수 | 示(보일 시)　급수 | 1급

示(보일 시) + 氐(근본 저)

가문의 근본이 되는 조상신을 공경하게 모시다.

祗敬(지경) : 공경하고 삼감. *祇 토지신 기

砥
숫돌 지

부수 | 石(돌 석) 급수 | 사범급
石(돌 석) + 氏(근본 저)
칼을 갈 때 쓰는 기본으로 쓰는 돌.

砥石(지석) 砥礪(지려) *礪 숫돌 려

低
낮을 저

부수 | 人(사람 인) 급수 | 준4급
人(사람 인) + 氏(근본 저)
사람의 신분이 낮다.

低價(저가) 高低(고저) 最低(최저) 低溫(저온) 低質(저질) 低俗(저속)

底
밑 저

부수 | 广(집 엄) 급수 | 3급
广(집 엄) + 氏(근본 저)
나무뿌리처럼 집 아래의 낮은 곳.

底邊(저변) 底止(저지) 底力(저력)

抵
거스를 저

부수 | 手(손 수) 급수 | 3급
手(손 수) + 氏(근본 저)
손으로 밑바닥의 근본적인 원인을 막다.

抵抗(저항) 抵觸(저촉) 抵當(저당)

邸
큰집 저

부수 | 阝(邑,고을 읍) 급수 | 1급
氏(근본 저) + 阝(邑,고을 읍)
고을 언덕에 지은 큰 집.

邸宅(저택) 官邸(관저) 私邸(사저)

詆 꾸짖을 저

부수 | 言(말씀 언)   **급수** | 사범급

言(말씀 언) + 氐(근본 저)
근본적인 문제점을 꾸짖다.

詆毁(저훼) 詆辱(저욕)

亞 버금 아

부수 | 二(두 이)   **급수** | 3급

무덤 내부 모양을 본뜬 글자, 또는 등이 구부러진 곱사등이 등모양을 본뜬 글자로
두 번째 버금을 의미함.

亞流(아류) 亞聖(아성) 亞細亞(아세아) : 아시아(Asia)의 준말.

啞 벙어리 아

부수 | 口(입 구)   **급수** | 1급

口(입 구) + 亞(버금 아)
입을 말을 못 하는 벙어리.

聾啞(농아) 盲啞(맹아) 啞然失色(아연실색) : 몹시 놀라서 어안이 벙벙한 모양.

惡 악할 악 미워할 오

부수 | 心(마음 심)   **급수** | 준4급

亞(버금 아) + 心(마음 심)
사람들이 나쁜 마음이라고 여기는 악한 마음, 그 마음을 다 미워하다.

善惡(선악) 惡談(악담) 憎惡(증오) 勸善懲惡(권선징악)

堊 백토 악

부수 | 土(흙 토)   **급수** | 1급

亞(버금 아) + 土(흙 토)
황토가 첫 번째요, 백토는 두 번째로 좋은 흙이다.

白堊館(백악관) 白堊紀(백악기)

牙 어금니 아

부수 | 牙(어금니 아)　급수 | 2급

맞물려 있는 어금니 모양을 본뜬 글자.

齒牙(치아) : '이'를 점잖게 이르는 말.　象牙(상아) : 코끼리의 어금니.

雅 맑을 아

부수 | 隹(새 추)　급수 | 3급

牙(어금니 아) + 隹(새 추)

어금니 안쪽에서 나는 새의 맑은 소리.

端雅(단아) 優雅(우아) 淸雅(청아)

芽 싹 아

부수 | 艹(풀 초)　급수 | 2급

艹(풀 초) + 牙(어금니 아)

어금니가 나오듯이 풀싹이 나오다.

萌芽(맹아) 發芽(발아) 胚芽(배아)

訝 맞을 아

부수 | 言(말씀 언)　급수 | 1급

言(말씀 언) + 牙(어금니 아)

손으로 밑바닥의 근본적인 원인을 막다.

抵抗(저항) 抵觸(저촉) 抵當(저당)

鴉 갈까마귀 아

부수 | 鳥(새 조)　급수 | 사범급

牙(어금니 아) + 鳥(새 조)

까마귀보다 작고 배가 흰 갈까마귀.

鴉鬢(아빈) : 부인의 까만 머리털. *鬢 귀밑털 빈

邪 간사할 사

부수 | 阝(邑,고을 읍)　급수 | 2급

牙(어금니 아) + 阝(邑,고을 읍)

어금니처럼 깊은 오지에 있는 마을, 깊이 숨겨져 있는 간사한 마음.

奸邪(간사) 邪惡(사악) 斥邪(척사)

我 나 아

부수 | 戈(창 과)　급수 | 3급

手(손 수) + 戈(창 과)

적에 대항하며 창을 들고나와 우리를 지키다.

我軍(아군) 我等(아등) 自我(자아) 彼我(피아) 我執(아집) 無我(무아)

餓 주릴 아

부수 | 食(먹을 식)　급수 | 3급

食(먹을 식) + 我(나 아)

내가 먹을 것을 못 먹고 굶주리다.

飢餓(기아) 餓死(아사) 餓鬼(아귀)

娥 예쁠 아

부수 | 女(여자 녀)　급수 | 1급

女(여자 녀) + 我(나 아)

예쁜 여자.

姮娥(항아) : 달 속에 있다는 선녀, 또는 궁중에서, 상궁이 되기 전의 어린 궁녀를 이르던 말.

俄 갑자기 아

부수 | 人(사람 인)　급수 | 사범급

人(사람 인) + 我(나 아)

내 앞에 갑자기 사람이 나타나다.

俄然(아연) : 갑작스런 모양 俄羅斯(아라사) : '러시아'의 음역어.
俄館播遷(아관파천)

蛾
나방 아

부수 | 虫(벌레 훼, 충)　급수 | 사범급

虫(벌레 훼, 충) + 我(나 아)
벌레 중 나방.

蛾眉(아미) : 누에나방처럼 가늘고 아름다운 눈썹, 즉 미인의 눈썹.

峨
높을 아

부수 | 山(뫼 산)　급수 | 1급

山(뫼 산) + 我(나 아)
산이 높다.

峨嵋(아미) : 쓰촨성에 있는 산. *嵋 산 이름 미

鵝
거위 아

부수 | 鳥(새 조)　급수 | 사범급

我(나 아) + 鳥(새 조)
조류 중에서 나를 잘 따르는 거위.

鵝毛(아모) : 거위의 털, 눈(雪)의 비유. 白鵝(백아) : 거위

咢
놀랄 악

부수 | 口(입 구)　급수 | 사범급

눈을 크게 뜨고, 입을 크게 벌리며 놀라는 모양.

*噩 놀랄 악

愕
놀랄 악

부수 | 忄(마음 심)　급수 | 1급

忄(마음 심) + 咢(놀랄 악)
마음으로 크게 놀라워하다.

驚愕(경악)

317

鄂
땅이름 악

부수 | 阝(邑,고을 읍)   급수 | 사범급
咢(놀랄 악) + 阝(邑,고을 읍)
놀랄 만큼 큰 고을.

─────────────────────────────

鄂(악) : 춘추시대 초나라 악왕의 옛 서울, 춘추시대 晉(진)나라의 읍.

鍔
칼날 악

부수 | 金(쇠 금)   급수 | 사범급
金(쇠 금) + 咢(놀랄 악)
놀랄 만큼 날카로운 칼날.

─────────────────────────────

鍔鍔(악악) : 높은 모양.

鰐
악어 악

부수 | 魚(물고기 어)   급수 | 사범급
魚(물고기 어) + 咢(놀랄 악)
크고 무서워서 놀라게 하는 악어.

─────────────────────────────

鰐魚(악어)

顎
턱 악

부수 | 頁(머리 혈)   급수 | 사범급
咢(놀랄 악) + 頁(머리 혈)
크게 놀라며 턱이 벌려지다.

─────────────────────────────

顎骨(악골) 兩顎(양악)

卬
나 앙
높을 앙

부수 | 卩(병부 절)   급수 | 사범급
人(사람 인) + 卩(꿇어앉은 사람)
꿇어앉은 사람이 서 있는 사람을 올려다보다. 우러러보다.

* 단독으로 쓰이지 않는다. 다른 한자와 결합하여 한자의 뜻과 독음에 영향을 준다.

卯 토끼 묘

부수 | 卩(병부 절)　급수 | 4급

칼로 물건을 반으로 갈라놓은 모습,
토끼와는 관련이 없으나, 토끼 귀를 그린 한자로 보기도 함.

卯時(묘시) : 오전 5시~7시.

印 도장 인

부수 | 卩(병부 절)　급수 | 4급

爪(손 모양) + 卩(병부, 신표 절)
중요한 신표인 병부에 손도장을 찍다.

印章(인장) 檢印(검인) 印象(인상)

仰 우러를 앙

부수 | 人(사람 인)　급수 | 3급

人(사람 인) + 卬(높을 앙)
사람을 올려 보며 우러러보다.

信仰(신앙) 推仰(추앙) 仰望(앙망)

昂 오를 앙

부수 | 日(날 일)　급수 | 1급

日(날 일) + 卬(높을 앙)
해가 높이 떠오르다.

激昂(격앙) : 감정·기운이 거세게 일어나 높아짐.

迎 맞이할 영

부수 | 辶(辵,쉬엄쉬엄 갈 착)　급수 | 3급

辶(辵,쉬엄쉬엄 갈 착) + 卬(높을 앙)
오는 사람을 우러러보며 맞이하다.

歡迎(환영) 迎接(영접) 迎入(영입)

抑
누를 억

부수 | 手(손 수)　급수 | 2급

手(손 수) + 卬(높을 앙)

올라오는 것을 손으로 누르다.

抑壓(억압) 抑制(억제) 抑鬱(억울) 抑揚法(억양법)

央
가운데 앙

부수 | 大(큰 대)　급수 | 3급

冂(경계선) + 大(큰 대)

경계선 안의 중앙에 사람이 양팔 벌리고 서 있는 모습을 그린 한자.

中央(중앙) 中央集權(중앙집권)

殃
재앙 앙

부수 | 歹(부서진 뼈 알)　급수 | 2급

歹(부서진 뼈 알) + 央(가운데 앙)

죽음의 가운데까지 다다른 재앙.

災殃(재앙) 殃禍(앙화) 天殃(천앙)

鴦
원앙새 앙

부수 | 鳥(새 조)　급수 | 1급

央(가운데 앙) + 鳥(새 조)

나뭇가지 가운데 앉아있는 원앙새.

鴛鴦(원앙) : 금슬 좋은 부부를 비유.

秧
모 앙

부수 | 禾(벼 화)　급수 | 사범급

禾(벼 화) + 央(가운데 앙)

벼를 중앙에 맞추어 모를 심다.

移秧期(이앙기) : 모내기 철　移秧機(이앙기) : 모를 내는 데 쓰는 기계(機械).

怏
원망할 **앙**

부수 | 忄(마음 심)   급수 | 사범급

忄(마음 심) + 夬(가운데 앙)

원망의 마음이 마음 한가운데 차지하고 있다.

怏心(앙심) 怏宿(앙숙)

盎
동이 **앙**

부수 | 皿(그릇 명)   급수 | 사범급

夬(가운데 앙) + 皿(그릇 명)

그릇 가운데 물, 술을 담을 수 있는 동이.

盎盎(앙앙) : 화락한 모양, 자꾸 넘치는 모양.

映
비칠 **영**

부수 | 日(날 일)   급수 | 3급

日(날 일) + 夬(가운데 앙)

태양이 하늘 가운데서 밝게 비치다.

映畫(영화) 映寫(영사) 反映(반영) 放映(방영)

英
꽃부리 **영**

부수 | 艹(풀 초)   급수 | 5급

艹(풀 초) + 夬(가운데 앙)

풀 한가운데서 피어난 꽃, 꽃부리. 꽃이 뛰어나게 이쁘다.

英雄(영웅) 英才(영재) 英特(영특)

瑛
옥빛 **영**

부수 | 玉(구슬 옥)   급수 | 1급

玉(구슬 옥) + 英(꽃부리 영)

구슬이 꽃처럼 빛나다.

瑛琚(영거) : 수정으로 만든 패옥.

물 이름 영

부수 | 氵(물 수)   급수 | 1급

氵(물 수) + 英(꽃부리 영)

아름다운 물 이름.

漢水(영수) : 강이름.

鍈
방울 소리 영

부수 | 金(쇠 금)   급수 | 1급

金(쇠 금) + 英(꽃부리 영)

쇠로 만든 방울 소리가 아름답다.

*人名字(인명자)에 쓰임. 대법원용 인명용 한자(2001.1.4.추가)

煐
빛날 영

부수 | 火(불 화)   급수 | 1급

火(불 화) + 英(꽃부리 영)

불빛처럼 빛난다.

煐然(영연) : 밝게 빛나는 모양.

霙
진눈깨비 영

부수 | 雨(비 우)   급수 | 사범급

雨(비 우) + 英(꽃부리 영)

하늘에서 꽃처럼 진눈깨비가 내리다.

玉霙(옥영) : 아름다운 눈을 비유함.

어조사 야
뱀 야

부수 | 乙(새 을)   급수 | 3급

뱀이 구불구불 사린 모양.

*어조사-낱말의 끝에 붙어 단정, 감탄, 의문의 뜻을 나타냄.
及其也(급기야)

地 땅 지

부수 | 土(흙 토)　급수 | 준5급

土(흙 토) + 也(뱀 야)

땅속에서 뱀이 살고 있다.

地震(지진) 地層(지층) 宅地(택지) 地位(지위) 地域(지역) 地下(지하)

池 연못 지

부수 | 氵(물 수)　급수 | 3급

氵(물 수) + 也(뱀 야)

물속에서 뱀이 살고 있다.

貯水池(저수지) 天池(천지) 蓮池(연지)

馳 달릴 치

부수 | 馬(말 마)　급수 | 1급

馬(말 마) + 也(뱀 야) = 地(지)

말이 땅을 밟고 세차게 달리다.

背馳(배치) : 서로 반대가 되어 어긋남. 相馳(상치)

弛 늦출 이

부수 | 弓(활 궁)　급수 | 1급

弓(활 궁) + 也(어조사 야)

활을 끝까지 당기지 않고 느슨하게 당기다.

弛緩(이완) 解弛(해이)

迤 비스듬할 이

부수 | 辶(辵,쉬엄쉬엄 갈 착)　급수 | 사범급

辶(辵,쉬엄쉬엄 갈 착) + 㐌(오랑캐 이)

오랑캐가 비스듬한 길을 걸어가다.

迤迤(이이) : 잇닿은 모양, 비스듬히 뻗은 모양.

他 다를 타

부수 | 人(사람 인)   급수 | 준4급

人(사람 인) + 也(뱀 야)

사람과 뱀은 다르다.

他界(타계) 他人(타인) 自他(자타) 他殺(타살) 他鄕(타향) 排他(배타)

拖 끌 타

부수 | 扌(손 수)   급수 | 사범급

扌(손 수) + 㐌(오랑캐 이)

손으로 뱀을 끌어당기다.

---

*拕(끌 타)와 같은 글자.

陁 비탈질 타

부수 | 阝(阜,언덕 부)   급수 | 사범급

阝(阜,언덕 부) + 㐌(오랑캐 이)

뱀처럼 구불구불한 비탈길

---

*陀(비탈질 타)와 같은 글자. *阤(무너질 치, 비탈질 타)

夜 밤 야

부수 | 夕(저녁 석)   급수 | 5급

亦(또 역, 겨드랑이 역) + 夕(저녁 석)

하루해가 지고 또 저녁이 되어 날이 어두워진 밤이 되다.

夜光(야광) 夜景(야경) 深夜(심야) 夜勤(야근) 夜學(야학) 晝夜(주야)

液 진 액

부수 | 氵(물 수)   급수 | 2급

氵(물 수) + 夜(밤 야)

밤새도록 한 방울씩 받아낸 진액.

液晶(액정) 液體(액체) 溶液(용액) 液化(액화)

腋
겨드랑이 액

부수 | 月(肉,육달 월) 급수 | 1급

月(肉,육달 월) + 夜(밤 야) → 亦(또 역)

신체 중 양팔 아래의 겨드랑이 두 개

腋臭(액취) 扶腋(부액)

掖
부축할 액

부수 | 扌(손 수) 급수 | 사범급

扌(손 수) + 夜(밤 야) → 亦(또 역)

손으로 겨드랑이를 껴서 부축해주다.

扶掖(부액) = 扶腋(부액)

若
같을 약
반야 야

부수 | 艹(풀 초) 급수 | 4급

艹(풀 초) + 右(오른손 우)

나물 같은 것을 같은 종류끼리 손으로 골라내다.

若或(약혹) 若干(약간) 萬若(만약) 般若心經(반야심경)

惹
이끌 야

부수 | 心(마음 심) 급수 | 2급

若(만약 약) + 心(마음 심)

혹시, 만약 하는 마음으로 이끌려 가다.

惹起(야기) : 일이나 사건 등을 끌어 일으킴.
惹端(야단) : 떠들썩하고 부산하게 일을 벌임, 소리를 높여 마구 꾸짖음.

諾
허락할 낙

부수 | 言(말씀 언) 급수 | 2급

言(말씀 언) + 若(같을 약)

상대의 말에 나의 생각도 같다. → 허락하다.

許諾(허락) 承諾(승낙) 受諾(수락)

匿
숨을 닉

부수 | ㄷ(상자 방) 급수 | 2급
ㄷ(상자 방) + 若(만약 약)
상자 안에 만일의 경우를 대비해서 숨겨놓다.

匿名(익명) 隱匿(은닉)

慝
사특할 특

부수 | 心(마음 심) 급수 | 사범급
匿(숨을 닉) + 心(마음 심)
사특하고 나쁜 마음을 숨기다.

邪慝(사특) 奸慝(간특)

昜
해 돋을 양

부수 | 日(날 일) 급수 | 사범급
日(날 일) + 勿(햇살 비치는 모습)
태양 아래로 햇살이 내리쬐는 모습을 그린 한자.

도마뱀이 주변의 색상이나 상태에 따라 몸의 색깔을 쉽게, 바꾸다.
*易 - 쉬울 이, 바꿀 역 *도마뱀을 그린 한자.

陽
볕 양

부수 | 阝(阜,언덕 부) 급수 | 5급
阝(阜,언덕 부) + 昜(해 돋을 양)
언덕에 햇볕이 비치다.

陽地(양지) 太陽(태양) 夕陽(석양)

揚
날릴 양

부수 | 扌(손 수) 급수 | 3급
扌(손 수) + 昜(해 돋을 양)
손으로 햇살처럼 하늘 위로 올리다, 날리다.

揭揚(게양) 立身揚名(입신양명) *敭(오를 양)의 고자(古字).

楊
버들 양

부수 | 木(나무 목)　급수 | 2급

木(나무 목) + 昜(해 돋을 양)

버드나무가 햇살을 받아 잘 자라다.

楊柳(양류) : 버드나무 楊(양) - 柳(갯버들 류) - 수양버들
*성씨(姓氏)로 사용.

瘍
종기 양

부수 | 疒(병들 녁)　급수 | 1급

疒(병들 녁) + 昜(해 돋을 양)

염증이 생기면 열이 나고, 심해지면 종기, 궤양으로 변해간다.

潰瘍(궤양) *潰 무너질 궤

暘
해돋이 양

부수 | 日(날 일)　급수 | 사범급

日(날 일) + 昜(해 돋을 양)

태양이 솟아오르고 있다. 떠오르다.

暘谷(양곡) : 해 돋는 곳. 暘谷(양곡) ↔ 함지(咸池)

颺
날릴 양

부수 | 風(바람 풍)　급수 | 사범급

風(바람 풍) + 昜(해 돋을 양)

바람과 햇볕이 날리는 느낌.

颺颺(양양) : 바람에 날아오르는 모양, 펄럭이는 모양.

場
마당 장

부수 | 土(흙 토)　급수 | 준5급

土(흙 토) + 昜(해 돋을 양)

마당에 햇볕이 비치다.

工場(공장) 場所(장소) 農場(농장) 場面(장면) 市場(시장) 登場(등장)

腸
창자 장

부수 | 月(肉, 육달 월)　**급수** | 3급
月(肉, 육달 월) + 昜(해 돋을 양)
햇볕이 길게 늘어져 비추듯이 몸속에 구불구불 길게 늘어져 있는 창자.

大腸(대장) 盲腸(맹장) 灌腸(관장) 斷腸(단장) : 몹시 슬퍼 창자가 끊어지는 듯함.

傷
다칠 상

부수 | 人(사람 인)　**급수** | 3급
人(사람 인) + 상처 입을 상
사람이 상처를 입다.

傷處(상처) 傷害(상해) 負傷(부상) 火傷(화상) 銃傷(총상)

觴
술잔 상

부수 | 角(뿔 각)　**급수** | 1급
角(뿔 각) + 상처 입을 상
뿔로 만든 술잔.

濫觴(남상) : 양쯔강 같은 큰 하천도 그 근원은 술잔을 띄울 만큼 가늘게 흐르는 시냇물이라는 뜻에서, 사물의 처음이나 시작을 일컬음.

殤
일찍 죽을 상

부수 | 歹(부서진 뼈 알)　**급수** | 사범급
歹(부서진 뼈 알) + 상처 입을 상
자녀가 20살 되기 전 상처를 입어서 빨리 죽다.

殤服(상복) : 성년이 되기 전에 죽은 자녀의 상사에 입는 상복.

暢
화창할 창

부수 | 日(날 일)　**급수** | 2급
申(펼 신) + 昜(해 돋을 양)
햇볕이 펼쳐지니 화창하다.

和暢(화창) 流暢(유창) 暢達(창달)

湯
끓을 **탕**

부수 | 氵(물 수)　급수 | 2급

氵(물 수) + 昜(해 돋을 양)

물을 햇볕처럼 뜨거운 것으로 끓이다.

湯藥(탕약) 沐浴湯(목욕탕) 蔘鷄湯(삼계탕) 雙和湯(쌍화탕)

양 **양**

부수 | 羊(양 양)　급수 | 준5급

몸에 털이 많고 뿔이 있는 양을 그린 한자.

羊頭狗肉(양두구육) : 양의 대가리를 내어놓고 실은 개고기를 판다. 겉으로는 훌륭
하게 내세우나 속은 변변찮음.

洋
큰 바다 **양**

부수 | 氵(물 수)　급수 | 5급

氵(물 수) + 羊(양 양)

양 떼가 몰려다니는 것처럼 큰 파도가 일어나는 바닷물. → 바다를 건너오다, 서양.

洋服(양복) 洋酒(양주) 洋裝(양장) 太平洋(태평양) 海洋(해양)

養
기를 **양**

부수 | 食(먹을 식)　급수 | 준4급

羊(양 양) + 食(먹을 식)

양을 먹을 것을 주어 기르다.

養育(양육) 奉養(봉양) 敎養(교양) 修養(수양) 養親(양친) 營養(영양)

樣
모양 **양**

부수 | 木(나무 목)　급수 | 3급

木(나무 목) + 羕(내 이름 양)

물이 흐르는 것처럼 늘어져 있는 상수리나무 모양.

多樣(다양) 模樣(모양) 異樣船(이양선)

漾
물 출렁거릴 **양**

부수 | 氵(물 수)   **급수** | 사범급

氵(물 수) + 養(기를 양)

물이 양떼가 움직이듯 출렁거리는 모양.

漾漾(양양) : 물결이 출렁거리는 모양.

癢
가려울 **양**

부수 | 疒(병들어 기댈 녁)   **급수** | 사범급

疒(병들어 기댈 녁) + 羊(양 양)

가려움증이 있는 병.

隔靴搔癢(격화소양) : 신을 신고 발바닥을 긁는다는 뜻으로, 성이 차지 않음을 이르는 말.
*痒 가려울 양

佯
거짓 **양**

부수 | 人(사람 인)   **급수** | 1급

人(사람 인) + 羊(양 양)

사람이 순한 양 같은 얼굴을 하고 거짓말을 하다.

佯狂(양광) : 거짓으로 미친 체함.

恙
근심 **양**

부수 | 心(마음 심)   **급수** | 사범급

羊(양 양) + 心(마음 심)

순한 양 때문에 근심이 생기다.

微恙(미양) : 가벼운 병, 자기 병의 겸칭.

美
아름다울 **미**

부수 | 羊(양 양)   **급수** | 5급

羊(양 양) + 大(큰 대)

사람(大)이 머리에 양머리 모양 장식을 쓰면 아름답다고 여긴다.

美容(미용) 美醜(미추) 美術(미술) 八方美人(팔방미인)

詳 자세할 상

부수 | 言(말씀 언)　급수 | 2급

言(말씀 언) + 羊(양 양)

말을 순한 양처럼 조심스럽게 자세히 말하다.

詳細(상세) 仔詳(자상) 詳述(상술)

祥 상서로울 상

부수 | 示(보일 시)　급수 | 3급

示(보일 시) + 羊(양 양)

조상께 양을 바쳐 제사를 지내면서 상서로운 복을 빌다.

祥瑞(상서) 吉祥(길상) 不祥事(불상사)

庠 학교 상

부수 | 广(집 엄)　급수 | 1급

广(집 엄) + 羊(양 양)

큰 집에서 양떼처럼 모여 공부하는 학교.

庠序(상서) : 향교를 주나라에서는 상(庠), 은나라에서는 서(序)라고
부른 데서 학교의 딴 이름.

翔 날개 상

부수 | 羽(깃 우)　급수 | 1급

羊(양 양) + 羽(깃 우)

깃이 있는 새가 날개를 펴고 하늘로 날아가다. 羊(양)은 발음 역할.

飛翔(비상) : 공중을 날아다님.

鮮 고울 선

부수 | 魚(물고기 어)　급수 | 4급

魚(물고기 어) + 羊(양 양)

물고기와 양고기가 신선하여 고기 색이 곱다.

鮮明(선명) 生鮮(생선) 新鮮(신선)

蘚 이끼 선
부수 | ⺾(풀 초) 급수 | 사범급
⺾(풀 초) + 鮮(고울 선)
풀 중에서 색이 선명하게 보이는 이끼.

蘚苔(선태) : 이끼. *苔 이끼 태

癬 옴 선
부수 | 疒(병들어 기댈 녁) 급수 | 사범급
疒(병들어 기댈 녁) + 鮮(고울 선)
피부에 반점이 선명하게 드러나며 가려운 병.

癬瘡(선창) : 버짐 *瘡 부스럼 창   白癬(백선) : 쇠버짐.

善 착할 선
부수 | 口(입 구) 급수 | 준4급
羊(양 양) + 言(말씀 언)
순한 양처럼 하는 선할 말.

善惡(선악) 最善(최선) 僞善(위선) 善良(선량) 善行(선행) 善處(선처)

膳 반찬 선
부수 | 月(肉,육달 월) 급수 | 2급
月(肉,육달 월) + 善(착할 선)
좋은 고기 반찬.

膳物(선물) 膳賜(선사) : 정의 표시로 물건을 줌. * 饍 반찬 선과 같은 자

繕 기울 선
부수 | 糸(가는 실 멱) 급수 | 2급
糸(가는 실 멱) + 善(착할 선)
실로 옷을 잘 꿰매고 기우다.

修繕(수선) : 낡거나 허름한 것을 손보아 고침.

歚 사람 이름 선

부수 | 攵(칠 복)　급수 | 사범급

善(착할 선) + 攵(칠 복)

착한 일을 많이 하는 사람.

---

*人名字(인명자)에 쓰임.

鐥 복자 선

부수 | 金(쇠 금)　급수 | 사범급

金(쇠 금) + 善(착할 선)

쇠로 잘 만든 복자 그릇.

---

*복자 – 기름을 될 때 쓰는 쟁첩 모양의 그릇.
鐥器(선기) : 기름을 될 때 쓰는 귀때가 붙어있는 쇠 그릇.

襄 도울 양

부수 | 口(입 구)　급수 | 1급

衣(옷 의)자 위에 도구가 달린 모양으로, 도구가 일을 도와주다.

襄事(양사) : 일을 이룸, 장례를 마침.

讓 사양할 양

부수 | 言(말씀 언)　급수 | 3급

言(말씀 언) + 襄(도울 양)

정중한 말로 도와준다는 손길을 사양함.

讓步(양보) 謙讓(겸양) 辭讓(사양)

壤 흙 양

부수 | 土(흙 토)　급수 | 3급

土(흙 토) + 襄(도울 양)

거친 흙에 부드러운 흙을 더 하다.

土壤(토양) 天壤之差(천양지차) 平壤(평양)

孃
아가씨 **양**

부수 | 女(여자 녀)　급수 | 2급
女(여자 녀) + 襄(도울 양)
옆에서 도와주는 여자, 아가씨.

令孃(영양) : '남의 딸'의 존칭.

釀
술빚을 **양**

부수 | 酉(술 유)　급수 | 1급
酉(술 유) + 襄(도울 양)
술 항아리의 도움으로 좋은 술을 빚다.

釀造場(양조장) 釀成(양성)

攘
물리칠 **양**

부수 | 扌(손 수)　급수 | 1급
扌(손 수) + 襄(도울 양)
손으로 도움의 손길을 뿌리치듯 물리치다.

攘夷(양이) 攘斥(양척)

穰
풍족할 **양**

부수 | 禾(벼 화)　급수 | 사범급
禾(벼 화) + 襄(도울 양)
벼농사를 잘 되어 매우 풍족하게 됨.

穰歲(양세) : 곡식이 잘된 해.

禳
제사 이름 **양**

부수 | 示(보일 시)　급수 | 사범급
示(보일 시) + 襄(도울 양)
조상 신에게 복을 빌며 도움을 청함.

禳禱(양도) : 신에게 제사하여 재앙을 없애고 행복을 비는 일.

驤 머리들 양

부수 | 馬(말 마) 급수 | 사범급

馬(말 마) + 襄(도울 양)

말이 머리를 들고 달리면 빨리 달리는 데 도움이 된다.

驤螭(양리) : 교룡이 승천함. *螭 교룡 리

囊 주머니 낭

부수 | 口(입 구) 급수 | 1급

束(묶을 속) + 襄(도울 양)

물건을 묶어서 보관해 주고 도움을 줄 수 있는 주머니.

囊中之錐(낭중지추) : 주머니 속의 송곳이란 뜻으로, 재능이 뛰어난 사람은 숨어 있어도 남의 눈에 저절로 드러남. 背囊(배낭) 行囊(행낭)

㫃 깃발 언 나부낄 언

方(방향 방) + 人(인)

사람이 나아가야 할 방향을 깃발로 알려주다.

* 단독으로 쓰이지 않는다. 다른 한자와 결합하여 한자의 뜻과 독음에 영향을 준다.

族 겨레 족

부수 | 方(모 방) 급수 | 5급

㫃(깃발 언) + 矢(화살 시)

부족의 표시 깃발과 무기인 화살을 들고 겨레 친족을 지키다.

家族(가족) 族譜(족보) 民族(민족) 部族(부족) 遺族(유족) 貴族(귀족)

簇 조릿대 족

부수 | 竹(대나무 죽) 급수 | 사범급

竹(대나무 죽) + 族(겨레 족)

조릿대 대나무로 화살을 만들어 겨레를 지키다

簇生(족생) : 초목이 더부룩하게 무더기로 남.
簇簇(족족) : 많이 모인 모양.

鏃
살촉 족(촉)

부수 | 金(쇠 금)　급수 | 사범급
金(쇠 금) + 族(겨레 족)
쇠로 만든 화살촉.

石鏃(석족) : 돌로 만든 살촉.

嗾
부추길 주

부수 | 口(입 구)　급수 | 1급
口(입 구) + 族(겨레 족)
입으로(말로) 가족을 부추기다.

嗾囑(주촉) *囑 부탁할 촉　使嗾(사주) : 남을 부추겨서 나쁜 일을 시킴.

施
베풀 시

부수 | 方(모 방)　급수 | 3급
㫃(깃발 언) + 也(뱀 야)
깃발이 뱀처럼 꿈틀거리며 펄럭이다. → 움직이다 → 시행하다.

施行(시행) 實施(실시) 施設(시설) 施策(시책)

旅
나그네 려

부수 | 方(모 방)　급수 | 4급
㫃(깃발 언) + 从=從(좇을 종)
깃발아래 많이 모인 나그네, 군인.

旅券(여권) 旅行(여행) 旅程(여정) 旅團(여단):육군 부대 편성의 한 단위

旋
돌 선

부수 | 方(모 방)　급수 | 2급
㫃(깃발 언) + 疋(발 소)
깃발을 들고 제자리에서 돌다.

旋回(선회) 凱旋門(개선문) 螺旋形(나선형) *螺 소라 라

旗 깃발 기

부수 | 方(모 방)　급수 | 3급

㫃(깃발 언) + 其(그 기)

신호를 지시하는 그 깃발.

國旗(국기) 弔旗(조기) 反旗(반기) 軍旗(군기) 太極旗(태극기)

旌 기 정

부수 | 方(모 방)　급수 | 2급

㫃(깃발 언) + 生(날 생)

깃대 끝을 깃털로 새롭게 꾸민 깃발.

旌旗(정기) : 깃발의 총칭.
旌門(정문) : 충신·효자·열녀 등을 표창하고자 그 집 앞에 세우던 붉은 문.

於 어조서 어

부수 | 方(모 방)　급수 | 3급

㫃(깃발 언) + 二(두 이)

깃발이 같은 부족 두 개가 연합하듯이 말을 이어주는 어조사.

於此彼(어차피) 甚至於(심지어)

遊 놀 유

부수 | 辶(辵,쉬엄쉬엄 갈 착)　급수 | 3급

辶(辵,쉬엄쉬엄 갈 착) + 斿(깃발 유)

깃발을 들고 같은 부족들이 돌아다니다.

遊覽(유람) 遊牧民(유목민) 遊說(유세)

瘀 어혈 어

부수 | 疒(병들 녁)　급수 | 사범급

疒(병들 녁) + 於(어조사 어)

피가 뭉쳐있는 자국, 멍이나 어혈.

瘀血(어혈) : 타박상 등으로 혈액 순환이 잘 되지 않아 살 속에 멍이 들어 피가 맺혀 있는 것.

337

閼
막을 알

부수 | 門(문 문)　급수 | 1급

門(문 문) + 於(어조사 어)

문 앞을 막다.

閼塞(알색) : 막힘. 金閼智(김알지) : 경주김씨의 시조.

奄
문득 엄

부수 | 大(큰 대)　급수 | 1급

大(큰 대) + 电(번개 전)

문득 갑자기 큰 번개가 치다.

奄忽(엄홀) : 갑자기.

掩
가릴 엄

부수 | 扌(손 수)　급수 | 1급

扌(손 수) + 奄(문득 엄)

손으로 빨리 가리고, 덮다.

掩襲(엄습) 掩蔽(엄폐) 掩護(엄호)

俺
나 엄

부수 | 人(사람 인)　급수 | 1급

人(사람 인) + 奄(문득 엄)

문득 나타난 사람이 나다.

俺們(엄문) : 우리들.

淹
담글 엄

부수 | 氵(물 수)　급수 | 사범급

氵(물 수) + 奄(문득 엄)

물에 빨리 담그다.

淹留(엄류) : 오래 머무름. 淹沒(엄몰)

庵 암자 **암**

부수 | 广(집 엄)　급수 | 2급

广(집 엄) + 奄(문득 엄)

번개가 갑자기 쳐서 잠시 피하려 들어간 암자.

庵子(암자) : 큰 절에 딸린 작은 절, 승려가 임시로 거처하며 도를 닦는 작은 집.

菴 우거질 **암**

부수 | 艹(풀 초)　급수 | 1급

艹(풀 초) + 奄(문득 엄)

암자에 풀이 우거지다.

*庵(암자 암)과 같은 글자로 쓰임.

唵 머금을 **암**

부수 | 口(입 구)　급수 | 사범급

口(입 구) + 奄(문득 엄)

갑자기 입에 물을 많이 머금다.

*손으로 움켜 물을 먹음. 唵昧(암매) : 사실을 갈피 잡아 알아내기 힘듦.

予 나 **여**
줄 **여**

부수 | 亅(갈고리 궐)　급수 | 2급

베틀에서 사용하는 북의 모습을 본뜬 글자. 베틀 짤 때 북이 실을 좌우로 건네주어서 주다의 뜻도 생김.

予一人(여일인) = 予小子(여소자) : 나도 여느 사람과 다름없는 한 인간임. 임금이 자기 자신을 낮추어 이르는 말.

序 차례 **서**

부수 | 广(집 엄)　급수 | 준4급

广(집 엄) + 予(줄 여)

집에서 베틀북으로 베를 차례차례 짜다.

順序(순서) 秩序(질서) 序論(서론)

抒
펼 서

부수 | 扌(손 수)   급수 | 1급

扌(손 수) + 予(나 여)

손으로 베틀 북을 사용해서 실을 펼쳐 가듯이 나의 감정을 펴가다.

抒情詩(서정시) : 서사시·극시(劇詩)와 달리, 자기의 감정이나 정서를 주관적으로 나타낸 시.

舒
펼 서

부수 | 舌(혀 설)   급수 | 2급

舍(집 사) + 予(나 여)

집이 옆으로 펼쳐져 있다.

振舒(진서) : 위세나 명예를 떨쳐서 폄.

預
미리 예

부수 | 頁(머리 혈)   급수 | 2급

予(나 여) + 頁(머리 혈)

내가 머리로 예상하고 예측하다.

預金(예금) 預託(예탁) 預置(예치) *豫(미리 예)와 같은 글자.

野
들 야

부수 | 里(마을 리)   급수 | 5급

里(마을 리) + 予(나 여)

마을들에서 내가 살다.

平野(평야) 野望(야망) 野史(야사) 分野(분야) 野營(야영) 野遊(야유)

墅
농막 서

부수 | 土(흙 토)   급수 | 사범급

野(들 야) + 土(흙 토)

들에 만든 별장이나 농막.

別墅(별서) : 농장이나 들이 있는 근처에 한적하게 지은 집.

부수 | 木(나무 목)   **급수** | 사범급

木(나무 목) + 予(나 여)

나무로 만든 베틀 북.

杼梭(저사) : 베틀의 북과 바디. 베 짜는 일. *梭 북 사

부수 | 人(사람 인)   **급수** | 3급

화살촉을 그린 한자, 날카로운 농기구를 그린 한자, 집 모양을 그린 한자 등 여러 설이 있다.

余等(여등) : 우리들.

부수 | 食(밥 식)   **급수** | 준4급

食(밥 식) + 余(나 여)

내가 먹을 것이 남아있다.

餘暇(여가) 餘力(여력) 餘白(여백) 餘韻(여운) 餘裕(여유) 餘恨(여한)

부수 | 舟(배 주)   **급수** | 사범급

舟(배 주) + 余(나 여)

내가 타는 배.

艅艎(여황) : 아름답게 장식한 배. *艎 큰 배 황

부수 | 彳(조금 걸을 척)   **급수** | 2급

彳(조금 걸을 척) + 余(나 여)

내가 조금씩 천천히 걸어가다.

徐行(서행) 緩徐(완서)

敍
차례 서

부수 | 攴(칠 복)　급수 | 2급

余(나 여) + 攴(칠 복)

내 손에 가지를 들고 차례차례 수를 세다.

敍事詩(서사시) 敍述(서술) *叙 펼 서

斜
비낄 사

부수 | 斗(말 두)　급수 | 2급

余(나 여) + 斗(말 두)

그릇에 담긴 곡식을 비우려면 그릇을 비스듬히 기울여야 한다.

傾斜(경사) 斜陽(사양) 斜線(사선)

除
덜 제

부수 | 阝(阜, 언덕 부)　급수 | 4급

阝(阜, 언덕 부) + 余(나 여)

언덕에 만든 계단을 이용하면 힘이 덜 든다.

除去(제거) 免除(면제) 削除(삭제)

途
길 도

부수 | 辶(辵,쉬엄쉬엄 갈 착)　급수 | 2급

辶(辵,쉬엄쉬엄 갈 착) + 余(나 여)

내가 걸어가는 길.

途中(도중) 前途(전도) : 장래.

塗
바를 도

부수 | 土(흙 토)　급수 | 2급

涂(도랑 도) + 土(흙 토)

도랑에 있는 진흙으로 벽에 바르다.

塗褙(도배) 塗裝(도장) 道聽塗說(도청도설) : 근거 없는 뜬소문.

睪
엿볼 역

부수 | 目(눈 목) 급수 | 사범급

目(눈 목) + 辛(죄수의 수갑 모양)

눈으로 죄수를 엿보면서 감시하다.

---

* 단독으로 쓰이지 않는다. 다른 한자와 결합하여 한자의 뜻과 독음에 영향을 준다.

驛
역마 역

부수 | 馬(말 마) 급수 | 3급

馬(말 마) + 睪(엿볼 역)

말을 타고 가면서 말이 힘들어하는 것을 보고 말을 쉬게 하는 곳.

驛馬(역마) 驛前(역전) 驛長(역장) 驛站(역참) *站 역마을 참

譯
번역할 역

부수 | 言(말씀 언) 급수 | 2급

言(말씀 언) + 睪(엿볼 역)

말을 잘 보고 해석하고 번역하다.

飜譯(번역) 譯官(역관) 通譯(통역)

釋
풀 석

부수 | 釆(분별할 변) 급수 | 2급

釆(분별할 변) + 睪(엿볼 역)

짐승 발자국을 보고 무슨 짐승인지 분별하듯이 잘 살펴서 풀어주다.

釋放(석방) 解釋(해석) 註釋(주석)

鐸
방울 탁

부수 | 金(쇠 금) 급수 | 2급

金(쇠 금) + 睪(엿볼 역)

쇠 중에서 좋은 쇠를 잘 골라 만든 방울.

木鐸(목탁)

擇
가릴 **택**

부수 | 扌(손 수)   급수 | 3급

扌(손 수) + 睪(엿볼 역)

손으로 엿보고 살피다가 선택하다.

擇日(택일) 選擇(선택) 採擇(채택)

澤
못 **택**

부수 | 氵(물 수)   급수 | 3급

氵(물 수) + 睪(엿볼 역)

물을 잘 다스려서 연못으로 만들다.

潤澤(윤택) 惠澤(혜택) 光澤(광택)

㕣
산속 늪 **연**

谷(골짜기 곡)자와 비슷한 글자이며, 물이 흐르는 산속 늪을 뜻함.

* 단독으로 쓰이지 않는다. 다른 한자와 결합하여 한자의 뜻과 독음에 영향을 준다.

鉛
납 **연**

부수 | 金(쇠 금)   급수 | 3급

金(쇠 금) + 㕣(늪 연)

쇠를 녹인 것 같은 납.

亞鉛(아연) 黑鉛(흑연) 鉛筆(연필)

沿
물가 **연**

부수 | 氵(물 수)   급수 | 3급

氵(물 수) + 㕣(늪 연)

물이 있는 늪지대.

沿岸(연안) 沿邊(연변)

船 배 선

부수 | 舟(배 주) 급수 | 준4급

舟(배 주) + 㕣(늪 연)

배가 물이 깊은 늪지대에 있다.

船長(선장) 魚船(어선) 造船(조선) 船員(선원) 船舶(선박)

炎 불꽃 염

부수 | 火(불 화) 급수 | 3급

火(불 화) + 火(불 화)

불이 활활 타면서 일어나는 불꽃.

暴炎(폭염) 炎症(염증) 肝炎(간염) *焱 불꽃 염, 혁

談 말씀 담

부수 | 言(말씀 언) 급수 | 준4급

言(말씀 언) + 炎(불꽃 염)

모닥불 피우며 서로 말을 주고받으며 이야기를 나누다.

談笑(담소) 面談(면담) 情談(정담) 美談(미담) 雜談(잡담) 怪談(괴담)

淡 맑을 담

부수 | 氵(물 수) 급수 | 3급

氵(물 수) + 炎(불꽃 염)

물이 환하게 강바닥이 보일 정도로 맑다.

淡泊(담박) 濃淡(농담) 雅淡(아담)

痰 가래 담

부수 | 疒(병들 녁) 급수 | 1급

疒(병들 녁) + 炎(불꽃 염)

목구멍에 염증과 가래가 생기다.

喀痰(객담) 祛痰劑(거담제) *祛 떨어없앨 거

먹을 담

부수 | 口(입 구) 급수 | 사범급

口(입 구) + 炎(불꽃 염)

입으로 깨끗하고 담백한 음식을 먹다.

啖食(담식) : 게걸스럽게 먹음.
茶啖(다담) : 불가에서 손님대접을 위해 내놓은 다과 따위

창 담(염)

부수 | 金(쇠 금) 급수 | 사범급

金(쇠 금) + 炎(불꽃 염)

날카롭게 생긴 긴 창.

鎞戈(염과) : 예리한 창.

담요 담

부수 | 毛(털 모) 급수 | 2급

毛(털 모) + 炎(불꽃 염)

짐승털로 만들어서 불처럼 따뜻하게 해주는 담요.

毯子(담자) : 담요.

나라 이름 담

부수 | 阝(邑, 고을 읍) 급수 | 사범급

炎(불꽃 염) + 阝(邑, 고을 읍)

불꽃처럼 성대한 마을.

郯縣(담현) : 중국의 고을 이름. *주대(周代)의 제후국 명.

나뭇잎 엽

卋(입사귀 모양) + 木(나무 목)

나무 위에 나뭇잎이 달려 있는 모양.

* 단독으로 쓰이지 않는다. 다른 한자와 결합하여 한자의 뜻과 독음에 영향을 준다.

葉 잎 엽

부수 | ⺾(풀 초) **급수** | 준4급

⺾(풀 초) + 枼(나뭇잎 엽)

식물의 잎사귀를 강조하기 위해 풀 초를 추가해서 명확히 함.

葉書(엽서) 落葉(낙엽) 葉錢(엽전) 金枝玉葉(금지옥엽)

蝶 나비 접

부수 | 虫(벌레 훼 충) **급수** | 2급

虫(벌레 훼 충) + 枼(나뭇잎 엽)

나뭇잎, 꽃에 앉은 나비.

蝶泳(접영) 蝴蝶之夢(호접지몽) : 인생의 덧없을 이르는 말.

諜 염탐할 첩

부수 | 言(말씀 언) **급수** | 2급

言(말씀 언) + 枼(나뭇잎 엽)

나무 뒤에서 염탐한 내용을 말로 전하다.

諜報(첩보) 間諜(간첩) 諜者(첩자)

牒 편지 첩

부수 | 片(조각 편) **급수** | 1급

片(조각 편) + 枼(나뭇잎 엽)

나뭇조각을 나뭇잎처럼 얇게 만들어서 편지를 쓰다.

通牒(통첩) 請牒狀(청첩장)

堞 성가퀴 첩

부수 | 土(흙 토) **급수** | 사범급

土(흙 토) + 枼(나뭇잎 엽)

성벽 위에 나뭇잎처럼 얇게, 나지막하게 쌓은 담

樓堞(누첩) : 누각과 성가퀴 城堞(성첩) : 성위에 낮게 쌓인 담.

執
심을 예

초(언덕 류) + 丸(알 환)
언덕에 땅을 동그랗게 파서 나무를 심다.

* 단독으로 쓰이지 않는다. 다른 한자와 결합하여 한자의 뜻과 독음에 영향을 준다.

藝
재주 예

부수 | 艹(풀 초)   급수 | 4급

艹(풀 초) + 執(심을 예) + 云(말할 운)
식물을 심고, 잘 키우는 방법을 말해주며 원예 기술을 가르치는 재주.

藝術(예술) 藝能(예능) 演藝(연예) 武藝(무예) 工藝(공예) 書藝(서예)

勢
형세 세

부수 | 力(힘 력)   급수 | 4급

執(심을 예) + 力(힘 력)
잘 심어진 식물이 힘차게 자라듯이, 사람의 힘이 뻗어 나가며 가지게 되는 권세, 그런 모양 형세.

形勢(형세) 權勢(권세) 大勢(대세) 虛勢(허세) 趨勢(추세) 時勢(시세)

熱
더울 열

부수 | 灬(불 화)   급수 | 준4급

執(심을 예) + 灬(불 화)
불을 심다, 즉 아궁이에 불을 지피니 뜨겁고 더워진다.

熱心(열심) 熱氣(열기) 熱烈(열렬)

褻
더러울 설

부수 | 衤(옷 의)   급수 | 1급

執(심을 예) + 衣(옷 의)
오랫동안 입어서(執) 더러워진 옷.

猥褻(외설) : 사람의 성욕을 함부로 자극해서 난잡함. *猥 함부로 외

五
다섯 오

부수 | 二(두 이)   급수 | 8급

一(하늘) + X(음양이 교차) + 一(땅)

하늘과 땅 사이에는 오행의 조화로 이루어져 있다.

五行(오행) 五倫(오륜) 五感(오감) 五福(오복) : 수(壽)·부(富)·강녕(康寧)·
유호덕(攸好德)·고종명(考終命)

伍
대오 오

부수 | 人(사람 인)   급수 | 2급

人(사람 인) + 五(다섯 오)

사람을 다섯 명씩 줄지어 가다.

隊伍(대오) : 군대 행렬의 줄. 落伍者(낙오자)

吾
나 오

부수 | 口(입 구)   급수 | 3급

五(다섯 오) + 口(사람 구)

여러 번 나 자신을 부르고 지칭하다.

吾等(오등) : 우리들.

悟
깨달을 오

부수 | 忄(마음 심)   급수 | 3급

忄(마음 심) + 吾(나 오)

내가 마음으로 깨닫다.

覺悟(각오) 頓悟(돈오) : 대승의 깊고 묘한 교리를 듣고 단번에 깨닫는 일.
*頓 조아릴 돈

梧
오동나무 오

부수 | 木(나무 목)   급수 | 2급

木(나무 목) + 吾(나 오)

내가 쓰임이 많은 오동나무를 직접 기르다.

梧桐(오동) 碧梧桐(벽오동)

寤
깰 오

부수 | 宀(집 면)　급수 | 1급

宀(집 면) + 爿(조각 장) + 吾(나 오)
집에 있는 나무침대에서 자다가 내가 잠에서 깨다.

寤寐不忘(오매불망) : 자나 깨나 연인을 잊지 못하고 그리워함.

晤
밝을 오

부수 | 日(날 일)　급수 | 1급

日(날 일) + 吾(나 오)
해가 밝은 날 만나다.

晤談(오담) : 서로 만나 이야기함.

語
말씀 어

부수 | 言(말씀 언)　급수 | 준5급

言(말씀 언) + 吾(나 오)
내가 하는 말, 자기 생각을 말하는 말.

言語(언어) 國語(국어) 語感(어감) 語學(어학) 英語(영어) 語源(어원)

圄
감옥 어

부수 | 囗(에워쌀 위)　급수 | 1급

囗(에워쌀 위) + 吾(나 오)
나를 에워싸고 있는 감옥.

囹圄(영어) : 죄수를 가두는 곳. 감옥. *囹 옥 령

齬
어긋날 어

부수 | 齒(이 치)　급수 | 사범급

齒(이 치) + 吾(나 오)
나의 치아가 어긋나다.

齟齬(저어) : 아랫니와 윗니가 서로 어긋남. *齟 어긋날 저

衙
마을 **아**

부수 | 行(다닐 행) **급수** | 1급

行(다닐 행) + 吾(나 오)
내가 걸어다니는 마을.

官衙(관아) : 벼슬아치들이 모여 나랏일을 보던 곳.

吳
소리칠 **오**

부수 | 口(입 구) **급수** | 2급

口(입 구) + 大(큰 대)
입을 벌리고 머리를 뒤로 젖히며 큰소리를 내다.

吳越同舟(오월동주) : 사이가 나쁜 사람끼리 같은 장소나 처지에 함께 놓임.
또는 서로 반목하면서도 공통의 곤란이나 이해에 대해서는 협력함의 비유.

誤
그릇될 **오**

부수 | 言(말씀 언) **급수** | 4급

言(말씀 언) + 吳(소리칠 오)
큰소리치며 그릇된 말을 하다.

誤答(오답) 誤解(오해) 誤謬(오류) 誤差(오차) 過誤(과오) 錯誤(착오)

娛
즐거워할 **오**

부수 | 女(여자 녀) **급수** | 2급

女(여자 녀) + 吳(소리칠 오)
여자들이 소리지르며 즐거워하다.

娛樂(오락) 歡娛(환오)

蜈
지네 **오**

부수 | 虫(벌레 훼, 충) **급수** | 사범급

虫(벌레 훼, 충) + 吳(소리칠 오)
지네를 보고 소리를 치다.

蜈蚣(오공) : 지네. *蚣 지네 공

箼
버들고리 오

부수 | 竹(대나무 죽) 급수 | 사범급

竹(대나무 죽) + 吳(소리칠 오)

버들가지로 만든 버들고리(바구니)

箼匪(오갑) : 옷이나 책을 넣어 두기도 하였고, 혼사나 제사 등의 큰일을 치를 때
떡이나 엿을 담는 그릇으로 활용.

虞
근심할 우

부수 | 虍(범 호) 급수 | 1급

虍(범 호) + 吳(소리칠 오)

무서운 호랑이를 보고 놀라고 걱정하다.

虞犯(우범) : 성격이나 환경의 영향을 받아 범죄를 저지를 우려가 있음.

昷

어질 온

부수 | 皿(그릇 명) 급수 | 사범급

囚(가둘 수) + 皿(그릇 명)

죄수들에게도 음식을 그릇에 담아 가져다주는 따뜻하고 어진 마음.

* 단독으로 쓰이지 않는다. 다른 한자와 결합하여 한자의 뜻과 독음에 영향을 준다.

溫
따뜻할 온

부수 | 氵(물 수) 급수 | 준4급

氵(물 수) + 昷(어질 온)

따뜻한 물을 나누어 주는 어진 마음.

溫情(온정) 溫水(온수) 溫和(온화) 平溫(평온) 溫故知新(온고지신)

媼
할미 온

부수 | 女(여자 녀) 급수 | 1급

女(여자 녀) + 昷(어질 온)

따뜻한 마음을 가진 여자, 할머니.

媼嫗(온구) : 늙은 여자. *嫗 할미 구

慍 성낼 온

부수 | 忄(마음 심)　**급수** | 사범급

忄(마음 심) + 昷(어질 온)
어질지 못하고 성을 내는 마음.

慍色(온색) : 성내고 원망하는 낯빛.

縕 헌솜 온

부수 | 糸(가는 실 멱)　**급수** | 사범급

糸(가는 실 멱) + 昷(어질 온)
헌솜이지만 따뜻하다.

縕袍不恥(온포불치) : 가난한 사람들이 입는 거친 옷을 입고도 부끄러워하지 않음. '뜻이 높아 자질구레한 일에는 구애되지 않음'을 이름.

瘟 염병 온

부수 | 疒(병들 녁)　**급수** | 사범급

疒(병들 녁) + 昷(어질 온)
따뜻한 봄철에 걸리는 전염병.

瘟疫(온역) : 봄철의 돌림병.

蘊 쌓을 온

부수 | 艹(풀 초)　**급수** | 1급

艹(풀 초) + 縕(헌솜 온)
헌솜이 풀 더미처럼 쌓여 있다.

蘊蓄(온축) : 지식이나 학문을 깊이 쌓음, 속에 깊이 쌓아 둠.

瑥 사람 이름 온

부수 | 玉(구슬 옥)　**급수** | 1급

玉(구슬 옥) + 昷(어질 온)
구슬 보석처럼 귀하고 어진 사람.

*溫達(온달) : 고구려 25대 평원왕(平原王) 때의 장수.

醞
술빚을 온

부수 | 酉(술 유) **급수** | 사범급

酉(술 유) + 昷(어질 온)

술을 따뜻하게 온도 조절을 해서 발효시키다, 술을 빚다.

醞釀(온양) ① 술을 담금. ② 남을 모함하기 위해 없는 죄를 꾸밈. ③ 마음속에 어떤 생각을 은근히 품음. *釀 빚을 양

咼
입 삐뚤어질
와(괘)

口(입 구) + 살을 발라내고 난 앙상한 뼈 모양

뼈에 붙은 살코기를 입으로 발라먹는 입이 삐뚤어지다.

---

*단독으로 쓰이지 않는다. 다른 한자와 결합하여 한자의 뜻과 독음에 영향을 준다.
*喎 입 삐뚤어질 와

渦
소용돌이 와

부수 | 氵(물 수) **급수** | 1급

氵(물 수) + 咼(입 삐뚤어질 와)

물이 입 모양이 삐뚤어지듯이 소용돌이치다.

渦中(와중) : 물이 소용돌이치며 흐르는 가운데, 일 따위가 시끄럽고 어지럽게 벌어진 가운데.

蝸
달팽이 와

부수 | 虫(벌레 훼, 충) **급수** | 사범급

虫(벌레 훼, 충) + 咼(입 삐뚤어질 와)

연체동물인 달팽이 껍질이 삐뚤거리게 생겼다.

蝸角之爭(와각지쟁) : 달팽이의 더듬이 위에서 싸운다는 뜻으로, 하찮은 일로 다투거나 작은 나라끼리의 싸움.

窩
움집 와

부수 | 穴(구멍 혈) **급수** | 사범급

穴(구멍 혈) + 咼(입 삐뚤어질 와)

구멍을 대강 삐뚤거리게 파서 사는 집.

窩窟(와굴) 蜂窩(봉와) = 蜂房(봉방) : 벌집.

過 지날 과

부수 | 辶(辵,쉬엄쉬엄 갈 착)　급수 | 준4급

辶(辵,쉬엄쉬엄 갈 착) + 咼(입 삐뚤어질 와)

삐뚤어진 잘못된 일을 한 것이 지나가다. → 허물, 잘못이다.

過去(과거) 過失(과실) 經過(경과) 過勞(과로) 過猶不及(과유불급)

鍋 노구솥 과

부수 | 金(쇠 금)　급수 | 사범급

金(쇠 금) + 咼(입 삐뚤어질 와)

쇠를 녹이고 굽혀서 만든 노구솥.

*노구솥 – 놋쇠나 구리로 만든 작은 솥. 內耳土鍋(내이토과) : 토기의 하나

禍 재앙 화

부수 | 示(보일 시)　급수 | 2급

示(보일 시) + 咼(입 삐뚤어질 와)

삐뚤어진 행동으로 재앙을 받다.

禍根(화근) 災禍(재화) 禍福(화복) 轉禍爲福(전화위복)

王 임금 왕

부수 | 玉(구슬 옥)　급수 | 8급

一(하늘) + 一(땅) + 一(사람) + ㅣ(연결)

하늘, 땅, 사람을 연결하는 임금.

國王(국왕) 王位(왕위) 王朝(왕조)

往 갈 왕

부수 | 彳(조금 걸을 척)　급수 | 4급

彳(조금 걸을 척) + 屮(싹 날 철) + 王(임금 왕)

조금씩 걸어가듯 싹이 임금처럼 왕성하게 자라나다, 뻗어 가다.

往復(왕복) 往來(왕래) 往年(왕년) 旣往(기왕) 往診(왕진)

汪
넓을 **왕**

부수 | 氵(물 수)　급수 | 2급

氵(물 수) + 王(임금 왕)

물이 넓게 펼쳐져 있다.

汪茫(왕망) : 물이 넓고 큰 모양.

旺
성할 **왕**

부수 | 日(날 일)　급수 | 2급

日(날 일) + 王(임금 왕)

햇볕처럼 왕이 성하다, 왕성하다.

旺盛(왕성)

枉
굽을 **왕**

부수 | 木(나무 목)　급수 | 1급

木(나무 목) + 王(임금 왕)

나무가 굽어 자란다.

枉臨(왕림) : 남이 자기가 있는 곳으로 옴의 겸칭.

狂
미칠 **광**

부수 | 犭(개 견)　급수 | 2급

犭(개 견) + 王(임금 왕)

임금이 제정신을 잃고 개처럼 미쳐 날뛴다.

狂氣(광기) 狂亂(광란) 發狂(발광)

誑
속일 **광**

부수 | 言(말씀 언)　급수 | 사범급

言(말씀 언) + 狂(미칠 광)

말을 미친 듯이 잘해서 남을 속이다.

誑惑(광혹) 誑誘(광유)

匡
바로잡을 광

부수 | 匚(상자 방)　급수 | 1급

匚(상자 방) + 王(임금 왕)

임금이 상자를 반듯하게 바로잡아 놓다.

匡正(광정) : 바로잡아 고침.

筐
광주리 광

부수 | 竹(대나무 죽)　급수 | 사범급

竹(대나무 죽) + 匡(바로잡을 광)

대나무를 바르게 잘 활용해서 광주리를 만들다.

筐篋(광협) : 직사각형 책상자. *篋 상자 협

皇
임금 황

부수 | 白(흰 백)　급수 | 3급

白(흰 백) + 王(임금 왕)

흰빛을 내는 태양 같은 존재 임금.

皇帝(황제) 皇室(황실) 皇恩(황은)

凰
봉황새 황

부수 | 几(안석 궤)　급수 | 2급

几(무릇 범) + 皇(임금 황)

평범하지 않은 새, 임금 같은 새 봉황새.

鳳凰(봉황) : 상서롭게 여기던 상상의 새. *鳳(봉)- 수컷, 凰(황)- 암컷.

遑
허둥거릴 황

부수 | 辶(辵,쉬엄쉬엄 갈 착)　급수 | 1급

辶(辵,쉬엄쉬엄 갈 착) + 皇(임금 황)

임금이 허둥거리며 도망치다.

遑急(황급) 遑忙(황망)

篁
대숲 황

부수 | 竹(대나무 죽)　급수 | 사범급

竹(대나무 죽) + 皇(임금 황)

대나무 숲을 거니는 임금.

篁竹(황죽)

惶
두려워할 황

부수 | 忄(마음 심)　급수 | 1급

忄(마음 심) + 皇(임금 황)

임금의 두려워하는 마음.

唐惶(당황) = 唐慌(당황) : 놀라거나 다급하여 어찌할 바를 모름.

徨
노닐 황

부수 | 彳(조금 걸을 척)　급수 | 1급

彳(조금 걸을 척) + 皇(임금 황)

임금이 작은 걸음걸이로 거리를 거닐다.

彷徨(방황) : 일정한 목적이나 방향이 없이 헤맴.

蝗
누리 황

부수 | 虫(벌레 훼, 충)　급수 | 사범급

虫(벌레 훼, 충) + 皇(임금 황)

메뚜깃과의 곤충, 누리.

蝗蟲(황충)

煌
빛날 황

부수 | 火(불 화)　급수 | 1급

火(불 화) + 皇(임금 황)

불빛처럼 임금의 업적이 빛나다.

輝煌燦爛(휘황찬란)

隍
해자 **황**

부수 | 阜(阝,언덕 부)　급수 | 1급

阜(阝,언덕 부) + 皇(임금 황)

임금을 보호하기 위해 언덕에 흙을 파서 해자를 만들다.

隍塹(황참) : 성 둘레에 판, 물이 없는 도랑.

䍃
술병 **요**

月(肉,육달 월) + 缶(술통 부)

고기 안주와 같이 먹는 술(술통).

* 단독으로 쓰이지 않는다. 다른 한자와 결합하여 한자의 뜻과 독음에 영향을 준다.

謠
노래 **요**

부수 | 言(말씀 언)　급수 | 3급

言(말씀 언) + 䍃(술병 요)

술과 고기를 먹으면서 즐겁게 노래를 부른다.

歌謠(가요) 童謠(동요) 民謠(민요)

遙
멀 **요**

부수 | 辶(辵,쉬엄쉬엄 갈 착)　급수 | 2급

辶(辵, 쉬엄쉬엄 갈 착) + 䍃(술병 요)

술통을 들고 멀리 여행을 가다.

遙遠(요원) 逍遙(소요) : 슬슬 거닐며 돌아다님.

搖
흔들 **요**

부수 | 扌(손 수)　급수 | 2급

扌(손 수) + 䍃(술병 요)

술병을 손에 들고 흔들어 보다.

搖動(요동) 搖籃(요람) 搖亂(요란)

瑤
아름다운 옥 **요**

부수 | 玉(구슬 옥)　급수 | 1급

玉(구슬 옥) + 䍃(술병 요)
아름다운 옥으로 만들 술병.

瑤池鏡(요지경) : 확대경을 장치하고 그 속의 여러 가지 재미있는 그림을 돌리면서 구경하는 장난감, 알쏭달쏭하고 복잡하여 이해할 수 없음을 비유하는 말.

徭
구실 **요**

부수 | 彳(조금 걸을 척)　급수 | 사범급

彳(조금 걸을 척) + 䍃(술병 요)
먹을 것을 술병에 담아서 노동, 부역을 하러 가다.

徭役(요역) : 나라에서 정남(丁男)에게 구실 대신으로 시키던 노동. *繇 요역 요

堯
높을 **요**
요임금 **요**

부수 | 土(흙 토)　급수 | 2급

흙무더기 + 兀(우뚝할 올)
높고 위가 평평한 곳에 흙을 높이 쌓아 올리다. 업적이 높은 요임금.

堯舜(요순)

饒
넉넉할 **요**

부수 | 食(밥 식)　급수 | 1급

食(밥 식) + 堯(높을 요)
밥과 먹을 것을 넉넉히 쌓아놓고 먹다.

豊饒(풍요)

僥
바랄 **요**

부수 | 人(사람 인)　급수 | 1급

人(사람 인) + 堯(높을 요)
사람이 노력을 하지 않고 높아지기를 바라는 것은 요행이다.

僥倖(요행) : 행복을 바람, 뜻밖에 얻는 행복. 또는 뜻밖으로 운수가 좋음.

橈
굽을 요

부수 | 木(나무 목)　급수 | 사범급

木(나무 목) + 堯(높을 요)
나무가 높이 자라는데 굽어 자람.

橈折(요절) : 굽히어 꺾음.

繞
두를 요

부수 | 糸(가는 실 멱, 사)　급수 | 사범급

糸(가는 실 멱, 사) + 堯(높을 요)
옷감을 높이 두루다.

圍繞(위요) : 어떤 지역이나 현상을 둘러쌈.

嶢
높을 요

부수 | 山(뫼 산)　급수 | 사범급

山(뫼 산) + 堯(높을 요)
산이 매우 높다.

嶢崎(요기) : 산이 구불구불 구부러진 모양.

蟯
요충 요

부수 | 虫(벌레 충, 훼)　급수 | 사범급

虫(벌레 충, 훼) + 堯(높을 요)
요충 벌레가 많다.

蟯蟲(요충) : 좀 거위, 기생충의 하나.

撓
어지러울 요

부수 | 扌(손 수)　급수 | 1급

扌(손 수) + 堯(높을 요)
손으로 일을 많이 어지럽히다.

撓亂(요란) : 시끄럽고 어지러움.
不撓不屈(불요불굴) : 휘지 않고 굽히지 않음. 어떤 어려움도 꿋꿋이 견딤.

曉
새벽 효

부수 | 日(날 일)　급수 | 2급

日(날 일) + 堯(높을 요)

해가 높이 떠오르기 시작하는 새벽.

曉星(효성)

驍
날랠 효

부수 | 馬(말 마)　급수 | 1급

馬(말 마) + 堯(높을 요)

날쌔게 높이 멀리 잘 달리는 말.

驍勇(효용) : 날쌔고 용맹스러움.

燒
불사를 소

부수 | 火(불 화)　급수 | 2급

火(불 화) + 堯(높을 요)

땔감을 높이 쌓아놓고 불사르다.

燒却(소각) 燒失(소실) 燒盡(소진)

翹
꼬리깃털 교
뛰어날 교

부수 | 羽(깃 우)　급수 | 사범급

堯(높을 요) + 羽(깃 우)

높이 펼쳐 보이는 깃털과 꼬리깃털.

翹秀(교수) : 재능이 뛰어남.

夭
일찍 죽을 요

부수 | 大(큰 대)　급수 | 2급

고개가 갸우뚱하게 꺾여 일찍 죽다.

夭折(요절) 夭死(요사)

妖
요망할 요

부수 | 女(여자 너)　급수 | 2급

女(여자 너) + 夭(일찍 죽을 요)

교태를 부리는 요망한 여자는 일찍 죽는다.

妖妄(요망) 妖邪(요사) 妖物(요물)

笑
웃음 소

부수 | 竹(대나무 죽)　급수 | 4급

竹(대나무 죽) + 夭(일찍 죽을 요)

바람에 흔들리는 대나무 소리처럼 어린 여자아이들(夭)이 크게 웃다.

微笑(미소) 拍掌大笑(박장대소) 嘲笑(조소) *嘲 비웃을 조

沃
기름질 옥

부수 | 氵(물 수)　급수 | 2급

氵(물 수) + 夭(일찍 죽을 요)

땅에 물과 영양분이 많은 기름진 땅이어서 농산물이 일찍 죽지 않고 잘 자라게 된다.

沃土(옥토) 肥沃(비옥)

饒
물릴 어

부수 | 食(먹을 식)　급수 | 사범급

食(먹을 식) + 夭(일찍 죽을 요)

먹을 것을 빨리 많이 실컷 먹어서 물림.

饒賜(어사) : 실컷 먹도록 술과 음식을 충분하게 내림.
饒聞(어문) : 물리도록 실컷 들음.

容
얼굴 용
담을 용

부수 | 宀(집 면)　급수 | 4급

宀(집 면) + 公(공평할 공) → 谷(골 곡)

집에 많은 것을 담아 놓을 수 있듯이, 이해해주고 용서해주는 너그러운 얼굴.

容恕(용서) 容納(용납) 容量(용량) 寬容(관용) 美容(미용) 許容(허용)

鎔
쇠 녹일 용

부수 | 金(쇠 금)　급수 | 2급

金(쇠 금) + 容(담을 용)

쇳덩이가 녹는다.

鎔接(용접) 鎔鑛爐(용광로) 鎔巖(용암)

溶
녹을 용

부수 | 氵(물 수)　급수 | 2급

氵(물 수) + 容(담을 용)

물이 질펀히 흐르다. 물에 녹다.

溶液(용액) 溶質(용질) 溶媒(용매)

瑢
패옥 소리 용

부수 | 玉(구슬 옥)　급수 | 2급

玉(구슬 옥) + 容(얼굴 용)

몸과 옷에 장식용으로 차고 다니는 옥.

瑢聲(용성) : 맑은 패옥소리.

蓉
연꽃 용

부수 | 艹(풀 초)　급수 | 1급

艹(풀 초) + 容(얼굴 용)

풀 중에서 예쁜 얼굴처럼 예쁜 연꽃.

芙蓉(부용) : 연꽃, 미인을 비유. *芙 연꽃 부

榕
뱅골보리수 용

부수 | 木(나무 목)　급수 | 1급

木(나무 목) + 容(얼굴 용)

뱅골보리수나무.

榕樹(용수) : 뽕나뭇과의 열대산 상록 교목.

庸
떳떳할 용

부수 | 广(집 엄) 급수 | 2급

庚(손에 물건을 든 모습) + 用(쓸 용)

손에 물건을 집어 들고 떳떳이 사용하다.

中庸(중용) 登庸(등용)

傭
품팔이 용

부수 | 亻(사람 인) 급수 | 2급

人(사람 인) + 庸(떳떳할 용)

사람이 자기의 능력을 떳떳이 팜.

傭兵(용병) 雇傭(고용) : 삯을 받고 남의 일을 해 줌.

鏞
쇠북 용

부수 | 金(쇠 금) 급수 | 1급

金(쇠 금) + 庸(떳떳할 용)

쇠로 된 북을 사용하다.

鏞鼓(용고) : 종과 북

慵
게으를 용

부수 | 忄(마음 심) 급수 | 사범급

忄(마음 심) + 庸(떳떳할 용)

마음을 떳떳하게 쓰지 못하는 게으른 마음.

慵惰(용타) : 게으름. *惰 게으를 타

墉
담 용

부수 | 土(흙 토) 급수 | 1급

土(흙 토) + 庸(떳떳할 용)

흙으로 담을 만들어 나의 구역을 떳떳하게 지키다.

*큰 종처럼 도시의 주변에 원기둥 모양으로 둘린 성벽을 뜻함.
墉基(용기) : 城(성)의 기초.

甬
길 **용**
섬 **용**

부수 | 用(쓸 용)   급수 | 사범급

꼭지가 달린 종 모양을 그린 한자.
하지만 사람들이 지나다니는 길의 의미로 바뀌게 됨.

---

*1섬 (10말) = 1용(甬) 甬道(용도) : 양쪽에 담을 쌓은 길.

埇
길 돋을 **용**

부수 | 土(흙 토)   급수 | 1급

土(흙 토) + 甬(길 용)
길 위에 흙을 부어 편평하게 돋아 놓다.

埇土(용토) : 길을 돋우기 위한 흙.

勇
날쌜 **용**

부수 | 力(힘 력)   급수 | 5급

甬(길 용) + 力(힘 력)
무거운 종을 힘껏 들어 올리는 힘, 날�쌘 힘.

勇氣(용기) 勇敢(용감) 勇猛(용맹)

踊
뛸 **용**

부수 | 足(발 족)   급수 | 2급

足(발 족) + 甬(길 용)
발로 길을 뛰어가다.

舞踊(무용) 踊躍(용약) : 좋아서 뜀.

俑
허수아비 **용**

부수 | 人(사람 인)   급수 | 사범급

人(사람 인) + 甬(길 용)
사람 모양 허수아비를 길에 세워두다, 죽은 사람과 같이 무덤에 같이 묻어주는 인형.

作俑(작용) : 인형을 만듦. 옳지 못한 전례(前例)를 만듦.

湧
샘솟을 용

부수 | 氵(물 수) 급수 | 1급

氵(물 수) + 勇(날랠 용)

길 위로 물이 샘솟다.

湧泉(용천): 물이 힘차게 솟는 샘. 연이어 좋은 생각이 떠오름을 비유. *涌 샘솟을 용

慂
권할 용

부수 | 忄(마음 심) 급수 | 사범급

涌(샘솟을 용) + 心(마음 심)

샘솟는 물처럼 하고 싶은 마음이 생기도록 권한다.

慫慂(종용): 잘 설명하고 달래어 권함. *慫 권할 종

通
통할 통

부수 | 辶(辵,쉬엄쉬엄 갈 착) 급수 | 5급

辶(辵, 쉬엄쉬엄 갈 착) + 甬(길 용)

길을 통해서 목적지로 가다.

通過(통과) 交通(교통) 貫通(관통) 通信(통신) 通報(통보) 通知(통지)

痛
아플 통

부수 | 疒(병들 녁) 급수 | 3급

疒(병들 녁) + 甬(길 용)

병든 부분이 길이 돋아나 오르듯이 부어오르며 아프다.

痛症(통증) 苦痛(고통) 頭痛(두통) 哀痛(애통) 痛快(통쾌) 痛哭(통곡)

桶
통 통

부수 | 木(나무 목) 급수 | 1급

木(나무 목) + 甬(길 용)

나무로 만든 통.

鐵桶(철통) 筆桶(필통) = 筆筒(필통)

誦
월 송

부수 | 言(말씀 언)　급수 | 2급

言(말씀 언) + 甬(길 용)

말을 책을 보지 않고 길가에서 외우다.

暗誦(암송) 愛誦(애송) 朗誦(낭송)

원숭이 우

꼬리가 긴 원숭이의 모습을 본떠 만든 글자.

---

* 단독으로 쓰이지 않는다. 다른 한자와 결합하여 한자의 뜻과 독음에 영향을 준다.

遇
만날 우

부수 | 辶(辵,쉬엄쉬엄 갈 착)　급수 | 4급

辶(辵, 쉬엄쉬엄 갈 착) + 禺(원숭이 우)

길을 가다가 원숭이 만나다.

待遇(대우) 禮遇(예우) 不遇(불우)

愚
어리석을 우

부수 | 忄(마음 심)　급수 | 3급

禺(원숭이 우) + 心(마음 심)

원숭이 같은 지능과 마음은 어리석다.

愚鈍(우둔) 愚直(우직) 愚昧(우매)
愚公移山(우공이산) : 어떤 일이든지 끊임없이 노력하면 마침내 성공함.

偶
짝 우

부수 | 人(사람 인)　급수 | 2급

人(사람 인) + 禺(원숭이 우)

사람의 형상과 닮은 원숭이처럼, 나와 닮은 짝.

配偶者(배우자) 土偶(토우) 偶像崇拜(우상숭배) 偶然(우연)

寓
붙어살 우

부수 | 宀(집 면)   급수 | 2급

宀(집 면) + 禺(원숭이 우)
집에 원숭이가 사람과 같이 붙어살다.

寓話(우화) 寓居(우거) 寓意(우의)

隅
모퉁이 우

부수 | 阝(阜,언덕 부)   급수 | 1급

阝(阜,언덕 부) + 禺(원숭이 우)
언덕의 길모퉁이 원숭이가 있다.

隅坐(우좌) : 구석에 앉음. 겸손의 뜻을 표함.

藕
연뿌리 우

부수 | 艹(풀 초)   급수 | 사범급

艹(풀 초) + 耦(쟁기 우)
쟁기로 밭을 갈아서 연뿌리 농사를 짓다.

藕根(우근) = 蓮根(연근)

云
이를 운

부수 | 二(두 이)   급수 | 3급

구름 모양을 본뜬 글자. 말을 할 때 구름 피어오르듯이 입김이 나다. → 말하다.

云云(운운) : 어떠하다고 말함의 뜻으로, 글이나 말을 인용하거나 생략할 때 쓰는 말, 여러 가지의 말.

雲
구름 운

부수 | 雨(비 우)   급수 | 준4급

雨(비 우) + 云(이를 운)
비우 한자가 날씨의 의미를 더해주어서 구름을 강조함.

雲集(운집) : 구름같이 모임. 浮雲(부운) : 덧없는 인생이나 세상.
雲海(운해) 暗雲(암운)

薐
평지 운

부수 | ⺾(풀 초)　급수 | 사범급

⺾(풀 초) + 雲(구름 운)
평지에 구름처럼 많이 자라는 풀.

薐薹(운대) : 겨자과의 두해살이풀. 씨는 기름을 짜고, 잎과 줄기는 식용함.

檀
나무 무늬 운

부수 | 木(나무 목)　급수 | 사범급

木(나무 목) + 雲(구름 운)
구름 모양 같은 나무 무늬.

檀紋(운문) : 나무의 무늬.

耘
김맬 운

부수 | 耒(쟁기 뢰)　급수 | 1급

耒(쟁기 뢰) + 云(이를 운)
쟁기로 구름같이 많은 논밭은 잡초(김)를 갈아엎다.

耕耘機(경운기) : 동력을 이용하여 논밭을 갈아 일구는 농사 기계.

芸
향풀 운

부수 | ⺾(풀 초)　급수 | 1급

⺾(풀 초) + 云(이를 운)
향기가 나는 풀이 구름떼처럼 많이 돋아나 있다.

芸香(운향) *藝(재주 예)의 속자(俗字).

魂
넋 혼

부수 | 鬼(귀신 귀)　급수 | 2급

云(이를 운) + 鬼(귀신 귀)
구름처럼 하늘 떠도는 귀신의 넋.

魂飛魄散(혼비백산) : 혼백이 이리저리 날아 흩어진다는 뜻으로, 몹시 놀라 넋을 잃음을 이르는 말.

夗 누워 뒹굴 **원**

夕(저녁 석) + 㔾(구부리고 있는 사람)
저녁에 잠을 자지 못하고 누워 뒹굴고 있는 사람을 형상.

---

* 단독으로 쓰이지 않는다. 다른 한자와 결합하여 한자의 뜻과 독음에 영향을 준다.

怨 원망할 **원**

부수 | 心(마음 심)   급수 | 3급

夗(누워 뒹굴 원) + 心(마음 심)
저녁에 잠을 못 자고 뒹굴어 다닐 정도로 마음에 원망이 있다.

怨望(원망) 怨恨(원한) 怨讐(원수) 怨聲(원성) 宿怨(숙원)

苑 나라동산 **원**

부수 | ⺿(풀 초)   급수 | 2급

⺿(풀 초) + 夗(누워 뒹굴 원)
누워 뒹굴어 다닐 수 있는 초원, 동산.

祕苑(비원) : 서울 창덕궁 안에 있는 궁원(宮苑).
藝苑(예원) = 藝林(예림) : 예술가들의 사회를 아름답게 이르는 말.

鴛 원앙새 **원**

부수 | 鳥(새 조)   급수 | 1급

夗(누워 뒹굴 원) + 鳥(새 조)
서로 누워 뒹구는 것처럼 비벼대며 잘 지내는 사이좋은 원앙새.

鴛鴦(원앙) : 금실이 좋은 부부의 비유. *鴦 원앙 앙

宛 굽을 **완**

부수 | ⼧(집 면)   급수 | 사범급

⼧(비 우) + 夗(누워 뒹굴 원)
집에서 몸을 움츠리고 굽은 모양으로 지냄.

宛然(완연) : 분명함, 모양이 흡사함.

婉
예쁠 완

부수 | 女(여자 녀) 급수 | 1급

女(여자 녀) + 宛(굽을 완)
여자가 몸이 굽은 것 없이 자태가 예쁘다.

婉曲(완곡) : 말씨가 곱고 차근차근함.

豌
완두 완

부수 | 豆(콩 두) 급수 | 사범급

豆(콩 두) + 宛(굽을 완)
콩깍지가 굽어지며 알갱이가 다 찬 완두콩.

豌豆(완두)

琬
홀 완

부수 | 玉(구슬 옥) 급수 | 1급

玉(구슬 옥) + 宛(굽을 완)
잘 굽혀서 지니고 다니는 홀.

琬圭(완규) : 왕의 사자(使者)가 부절(符節)로서 가진 홀.

椀
주발 완

부수 | 木(나무 목) 급수 | 1급

木(나무 목) + 宛(굽을 완)
나무를 굽혀 목기로 만든 주발 그릇.

*碗(주발 완) = 盌(주발 완) 椀器(완기) : 주발. 공기 같은 작은 그릇.

腕
팔 완

부수 | 月(肉,육달 월) 급수 | 2급

月(肉,육달 월) + 宛(굽을 완)
사람 신체 중 굽혀지는 신체 팔.

腕章(완장) : 팔에 두르는 표장(標章). 手腕(수완) : 일을 꾸미거나 치러 나가는 재간.

元 으뜸 원

부수 | 儿(사람 인)　급수 | 5급

亠(머리 두) + 儿(사람 인)

사람 몸에서 머리가 으뜸이다.

元氣(원기) 元旦(원단) 元老(원로) 元祖(원조) 壯元(장원) 元首(원수)

院 집 원

부수 | 阝(阜,언덕 부)　급수 | 3급

阝(阜,언덕 부) + 完(완전할 완)

언덕에 튼튼하고 완전한 집을 짓다.

病院(병원) 寺院(사원) 法院(법원)院長(원장) 院內(원내) 開院(개원)

沅 강 이름 원

부수 | 氵(물 수)　급수 | 1급

氵(물 수) + 元(으뜸 원)

제일 으뜸처럼 깨끗한 물이 흐르는 강.

*후난성에 있는 큰 강.
沅湘(원상) : 원수(沅水)와 상수(湘水)

阮 나라이름 완

부수 | 阝(阜,언덕 부)　급수 | 1급

阝(阜,언덕 부) + 元(으뜸 원)

언덕을 기반으로 으뜸인 나라를 세우다.

*지금의 간쑤성에 있던, 주대의 제후국. 阮堂集(완당집) : 추사 김정희의 시문집.

完 완전할 완

부수 | 宀(집 면)　급수 | 준4급

宀(비 우) + 元(으뜸 원)

집안에서 부족함이 없는 완전한 으뜸인 사람.

完全(완전) 完了(완료) 完納(완납)
完璧(완벽) : 흠이 없는 구슬이라는 뜻으로, 결점이 없이 완전함.

莞
왕골 완

부수 | 艹(풀 초)   급수 | 1급

艹(풀 초) + 完(완전할 완)
풀 중에서 흠 없는 완전한 왕골로 돗자리를 만들다.

莞島(완도)

玩
놀 완

부수 | 玉(구슬 옥)   급수 | 1급

玉(구슬 옥) + 元(으뜸 원)
구슬을 가지고 놀듯이 으뜸인 우두머리가 자기 마음대로 가지고 놀다.

玩具(완구) 愛玩犬(애완견) 玩賞(완상) : 즐기며 감상함.

浣
씻을 완

부수 | 氵(물 수)   급수 | 1급

氵(물 수) + 完(완전할 완)
물로 완전하게 더러운 때를 씻다. 빨다.

浣衣(완의) 上浣(상완) = 上旬(상순) *浣 열흘 완

脘
밥통 완

부수 | 月(肉, 육달 월)   급수 | 사범급

月(肉, 육달 월) + 完(완전할 완)
사람 신체 중 음식물을 완전히 소화 시키는 장기(위장).

肺脘(폐완) : 폐와 위.

梡
도마 완(관)

부수 | 木(나무 목)   급수 | 1급

木(나무 목) + 完(완전할 완)
나무로 잘 만든 도마.

梡嶡(관궐) : 제사에 쓰는 예기인 적대. * 嶡 도마이름 궐

冠
갓 관

부수 | 冖(덮을 멱) 급수 | 2급

冖(덮을 멱) + 元(으뜸 원) + 寸(마디 촌)
갓이나 모자를 머리에 쓰고 법도를 즐기는 것.

冠禮(관례) 王冠(왕관) 弱冠(약관) 月桂冠(월계관) 冠帶(관대)

員
인원 원

부수 | 口(사람 구) 급수 | 3급

口(사람 구) + 貝(조개 패)
돈을 관리하는 사람, 관청에서 세금 관리하는 사람, 인원.

黨員(당원) 滿員(만원) 定員(정원) 店員(점원) 職員(직원) 減員(감원)

圓
둥글 원

부수 | 囗(에워쌀 위) 급수 | 3급

囗(에워쌀 위) + 員(인원 원)
둘레가 둥근 모양의 엽전처럼 둥글다.

圓滿(원만) 圓板(원판) 圓滑(원활) 圓形(원형) 圓卓(원탁) 半圓(반원)

韻
운 운

부수 | 音(소리 음) 급수 | 2급

音(소리 음) + 員(인원 원)
사람들이 소리를 맞추어 글을 읽는 리듬, 운율.

餘韻(여운) 押韻(압운) 韻律(운율)

殞
죽을 운

부수 | 歹(부서진 뼈 알) 급수 | 1급

歹(부서진 뼈 알) + 員(인원 원)
사람이 죽다.

殞命(운명) = 殞身(운신)

隕
떨어질 운

부수 | 阝(阜,언덕 부)   급수 | 사범급

阝(阜,언덕 부) + 員(인원 원)
둥근 물체가 언덕에 굴러떨어지다.

隕石(운석) : 지구에 떨어진 별똥.

熉
노란 모양 운

부수 | 火(불 화)   급수 | 사범급

火(불 화) + 員(인원 원)
불탈 때의 불꽃이 노란 모양.

熉書(운서) : 겉표지가 노란색.

損
덜 손

부수 | 扌(손 수)   급수 | 3급

扌(손 수) + 員(인원 원)
사람들이 자꾸 손으로 만져서 닳아 없어지다.

損失(손실) 損害(손해) 損傷(손상) 缺損(결손) 破損(파손) 毀損(훼손)

爰
이에 원
당길 원

부수 | 爪(손톱 조)   급수 | 사범급

爪(손톱 조) + 干(방패 간) + 又(오른손 우)
한 손에 방패를 잡고 있고, 다른 한 손은 그 물건을 끌어당겨 가지려 하다.

爰爰(원원) : 느즈러진 모양.
爰居爰處(원거원처) : 이곳저곳으로 옮겨 다니며 사는 일.

援
도울 원

부수 | 扌(손 수)   급수 | 3급

扌(손 수) + 爰(당길 원)
구덩이에 빠진 사람을 손으로 당겨 구원해주다.

救援(구원) 援助(원조) 應援(응원) 應援(응원) 聲援(성원) 援軍(원군)

媛
미인 **원**

부수 | 女(여자 녀) 급수 | 2급

女(여자 녀) + 爰(당길 원)

예쁜 여자에게 끌린다.

才媛(재원) : 재주가 있는 젊은 여자.

瑗
구슬 **원**

부수 | 玉(구슬 옥) 급수 | 1급

玉(구슬 옥) + 爰(당길 원)

벼슬아치들의 망건줄을 꿰기 위해 옥으로 만든 구슬 고리.

瑗瑶(원요) : 싸라기 눈.

湲
물 흐를 **원**

부수 | 氵(물 수) 급수 | 사범급

氵(물 수) + 爰(당길 원)

물이 끌어당기는 듯한 모양으로 흐르다.

湲湲(원원) : 물고기가 기운을 잃고 넘어지는 모양.

緩
느릴 **완**

부수 | 糸(가는 실 멱, 사) 급수 | 2급

糸(가는 실 멱, 사) + 爰(당길 원)

실을 끌어당겼더니 느슨하게 늘어졌다.

緩急(완급) 緩和(완화) 緩行(완행)

暖
따뜻할 **난**

부수 | 日(날 일) 급수 | 3급

日(날 일) + 爰(당길 원)

해를 끌어당기듯이 따뜻하게 하다.

暖流(난류) 暖帶(난대) 暖房(난방) = 煖房(난방)

煖
따뜻할 **난**

부수 | 火(불 화)　급수 | 사범급

火(불 화) + 爰(당길 원)

불을 끌어당기어 따뜻이 하다.

煖爐(난로)

袁
옷 길 **원**

부수 | 衣(옷 의)　급수 | 2급

衣(옷 의) + 口(옷 장식물)

옷에 달린 둥근 장식물들이 치렁치렁 길게 달려 있는 모양.

袁世凱(원세개) : 위안스카이.

園
동산 **원**

부수 | 口(에워쌀 위)　급수 | 준4급

口(에워쌀 위) + 袁(옷 길 원)

사방을 긴 옷감으로 둘러친 것 같은 동산.

公園(공원) 樂園(낙원) 農園(농원) 庭園(정원) 果樹園(과수원)

遠
멀 **원**

부수 | 辶(辵, 쉬엄쉬엄 갈 착)　급수 | 5급

辶(辵, 쉬엄쉬엄 갈 착) + 袁(옷 길 원)

치렁치렁 장식이 달린 옷을 입고 멀리 길을 떠나다.

遠近(원근) 遠視(원시) 遠征(원정) 遠大(원대) 永遠(영원)

猿
원숭이 **원**

부수 | 犭(개 견)　급수 | 1급

犭(개 견) + 袁(옷 길 원)

긴 옷처럼 긴 팔을 가진 원숭이.

犬猿之間(견원지간) : 개와 원숭이의 사이라는 뜻으로, 대단히 사이가 나쁜 관계.

轅
끌채 원

부수 | 車(수레 차)　급수 | 1급

車(수레 차) + 袁(옷 길 원)
수레에 치렁치렁 물건을 싣고 끌고 가다.

轅門(원문) : 군영(軍營)이나 영문(營門)을 이르던 말.

韋
다룸가죽 위
둘러쌀 위

부수 | 韋(가죽 위)　급수 | 2급

囗(귀한 가죽, 성의 둘레) + 舛(발 모양)
성이나 중요한 지역, 구역을 포위하며 지키다.

韋編三絕(위편삼절) : 책을 맨 가죽끈이 세 번이나 끊어짐. 독서에 힘씀.

偉
클 위

부수 | 人(사람 인)　급수 | 4급

人(사람 인) + 韋(가죽 위)
다른 보통사람보다 다른 위대한 사람은 가죽옷을 즐겨 입었다.

偉人(위인) 偉大(위대) 偉業(위업)

衛
지킬 위

부수 | 行(다닐 행)　급수 | 3급

行(다닐 행) + 韋(가죽 위)
좋은 가죽옷을 입고 있는 귀한 사람을 지키고 보호하다.

防衛(방위) 護衛(호위) 衛星(위성)

圍
둘레 위

부수 | 囗(에워쌀 위)　급수 | 3급

囗(에워쌀 위) + 韋(가죽 위)
귀한 가죽을 지키기 위해 주위를 에워싸며 지키다.

範圍(범위) 周圍(주위) 包圍(포위)

緯
씨줄 위

부수 | 糸(가는 실 멱, 사)   **급수** | 2급

糸(가는 실 멱, 사) + 韋(가죽 위)

가죽으로 옷을 만들 때 옷 둘레를 실로 둘러치며 만든다.

緯度(위도) 經緯(경위)

違
어긋날 위

부수 | 辶(辵, 쉬엄쉬엄 갈 착)   **급수** | 2급

辶(辵, 쉬엄쉬엄 갈 착) + 韋(가죽 위)

귀한 가죽을 가지고 달아나다. 어긋난 행동을 하다.

違法(위법) 違約(위약) 違反(위반)

瑋
옥 이름 위

부수 | 玉(구슬 옥)   **급수** | 1급

玉(구슬 옥) + 韋(가죽 위)

가죽옷에 장식한 구슬.

瑋寶(위보) : 진기한 보물.

暐
햇빛 위

부수 | 日(날 일)   **급수** | 1급

日(날 일) + 韋(가죽 위)

햇빛이 밝게 비추다.

暐暐(위위) : 빛이 환한 모양.

葦
갈대 위

부수 | 艹(풀 초)   **급수** | 사범급

艹(풀 초) + 韋(가죽 위)

가죽처럼 질긴 갈대 줄기, 갈대.

葦席(위석) : 갈대로 짠 자리.

闈
대궐 작은 문 위

부수 | 門(문 문)　**급수** | 사범급

門(문 문) + 韋(가죽 위)

가죽을 에워싸 지키듯이 대궐을 지키며, 대궐과 통하는 작은 문.

闈門(위문) : 궁중의 협문.

諱
꺼릴 휘

부수 | 言(말씀 언)　**급수** | 사범급

言(말씀 언) + 韋(가죽 위)

말로 함부로 부르기 꺼려지는 위대한 이름.

忌諱(기휘) 諱字(휘자) *諱(휘) - 죽은 사람의 이름.
諱日(휘일) = 忌日(기일) : 제삿날.

褘
페슬 휘
아름다울 위

부수 | 衤(옷 의)　**급수** | 1급

衤(옷 의) + 韋(가죽 위)

가죽으로 만든 무릎까지 내려오는 페슬.

*페슬 - 조복(朝服)이나 제복(祭服)을 입을 때 가슴에서 늘여 무릎까지 가리는 천.
褘然(위연) : 아름다운 모양.

俞
그러할 유
성 유

부수 | 入(들 입)　**급수** | 2급

스(모일 집) + 舟(= 月, 배 주) + 巛(내 천)

배들이 모여서 강물을 헤치고 앞으로 점점 나아가다.

*성씨 유(류) 3가지
유(俞) - 인월도(人月刂) 유씨 / 유(劉) - 묘금도(卯金刂) 유씨 / 류(柳) - 버들 류씨

喩
깨우칠 유

부수 | 口(입 구)　**급수** | 2급

口(입 구) + 俞(점점 유)

입으로 자세히 설명하면서 점점 깨우치게 하다.

比喩(비유) 隱喩(은유) 訓諭(훈유) *諭 깨우칠 유

愉 즐거울 유

부수 | 忄(마음 심) 급수 | 1급

忄(마음 심) + 俞(점점 유)

마음이 점점 즐거워지다.

愉快(유쾌) 愉樂(유락)

愈 더욱 유

부수 | 忄(마음 심) 급수 | 2급

俞(점점 유) + 忄(마음 심)

마음이 점점, 더욱 좋아지다.

愈出愈怪(유출유괴) : 갈수록 더욱 괴상하여짐.

癒 병 나을 유

부수 | 疒(병들 녁) 급수 | 1급

疒(병들 녁) + 愈(더욱 유)

병이 점점 나아지고 건강해짐.

治癒(치유) 快癒(쾌유) 政經癒着(정경유착) : 기업은 정치인에게 정치자금을 제공하고 정치인은 반대급부로 기업인에게 특혜를 베푸는 정치인과 기업인 사이의 밀착 관계.

楡 느릅나무 유

부수 | 木(나무 목) 급수 | 2급

木(나무 목) + 俞(점점 유)

점점 잘 자라는 느릅나무.

楡莢錢(유협전) : 느릅나무 씨 꼬투리처럼 생긴, 한대(漢代)의 돈.

踰 넘을 유

부수 | 足(발 족) 급수 | 2급

足(발 족) + 俞(점점 유)

발로 점점 앞으로 나아가고, 넘어가다.

踰越節(유월절) 踰年(유년) *逾 넘을 유

揄
희롱할 유

부수 | 扌(손 수)　**급수 |** 사범급

扌(손 수) + 兪(점점 유)

손으로 점점 내 곁으로 끌어들여 희롱하다.

揶揄(야유) : 남을 빈정거려 놀림. 또는 그런 말이나 몸짓. *揶 희롱할 야

鍮
놋쇠 유

부수 | 金(쇠 금)　**급수 |** 사범급

金(쇠 금) + 兪(점점 유)

쇠를 점점 녹여서 놋쇠 물건을 만드는 데 사용하다.

鍮器(유기) : 놋그릇
鍮尺(유척) : 지방 수령·암행어사 등이 검시(檢屍)에 쓰던 놋쇠로 만든 자.

瑜
아름다운 옥 유

부수 | 玉(구슬 옥)　**급수 |** 1급

玉(구슬 옥) + 兪(점점 유)

보면 볼수록 점점 더 아름다운 옥.

瑜亮(유량) : 삼국때 오나라의 주유(周瑜)와 촉나라의 제갈량(諸葛亮)
두 사람의 재주와 능력이 서로 맞수가 됨을 비유함.

輸
보낼 수

부수 | 車(수레 거)　**급수 |** 3급

車(수레 거) + 兪(점점 유)

수레나 배에 물건을 실어 보내다.

輸送(수송) 輸出(수출) 輸入(수입) 密輸(밀수) 運輸業(운수업)

偸
훔칠 투

부수 | 人(사람 인)　**급수 |** 사범급

人(사람 인) + 兪(점점 유)

사람이 점점 물건을 탐내더니 결국 훔치게 되다.

偸盜(투도) : 남의 물건을 몰래 훔침. 또는 그런 짓을 하는 사람.
偸生(투생) : 죽어야 할 때 죽지 않고 구차하게 살아감.

由 말미암을 **유**

부수 | 田(밭 전)　급수 | 준4급

나뭇가지에 매달린 열매 모양을 나타낸 글자.
나뭇가지가 있는 까닭, 이유로 말미암아 열매가 열린다.

理由(이유) 由來(유래) 自由(자유) 事由(사유) 緣由(연유) 經由(경유)

油 기름 **유**

부수 | 氵(물 수)　급수 | 5급

氵(물 수) + 由(말미암을 유)
물과 같은 액체인 기름, 기름 성분이 많은 열매에서 짜낸 열매 씨 기름.

石油(석유) 食用油(식용유) 輕油(경유) 揮發油(휘발유)

柚 유자나무 **유**

부수 | 木(나무 목)　급수 | 1급

木(나무 목) + 由(말미암을 유)
유자가 열리는 유자나무.

柚子(유자)

釉 유약 **유**

부수 | 釆(분별할 변)　급수 | 사범급

釆(분별할 변) + 由(말미암을 유)
좋은 유약인지 아닌지 분별해서 사용하다.

釉藥(유약) : 도자기를 구울 때에 그 표면에 바르는 약품.

袖 소매 **수**

부수 | 衤(옷 의)　급수 | 1급

衤(옷 의) + 由(말미암을 유)
소매로 말미암아 옷을 걷을 수 있다.

領袖(영수) : 여럿 중의 우두머리. 袖手傍觀(수수방관) : 팔짱을 끼고 보고만 있다는
뜻으로, 간섭하거나 거들지 않고 그대로 버려둠.

岫
산굴 수

부수 | 山(뫼 산)   급수 | 1급

山(뫼 산) + 由(말미암을 유)

산을 파서 만든 산굴.

岫居(수거) : 산속 동굴에서 삶. 岫虎(수호) : 동굴에 사는 범.

宙
집 주

부수 | 宀(집 면)   급수 | 3급

宀(집 면) + 由(말미암을 유)

눈에 보이지 않지만 세상을 집 지붕같이 덮고 있는 집, 우주.

宇宙(우주)

紬
명주 주

부수 | 糸(가는 실 멱, 사)   급수 | 사범급

糸(가는 실 멱, 사) + 由(말미암을 유)

누에고치로 말미암아 실을 뽑아낸 실로 무늬 없이 만든 천 명주.

明紬(명주) 紬緞(주단) : 명주와 비단.

胄
맏아들 주

부수 | 月(肉, 육달 월)   급수 | 1급

由(말미암을 유) + 月(肉, 육달 월)

맏아들로 말미암아 자손이 이어지다.

胄孫(주손) 胄裔(주예) *裔 후손 예

抽
뽑을 추

부수 | 扌(손 수)   급수 | 2급

扌(손 수) + 由(말미암을 유)

손으로 좋은 열매만 뽑아내다.

抽出(추출) 抽籤(추첨) 抽象(추상)

笛
피리 적

부수 | 竹(대나무 죽)　급수 | 2급

竹(대나무 죽) + 由(말미암을 유)

대나무를 사용해서 만든 피리.

汽笛(기적) 警笛(경적) 萬波息笛(만파식적) : 신라 때의 전설상의 피리.

迪
나아갈 적

부수 | 辶(辵,쉬엄쉬엄 갈 착)　급수 | 1급

辶(辵,쉬엄쉬엄 갈 착) + 由(말미암을 유)

어떤 이유가 있어 앞으로 나아가다.

迪哲(적철) : 밝은 지혜를 실천함.

頔
사람 이름 적

부수 | 頁(머리 혈)　급수 | 사범급

由(말미암을 유) + 頁(머리 혈)

사람들로 말미암아 추대받은 우두머리.

頔然(적연) : 아름다운 모습.

軸
굴대 축

부수 | 車(수레 거)　급수 | 2급

車(수레 거) + 由(말미암을 유)

수레가 굴대로 말미암아 잘 굴러가다.

*굴대 - 양쪽 수레바퀴의 한가운데에 뚫린 구멍에 끼우는 긴 막대.

主軸(주축) 地軸(지축) 樞軸(추축) : 사물의 가장 긴요한 부분, 정치나 권력의 중심.

*樞 지도리 추

攸
바 유
아득할 유

부수 | 攵(칠 복)　급수 | 1급

人(사람 인) + | (도구) + 攵(칠 복)

사람이 어떤 도구를 치면서 멀리 길을 떠나다.

攸攸(유유) : 아득한 모양.

攸好德(유호덕) : 덕을 좋아하며 즐겨 덕을 행하려고 하는 일

悠 아득할 유

부수 | 心(마음 심) 급수 | 3급

攸(아득할 유) + 心(마음 심)

아득히 먼 길을 떠나는 마음.

悠久(유구) 悠然(유연) 悠悠自適(유유자적) : 속세를 떠나 아무 속박 없이 자기 마음대로 자유롭고 마음 편히 삶.

修 닦을 수

부수 | 亻(사람 인) 급수 | 4급

攸(아득할 유) + 彡(터럭 삼)

아득히 먼 옛날부터 머리를 감고, 몸을 깨끗하게 닦으며, 몸과 마음을 수련하다.

修練(수련) 修養(수양) 修學旅行(수학여행)

蓨 수산 수

부수 | 艹(풀 초) 급수 | 사범급

艹(풀 초) + 修(닦을 수)

풀로 만든 화학 성분.

蓨酸(수산) : 가장 간단한 화학구조의 2염기성 유기산의 한 가지.

脩 포 수

부수 | 月(肉,육달 월) 급수 | 사범급

攸(아득할 유) + 月(肉,육달 월)

아득히 먼 길을 갈 때 식량으로 싸가는 양념하여 말린 고기포.

束脩(속수) : 포개어서 묶은 포. 처음 스승에게 가르침을 청할 때 예물로 드리는 고기포.

倏 갑자기 숙

부수 | 亻(사람 인) 급수 | 사범급

攸(아득할 유) + 犬(개 견)

아득히 먼 길에서 갑자기 개가 나타남.

倏忽(숙홀) : 갑자기, 홀연히 倏瞬(숙순) : 눈 깜짝하는 사이, 극히 짧은 시간

條
가지 조

부수 | 木(나무 목) 급수 | 3급

攸(아득할 유) + 木(나무 목)

나뭇가지의 뜻이 법규의 조목(條目)의 의미로 바뀌었다.

條目(조목) 條件(조건) 條項(조항) 條理(조리) 條例(조례) 條約(조약)

篠
조릿대 소

부수 | 竹(대나무 죽) 급수 | 사범급

竹(대나무 죽) + 條(가지 조)

대나무 중 화살대를 만드는 가는 대나무 조릿대.

篠原(소원) : 조릿대가 많이 난 들.

音
소리 음

부수 | 音(소리 음) 급수 | 5급

言(말씀 언) + 一(소리가 입에서 나오는 것을 표시)

말소리가 입에서 나오다.

音樂(음악) 音韻(음운) 騷音(소음) 福音(복음) 音聲(음성) 音階(음계)

暗
어두울 암

부수 | 日(해 일) 급수 | 준4급

日(해 일) + 音(소리 음)

해가 져서 소리만 들리는 어두운 곳.

暗黑(암흑) 暗記(암기) 暗誦(암송) 暗號(암호) 明暗(명암) 暗示(암시)

闇
어두울 암

부수 | 門(문 문) 급수 | 1급

門(문 문) + 音(소리 음)

문을 닫아 어둡고 소리만 들리다.

闇室(암실) 闇鈍(암둔) 闇主(암주) *暗(어두울 암)과 같은 글자.

黯 검을 암

부수 | 黑(검을 흑)   급수 | 사범급

黑(검을 흑) + 音(소리 음)
검은 하늘의 어두운 밤에 소리도 들리지 않다.

黯黑(암흑) = 暗黑(암흑) : 어두움.

歆 흠향할 흠

부수 | 欠(하품 흠)   급수 | 사범급

音(소리 음) + 欠(하품 흠)
소리 내어 제사 축문을 읽고, 조상에게 제사 음식을 바치다.

歆饗(흠향) : 신이나 조상의 혼령이 제사 음식을 기쁘게 받다. *饗 잔치할 향

意 뜻 의

부수 | 心(마음 심)   급수 | 5급

音(소리 음) + 心(마음 심)
사람의 말소리는 곧 자기 마음의 뜻이다.

意思(의사) 意見(의견) 意欲(의욕) 意向(의향) 自意(자의) 故意(고의)

億 억 억

부수 | 人(사람 인)   급수 | 준4급

人(사람 인) + 意(뜻 의)
사람의 뜻, 욕망은 끝이 없다. 바라는 것이 수억 가지나 된다.

億萬(억만) 千億(천억) 億兆蒼生(억조창생) : 수많은 백성.

憶 생각할 억

부수 | 心(마음 심)   급수 | 3급

忄(마음 심) + 意(뜻 의)
마음속으로 여러 가지 뜻을 생각하다.

記憶(기억) 追憶(추억)

臆
가슴 억

부수 | 月(肉,육달 월)　급수 | 사범급

月(肉,육달 월) + 意(뜻 의)

뜻을 품고 있는 가슴속.

胸臆(흉억) : 가슴속 생각　臆說(억설) : 근거 없이 고집을 부리거나 우겨대는 말.
臆測(억측) : 이유와 근거가 없는 짐작.

薏
연밥, 율무 억

부수 | 艹(풀 초)　급수 | 사범급

艹(풀 초) + 意(뜻 의)

식물 중 의미가 있는 식물 연밥, 율무.

薏苡(억이) : 연밥, 율무. *苡 율무 이

噫
탄식할 희
트림할 애

부수 | 口(입 구)　급수 | 2급

口(입 구) + 意(뜻 의)

뜻대로 일이 되지 않아서 입에서 탄식의 소리가 나오다.

噫嗚(희오) : 슬피 탄식하며 괴로워하는 모양.　噫欠(애흠) : 트림과 하품.

疑
의심할 의

부수 | 疋(발 소)　급수 | 3급

匕(비수 비) + 矢(화살 시) + 子(아들 자) + 疋(발소)

비수와 칼을 든 아들이 어디로 가야 할지 결단을 내리지 못하고 의심하고 망설이고 있다.

疑心(의심) 疑問(의문) 質疑(질의) 疑惑(의혹) 嫌疑(혐의) 疑訝(의아)

擬
흉내낼 의

부수 | 扌(손 수)　급수 | 1급

扌(손 수) + 疑(의심할 의)

손을 사용해서 흉내 내는 행동들이 진짜인지 의심스럽다.

模擬(모의) 擬聲(의성) 擬態(의태)

肄 익힐 이

부수 | 聿(붓 율) 급수 | 사범급

匕(비수 비) + 矢(화살 시) + 聿(붓 율)

비수, 화살(무기), 붓글씨 모두 연습하고 자주 익혀야 잘할 수 있는 것이다.

肄習(이습) 肄業(이업) : 학업을 익힘.

凝 얼길 응

부수 | 冫(얼음 빙) 급수 | 2급

冫(얼음 빙) + 疑(의심할 의)

얼음처럼 액체가 고체가 되어 가면서 엉겨 붙는 것이 고체인지 의심이 간다.

凝固(응고) 凝視(응시) : 눈길을 모아 한 곳을 뚫어지게 봄.

礙 막을 애

부수 | 石(돌 석) 급수 | 2급

石(돌 석) + 疑(의심할 의)

돌로 가로막혀서 방해가 되다.

障礙(장애) 拘礙(구애) : 거리끼거나 얽매임. *碍 막을 애 (礙의 俗字.)

癡 어리석을 치

부수 | 疒(병들 녁) 급수 | 1급

疒(병들 녁) + 疑(의심할 의)

정상인지 아닌지 의심될 정도로 어리석은 상태.

癡呆(치매) *呆 어리석을 매 白癡(백치) 天癡(천치) 音癡(음치)
*痴 어리석을 치 (癡의 俗字.)

義 옳을 의

부수 | 羊(양 양) 급수 | 준4급

羊(양 양) + 我(나 아 - 톱 모양)

희생양을 날붙이로 잡아서 바치는 의식은 바른 예절이며 옳은 일이었다.

義理(의리) 義務(의무) 信義(신의) 義兄弟(의형제) 義賊(의적)

議 의논할 의

부수 | 言(말씀 언)　급수 | 3급

言(말씀 언) + 義(옳을 의)

말로 옳은 일인지 의논하다.

議論(의논) 討議(토의) 議員(의원)
物議(물의) : 여러 사람이 이러쿵저러쿵하는 논의나 세상의 평판.

儀 거동 의

부수 | 人(사람 인)　급수 | 3급

人(사람 인) + 義(옳을 의)

사람의 올바른 의식, 예의 바른 행동.

儀式(의식) 禮儀(예의) 儀禮(의례)

艤 배댈 의

부수 | 舟(배 주)　급수 | 사범급

舟(배 주) + 義(옳을 의)

옳은 일을 위하여 배가 떠날 준비를 함.

艤舟(의주) : 배 떠날 준비를 함.

蟻 개미 의

부수 | 虫(벌레 훼, 충)　급수 | 사범급

虫(벌레 훼, 충) + 義(옳을 의)

옳은 일을 위해서 개미처럼 부지런히 일하다.

蟻穴(의혈) : 개미굴. 蟻封(의봉) : 개밋둑.

羲 복희 희

부수 | 羊(양 양)　급수 | 2급

羊(양 양) + 秀(빼어날 수) + 戈(창 과)

제일 좋은 양을 잡아서 희생제물로 신께 바치는 사람 복희.

伏羲(복희) : 중국 고대 신화에 나오는 제왕.
*삼황(三皇) : 수인씨(燧人氏)·복희씨(伏羲氏)·신농씨(神農氏).

희생 희

부수 | 牛(소 우)　급수 | 2급

牛(소 우) + 義(복희 희)

소를 희생물로 바치는 복희씨.

犧牲(희생) *牲 희생 생
① 천지신명이나 묘사(廟社)에 제사 지낼 때 제물로 바치는 산 짐승.
② 어떤 사물·사람을 위해서 자기 몸을 돌보지 않음.

햇빛 희

부수 | 日(날 일)　급수 | 1급

日(날 일) + 義(복희 희)

신을 잘 모신 복희에게 햇빛이 비치다.

曦月(희월) : 해와 달.

불빛 희

부수 | 火(불 화)　급수 | 사범급

火(불 화) + 義(복희 희)

복희가 불빛을 밝히다.

爔光(희광) : 햇빛. 일광.

더할 익

부수 | 皿(그릇 명)　급수 | 4급

水(물 수) + 皿(그릇 명)

물을 그릇에 부어 물이 많아지도록 더하다.

利益(이익) 有益(유익) 損益(손익) 多多益善(다다익선) 弘益人間(홍익인간)

謚
웃을 익

부수 | 言(말씀 언)　급수 | 1급

言(말씀 언) + 益(더할 익)

웃음을 더하며 말을 하다.

---

*謚(시호 시)와 다른 글자.

넘칠 일

부수 | 氵(물 수)　급수 | 1급

氵(물 수) + 益(더할 익)

물을 넘치게 더하다.

海溢(해일) 溢美(일미) : 아주 아름다움, 지나치게 꾸밈.

무게 단위 일

부수 | 金(쇠 금)　급수 | 2급

金(쇠 금) + 益(더할 익)

금을 더해서 무게를 늘리다.

*무게 단위. 20냥 또는 24냥.

목맬 액

부수 | 糸(가는 실 멱, 사)　급수 | 사범급

糸(가는 실 멱, 사) + 益(더할 익)

실을 더 많이 사용해서 목을 매다.

縊殺(액살) = 縊死(액사) : 목을 매어 죽임.

좁을 애

부수 | 阝(阜,언덕 부)　급수 | 2급

阝(阜,언덕 부) + 益(더할 익)

언덕이 더해지고 겹치니 길이 좁다.

隘路(애로) : 산과 산 사이 좁은 길. 일의 진행을 막는 장애.

도롱이벌레 의

부수 | 虫(벌레 훼, 충)　급수 | 사범급

虫(벌레 훼, 충) + 益(더할 익)

도롱이벌레가 더 많이 모여든다.

*얼핏 보기에 목을 맨 것처럼 나무에서 늘어지는 모습의 도롱이 벌레.

蠲
밝을 견

부수 | 虫(벌레 훼, 충) 급수 | 사범급

益(더할 익) + 蜀(애벌레 촉)

썩은 나무에 벌레가 많다. 그 벌레들이밝게 드러나 보인다.

蠲潔(견결) : 깨끗함. 蠲減(견감) : 조세 등의 일부분을 면제하여줌.

因
인할 인
의지할 인

부수 | 囗(에워쌀 위) 급수 | 준4급

囗(에워쌀 위) + 大(큰 대)

울타리, 담장을 크게 만들어서 의지하다. 울타리로 인해서 적을 막다.

原因(원인) 因果(인과) 因緣(인연)

姻
혼인 인

부수 | 女(여자 녀) 급수 | 3급

女(여자 녀) + 因(의지할 인)

여자가 평생 의지할 남자와 혼인하다.

婚姻(혼인) 姻戚(인척)

咽
목구멍 인
목멜 열

부수 | 口(입 구) 급수 | 1급

口(입 구) + 因(의지할 인)

입에 안에 있는 목구멍.

咽喉(인후) 嗚咽(오열) : 목이 메어 옮.

茵
자리 인

부수 | 艹(풀 초) 급수 | 사범급

艹(풀 초) + 因(의지할 인)

풀로 만든 깔개 자리를 편하게 사용하다.

茵席(인석) : 왕골이나 부들로 만든 돗자리. *깔개 – 수레 안에 까는 자리.

絪
자리 인

부수 | 糸(가는 실 멱)　급수 | 사범급

糸(가는 실 멱) + 因(의지할 인)

실로 만든 천으로 만든 깔개, 자리.

___

絪縕(인온) : 만물을 생성하는 기운이 왕성한 모양. *縕 헌솜 온

恩
은혜 은

부수 | 心(마음 심)　급수 | 4급

因(의지할 인) + 心(마음 심)

의지하는 사람에게 마음으로 은혜를 잊을 수 없다.

___

恩惠(은혜) 恩師(은사) 謝恩(사은) 恩寵(은총) 恩功(은공) 報恩(보은)

壬
북방 임

부수 | 士(선비 사)　급수 | 4급

베 짜는 실을 감은 모양을 본뜬 한자.
가차되어 아홉 번째 천간으로 사용되고 있음.

___

壬方(임방) : 정북에서 서쪽으로 15도 되는 방위를 중심으로 한 15도 각도 안의 방향.

任
맡길 임

부수 | 人(사람 인)　급수 | 3급

人(사람 인) + 壬(짊어질 임)

사람이 자기에게 맡겨진 일, 짊어진 일에 책임을 다하다.

___

責任(책임) 任用(임용) 任務(임무) 任期(임기) 擔任(담임)

賃
품팔이 임

부수 | 貝(조개 패)　급수 | 2급

任(맡길 임) + 貝(조개 패)

남이 나에게 맡긴 일을 해주고 돈(품삯)을 받는 것.

___

賃貸(임대) : 돈을 받고 자기 물건을 남에게 빌려 줌.
賃借(임차) : 돈을 주고 남의 물건을 빌리는 일.

姙
아이 밸 임

부수 | 女(여자 녀) 급수 | 2급

女(여자 녀) + 任(맡길 임)

여자에게 맡겨진 일이 아이를 배는 것이다.

姙娠(임신) 避姙(피임) 不姙(불임) *妊 아이 밸 임

荏
들깨 임

부수 | 艹(풀 초) 급수 | 사범급

艹(풀 초) + 任(맡길 임)

들에서 책임 있게 잘 키운 들깨.

黑荏子(흑임자) : 검은깨.

恁
생각할 임

부수 | 心(마음 심) 급수 | 사범급

任(맡길 임) + 心(마음 심)

맡겨진 일을 마음속 깊이 생각하다. 나중에 뜻이 변하여 이와 같이라는 뜻이 됨.

恁麼(임마) : 이와 같이. *麼 어찌 마 恁地(임지) : 이러한, 이와 같은.

淫
음란할 음

부수 | 氵(물 수) 급수 | 2급

氵(물 수) + 爪(손톱 조) + 壬(맡길 임)

물에 푹 빠지듯이 손으로 맡겨진 일을 열심히 하다. → 깊이 음란한 것에 빠짐.

淫亂(음란) 淫樂(음락) 淫婦(음부) 淫行(음행) 淫蕩(음탕) * 蕩 쓸어버릴 탕

朿
가시나무 자

부수 | 木(나무 목) 급수 | 사범급

나무에 가시가 나있는 모습을 그린 한자.

*束 묶을 속 *단독으로 사용되지 않고 다른 한자와 결합해서 발음 역할을 함.

刺
찌를 자

부수 | 刂(칼 도)　급수 | 2급

朿(가시 자) + 刂(칼 도)
가시나 칼로 찌르다.

刺傷(자상) 刺客(자객) 刺戟(자극) *戟 창 극

棗
대추 조

부수 | 木(나무 목)　급수 | 1급

朿(가시 자) + 朿(가시 자)
가시가 많은 대추나무.

梨棗(이조) : 배와 대추. 乾棗(건조) : 말린 대추.

棘
가시 극

부수 | 木(나무 목)　급수 | 1급

朿(가시 자) + 朿(가시 자)
가시가 돋친 나무.

荊棘(형극) *荊 가시 형 一日不讀書 口中生荊棘(일일불독서 구중생형극) : 하루라도 독서를 하지 않으면 입속에 가시가 난다.

責
꾸짖을 책

부수 | 貝(조개 패)　급수 | 준4급

朿(가시나무 자) + 貝(조개 패)
돈을 갚지 않자 가시나무 채찍으로 때리며 재촉하고 꾸짖다. 빚에 대해 책임을 다하다.

責任(책임) 責望(책망) 責務(책무) 職責(직책) 問責(문책) 免責(면책)

債
빚 채

부수 | 人(사람 인)　급수 | 3급

人(맡길 임) + 責(꾸짖을 책)
사람이 꾸지람을 듣지 않고 책임지고 갚아야 하는 빚.

債券(채권) : 국가·지방 자치 단체·은행·회사 등이 필요한 자금을 빌리는 경우에 발행하는 공채·국채·사채 등의 유가 증권. 債權(채권) : 빌려준 쪽이 빌린 쪽에 대해 가지는 권리.

策
꾀 책

부수 | 竹(대나무 죽)　급수 | 3급

竹(대나무 죽) + 朿(가시 자)

대나무 죽간에 가시처럼 날카로운 도구로 계책을 기록해놓은 책.

計策(계책) 祕策(비책) 策略(책략)

茲
무성할 자

부수 | 艹(풀 초)　급수 | 2급

艹(풀 초) + 幺(작을 요) + 幺(작을 요)

작은 풀을 무성하게 자라게 하다.

*茲(검을 자)와는 다른 글자.

慈
사랑 자

부수 | 心(마음 심)　급수 | 3급

茲(무성할 자) + 心(마음 심)

자식을 불리어 키우는 (잘 성장하게) 어머니의 마음.

慈堂(자당) : 남의 어머니의 존칭. 慈愛(자애) 慈悲(자비) 仁慈(인자)

滋
불을 자

부수 | 氵(물 수)　급수 | 2급

氵(물 수) + 茲(무성할 자)

물을 주어 무성하게 잘 자라게 하다.

滋養分(자양분) 滋味(자미)

磁
자석 자

부수 | 石(돌 석)　급수 | 2급

石(돌 석) + 茲(무성할 자)

돌에 무성한 자력이 있는 자석.

磁氣(자기) 磁石(자석) 磁器(자기) = 瓷器(자기)

者
사람 자

부수 | 耂(늙을 노)   급수 | 5급

耂(늙을 노) + 白(말할 백)

나이 많은 어른이 젊은 사람에게 말할 때 낮은 말을 써서 '이사람', '이놈'이라고 말하다.

記者(기자) 仁者(인자) 或者(혹자) 患者(환자) 筆者(필자) 學者(학자)

煮
삶을 자

부수 | 灬(불 화)   급수 | 1급

者(사람 자) + 灬(불 화)

사람이 불로 음식을 삶다.

煮沸(자비) : 물 따위가 펄펄 끓음. *沸 끓을 비

赭
붉은 흙 자

부수 | 赤(붉을 적)   급수 | 사범급

赤(붉을 적) + 者(사람 자)

사람이 붉은색 흙을 손질하다.

赭山(자산) : 벌거숭이 산. 赭衣(자의) : 죄수의 옷.

著
나타날 저
입을 착

부수 | 艹(풀 초)   급수 | 3급

艹(풀 초) + 者(사람 자)

풀로 만든 옷을 입은 사람. 많은 것을 모아 나타내 보이다.

著名(저명) 著者(저자) 著述(저술) 著服(착복) = 着服(착복)

箸
젓가락 저

부수 | 竹(대나무 죽)   급수 | 2급

竹(대나무 죽) + 者(사람 자)

대나무로 만든 젓가락을 쓰는 사람.

匙箸(시저) : 제사상에 놓는 숟가락과 젓가락.

躇
머뭇거릴 저

부수 | 足(발 족)　급수 | 1급

足(발 족) + 著(나타날 저)

나타나기를 머뭇거리는 발걸음.

躊躇(주저) : 머뭇거리며 망설임. *躊 머뭇거릴 주

楮
닥나무 저

부수 | 木(나무 목)　급수 | 1급

木(나무 목) + 者(사람 자)

사람들이 종이를 만들 때 사용하는 닥나무.

楮墨(저묵) : 종이와 먹, 시와 문장. 楮幣(저폐) = 紙幣(지폐)

猪
산돼지 저

부수 | 犭(개 견)　급수 | 사범급

犭(개 견) + 者(사람 자)

사람들이 개처럼 집에서 키울 수 없는 산 돼지.

猪突(저돌) : 앞뒤를 돌보지 않고 산돼지처럼 마구 덤벼듦.

渚
물가 저

부수 | 氵(물 수)　급수 | 사범급

氵(물 수) + 者(사람 자)

사람들이 물가에서 살다.

渚畔(저반) = 渚邊(저변) : 물가.

諸
모두 제
어조사 저

부수 | 言(말씀 언)　급수 | 3급

言(말씀 언) + 者(사람 자)

모든 사람에게 말을 잘하는 사람.

諸君(제군) : 여러분, 자네들. 諸侯(제후) 諸子百家(제자백가)

藷 사탕수수 저
부수 | 艹(풀 초) **급수** | 사범급
艹(풀 초) + 諸(모든 제)
모두가 좋아하는 사탕수수.

藷蔗(저자) : 사탕수수. *蔗 사탕수수 자

儲 쌓을 저
부수 | 人(사람 인) **급수** | 사범급
人(사람 인) + 諸(모든 제)
사람이 모두 쌓아 놓다.

儲米(저미) : 급한 일에 쓰기 위하여 미리 저축하여 쌓아 둔 쌀.
儲位(저위) : 태자. 儲君(저군) : 왕세자, 황태자.

奢 사치할 사
부수 | 大(큰 대) **급수** | 2급
大(큰 대) + 者(사람 자)
재물을 많이 쓰는 사람.

奢侈(사치) 奢慾(사욕) 豪奢(호사)

暑 더울 서
부수 | 日(날 일) **급수** | 3급
日(날 일) + 者(사람 자)
사람 머리 위에 뜨거운 해가 있어 덥다.

大暑(대서) 避暑(피서) 處暑(처서)

緒 실마리 서
부수 | 糸(가는 실 멱, 사) **급수** | 2급
糸(가는 실 멱, 사) + 者(사람 자)
복잡하게 얽혀 있는 실뭉치의 실마리를 푸는 사람.

端緒(단서) 頭緒(두서) 情緒(정서)

署
관청 서

부수 | 罒(그물 망)　급수 | 3급

罒(그물 망) + 者(사람 자)

죄 있는 사람을 법망에 의거하여 관리하는 관청.

部署(부서) 警察署(경찰서) 署名(서명) 署理(서리)

薯
참마 서

부수 | 艹(풀 초)　급수 | 사범급

艹(풀 초) + 署(관청 서)

관청에서 관리하는 식량 참마. (감자, 고구마)

薯蕷(서여) : 참마. *蕷 참마 여

曙
새벽 서

부수 | 日(날 일)　급수 | 1급

日(날 일) + 署(관청 서)

새벽 해가 뜰 때까지 일하는 관청.

曙光(서광) ① 새벽에 동이 틀 무렵의 빛. ② 기대하는 일에 대해서 나타난 희망의 징조를 비유하는 말.

都
도읍 도

부수 | 阝(邑,고을 읍)　급수 | 준4급

者(사람 자) + 阝(邑,고을 읍)

사람들이 많이 모여 사는 고을, 도읍.

都市(도시) 遷都(천도) 都城(도성) 都心(도심) 都會地(도회지)

堵
담 도

부수 | 土(흙 토)　급수 | 1급

土(흙 토) + 者(사람 자)

사람들의 출입을 제한하려고 흙으로 만든 담.

安堵(안도) : 마음을 놓음, 사는 곳에서 평안히 지냄.

屠
죽일 도

부수 | 尸(주검 시)　급수 | 1급

尸(주검 시) + 者(사람 자)
사람이 짐승이나 사람을 죽임.

屠殺(도살) 屠戮(도륙) *戮 죽일 륙

賭
노름 도

부수 | 貝(조개 패)　급수 | 사범급

貝(조개 패) + 者(사람 자)
돈으로 노름을 하는 사람.

賭博(도박)
賭租(도조) = 도지(賭地) : 남의 논밭을 빌려서 부치고 그 세(稅)로 해마다 내는 곡식.

覩
볼 도

부수 | 見(볼 견)　급수 | 사범급

者(사람 자) + 見(볼 견)
사람이 유심히 보다.

目睹(목도) = 目擊(목격) *睹 볼 도

闍
망루 도

부수 | 門(문 문)　급수 | 사범급

門(문 문) + 者(사람 자)
사람이 오는지 안 오는지 쳐다보는 문에 딸린 망루, 성문

---

*闍 범어의 '사'의 발음이 있음. 舍利(사리) = 闍利(사리)

勺
구기 작

부수 | 勹(쌀 포)　급수 | 사범급

勹(구기 잔 모양) + 丶(술)
구기에 술이 들어 있는 모양을 그린 한자.
*구기 - 술, 기름을 뜰 때 쓰는 국자 비슷한 기구, 1勺(작) = 1/10合(홉) 18cc

勺水不入(작수불입) : 한 모금의 물도 넘기지 못함. 음식을 조금도 먹지 못함을 이름.

酌
술 따를 작

부수 | 酉(술 유)　급수 | 2급

酉(술 유) + 勺(구기 작)

술을 구기잔에 따라 마시다.

自酌(자작) 對酌(대작) 酌婦(작부) 斟酌(짐작) 酬酌(수작)

*斟 술 따를 짐 *酬 잔 돌릴 수

灼
사를 작

부수 | 火(불 화)　급수 | 1급

火(불 화) + 勺(구기 작)

구기로 음식을 덜어가며 불로 굽다.

灼熱(작열) : 불 따위가 이글이글 뜨겁게 타오름, 이글거리듯 들끓음을 비유한 말.

芍
함박꽃 작

부수 | ⺿(풀 초)　급수 | 1급

⺿(풀 초) + 勺(구기 작)

구기처럼 활짝 핀 함박꽃.

芍藥(작약) : 미나리아재빗과의 백(白)작약 · 산(山)작약 · 호(胡)작약 · 적(赤)작약 등의 총칭.

約
맺을 약

부수 | 糸(가는 실 멱, 사)　급수 | 준4급

糸(가는 실 멱, 사) + 勺(구기 작)

실이나 끈을 묶어 매듭을 지어 서로 약속의 신호로 사용하였다.

約婚(약혼) 約束(약속) 期約(기약) 節約(절약) 要約(요약) 公約(공약)

葯
꽃밥 약

부수 | ⺿(풀 초)　급수 | 사범급

⺿(풀 초) + 約(맺을 약)

꽃가루를 묶어서 가지고 있는 것 같은 주머니, 꽃밥.

葯胞(약포) : 수꽃술 끝에 붙어서 꽃가루를 가지고 있는 주머니.

的
과녁 적

부수 | 白(흰 백) 급수 | 준4급

白(흰 백 = 햇빛) + 勺(구기 작)

활터에서 희고 밝게 보이는 과녁, 크기는 구기처럼 작게 보인다.

的中(적중) 目的(목적) 標的(표적) 效果的(효과적) 科學的(과학적)

釣
낚시 조

부수 | 金(쇠 금) 급수 | 2급

金(쇠 금) + 勺(구기 작)

쇠를 구기처럼 생긴 낚싯바늘로 만들어 낚시를 하다.

耕山釣水(경산조수) : 산에서 밭을 갈고 물에서 낚시를 하다. 즉, 속세를 떠나 자연을 벗 삼으며 한가로운 생활을 함.

爿
나뭇조각 장

나무를 세로로 둘로 쪼갠 것의 왼쪽 나무 조각, 또는 평상이나 침대를 90도 돌려놓은 모습을 그린 한자.

*'장수 장 변'이라고 하기도 함. *片(조각 편) - 통나무 자른 오른쪽 나무를 그린 한자.

狀
모양 상
문서 장

부수 | 犬(개 견) 급수 | 3급

爿(나뭇조각 장) + 犬(개 견)

개의 여러 가지 모습, 爿(장)은 발음 역할, 모양 있듯이 글로 문서에 기록하고 남겨 놓다.

狀態(상태) 狀況(상황) 賞狀(상장) 令狀(영장) 訴狀(소장)

壯
씩씩할 장

부수 | 士(선비 사) 급수 | 3급

爿(나뭇조각 장) + 士(선비 사)

큰 나무처럼 키도 크고 씩씩한 선비.

壯士(장사) 壯元(장원) 雄壯(웅장) 壯年(장년) 壯丁(장정) 壯骨(장골)

莊
풀 성할 장

부수 | 艹(풀 초) 급수 | 2급

艹(풀 초) + 壯(씩씩할 장)

풀이 힘센 장사처럼 무성하게(씩씩하게) 자라다.

莊園(장원) 莊嚴(장엄) 別莊(별장) 山莊(산장)

裝
꾸밀 장

부수 | 衣(옷 의) 급수 | 3급

壯(씩씩할 장) + 衣(옷 의)

씩씩한 장정이 전쟁 때 갑옷을 꾸며가며 갖추어 입다.

裝備(장비) 裝身具(장신구) 裝置(장치) 女裝(여장) 裝飾(장식)

將
장수 장

부수 | 寸(법도 촌) 급수 | 4급

爿(나뭇조각 장) + 肉(고기 육) + 寸(법도 촌)

나무 조각 평상에 법도에 따라 고기를 바치며 제사를 통솔하는 장수.

將帥(장수) 將校(장교) 名將(명장) 將來(장래) 日就月將(일취월장)

蔣
줄 장

부수 | 艹(풀 초) 급수 | 2급

艹(풀 초) + 將(장수 장)

연못이나 냇가에서 자라는 풀 줄.

蔣英實(장영실) 蔣介石(장개석) *성씨(姓氏)로 사용.

獎
권면할 장

부수 | 大(큰 대) 급수 | 3급

將(장수 장) + 大(큰 대)

장수가 더 크게 되도록 권면하고 돕는다.

獎勵(장려) 獎學金(장학금) 勸獎(권장) 獎學士(장학사)

醬
젓갈 장

부수 | 酉(술 유)　급수 | 사범급

將(장수 장) + 酉(술 유)
장수가 술 단지를 이용해서 젓갈을 만들다.

肉醬(육장) 甛醬(첨장) = 춘장. 醬油(장유) : 간장과 먹는 기름.

漿
미음 장

부수 | 水(물 수)　급수 | 사범급

將(장수 장) + 水(물 수)
장수가 물처럼 생긴 미음을 먹다.

漿水(장수) : 오래 끓인 좁쌀 미음.

착할 장

부수 | 臣(신하 신)　급수 | 사범급

爿(나뭇조각 장) + 臣(신하 신) + 戈(창 과)
긴 나무처럼 키가 큰 신하가 창을 들고 있는 모습이 보기 좋고, 착해 보인다.

臧否(장부) : 선인과 악인.

贓
장물 장

부수 | 貝(조개 패)　급수 | 사범급

貝(조개 패) + 臧(착할 장, 감출 장)
돈을 훔쳐서 숨겨 놓은 재물, 장물.

贓物(장물) : 범죄 행위로 부당하게 얻은 남의 물건.

藏
감출 장

부수 | 艹(풀 초)　급수 | 2급

艹(풀 초) + 臧(착할 장)
착한 장수가 풀로 덮어 누군가를 감춰 주다.

貯藏(저장) 包藏(포장) 所藏(소장) 埋藏(매장) 冷藏庫(냉장고)

臟
오장 장

부수 | 月(肉, 육달 월)　급수 | 2급

月(肉, 육달 월) + 藏(감출 장)

우리 신체에서 저장기능을 하는 오장. *간(肝)장, 심(心)장, 비(脾)장, 폐(肺)장, 신(腎)장

臟器(장기) 臟腑(장부) *腑 장부 부

欌
장롱 장

부수 | 木(나무 목)　급수 | 사범급

木(나무 목) + 藏(감출 장)

나무로 만들어 옷, 이불 따위를 감추어놓고 보관하는 장롱.

欌籠(장롱) 冊欌(책장) *籠 바구니 롱

章
글 장

부수 | 立(설 립)　급수 | 5급

音(소리 음) + 十(열 십)

낱말 소리들이 모여 단락을 이룬 글.

文章(문장) 圖章(도장) 樂章(악장) 勳章(훈장) 憲章(헌장)

障
막을 장

부수 | 阝(阜, 언덕 부)　급수 | 3급

阝(阜, 언덕 부) + 章(글 장)

언덕에 글을 써서 통행을 막다.

障壁(장벽) 障礙(장애) *礙 꺼릴 애 故障(고장) 障害(장해) 支障(지장)

璋
반쪽 홀 장

부수 | 玉(구슬 옥)　급수 | 2급

玉(구슬 옥) + 章(글 장)

구슬을 반으로 나누어 관직명이나 글을 써놓은 홀.

弄璋之慶(농장지경) : 아들을 낳은 경사. ↔ 弄瓦之慶(농와지경).

樟
녹나무 장

부수 | 木(나무 목) 급수 | 2급

木(나무 목) + 章(글 장)
녹나무에 글을 새겨 표시해 놓다.

樟腦(장뇌) : 녹나무를 증류해 얻는 고체 성분. 무색·반투명 결정으로 독특한 향기가 있음.

獐
노루 장

부수 | 犭(개 견) 급수 | 사범급

犭(개 견) + 章(글 장)
노루 뿔을 약재로 쓰는 방법을 글로 기록하다.

獐角(장각) : 노루의 굳은 뿔. 獐茸(장용) : 노루의 어린 뿔.

瘴
풍토병 장

부수 | 疒(병들 녁) 급수 | 사범급

疒(병들 녁) + 章(글 장)
조심해야 하는 풍토병을 글로 기록하다.

瘴疫(장역) : 무덥고 습기가 많은 지역에서 생기는 유행성 열병.

彰
밝을 창

부수 | 彡(터럭 삼) 급수 | 2급

章(글 장) + 彡(터럭 삼, 사람 형상)
글로 업적을 기록하여서 그 사람의 형상을 세상에 드러나게 하다.

表彰狀(표창장) 彰德(창덕)

長
길 장
어른 장

부수 | 長(긴 장) 급수 | 준5급

긴 머리카락과 지팡이를 짚고 있는 노인의 모습을 그린 한자. 어른을 의미함.

長短(장단) 長髮(장발) 身長(신장) 校長(교장) 家長(가장) 社長(사장)

張
베풀 장

부수 | 弓(활 궁)　급수 | 3급

弓(활 궁) + 長(긴 장)

활을 길게 잡아당기다. 베풀다.

誇張(과장) 緊張(긴장) 主張(주장) 出張(출장) 擴張(확장)

帳
휘장 장

부수 | 巾(수건 건)　급수 | 3급

巾(수건 건) + 長(긴 장)

천을 길게 늘어뜨려 만든 휘장.

帳幕(장막) 帳簿(장부) 揮帳(휘장) : 여러 폭의 피륙을 이어 만든, 둘러치는 장막.

萇
장초나무 장

부수 | 艹(풀 초)　급수 | 사범급

艹(풀 초) + 長(긴 장)

길게 자라는 장초, 양도

萇楚(장초) = 羊桃(양도) : 괭이밥과의 다년생 만초.

脹
배부를 창

부수 | 月(肉, 육달 월)　급수 | 사범급

月(肉, 육달 월) + 長(긴 장)

배가 부르니 몸이 길게 늘어난다.

膨脹(팽창) : 부풀어 부피가 커짐. *膨 부풀 팽

漲
불을 창

부수 | 氵(물 수)　급수 | 사범급

氵(물 수) + 張(당길 장)

활을 당겨서 늘어나듯이 물이 불어나다.

漲溢(창일) : 물이 불어 넘침, 의욕 따위가 왕성하게 일어남. *溢 넘칠 일

悵
슬플 **창**

부수 | 忄(마음 심)   급수 | 사범급

忄(마음 심) + 長(긴 장)
마음이 오랫동안 슬프다.

悵惘(창망) : 몹시 슬프고 근심스러워 아무 경황이 없음. *惘 멍할 망
悵望(창망) : 슬프게 바라봄.

套
덮개 **투**

부수 | 大(큰 대)   급수 | 1급

大(큰 대) + 長(긴 장)
크고 긴 덮개.

外套(외투) 封套(봉투) 語套(어투) 常套的(상투적)

才
재주 **재**

부수 | 扌(손수 변)   급수 | 5급

초목이 땅을 뚫고 나오는 모습을 그린 한자. 이것이 기본적인 자연현상인 것처럼 사람은 모든 기본적인 재주 하나씩은 지니고 있다.

才能(재능) 才弄(재롱) 天才(천재) 秀才(수재) 才致(재치) 才幹(재간)

材
재목 **재**

부수 | 木(나무 목)   급수 | 준4급

木(나무 목) + 才(재주 재)
물건을 만든 기본이 되는 나무, 재료.

材木(재목) 人材(인재) 材質(재질) 材料(재료) 資材(자재)

財
재물 **재**

부수 | 貝(조개 패)   급수 | 준4급

貝(조개 패) + 才(재주 재)
사람이 사는데 재물이 바탕이 된다.

財物(재물) 財産(재산) 財團(재단) 財政(재정) 財閥(재벌) 財力(재력)

在
있을 재

부수 | 土(흙 토)   급수 | 5급

才(재주 재) + 土(흙 토)

모든 사물은 땅을 바탕으로 존재한다.

存在(존재) 在學(재학) 在職(재직) 現在(현재) 在野(재야) 在外(재외)

豺
승냥이 시

부수 | 豸(발 없는 벌레 치)   급수 | 사범급

豸(발 없는 벌레 치) + 才(재주 재)

재주가 많은 승냥이.

豺狼(시랑) : 승냥이와 이리. '탐욕스럽고 무자비한 사람'을 비유.
豺虎(시호) : 승냥이와 호랑이. '사납고 악독한 사람'을 비유.

閉
닫을 폐

부수 | 門(문 문)   급수 | 3급

門(문 문) + 才(재주 재)

문에 빗장을 끼운 모습을 그린 한자.

閉店(폐점) 閉門(폐문) 開閉(개폐) 密閉(밀폐) 幽閉(유폐) 閉鎖(폐쇄)

㦳
자를 재

十(열 십) + 戈(창 과)

창으로 해치다, 자르다의 의미를 지님.

* 단독으로 쓰이지 않는다. 다른 한자와 결합하여 한자의 뜻과 독음에 영향을 준다.

栽
심을 재

부수 | 木(나무 목)   급수 | 3급

㦳(자를 재) + 木(나무 목)

초목의 줄기를 잘라서 새로운 나무가 되도록 심다.

栽培(재배) 植栽(식재) 盆栽(분재)

哉
어조사 재

부수 | 口(입 구)　급수 | 3급

戈(자를 재) + 口(입 구)

이야기를 중간에 잘라서 쉬었다 다시 말하듯이, 문장을 쉬어가게 하는 어조사.

快哉(쾌재) 痛哉(통재) *감탄사로 주로 쓰임.

裁
옷 마를 재

부수 | 衣(옷 의)　급수 | 2급

戈(자를 재) + 衣(옷 의)

옷감을 가위로 잘라서 옷을 만들다.

裁斷(재단) 裁縫(재봉) 決裁(결재) 裁判(재판) 獨裁政權(독재정권)

載
실을 재
해 재

부수 | 車(수레 거)　급수 | 2급

戈(자를 재) + 車(수레 거)

나무를 잘라서 수레에 싣다.

揭載(게재) 積載(적재) 千載一遇(천재일우) : 천 년에 한 번 만난다는 뜻으로, 좀처럼 만나기 어려운 기회를 이르는 말.

戴
일 대

부수 | 戈(창 과)　급수 | 2급

戈(자를 재) + 異(다를 이 = 머리에 탈 쓴 사람)

머리에 탈을 이다. 얹다.

戴冠式(대관식) 推戴(추대) 男負女戴(남부여대)
不俱戴天(불구대천) : 원한이 깊이 사무친 원수를 이름.

爭
다툴 쟁

부수 | 爪(손톱 조)　급수 | 준4급

爪(손톱 조) + 又(오른손 우) + 亅(갈고리 궐)

어떤 물건(갈고리)을 쟁취하려는 여러 손, 서로 다투다.

戰爭(전쟁) 論爭(논쟁) 爭奪(쟁탈) 抗爭(항쟁) 紛爭(분쟁) 競爭(경쟁)

錚
쇳소리 쟁

부수 | 金(쇠 금)　급수 | 1급

金(쇠 금) + 爭(다툴 쟁)

다투는 전쟁에서 사기를 고취시키기 위해서 두드리는 징이나 종.

錚盤(쟁반) 錚錚(쟁쟁) : 여럿 가운데서 아주 우뚝한 모양, 쇠붙이가 맞부딪쳐 나는 맑은 소리.

筝
쟁 쟁

부수 | 竹(대나무 죽)　급수 | 사범급

竹(대나무 죽) + 爭(다툴 쟁)

대나무를 사용해서 만든 악기 쟁.

牙筝(아쟁) 筝曲(쟁곡) *쟁(筝) - 13줄의 현으로 이루어진 현악기.

諍
간할 쟁

부수 | 言(말씀 언)　급수 | 사범급

言(말씀 언) + 爭(다툴 쟁)

소송을 일으켜 서로 다투는 말.

諍訟(쟁송) 諍訴(쟁소) 諍臣(쟁신)

淨
깨끗할 정

부수 | 氵(물 수)　급수 | 3급

氵(물 수) + 爭(다툴 쟁)

깨끗한 물을 서로 마시려고 다투기도 한다.

淨水器(정수기) 淨潔(정결) 淨化(정화) 淸淨(청정)

靜
고요할 정

부수 | 靑(청년 청)　급수 | 3급

靑(청년 청) + 爭(다툴 쟁)

청년들이 다투지 않으면 조용하다.

靜肅(정숙) 靜物畵(정물화) 靜脈(정맥) 靜寂(정적) 動靜(동정)

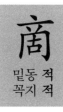

商
밑동 적
꼭지 적

부수 | 口(구)   **급수** | 사범급

많은 뿌리가 모여있는 나무 밑동을 그린 한자, 넝쿨에서 과일, 열매가 열리는 꼭지 모양을 그린 한자.

---

* 단독으로 쓰이지 않는다. 다른 한자와 결합하여 한자의 뜻과 독음에 영향을 준다.

敵
원수 적

부수 | 攵(칠 복)   **급수** | 4급

商(밑동 적) + 攵(칠 복)
원수의 밑동 같은 근거지를 치다, 공격하다.

敵軍(적군) 國敵(국적) 敵手(적수) 敵對(적대) 衆寡不敵(중과부적)

適
알맞을 적

부수 | 辶(辵,쉬엄쉬엄 갈 착)   **급수** | 4급

辶(辵,쉬엄쉬엄 갈 착) + 商(열매 적)
알맞게 익은 열매를 따러 가다.

適當(적당) 適性(적성) 適量(적량) 適格(적격) 適材適所(적재적소)

摘
딸 적

부수 | 扌(손 수)   **급수** | 2급

扌(손 수) + 商(열매 적)
손으로 잘 익은 열매를 따다.

摘出(적출) 摘發(적발) 指摘(지적)

滴
물방울 적

부수 | 氵(물 수)   **급수** | 2급

氵(물 수) + 商(밑동 적)
밑동까지 스며드는 물방울.

硯滴(연적) : 벼룻물을 담는 작은 그릇.

嫡 정실 적

부수 | 女(여자 녀) 급수 | 1급
女(여자 녀) + 商(밑동 적)
밑동처럼 근본이 되는 정실 마누라.

嫡室(적실) 嫡出(적출) 嫡子(적자) : 정실이 낳은 아들. ↔ 서자(庶子)

謫 귀양갈 적

부수 | 言(말씀 언) 급수 | 사범급
言(말씀 언) + 商(밑동 적)
간언을 잘못해서 밑동 같은 먼 곳으로 귀양을 가다.

謫居(적거) 謫所(적소)

鏑 살촉 적

부수 | 金(쇠 금) 급수 | 사범급
金(쇠 금) + 商(밑동 적)
화살의 아래쪽에 다는 쇠로 만든 화살촉.

鳴鏑(명적) : 우는 살. 화살이 날아갈 때 소리를 낸다.

翟 꿩 적

부수 | 羽(깃 우) 급수 | 사범급
羽(깃 우) + 隹(새 추)
멋진 꼬리 깃털을 가진 새 꿩.

翟車(적거) : 황후가 타는 수레. 翟羽(적우) *鸐 꿩 적

糴 쌀 사들일 적

부수 | 米(쌀 미) 급수 | 사범급
入(들 입) + 米(쌀 미) + 翟(꿩 적)
꿩을 잡아서 돈을 마련하여, 그 돈으로 쌀을 사들임.

糴米(적미) : 쌀을 사들임. 糴糧(적량) : 양식을 사들임.

417

糶
쌀 내어 팔 조

부수 | 米(쌀 미)　급수 | 사범급

出(날 출) + 米(쌀 미) + 翟(꿩 적)

쌀을 사기 위해서 꿩을 잡아서 내어 팔다.

糶糴(조적) : 곡식을 팔고 사는 일.　糶米(조미) : 쌀을 냄.

躍
뛸 약

부수 | 足(발 족)　급수 | 2급

足(발 족) + 翟(꿩 적)

꿩이 땅에서 발로 폴짝폴짝 뛰어다니다.

跳躍(도약) 飛躍(비약) 躍進(약진) 活躍(활약) 躍動(약동)

耀
빛날 요

부수 | 羽(깃 우)　급수 | 2급

光(빛 광) + 翟(꿩 적)

꿩의 아름다운 깃털처럼 빛이 나다.

光耀(광요) : 환하게 빛남.

曜
빛날 요

부수 | 日(날 일)　급수 | 2급

日(날 일) + 翟(꿩 적)

꿩의 깃털이 햇빛에 빛나다.

曜日(요일) 七曜日(칠요일)

濯
씻을 탁

부수 | 氵(물 수)　급수 | 3급

氵(물 수) + 翟(꿩 적)

꿩이 물로 깃털을 씻다.

洗濯(세탁) 濯足(탁족) : 발을 씻음, 세속을 초탈함을 이름.

擢
뽑을 탁

부수 | 扌(손 수)　급수 | 1급

扌(손 수) + 翟(꿩 적)

아름다운 꿩을 뽑아서 가려내다.

拔擢(발탁) 擢用(탁용)

해칠 잔
작을 잔

戈(창 과) + 戈(창 과)

창으로 사람을 해치다, 창으로 토막내어 쌓아 놓다.

* 단독으로 쓰이지 않는다. 다른 한자와 결합하여 한자의 뜻과 독음에 영향을 준다.

錢
돈 전

부수 | 金(쇠 금)　급수 | 3급

金(쇠 금) + 戔(쌓일 전)

작은 동전들이 많이 쌓여 있다.

金錢(금전) 本錢(본전) 錢主(전주) 葉錢(엽전) 銅錢(동전)

餞
전별할 전

부수 | 食(밥 식)　급수 | 사범급

食(밥 식) + 戔(쌓일 전)

먹을 것을 많이 쌓아 놓고 잔치를 한 후 이별하다.

餞別(전별) : 떠나는 사람을 위하여 잔치를 베풀어 작별함.

箋
쪽지 전

부수 | 竹(대나무 죽)　급수 | 1급

竹(대나무 죽) + 戔(작을 전)

대나무 쪽에 글을 쓴 쪽지.

箋注(전주) : 본문의 글을 풀이함. 附箋(부전) : 서류에 덧붙이는 간단한 쪽지.

賤 천할 천

부수 | 貝(조개 패)　급수 | 3급

貝(조개 패) + 戔(작을 전)

돈이 적은 가난한 사람, 천한 사람.

賤民(천민) 賤待(천대) 貴賤(귀천) 卑賤(비천) 至賤(지천) 微賤(미천)

淺 얕을 천

부수 | 氵(물 수)　급수 | 3급

氵(물 수) + 戔(작을 전)

물의 양이 적어서 물이 얕다.

淺薄(천박) 深淺(심천) 淺學(천학)

踐 밟을 천

부수 | 足(발 족)　급수 | 3급

足(발 족) + 戔(쌓일 전)

발로 차근차근 일을 실천해가다.

實踐(실천) 踐踏(천답) *踏 밟을 답

殘 잔인할 잔

부수 | 歹(부서진 뼈 알)　급수 | 3급

歹(부서진 뼈 알) + 戔(쌓일 전)

창으로 사람을 잔인하게 죽이다. 뼈만 남다.

殘忍(잔인) 殘虐(잔학) 殘額(잔액)

盞 잔 잔

부수 | 皿(그릇 명)　급수 | 1급

戔(작을 전) + 皿(그릇 명)

조금씩 술을 담는 그릇 잔.

燈盞(등잔) 茶盞(차잔) : 찻잔.

栈
잔도 잔

부수 | 木(나무 목)　급수 | 사범급

木(나무 목) + 戔(작을 전)

나무 선반을 매듯이 작게 난 길.

栈道(잔도) : 험한 벼랑에 선반처럼 달아 낸 길.

專
오로지 전

부수 | 寸(마디 촌)　급수 | 3급

叀(물레 전) + 寸(마디 촌)

실을 뽑아내는 물레가 규칙적으로 한쪽으로만 오로지 돌아가다.

專用(전용) 專門(전문) 專攻(전공)

傳
전할 전

부수 | 人(사람 인)　급수 | 준4급

人(사람 인) + 專(오로지 전)

사람이 사람에게만 오로지 전달하다.

傳達(전달) 傳記(전기) 傳統(전통) 傳染(전염) 傳播(전파) 傳來(전래)

轉
구를 전

부수 | 車(수레 거)　급수 | 3급

車(수레 거) + 專(옮길 전)

수레바퀴는 굴러가다.

轉學(전학) 回轉(회전) 運轉(운전) 自轉(자전) 轉換(전환) 移轉(이전)

囀
지저귈 전

부수 | 口(입 구)　급수 | 사범급

口(입 구) + 轉(옮길 전)

새들이 옮겨 다니며 지저귀다.

春鶯囀(춘앵전) : 조선 순조 때, 효명 세자가 새롭게 고친 궁중 춤의 하나. 잔치 때, 한 사람의 무기(舞妓)가 화문석 위에서 주악에 맞추어 춤. *鶯 꾀꼬리 앵

塼
벽돌 전

부수 | 土(흙 토)　급수 | 사범급

土(흙 토) + 專(오로지 전)
돌로 오로지 같은 모양의 벽돌을 만들다.

模塼石塔(모전석탑)

團
둥글 단

부수 | 囗(에울 위)　급수 | 3급

囗(에울 위) + 專(오로지 전)
성곽을 둥글게 에워싸듯이 사람들이 오로지 한마음으로 모이다.

團體(단체) 團結(단결) 團束(단속) 師團(사단) 視察團(시찰단)

蓴
순채 순

부수 | 艹(풀 초)　급수 | 사범급

艹(풀 초) + 專(오로지 전)
오로지 연못에서만 자라는 순채.

蓴菜(순채)

惠
은혜 혜

부수 | 心(마음 심)　급수 | 4급

專(오로지 전) + 心(마음 심)
오로지 나에게만 베풀어 주신 은혜로운 마음.

恩惠(은혜) 惠澤(혜택) 慈惠(자혜)

蕙
난초 혜

부수 | 艹(풀 초)　급수 | 1급

艹(풀 초) + 惠(은혜 혜)
정성을 다해서 키우는 난초.

蕙蘭(혜란) 蕙質(혜질) : 아름다운 성질.

憓 사랑할 **혜**

부수 | ⺖(마음 심)   급수 | 사범급

⺖(마음 심) + 惠(은혜 혜)

은혜로운 마음이 사랑이다.

愛憓(애혜) : 사랑하는 모양.

占 점칠 점 / 차지할 점

부수 | 卜(점 복)   급수 | 3급

卜(점 복) + 口(입 구, 땅 모양)

점을 쳐서 말해주다, 혹은 땅을 차지하고 깃발을 꽂은 모습.

占卦(점괘) 占術(점술) 獨占(독점) 寡占(과점) 買占(매점) 先占(선점)

店 가게 점

부수 | 广(집 엄)   급수 | 준4급

广(집 엄) + 占(차지할 점)

장사를 하기 위해서 차지한 집, 가게.

商店(상점) 露店(노점) 支店(지점) 書店(서점) 店鋪(점포) 店員(점원)

點 점 점

부수 | 黑(검을 흑)   급수 | 3급

黑(검을 흑) + 占(점칠 점)

검은색으로 점을 찍다, 어두워서 불을 켜다. 점을 찍으며 점수를 주다.

長點(장점) 點火(점화) 採點(채점) *点(점 점)의 속자(俗字).

粘 끈끈할 점

부수 | 米(쌀 미)   급수 | 1급

米(쌀 미) + 占(차지할 점)

쌀이 끈끈한 액을 많이 포함하고(차지하고) 있다.

粘液(점액) 粘性(점성) 粘土(점토)

霑
젖을 점

부수 | 雨(비 우)　급수 | 사범급

雨(비 우) + 沾(더할 첨)

비가 계속 내려서 젖다.

均霑(균점) : 고르게 이익이나 혜택을 받음, 국제법에서, 다른 나라와 동일한 혜택을 받음. *沾 젖을 점

岾
땅 이름 점

부수 | 山(뫼 산)　급수 | 사범급

山(뫼 산) + 占(차지할 점)

산과 땅을 차지하다.

楡岾寺(유점사) : 강원도 간성군에 있는 절.

鮎
메기 점

부수 | 魚(물고기 어)　급수 | 사범급

魚(물고기 어) + 占(차지할 점)

물고기 중 메기.

鮎魚(점어) : 메기.

覘
엿볼 점

부수 | 見(볼 견)　급수 | 사범급

占(차지할 점) + 見(볼 견)

작은 장소 하나를 차지한 후 몰래 엿보다.

覘視(점시) 覘候(점후) 覘望(점망)

帖
문서 첩
체지 체

부수 | 巾(수건 건)　급수 | 1급

巾(수건 건) + 占(차지할 점)

글씨를 쓰기 위해 사용하는 얇은 천.

手帖(수첩) 畫帖(화첩) 帖紙(체지) : 관아에서 하급 관원을 고용할 때 쓰던 사령장, 돈을 받은 표(영수증).

貼
붙일 **첩**

부수 | 貝(조개 패)　급수 | 사범급

貝(조개 패) + 占(차지할 점)

돈을 차지하여 내 곁에 붙여두다. *첩 – 봉지에 싼 약을 세는 단위

貼付(첩부): 착 들러붙게 붙임. 貼藥(첩약): 약재를 조합하여 약봉지에 싼 약.

站
우두커니 설 **참**
역마을 **참**

부수 | 立(설 립)　급수 | 사범급

立(설 립) + 占(차지할 점)

차지한 땅에 서 있다.

*새참 – 일을 하다가 일정하게 잠시 쉬는 동안. 한자를 빌려 '站(참)'으로 적기도 한다.

兵站(병참): 군수품의 보급과 관리 등을 맡아보는 병과.
驛站(역참): 역마를 갈아타던 곳.

廷
조정 **정**

부수 | 廴(길게 걸을 인)　급수 | 3급

廴(길게 걸을 인) + 壬(바로 서다 정)

신하들이 바로 서서 임금님 앞에 나아가 정사를 하는 곳, 조정.

朝廷(조정): 임금이 나라의 정치를 의논 또는 집행하는 곳. 法廷(법정)

庭
뜰 **정**

부수 | 广(집 엄)　급수 | 준4급

广(집 엄) + 廷(조정 정)

집 엄 부수를 추가해서 뜰도 있는 넓은 조정을 뜻함.

家庭(가정) 宮庭(궁정) 庭園(정원) 親庭(친정)

艇
거룻배 **정**

부수 | 舟(배 주)　급수 | 2급

舟(배 주) + 廷(조정 정)

조정 신하들이 타는 작은 배.

漕艇(조정): 정해진 거리에서 보트를 저어 그 빠르기로 승부를 겨루는 운동 경기.
*漕 배로 실어 나를 조

珽
옥홀 정

부수 | 玉(구슬 옥)　**급수** | 2급

玉(구슬 옥) + 廷(조정 정)
조정 신하들이 차고 다니던 옥홀.

珽玉(정옥) : 제왕이 지니는 옥으로 만든 큰 홀. *길이가 3척 되는 옥으로 만든 큰 홀(笏).

挺
뺄 정

부수 | 扌(손 수)　**급수** | 1급

扌(손 수) + 廷(조정 정)
조정 신하들 중에 빼어난 신하를 빼내다(가려내다).

挺身(정신) : 어떤 일에 남들보다 앞서서 나아감, 솔선함.

綎
띳술 정

부수 | 糸(가는 실 멱, 사)　**급수** | 1급

糸(가는 실 멱, 사) + 廷(조정 정)
조정대신들 옷에 장식된 띠 술.

---

*띳술 - 공복(公服)의 띠에 달린, 호패 따위를 다는 술.

鋌
쇳덩이 정

부수 | 金(쇠 금)　**급수** | 1급

金(쇠 금) + 廷(조정 정)
조정대신들이 가지고 있는 쇳덩이.

鋌鑰(정약) : 열쇠. *鑰 자물쇠 약

呈
드릴 정
나타날 정

부수 | 口(입 구)　**급수** | 2급

口(입 구) + 壬(바로 설 정)
바로 서서 입으로 의견을 말하다, 자신을 드러내어 보이다.

贈呈(증정)　進呈(진정)　呈納(정납)

程
길 정
헤아릴, 법 정

부수 | 禾(벼 화)　**급수** | 2급

禾(벼 화) + 呈(드릴 정)

세금으로 드릴 벼(곡식) 무게를 헤아리다.

規程(규정) 程度(정도) 工程(공정) 里程標(이정표) 日程(일정) 過程(과정)

鞓
가죽 띠 정

부수 | 革(가죽 혁)　**급수** | 사범급

革(가죽 혁) + 呈(드릴 정)

가죽으로 만든 띠를 드린다.(혁대)

鞓帶(정대) : 가죽 혁대.

聖
성스러울 성

부수 | 耳(귀 이)　**급수** | 4급

耳(귀 이) + 口(입 구) + 壬(바로 설 정)

언덕 위에서 바로 서서, 하늘의 말을 귀로 듣고, 입으로 전달하는 성스러운 사람.

聖經(성경) 聖人(성인) 聖恩(성은) 聖職(성직) 神聖(신성) 聖域(성역)

丁
못 정
장정 정

부수 | 一(한 일)　**급수** | 3급

못의 머리를 그린 한자. 장정(壯丁)은 성년에 이른 혈기 왕성한 남자.(16세~20세)

壯丁(장정) 丁年(정년) 白丁(백정) 丁口(정구) = 人口(인구)

頂
정수리 정

부수 | 頁(머리 혈)　**급수** | 3급

丁(장정 정) + 頁(머리 혈)

장정의 머리 정수리.

頂上(정상) 山頂(산정) 頂點(정점)
頂門一鍼(정문일침) : 정수리에 침을 놓는다는 뜻으로 따끔한 충고, 비판을 의미.

訂
바로잡을 정

부수 | 言(말씀 언)　급수 | 3급

言(말씀 언) + 丁(장정 정)

장정이 잘못한 말을 바로 잡다.

改訂(개정) 修訂(수정) 訂正(정정) : 글이나 글자 따위의 틀린 곳을 고쳐 바로잡음.
訂定(정정) : 잘잘못을 의논하여 정함.

汀
물가 정

부수 | 氵(물 수)　급수 | 2급

氵(물 수) + 丁(장정 정)

물가를 순찰하는 장정.

汀線(정선) : 해안선.

町
밭두둑 정

부수 | 田(밭 전)　급수 | 2급

田(밭 전) + 丁(장정 정)

밭에서 일하는 장정.

町步(정보) : 땅 넓이의 단위로 면적이 한 정(町)으로 끝이 나고 끝수가 없을 때를
일컬음. *1정보는 약 3,000평임.

酊
술 취할 정

부수 | 酉(술 유)　급수 | 1급

酉(술 유) + 丁(장정 정)

장정이 술에 취함.

酒酊(주정) 酩酊(명정) : 정신을 차리지 못할 정도로 술에 취함. *酩 술 취할 명

玎
옥 소리 정

부수 | 玉(구슬 옥)　급수 | 1급

玉(구슬 옥) + 丁(장정 정)

장정이 지니고 다니는 옥.

玎琅(정랑) : 밝은 소리의 형용.

釘 못 정

부수 | 金(쇠 금) 급수 | 1급

金(쇠 금) + 丁(못 정)
쇠로 된 못.

釘頭(정두) : 못 대가리.

亭 정자 정

부수 | 亠(머리 두) 급수 | 3급

高(높을 고) + 丁(장정 정)
장정들이 손님 접대 하려고 높이 지은 정자.

亭子(정자) 驛亭(역정) 亭亭(정정) : 늙은 몸이 굳세고 건강하다.

停 머무를 정

부수 | 人(사람 인) 급수 | 4급

人(사람 인) + 亭(정자 정)
사람이 정자에 머무르며 쉰다.

停止(정지) 停電(정전) 停戰(정전) 停年(정년) 停留場(정류장) 停滯(정체) 調停(조정)

諪 조정할 정

부수 | 言(말씀 언) 급수 | 1급

言(말씀 언) + 亭(정자 정)
정자에 모여서 말로 토의하고 의견을 조정하다.

調停(조정) = 調諪(조정)

寧 편안할 녕
차라리 령

부수 | 宀(집 면) 급수 | 2급

宀(집 면) + 心(마음 심) + 皿(그릇 명) + 丁(장정 정)
장정이 집에서 그릇에 담긴 음식을 먹으면서 편안하게 쉬다.

安寧(안녕) 康寧(강녕) 寧爲鷄口勿爲牛後(영위계구물위우후) : 닭의 입이 될지언정 소의 꼬리는 되지 말라는 뜻으로 큰 것의 뒤를 따르는 것보다 작은 것의 우두머리가 되는 것이 나음.

獰
모질 녕

부수 | 犭(개 견)   급수 | 사범급

犭(개 견) + 寧(편안할 녕)
개가 편안하지 못하면 사납고 모질게 된다.

獰惡(영악) : 사납고 악독함. 獰慝(영특) : 영악하고 사특함.

濘
진창 녕

부수 | 氵(물 수)   급수 | 사범급

氵(물 수) + 寧(편안할 녕)
물이 많아서 편안하게 걸어 다닐 수 없는 진흙.

泥濘(이녕) : 진흙.

宁
쌓을 저
우두커니 설 저

부수 | 宀(집 면)   급수 | 1급

宀(집 면) + 丁(장정 정)
집에 장정이 곡식이나 돈을 쌓아 놓다. 집에 장정이 우두커니 서 있다.

宁立(저립) = 佇立(저립) : 우두커니 섬.

貯
쌓을 저

부수 | 貝(조개 패)   급수 | 준4급

貝(조개 패) + 宁(쌓을 저)
돈을 집에 쌓아 두다.

貯金(저금) 貯水池(저수지) 貯蓄(저축) 貯藏(저장)

紵
모시 저

부수 | 糸(가는 실 멱, 사)   급수 | 사범급

糸(가는 실 멱, 사) + 宁(쌓을 저)
모시풀을 많이 베어와 집에 쌓아 놓고, 실을 만들다.

紵麻(저마) = 紵布(저포) : 모시. *苧 모시 저

佇
우두커니 저

부수 | 人(사람 인)　**급수** | 사범급

人(사람 인) + 宁(쌓을 저)
집에 우두커니 잠시 멈추어 서 있는 장정.

佇立(저립) : 잠시 멈추어 섬. *竚 우두커니 저

井
우물 정

부수 | 二(두 이)　**급수** | 4급

가로 세로로 네모지게 틀을 짜서, 우물의 가장자리에 두른 테두리의 모양을 그린 한자.

井底之蛙(정저지와) : 우물 안 개구리.　井華水(정화수)　井田法(정전법)

穽
함정 정

부수 | 穴(구멍 혈)　**급수** | 2급

穴(구멍 혈) + 井(우물 정)
우물 모양으로 구멍을 낸 함정.

陷穽(함정) *阱 함정 정

耕
밭갈 경

부수 | 耒(쟁기 뢰)　**급수** | 4급

耒(쟁기 뢰) + 井(우물 정 = 田 밭전 변형)
쟁기로 우물 정 모양인 가로, 세로 방향으로 밭을 갈다.

農耕(농경) 耕作(경작) 耕耘機(경운기) 晝耕夜讀(주경야독) *畊 밭갈 경

幵
평평할 견

두 개의 장대를 나란히 세워 위가 평평하게 한다는 뜻.

* 단독으로 쓰이지 않는다. 다른 한자와 결합하여 한자의 뜻과 독음에 영향을 준다.

形 모양 형

부수 | 彡(터럭 삼)　급수 | 5급

幵(평평할 견) + 彡(터럭, 붓 삼)

종이나, 평평한 나무판에 털붓으로 모양을 그린다.

形象(형상) 形體(형체) 形式(형식) 形便(형편) 三角形(삼각형)

刑 형벌 형

부수 | 刂(칼 도)　급수 | 3급

幵(평평할 견) + 刂(칼 도)

나무로 평평하게 만든 형벌 틀에 묶어 놓고, 칼을 들고 벌을 주다.

刑罰(형벌) 死刑(사형) 刑法(형법) 刑事(형사) 處刑(처형)

型 거푸집 형

부수 | 土(흙 토)　급수 | 2급

刑(형벌 형) + 土(흙 토)

규격에 맞게 물건을 똑같이 만들려고 흙이나 쇠로 만든 거푸집.

模型(모형) 類型(유형) 鑄型(주형)

荊 가시 형

부수 | 艹(풀 초)　급수 | 1급

艹(풀 초) + 刑(형벌 형)

형벌로 쓰이는 가시나무 풀.

一日不讀書 口中生荊棘(일일부독서 구중생형극) : 하루라도 독서를 하지 않으면 입 속에 가시가 난다.

邢 나라 이름 형

부수 | 阝(邑,고을 읍)　급수 | 2급

幵(평평할 견) + 阝(邑,고을 읍)

평평한 땅에 세운 마을, 나라 이름.

邢國(형국) : 지금의 하북성에 있었던 주공(周公)의 아들을 봉한 제후국.
*성씨(姓氏)로 쓰임.

定
정할 정

부수 | 宀(집 면) 급수 | 준4급

宀(집 면) + 正(바를 정)
집안의 일을 바른 방향으로 정하다.

定價(정가) 安定(안정) 定員(정원)

碇
닻 정

부수 | 石(돌 석) 급수 | 1급

石(돌 석) + 定(정할 정)
돌 닻으로 배를 고정(정박)해놓다.

碇泊(정박) = 碇泊(정박) : 배가 닻을 내리고 머무름. *泊 배 댈 박

綻
옷 터질 탄

부수 | 糸(가는 실 멱, 사) 급수 | 사범급

糸(가는 실 멱, 사) + 定(정할 정)
옷의 실이 풀려서 속살이 보이다.

破綻(파탄) : 일이나 계획 따위가 원만히 해결되지 않고 중도에서 그릇됨. 또는, 회사 따위의 재정이 지급 정지 상태가 됨.

正
바를 정

부수 | 止(그칠 지) 급수 | 6급

一(나라, 마을) + 止(발 모양)
다른 나라, 마을을 바른 명분을 가지고 정벌하러 가는 발.

正面(정면) 正當(정당) 正刻(정각) 正直(정직) 正統(정통) 正確(정확)

政
정사 정

부수 | 攵(칠 복) 급수 | 4급

正(바를 정) + 攵(칠 복)
바르지 못한 것을 쳐내면서 바르게 다스리려고 하는 정사, 정치.

政治(정치) 政事(정사) 政黨(정당) 政府(정부) 政策(정책) 國政(국정)

征
칠 정

부수 | 彳(조금 걸을 척) **급수 |** 3급

彳(조금 걸을 척) + 正(바를 정)

다른 나라, 고을을 직접 가서 치고 정벌하여, 바르게 이끌어 가다.

征伐(정벌) 征服(정복) 遠征(원정) 大長征(대장정) 出征(출정)

整
가지런할 정

부수 | 攵(칠 복) **급수 |** 3급

束(묶을 속) + 攵(칠 복) + 正(바를 정)

묶고, 쳐서 바르게 가지런히 정리하다.

整理(정리) 整頓(정돈) 整備(정비)

晸
해 뜨는 모양 정

부수 | 日(날 일) **급수 |** 사범급

日(날 일) + 政(정사 정)

해가 밝게 뜨듯이 정사를 밝게 하라.

晸貌(정모) : 해뜨는 모양.

鉦
징 정

부수 | 金(쇠 금) **급수 |** 1급

金(쇠 금) + 正(바를 정)

쇠로 된 악기 징.

鉦鼓(정고) : 징과 북.

柾
나무 바를 정

부수 | 木(나무 목) **급수 |** 1급

木(나무 목) + 正(바를 정)

바르게 자라고 있는 나무.

柾木(정목) : 구부러지지 않고 곧게 자란 나무.

炡 빛날 정

부수 | 火(불 화)   급수 | 1급

火(불 화) + 正(바를 정)

불이 바른 모양으로 빛나다.

炡然(정연) : 밝게 빛나는 모양.

症 증세 증

부수 | 疒(병들 녁)   급수 | 3급

疒(병들 녁) + 正(바를 정)

병의 증세를 바르게 알아야 한다.

症勢(증세) 渴症(갈증) 炎症(염증) 痛症(통증)

弟 아우 제

부수 | 弓(활 궁)   급수 | 6급

弓(활 궁) + 노끈을 내려 감은 모양

활에 질긴 가죽끈을 차례차례 나선형으로 감은 모양, 순서, 차례, 아우를 의미.

弟子(제자) 兄弟(형제) 師弟(사제) 弟嫂(제수) *嫂 형수 수

第 차례 제 / 시험 제

부수 | 竹(대나무 죽)   급수 | 5급

竹(대나무 죽) + 弟(차례 제)

대나무 죽간을 차례차례 묶어서 책을 만들다. 그 책으로 시험을 보다.

及第(급제) 落第(낙제) 第一(제일)

悌 공경할 제

부수 | 忄(마음 심)   급수 | 1급

忄(마음 심) + 弟(아우 제)

아우가 형과 어른을 공경하다.

孝悌(효제) 悌友(제우) : 형제 사이나 어른과 어린이 사이에 우애가 두터움.

梯
사다리 **제**

부수 | 木(나무 목)　급수 | 1급

木(나무 목) + 弟(차례 제)

나무로 만든 사다리는 아래부터 차례로 밟고 올라가야 한다.

階梯(계제) : 계단과 사닥다리라는 뜻으로, 일이 진행되는 순서나 절차를 비유적으로 이르는 말.

娣
여동생 **제**

부수 | 女(여자 녀)　급수 | 사범급

女(여자 녀) + 弟(아우 제)

여자 동생.

娣婦(제부) = 弟婦(제부) : 손아래 동서.

涕
눈물 **체**

부수 | 氵(물 수)　급수 | 사범급

氵(물 수) + 弟(아우 제)

아우가 눈물을 흘리다.

涕泣(체읍) = 泣涕(읍체) : 눈물을 흘리며 슬피 욺.

剃
머리 깎을 **체**

부수 | 刂(칼 도)　급수 | 사범급

弟(아우 제) + 刂(칼 도)

아우가 칼로 머리를 깎다.

剃髮(체발) : 머리를 박박 깎음.

齊
가지런할 **제**

부수 | 齊(가지런할 제)　급수 | 3급

가지런히 서 있는 농작물을 본뜬 글자.

齊家(제가) 齊唱(제창)

濟 건널 제

부수 | 氵(물 수) 급수 | 3급

氵(물 수) + 齊(가지런할 제)
물을 나란히 같이 건너가다, 물에 빠진 사람을 구제해주다.

經濟(경제) 救濟(구제) 共濟(공제)

劑 약 지을 제

부수 | 刂(칼 도) 급수 | 2급

齊(가지런할 제) + 刂(칼 도)
약초를 가지런히 놓고 칼로 잘라서 약을 조제한다.

調劑(조제) 藥劑(약제) 洗劑(세제)

臍 배꼽 제

부수 | 月(肉,육달 월) 급수 | 사범급

月(肉,육달 월) + 齊(가지런할 제)
배 중앙에 있는 배꼽.

臍帶血(제대혈):출산 때 탯줄에서 나오는 탯줄혈액.
噬臍莫及(서제막급):이미 저지른 잘못에 대해 후회해도 소용없다는 말. *噬 씹을 서

薺 냉이 제

부수 | 艹(풀 초) 급수 | 사범급

艹(풀 초) + 齊(가지런할 제)
들에 나란히 자라고 있는 냉이.

甘心如薺(감심여제):마음이 가라앉고 편안하여 고통을 느끼지 않음.

霽 갤 제

부수 | 雨(비 우) 급수 | 사범급

雨(비 우) + 齊(가지런할 제)
비가 내리다가 가지런히 개다.

霽月(제월):비가 갠 날의 밝은 달.

437

躋
오를 제

부수 | 足(발 족)　급수 | 사범급

足(발 족) + 齊(가지런할 제)
발걸음을 나란히 하며 오르다.

登躋(등제) 躋攀(제반) *攀 오를 반

齋
재계할 재

부수 | 齊(가지런할 제)　급수 | 1급

齊(가지런할 제) + 示(보일, 제사 시)
제가 지내기 전에 몸과 마음을 가지런히 하고, 부정한 일을 경계하라.

書齋(서재) 齋室(재실) 齋閣(재각) 齋戒(재계) : 종교의식 따위를 치르기 위해 마음
과 몸을 깨끗이 하고 부정(不淨)한 일을 멀리함.

齎
가져올 재
휴대품 자

부수 | 齊(가지런할 제)　급수 | 사범급

齊(가지런할 제) + 貝(조개 패)
지런히 있는 돈과 재물을 가져오다.

齎金(재금) : 돈을 지참함. 齎用(자용) : 일상생활에 필요한 물건.

제사 제

부수 | 示(조상 시)　급수 | 4급

月(肉, 육달 월) + 又(손 우) + 示(조상 시)
고기를 손에 들고 조상신에게 바치며 제사를 지내다.

祭祀(제사) 祭物(제물) 祝祭(축제)

際
사귈 제
사이 제

부수 | 阝(阜, 언덕 부)　급수 | 3급

阝(阜, 언덕 부) + 祭(제사 제)
언덕에서 제사를 지낼 때 많은 사람들을 만나 사귀다.

國際(국제) 交際(교제) 實際(실제)

察
살필 찰

부수 | 宀(집 면)   급수 | 4급

宀(집 면) + 祭(제사 제)

집에서 제사를 지낼 때 세심하게 살피고 주의하면서 지내다.

觀察(관찰) 省察(성찰) 視察(시찰) 警察(경찰) 診察(진찰)

擦
비빌 찰

부수 | 扌(손 수)   급수 | 1급

扌(손 수) + 察(살필 찰)

손을 잘 살펴 비비다.

摩擦(마찰) 擦傷(찰상)

蔡
풀 채
성 채

부수 | 艹(풀 초)   급수 | 2급

艹(풀 초) + 祭(제사 제)

초원 야외에서 제사를 지내는 채씨.

蔡倫(채륜) : 처음으로 종이를 만든 사람의 이름.

새 떼 지어
울 조

品(새 입들) + 木(나무 목)

나무 위에서 여러 마리 새가 떼 지어 입들을 벌리고 울고 있다.

* 단독으로 쓰이지 않는다. 다른 한자와 결합하여 한자의 뜻과 독음에 영향을 준다.

操
잡을 조

부수 | 扌(손 수)   급수 | 3급

扌(손 수) + 喿(새 떼 지어 울 조)

나무 위에 떼 지어 울고 있는 새를 손으로 잡다.

操心(조심) 操作(조작) 志操(지조) 貞操(정조) 體操(체조)

燥
마를 조

부수 | 火(불 화)   급수 | 2급

火(불 화) + 喿(새 떼 지어 울 조)
나무에 걸어 놓고 불로 말리다.

乾燥(건조) 焦燥(초조)

藻
바닷말 조

부수 | 艹(풀 초)   급수 | 사범급

艹(풀 초) + 澡(씻을 조)
바다에 있는 바닷말.

海藻(해조) = 해초(海草) : 바다에서 나는 조류(藻類)의 총칭.

躁
조급할 조

부수 | 足(발 족)   급수 | 사범급

足(발 족) + 喿(새 떼 지어 울 조)
발걸음 소리가 새우는 소리처럼 시끄러운 걸 보니 성급하고, 조급하다.

躁急(조급) 躁鬱症(조울증) : 조급증과 우울증이 교대로 나타나는 질병.
*鬱 답답할 울

繰
비단 조
고치켤 소

부수 | 糸(가는 실 멱, 사)   급수 | 사범급

糸(가는 실 멱, 사) + 喿(새 떼 지어 울 조)
새떼처럼 누에고치가 모여서 실을 만들어 낸다.

繰繭(소견) : 고치에서 실을 켬. *繭 고치 견

璪
면류관 드림
옥 조

부수 | 玉(구슬 옥)   급수 | 사범급

玉(구슬 옥) + 喿(새 떼 지어 울 조)
왕의 면류관에 옥이 떼 지어(많이) 드리워져 있다.

璪玉(조옥) : 옥을 색실에 꿴 면류관 장식.

兆
조짐 조
조 조

부수 | 儿(어진 사람 인)   급수 | 4급

점칠 때 거북 등딱지에 나타나는 금을 나타낸 글자,
卜(복)은 간단한 점, 兆(조)는 복잡한 점을 말한다.

兆朕(조짐) : 어떤 일이 생길 기미가 보이는 현상. *朕 나 짐

窕
정숙할 조

부수 | 穴(구멍 혈)   급수 | 1급

穴(구멍 혈) + 兆(조짐 조)
점친 모양처럼 땅이 갈라지며 구멍이 깊이 생김. 깊은 곳 → 조용하다.

窈窕淑女(요조숙녀) : 말과 행동이 품위 있고 정숙한 여자.

眺
바라볼 조

부수 | 目(눈 목)   급수 | 1급

目(눈 목) + 兆(조짐 조)
눈으로 점친 것을 바라보다.

眺望(조망) : 먼 곳을 바라봄. 또는 그 경치.

逃
달아날 도

부수 | 辶(辵,쉬엄쉬엄 갈 착)   급수 | 3급

辶(辵,쉬엄쉬엄 갈 착) + 兆(조짐 조)
나쁜 조짐이 느껴져서 달아나다.

逃亡(도망) 逃避(도피)

桃
복숭아 도

부수 | 木(나무 목)   급수 | 2급

木(나무 목) + 兆(조짐 조)
나쁜 조짐을 쫓아내는 복숭아 가지.

黃桃(황도) 桃花(도화) 桃園結義(도원결의) 武陵桃源(무릉도원)

跳
뛸 도

부수 | 足(발 족)　급수 | 2급

足(발 족) + 兆(조짐 조)
나쁜 조짐을 피하기 위해서 발로 뛰다.

跳躍(도약) : 뛰어오름, 급격한 진보·발전의 단계로 접어듦. *躍 뛸 약

挑
돋을 도

부수 | 扌(손 수)　급수 | 2급

扌(손 수) + 兆(조짐 조)
나쁜 조짐이 보이는 사람에게 싸움을 걸다, 돋우다.

挑戰(도전) 挑發(도발)

姚
예쁠 요

부수 | 女(여자 녀)　급수 | 2급

女(여자 녀) + 兆(조짐 조)
좋은 조짐을 불러들이는 예쁜 여자.

姚姚(요요) : 예쁘고 아리따움.

卒
군사 졸
마칠 졸

부수 | 十(열 십)　급수 | 준4급

衣(옷 의) + 一(표시)
옷에 표시하여 졸병을 구분하다. 전쟁 중 졸병이 죽다, 생을 마치다.

卒兵(졸병) 卒業(졸업) 兵卒(병졸)

猝
갑자기 졸

부수 | 犭(개 견)　급수 | 사범급

犭(개 견) + 卒(마칠 졸)
개가 갑자기 공격하여 생을 마치다.

猝富(졸부) 猝地(졸지)

粹
순수할 수

부수 | 米(쌀 미)　**급수** | 2급

米(쌀 미) + 卒(마칠 졸)

쌀 껍질을 끝까지 껍질을 벗겨보니 흰 쌀이 나왔다. 흰색 → 순수하다.

純粹(순수) 國粹主義(국수주의)

晬
돌 수

부수 | 日(날 일)　**급수** | 사범급

日(날 일) + 卒(마칠 졸)

1년의 날을 다 보내다. 마치다.

晬宴(수연) : 생일잔치. 晬盤(수반) : 돌잡이 상.

睟
바라볼 수

부수 | 目(눈 목)　**급수** | 사범급

目(눈 목) + 卒(마칠 졸)

눈 맞춤을 끝까지 하며 바라보다.

睟容(수용) : 임금의 화상. 어진(御眞).

碎
부술 쇄

부수 | 石(돌 석)　**급수** | 2급

石(돌 석) + 卒(마칠 졸)

돌을 끝까지 작게 부수다.

粉碎機(분쇄기) 碎氷船(쇄빙선) 粉骨碎身(분골쇄신) : 뼈가 가루가 되고 몸이 부서진다는 뜻으로, 정성으로 노력함을 이르는 말.

醉
취할 취

부수 | 酉(술 유)　**급수** | 2급

酉(술 유) + 卒(마칠 졸)

술을 끝까지 과하게 마셔서 취하다.

醉客(취객) 滿醉(만취) 宿醉(숙취) 醉中(취중)
醉生夢死(취생몽사) : 술에 취해 자는 동안에 꾸는 꿈속에서 살고 죽는다는 뜻으로, 한평생을 하는 일도 없이 흐리멍덩하게 살아감의 비유.

翠
물총새 **취**

부수 | 羽(깃 우)   급수 | 1급

羽(깃 우) + 卒(끝 졸)

깃털 끝부분도 색이 예쁜 물총새.

翡翠(비취) : 치밀하고 짙은 푸른색의 윤이 나는 보석 구슬. *翡 물총새 비

啐
맛볼 **쵀**
쪼을 **줄**

부수 | 口(입 구)   급수 | 사범급

口(입 구) + 卒(마칠 졸)

요리를 마친 음식을 입으로 맛보다, 부화 시기가 다 되어서 입을 껍질을 쪼다.

啐啄同時(줄탁동시) : 닭이 알을 깔 때에 알 속의 병아리가 껍질을 깨뜨리고 나오기 위하여 껍질 안에서 쪼는 것을 줄(啐)이라 하고 어미 닭이 밖에서 쪼아 깨뜨리는 것을 탁(啄)이라 함. - 師弟之間(사제지간)의 연분.

萃
모일 **쵀**

부수 | 艹(풀 초)   급수 | 1급

艹(풀 초) + 卒(병사 졸)

풀이 모여있듯이 병사들이 모여있다.

拔萃(발췌) : 글 가운데에서 필요하거나 중요한 부분만을 뽑아냄.

膵
췌장 **췌**

부수 | 月(肉, 육달 월)   급수 | 사범급

月(肉, 육달 월) + 萃(모일 쵀)

소화액을 모아서 위장을 도와주는 췌장.

膵臟(췌장)

悴
파리할 **췌**

부수 | 忄(마음 심)   급수 | 사범급

忄(마음 심) + 卒(마칠 졸)

삶을 마치며 죽어가는 사람처럼 파리하다, 야위다.

憔悴(초췌) : 병이나 고생, 근심 등으로 파리하고 해쓱함.

宗
마루 종

부수 | 宀(집 면)　급수 | 3급

宀(집 면) + 示(보일 시)
집에 조상의 위패를 모시고 있는 곳 사당. → 중요한(으뜸) 장소.

宗家(종가) 宗廟(종묘) 宗教(종교)

綜
모을 종

부수 | 糸(가는 실 멱, 사)　급수 | 2급

糸(가는 실 멱, 사) + 宗(마루 종)
종 가집에 친인척이 모이듯이 실로 옷감을 만들 땐 날실, 씨실이 모인다.

綜合(종합) 綜絲(종사) : 잉아.

踪
자취 종

부수 | 足(발 족)　급수 | 1급

足(발 족) + 宗(마루 종)
사당에 왔다가 간 발자취를 남기다.

踪迹(종적) = 蹤迹(종적) 失踪者(실종자)

琮
옥홀 종

부수 | 玉(구슬 옥)　급수 | 2급

玉(구슬 옥) + 宗(마루 종)
종손이 지니고 있는 옥홀.

琮花(종화) : 아름다운 꽃.

棕
종려나무 종

부수 | 木(나무 목)　급수 | 1급

木(나무 목) + 宗(마루 종)
종 가집에 심겨 있는 종려나무.

棕櫚(종려) *櫚 종려나무 려

倧
상고 신인 **종**

부수 | 亻(사람 인) 급수 | 1급

亻(사람 인) + 宗(마루 종)

우리나라의 으뜸 조상인 상고 신인(단군).

大倧敎(대종교) : 한국 고유의 민속 신앙적 신교(神敎)

悰
즐길 **종**

부수 | 忄(마음 심) 급수 | 1급

忄(마음 심) + 宗(마루 종)

조상을 잘 모시어 마음이 즐거워졌다.

悰靈(종령) : 즐거운 마음.

崇
높을 **숭**

부수 | 山(뫼 산) 급수 | 3급

山(뫼 산) + 宗(마루 종)

높은 산과 높은 산마루, 즉 높이 받들다.

崇尙(숭상) 崇拜(숭배) 崇高(숭고)

主
주인 **주**

부수 | 丶(점 주) 급수 | 6급

丶(불꽃) + 王(등잔 모양)

등잔 위에 불꽃 모양, 촛불이 중요한 역할을 한다.

主人(주인) 主觀(주관) 主婦(주부) 戶主(호주) 地主(지주) 株主(주주)

住
살 **주**

부수 | 亻(사람 인) 급수 | 준5급

亻(사람 인) + 主(주인 주)

집주인이 그 집에 살다.

住居(주거) 住宅(주택) 住民(주민) 住所(주소) 入住(입주) 安住(안주)

注
물댈 주

부수 | 氵(물 수)   **급수** | 준4급

氵(물 수) + 主(주인 주)
땅 주인이 논에 물을 대다.

注射(주사) 注油(주유) 注目(주목) 注文(주문) 注入式(주입식)

柱
기둥 주

부수 | 木(나무 목)   **급수** | 3급

木(나무 목) + 主(주인 주)
건물에서 중심이 되는 중요한 나무기둥.

柱石(주석) 四柱八字(사주팔자) 電柱(전주)

駐
머무를 주

부수 | 馬(말 마)   **급수** | 2급

馬(말 마) + 主(주인 주)
말 주인이 말을 쉬게 하다. 머무르다.

駐車(주차) 駐韓(주한) 駐屯(주둔) 常駐(상주) 駐在(주재)

註
주낼 주

부수 | 言(말씀 언)   **급수** | 2급

言(말씀 언) + 主(주인 주)
글에 글쓴이가 직접 글 해석(주석)을 달다.

註釋(주석) 脚註(각주)

炷
심지 주

부수 | 火(불 화)   **급수** | 1급

火(불 화) + 主(주인 주)
불꽃 심지가 어두운 곳에서는 주인이다.

炷香(주향) : 향을 피움.

周
두루 주
주나라 주

부수 | 口(입 구)　급수 | 3급

用(밭에 농작물이 잘 자라는 모습) + 口(입 구)

밭에서 농작물이 두루, 골고루 잘 자라다. 口(구)는 발음 역할. → 주.

周邊(주변) 周圍(주위) 周旋(주선) : 일이 잘되도록 두루 힘씀.

週
돌 주

부수 | 辶(辵,쉬엄쉬엄 갈 착)　급수 | 2급

辶(辵,쉬엄쉬엄 갈 착) + 周(두루 주)

두루두루 돌아다니다, 되풀이되다.

週間(주간) 一週(일주) 週報(주보) 每週(매주) 隔週(격주) 前週(전주)

綢
얽힐 주

부수 | 糸(가는 실 멱, 사)　급수 | 사범급

糸(가는 실 멱, 사) + 周(두루 주)

실로 고르게 얽어매다.

綢密(주밀) : 빽빽함. 綢繆(주무) : 미리 빈틈없이 꼼꼼하게 준비함. *繆 얽을 무

調
고를 조

부수 | 言(말씀 언)　급수 | 준4급

言(말씀 언) + 周(두루 주)

말소리를 두루 듣고, 말을 고르게(조리 있게) 잘하다.

調和(조화) 調理(조리) 調査(조사) 調停(조정) 調劑(조제) 調節(조절)

彫
새길 조

부수 | 彡(터럭 삼)　급수 | 2급

周(두루 주) + 彡(터럭 삼)

붓털로 색을 칠하다. → 새기다로 변함.

彫刻(조각) 石彫(석조) 木彫(목조)

稠
빽빽할 조

부수 | 禾(벼 화)　**급수** | 사범급

禾(물 수) + 周(두루 주)

벼가 논에 빽빽하게 두루 심겨 있다.

稠密(조밀) 稠雜(조잡)

雕
독수리 조
새길 조

부수 | 隹(새 추)　**급수** | 사범급

周(두루 주) + 隹(새 추)

두루 하늘 높이 날아다니는 독수리.

雕(彫)蟲篆刻(조충전각) : 작은 벌레를 새기고 이상야릇한 글자를 아로새긴다는 뜻으로, 문장을 지을 때 지나치게 자구의 수식에만 얽매임. *篆 전자 전

凋
시들 조

부수 | 冫(얼음 빙)　**급수** | 1급

冫(얼음 빙) + 周(두루 주)

얼음같이 추운 날에 초목이 두루 시들다.

凋落(조락) 凋殘(조잔) : 쇠약해짐.

倜
대범할 척

부수 | 人(사람 인)　**급수** | 사범급

人(사람 인) + 周(두루 주)

두루 돌아다니며 자기가 품은 뜻대로 행동하는 대범한 사람.

倜儻(척당) : 뜻이 크고 기개(氣槪)가 있음. *儻 빼어날 당

朱
붉을 주

부수 | 木(나무 목)　**급수** | 4급

木(나무 목) + 人(나무 줄기 모양)

나무줄기 아래의 붉은색을 띤 그루터기.

朱黃(주황) 印朱(인주) 朱雀(주작)

珠
구슬 주

부수 | 玉(구슬 옥)　급수 | 2급

玉(구슬 옥) + 朱(붉을 주)
붉은빛을 띤 구슬.

珍珠(진주) 珠玉(주옥) 珠算(주산)

株
그루 주
주식 주

부수 | 木(나무 목)　급수 | 3급

木(나무 목) + 朱(붉을 주)
나무의 붉은 줄기나 그루터기.

株式(주식) 株價(주가) 株主(주주) 守株待兎(수주대토) : 융통성이 없는 행동을 이르는 말.

誅
벨 주

부수 | 言(말씀 언)　급수 | 1급

言(말씀 언) + 朱(붉을 주)
붉은색으로 표시해 두었다가 꾸짖고, 베어 죽이다.

苛斂誅求(가렴주구) : 세금을 혹독하게 거두고, 재물을 강제로 빼앗음.
*苛 사나울 가 *斂 거둘 렴

蛛
거미 주

부수 | 虫(벌레 훼, 충)　급수 | 사범급

虫(벌레 훼, 충) + 朱(붉을 주)
붉은색 거미.

蜘蛛(지주) : 거미. 蛛網(주망) : 거미집. *蜘 거미 지

侏
난쟁이 주

부수 | 人(사람 인)　급수 | 사범급

人(사람 인) + 朱(붉을 주)
키가 작은 난쟁이.

侏儒(주유) : 난쟁이, 지난날, 궁중에 있던 배우.

姝
예쁠 주

부수 | 女(여자 녀)　급수 | 1급

女(여자 녀) + 朱(붉을 주)

붉은 옷을 입은 예쁜 여자.

姝姬(주희) : 미인.

殊
다를 수

부수 | 歹(앙상한 뼈 알)　급수 | 2급

歹(앙상한 뼈 알) + 朱(붉을 주)

칼로 베어 죽임을 당해 붉은 피를 흘리고 죽는 다른 죽음.

特殊(특수) 殊常(수상) 殊勳(수훈)

銖
무게 단위 수

부수 | 金(쇠 금)　급수 | 2급

金(쇠 금) + 朱(붉을 주)

쇠의 무게 단위.

銖(수) : 무게의 단위로 1냥의 24분의 1(약 0.65g). 바뀌어 '근소한 양'을 뜻하는 말.

洙
강 이름 수

부수 | 氵(물 수)　급수 | 2급

氵(물 수) + 朱(붉을 주)

붉은빛을 띠는 강.

洙泗(수사) : 강이름. (洙水와 泗水)

茱
수유 수

부수 | 艹(풀 초)　급수 | 사범급

艹(풀 초) + 朱(붉을 주)

수유 풀.

茱萸(수유) : 쉬나무의 열매. 기름을 짜서 머릿기름으로 씀. *萸 수유 유

壴
악기 이름 주

세워놓은 북 악기를 그린 한자.

* 단독으로 쓰이지 않는다. 다른 한자와 결합하여 한자의 뜻과 독음에 영향을 준다.

廚
부엌 주

부수 | 广(집 엄)　급수 | 1급

广(집 엄) + 尌(세울 주)
음식을 하는 집, 부엌.

廚房(주방) 庖廚(포주) : 푸줏간.

澍
단비 주

부수 | 氵(물 수)　급수 | 1급

氵(물 수) + 尌(세울 주)
비가 적절한 시기에 맞추어서 내리다(세우다).

澍雨(주우) : 때에 맞게 오는 단비.

樹
나무 수

부수 | 木(나무 목)　급수 | 5급

木(나무 목) + 尌(세울 주)
세워져(심어져) 있는 나무.

果樹(과수) 樹木(수목) 樹林(수림)

鼓
북 고

부수 | 鼓(북 고)　급수 | 2급

壴(악기 이름 주) + 攴(지탱할 지)
큰 북 악기를 북채를 들고 두드리다.

鼓舞(고무) 鼓吹(고취) 鼓動(고동)

彭
북 치는 소리 **방** 성 **팽**

부수 | 彡(터럭 삼)   급수 | 1급

효(악기 이름 주) + 彡(터럭 삼)
머리카락 휘날리며 북을 치다.

彭殤(팽상) : 장수(長壽)와 단명(短命). *彭 장수할 팽 *殤 일찍 죽을 상

膨
부풀 **팽**

부수 | 月(肉,육달 월)   급수 | 사범급

月(肉,육달 월) + 彭(북소리 팽)
신체가 부풀다, 커진다.

膨脹(팽창) : 부풀어 부피가 커짐, 수량이 늘어나거나 규모·세력이 커지거나 크게
발전함. *脹 배부를 창

澎
물결 부딪칠 **팽**

부수 | 氵(물 수)   급수 | 1급

氵(물 수) + 彭(북소리 팽)
물결 부딪치는 소리가 북소리 같음.

澎湃(팽배) = 彭湃(팽배) ① 물결이 맞부딪쳐 솟구침. ② 어떤 기세나 사조(思潮)가
맹렬한 기세로 일어남. *湃 물결 이는 모양 배

천천히 갈 **준**

允(진실로 윤) + 夂(천천히 걸을 쇠)
조심스럽고 정성스럽게 (진실로) 천천히 걸어가다.

* 단독으로 쓰이지 않는다. 다른 한자와 결합하여 한자의 뜻과 독음에 영향을 준다.

俊
준걸 **준**

부수 | 人(사람 인)   급수 | 3급

人(사람 인) + 夋(천천히 갈 준)
걸어가는 모습이 남다른 모습이다, 뛰어나 보이다.

俊傑(준걸) 俊秀(준수) 俊才(준재)

埈 가파를 준

부수 | 土(흙 토)　**급수** | 2급

土(흙 토) + 夋(천천히 갈 준)
가파른 땅(언덕)을 천천히 걸어가다.

---

*峻(높을 준)과 같은 글자. 埈險(준험) : 산세가 험하고 높음.

峻 높을 준

부수 | 山(뫼 산)　**급수** | 2급

山(뫼 산) + 夋(천천히 갈 준)
높고 험한 산을 천천히 걸어가다.

峻嶺(준령) 峻嚴(준엄) 峻險(준험)

駿 준마 준

부수 | 馬(말 마)　**급수** | 2급

馬(말 마) + 夋(천천히 갈 준)
잘 달리는 좋은 말(준마)가 달려간다.

駿馬(준마)

浚 깊게 할 준

부수 | 氵(물 수)　**급수** | 1급

氵(물 수) + 夋(천천히 갈 준)
물속을 파서 깊게 만들다.

浚渫(준설) : 하천이나 해안의 바닥에 쌓인 흙이나 암석 따위를 쳐내어 바닥을 깊게 하는 일. *渫 칠, 준설할 설

晙 밝을 준

부수 | 日(날 일)　**급수** | 1급

日(날 일) + 夋(천천히 갈 준)
밝은 곳으로 걸어가다.

晙明(준명) : 밝은 모양.

竣
마칠 준

부수 | 立(설 립)　급수 | 1급

立(설 립) + 夋(천천히 갈 준)

일을 다 마친 후(세우고) 천천히 걸어가다.

竣工(준공) : 공사를 끝냄. 竣事(준사) : 사업을 끝마침.

畯
농부 준

부수 | 田(밭 전)　급수 | 1급

田(밭 전) + 夋(천천히 갈 준)

천천히 걸어가며 밭에 씨앗을 뿌리는 농부.

田畯(전준) : 농사를 장려하는 일을 맡은 벼슬아치.

逡
뒷걸음 질
칠 준

부수 | 辶(辵,쉬엄쉬엄 갈 착)　급수 | 사범급

辶(辵,쉬엄쉬엄 갈 착) + 夋(천천히 갈 준)

천천히 뒷걸음질하며 가다.

逡巡(준순) : 뒤로 조금씩 물러섬, 우물쭈물 망설이는 모양.

焌
태울 준

부수 | 火(불 화)　급수 | 1급

火(불 화) + 夋(천천히 갈 준)

가서 직접 거북의 등을 불로 태우다, 굽다.

焌糟(준조) : 송대에 술집에서 술을 따르던 여인.

皴
주름 준

부수 | 皮(가죽 피)　급수 | 사범급

夋(천천히 갈 준) + 皮(가죽 피)

피부가 천천히 주름의 탄력이 없어지다, 주름지다.

皴裂(준열) : 피부가 얼어 터짐. 皴皺(준추) : 피부의 주름. *皺 주름 추

悛
고칠 전

부수 | ↑(마음 심)　**급수** | 1급

↑(마음 심) + 夋(천천히 갈 준)
마음을 천천히 바르게 고치다.

改悛(개전) : 잘못을 뉘우치고 마음을 바르게 고쳐먹음.

唆
부추길 사

부수 | 口(입 구)　**급수** | 2급

口(입 구) + 夋(천천히 갈 준)
입으로 천천히 나쁜 일을 하도록 부추기다.

敎唆(교사) : 남을 꾀거나 부추기어 못된 짓을 하게 함.
示唆(시사) : 미리 간접적으로 일러 줌.

酸
초 산

부수 | 酉(술 유)　**급수** | 2급

酉(술 유) + 夋(천천히 갈 준)
항아리에 있는 술이 천천히 익어가다.

酸化(산화) 酸味(산미) 酸素(산소)
辛酸(신산) : 맛이 맵고 심, 힘들고 고된 세상살이의 비유.

曾
거듭 증
일찍 증

부수 | 日(가로 왈)　**급수** | 3급

八(증기 모양) + 떡 시루 모양
시루를 겹쳐 놓고 떡을 찌니 수증기가 나오는 모습을 그린 한자.

*甑(시루 증)의 원자(原字).
曾孫(증손)曾祖(증조) 未曾有(미증유) : 지금까지 한 번도 있은 적이 없음.

增
더할 증

부수 | 土(흙 토)　**급수** | 4급

土(흙 토) + 曾(거듭 증)
흙을 겹쳐 쌓아 더하다.

增減(증감) 增大(증대)增築(증축)增加(증가)增額(증액) 割增 (할증)

憎
미워할 증

부수 | 忄(마음 심) 급수 | 2급

忄(마음 심) + 曾(거듭 증)

미워하는 마음이 거듭 쌓여 가다.

憎惡(증오) 愛憎(애증)

贈
줄 증

부수 | 貝(조개 패) 급수 | 2급

貝(조개 패) + 曾(거듭 증)

돈을 거듭 주다.

贈與(증여) 贈呈(증정) 寄贈 (기증)

甑
시루 증

부수 | 瓦(기와 와) 급수 | 사범급

曾(거듭 증) + 瓦(기와 와)

질그릇으로 만든 시루.

甑餠(증병) : 시루떡 *餠 떡 병 破甑(파증) : 깨어진 시루라는 뜻으로, 이러쿵저러쿵 말하여 보았자 아무 소용이 없음을 이르는 말.

繒
비단 증

부수 | 糸(가는 실 멱, 사) 급수 | 사범급

糸(가는 실 멱, 사) + 曾(거듭 증)

실을 거듭 겹쳐가며 만든 비단.

*繪(그림 회)와 다른 글자. 繒絮(증서) : 비단과 솜. *絮 솜 서

僧
중 승

부수 | 人(사람 인) 급수 | 2급

人(사람 인) + 曾(거듭 증)

다른 사람보다 거듭 깨달음이 많은 스님.

僧侶(승려) 僧舞(승무) 高僧 (고승)

層
층 층

부수 | 尸(주검 시)   급수 | 3급

尸(주검 시) + 曾(거듭 증)

집을 거듭 겹치게 만들면 층이 생긴다.

___

層階(층계) 階層(계층) 高層(고층) 地層(지층) 單層 (단층)

그칠 지

부수 | 止(그칠 지)   급수 | 준4급

사람의 발목 아랫부분을 그린 한자.

___

禁止(금지) 停止(정지) 防止(방지) 止血(지혈) 中止(중지)

祉
복 지

부수 | 示(보일 시)   급수 | 2급

示(보일 시) + 止(그칠 지)

그곳에 터를 잡아서 멈춰(그치다) 살다.

___

福祉(복지) : 행복한 삶. 행복하게 살 수 있는 사회 환경.

址
터 지

부수 | 土(흙 토)   급수 | 2급

土(흙 토) + 止(그칠 지)

그곳에 터를 잡아서 멈춰(그치다) 살다.

___

寺址(사지) : 절이 있던 자리. 址臺(지대) : 탑이나 집채 등의 아랫도리에 돌로 쌓은 부분.

趾
발가락 지

부수 | 足(발 족)   급수 | 1급

足(발 족) + 止(그칠 지)

멈춰 서있게 해 주는 발의 발가락.

___

趾骨(지골) : 발가락 뼈.

沚
물가 지

부수 | 氵(물 수)　**급수** | 1급

氵(물 수) + 止(그칠 지)

물이 잔잔하게 멈춰있다.

---

*沚(지) - 바다, 강, 호수 등의 물결이 쳐 밀려오는 수변(水邊) 또는 강 섬.

芷
구릿대 지

부수 | 艹(풀 초)　**급수** | 사범급

艹(풀 초) + 止(그칠 지)

같은 자리(그치다)에서 자라는 구릿대.

白芷(백지) : 구릿대의 뿌리.

企
꾀할 기

부수 | 人(사람 인)　**급수** | 3급

人(사람 인) + 止(그칠 지)

사람이 발을 돋아 멀리 바라보기를 꾀하다.

企業(기업) 企待(기대) 企劃(기획)

支
지탱할 지

부수 | 支(지탱할 지)　**급수** | 준4급

十(나뭇가지) + 又(오른손 우)

손에 나뭇가지를 들고 있는 모습. → 나뭇가지로 괴다. → 지탱하다.

支柱(지주) 支持(지지) 支援(지원) 十二支(십이지) 支流(지류) 支撐(지탱)
*撐 버팀목 탱

枝
가지 지

부수 | 木(나무 목)　**급수** | 3급

木(나무 목) + 支(지탱할 지)

나뭇가지가 나무를 지탱하다.

金枝玉葉(금지옥엽) : 임금의 자손이나 집안, 귀한 자손.

肢
사지 지

부수 | 月(肉,육달 월)   **급수** | 2급

月(肉,육달 월) + 支(지탱할 지)
사람이 서 있게 지탱해주는 사지(팔, 다리).

四肢(사지) 肢體(지체)

技
재주 기

부수 | 扌(손 수)   **급수** | 4급

扌(손 수) + 支(지탱할 지)
삶을 지탱해주는 재주.

技術(기술) 特技(특기) 技能(기능)

岐
갈림길 기

부수 | 山(뫼 산)   **급수** | 2급

山(뫼 산) + 支(지탱할 지)
산에 난 갈림길.

分岐點(분기점) 岐路(기로)

妓
기생 기

부수 | 女(여자 녀)   **급수** | 1급

女(여자 녀) + 支(지탱할 지)
기생 직업으로 삶을 지탱하다.

妓生(기생) 妓女(기녀) 名妓(명기)

跂
육 발가락 기
발돋움 할 기

부수 | 足(발 족)   **급수** | 사범급

足(발 족) + 支(지탱할 지)
여섯발가락으로 몸을 지탱하며 서 있다.

跂望(기망) : 발돋움하여 먼 곳을 바라봄, 몹시 기다리는 모양.

翅 날개 시

부수 | 羽(깃 우)   급수 | 사범급

支(지탱할 지) + 羽(깃 우)

새가 날개깃으로 하늘을 날면서 몸을 지탱하다.

翅翼(시익) : 날개.

旨 맛 지 / 뜻 지

부수 | 日(날 일)   급수 | 2급

匕(숟가락 비) + 甘(달 감)

숟가락으로 단 음식을 먹으니 맛있다.

甘旨(감지) 論旨(논지) 要旨(요지) 趣旨(취지) : 근본이 되는 뜻.

指 손가락 지

부수 | 扌(손 수)   급수 | 4급

扌(손 수) + 旨(맛 지)

손가락으로 음식을 집어서 맛을 보다.

指紋(지문) 指示(지시) 指摘(지적) 指向(지향) 指標(지표) 指環(지환)

脂 기름 지

부수 | 月(肉,육달 월)   급수 | 2급

月(肉,육달 월) + 旨(맛 지)

고기에서 맛있는 부분은 기름이다.

脂肪(지방) 油脂(유지) : 동물이나 식물에서 채취한 기름.

耆 늙은이 기

부수 | 耂(늙을 로)   급수 | 2급

耂(늙을 로) + 旨(맛 지)

늙은 사람이 맛있는 음식을 즐기다.

耆年(기년) : 60세가 넘은 나이. 耆老(기로) : 나이가 많고 덕이 높은 사람.

嗜
즐길 기

부수 | 口(입 구)   급수 | 1급

口(입 구) + 耆(늙은이 기)

입에 맞는 음식을 늙은이가 즐겨 먹다.

嗜好食品(기호식품)

詣
이를 예

부수 | 言(말씀 언)   급수 | 사범급

言(말씀 언) + 旨(뜻 지)

내 뜻과 같은 말에 나아가다, 이르다.

造詣(조예) : 학문·기예 따위가 깊은 지경에 이른 정도.

至
이를 지

부수 | 至(이를 지)   급수 | 준4급

一(땅) + 矢(화살 시)

땅 위에 화살 시 자가 거꾸로 있는 모습.
화살이 땅에 떨어지는 모습으로 이르다, 도착하다.

至極(지극) 至當(지당) 至誠(지성) 冬至(동지) 夏至(하지)

姪
조카 질

부수 | 女(여자 녀)   급수 | 3급

女(여자 녀) + 至(이를 지)

조카를 데리고 시집을 가다.

姪女(질녀) 姪婦(질부)

窒
막을 질

부수 | 穴(구멍 혈)   급수 | 2급

穴(구멍 혈) + 至(이를 지)

굴이나 구멍 끝에 이르면 막혀 있다.

窒息(질식) 窒素(질소)

膣
새살 돋을 질

부수 | 月(肉,육달 월)　급수 | 사범급

月(肉,육달 월) + 窒(막을 질)
다친 상처에 새살이 돋아나서 상처 구멍을 막다.

---

*膣(질) - 여자의 생식기, 음문(陰門). 포유류 암컷의 외부 생식기의 일부. 자궁으로 연결되는 관 모양의 기관.

桎
차꼬 질

부수 | 木(나무 목)　급수 | 사범급

木(나무 목) + 至(이를 지)
손목이나 발목에 채우는 나무로 만든 형틀 차꼬.

桎梏(질곡) : 차꼬와 수갑, 몹시 속박하여 자유를 가질 수 없는 고통의 상태.
*梏 쇠고랑 곡

蛭
거머리 질

부수 | 虫(벌레 훼, 충)　급수 | 사범급

虫(벌레 훼, 충) + 至(이를 지)
사람 살갗에 들러붙는(이르는) 벌레 거머리.

蛭蟥(질인) : 거머리와 지렁이. *蟥 지렁이 인

侄
어리석을 질

부수 | 人(사람 인)　급수 | 사범급

人(사람 인) + 至(이를 지)
머리가 굳어서 지혜로운 생각에 이르지 못하는 어리석은 사람.

侄人(질인) : 어리석은 사람.

室
집 실
아내 실

부수 | 宀(집 면)　급수 | 준5급

宀(집 면) + 至(이를 지)
집안의 방으로 이르다, 도달하다.

室內(실내) 寢室(침실) 居室(거실) 正室(정실) 小室(소실) 妾室(첩실)

致 이를 치

부수 | 至(이를 지)　급수 | 준4급

至(이를 지) + 攵(칠 복)

목표에 이르도록 스스로 채찍질하여 드디어 목적에 이르게 되다.

致賀(치하) 極致(극치) 致死(치사)

緻 밸 치

부수 | 糸(가는 실 멱, 사)　급수 | 사범급

糸(가는 실 멱, 사) + 致(이를 치)

실의 결이 촘촘해서 빈틈없이 고운 천을 만들었다(이르다).

緻密(치밀) : 자상하고 꼼꼼함. 精緻(정치) : 정교하고 치밀함.

到 이를 도

부수 | 刂(칼 도)　급수 | 준4급

至(이를 지) + 刂(칼 도)

호신용 칼을 들고 목적지에 이르다.

到着(도착) 到來(도래) 到處(도처)

倒 넘어질 도

부수 | 人(사람 인)　급수 | 3급

人(사람 인) + 到(이를 도)

사람의 머리가 바닥 밑으로 향하게 넘어지다.

倒置(도치) 倒産(도산) 顚倒(전도) 卒倒(졸도) 打倒(타도)

直 곧을 직

부수 | 目(눈 목)　급수 | 5급

十(열 십) + 目(눈 목) + ㄴ(숨을 은)

열 사람이 숨어서 눈으로 지켜보고 있다고 느끼면서 바르게 정직하게 행동하다.

正直(정직) 愚直(우직) 直觀(직관) 直感(직감) 直角(직각) 率直(솔직)

稙 올벼 직

부수 | 禾(벼 화)　급수 | 2급

禾(벼 화) + 直(곧을 직)

보통 벼보다 이르게 익은 올벼.

___

*植(심을 식)과 다른 글자. 稙禾(직화) : 일찍 심은 벼.

植 심을 식

부수 | 木(나무 목)　급수 | 준5급

木(나무 목) + 直(곧을 직)

나무를 바르게 곧게 심다.

___

植木(식목) 植物(식물) 植樹(식수) 移植(이식) 植民地(식민지)

殖 번식할 식

부수 | 歹(부서진 뼈 알)　급수 | 2급

歹(부서진 뼈 알) + 直(곧을 직)

죽은 생물체가 거름 역할을 하여 다른 생물체를 잘 자라도록 도와 번식시키다.

___

繁殖(번식) 生殖器(생식기) 東洋拓殖株式會社(동양척식주식회사)

埴 찰흙 식

부수 | 土(흙 토)　급수 | 1급

土(흙 토) + 直(곧을 직)

흙이 찰기가 있다.

___

埴土(식토) : 점토와 모래가 섞인 흙.

値 값 치

부수 | 人(사람 인)　급수 | 3급

人(사람 인) + 直(곧을 직)

사람이 곧고 정직하게 값을 매기다.

___

價値(가치) 數値(수치) 平均値(평균치)

置
둘 치

부수 | ⼓(그물 망)　급수 | 3급

⼓(그물 망) + 直(곧을 직)
물고기, 짐승을 잡으려고 그물을 곧게 잘 세워두다.

配置(배치) 位置(위치) 放置(방치) 裝置(장치) 備置(비치)

矗
우거질 촉

부수 | 目(눈 목)　급수 | 사범급

直(곧을 직) + 直(곧을 직) + 直(곧을 직)
초목들이 곧게 무성하게 자라 우거지다.

矗矗(촉촉) : 높이 솟아 있는 모양.
矗石樓(촉석루) : 경상남도 진주시 본성동에 있는 누각으로 논개의 이야기가 전한다.

숱 많을 진

人(사람 인) + 彡(터럭 삼)
사람의 머리털이 많다. 숱이 많다.

* 단독으로 쓰이지 않는다. 다른 한자와 결합하여 한자의 뜻과 독음에 영향을 준다.

보배 진

부수 | 彡(터럭 삼)　급수 | 3급

王(구슬 옥) + 彡(숱 많을 진)
구슬 보물이 머리털처럼 많이 있다.

珍味(진미) 珍貴(진귀) 珍寶(진보)

볼 진

부수 | 言(말씀 언)　급수 | 2급

言(말씀 언) + 彡(숱 많을 진)
머리털이 가늘고 많은 것처럼 진찰하면서 많이 물어보며 자세히 진료하다.

診療(진료) 診察(진찰) 診脈(진맥)

疹
홍역 진

부수 | 疒(병들 녁)　급수 | 사범급

疒(병들 녁) + 㐱(숱 많을 진)

홍역 병에 걸리면 생기는 붉은 발진이 머리털 안쪽까지 많이 생겼다.

發疹(발진) 濕疹(습진) 紅疹(홍진)

軫
수레
뒤턱나무 진

부수 | 車(수레 거)　급수 | 1급

車(수레 거) + 㐱(숱 많을 진)

수레 뒤턱에 가로로 덧대 나무. *걱정하다, 마음 아파하다의 의미가 있음.

*軾(수레 앞턱 가로나무 식)과 다른 글자. 軫念(진념) : 임금이 마음을 써서 신하나 백성의 사정을 걱정하여 근심함, 윗사람이 아랫사람의 사정을 걱정하여 헤아려 줌.

殄
다할 진

부수 | 歹(앙상한 뼈 알)　급수 | 사범급

歹(앙상한 뼈 알) + 㐱(숱 많을 진)

죽은 시체의 머리털까지 다 썩었다.

殄滅(진멸) 殄破(진파) 殄戮(진륙)

袗
홑옷 진

부수 | 衤(옷 의)　급수 | 사범급

衤(옷 의) + 㐱(숱 많을 진)

홑옷에 머리털 같은 실로 수를 놓다.

袗衣(진의) : 수놓은 옷.

畛
두렁길 진

부수 | 田(밭 전)　급수 | 사범급

田(밭 전) + 㐱(숱 많을 진)

머리털처럼 많은 밭 두렁길.

畛域(진역) : 밭두둑.

眞
참 진

부수 | 目(눈 목)　급수 | 준4급

匕(숟가락 비) + 鼎(솥 정)

숟가락으로 솥에 음식을 가득 채워 넣듯이 속이 꽉 찬 참된 사람.

眞實(진실) 眞僞(진위) 純眞(순진) 眞理(진리) 眞價(진가) 眞談(진담)

鎭
진압할 진

부수 | 金(쇠 금)　급수 | 3급

金(쇠 금) + 眞(참 진)

쇠로 만든 무기로 진짜 적군을 진압하다.

鎭壓(진압) 鎭靜(진정) 鎭火(진화) 鎭痛劑(진통제)

嗔
성낼 진

부수 | 口(입 구)　급수 | 사범급

口(입 구) + 眞(참 진)

진실하지 못해서 입으로 성을 내어 꾸짖다.

嗔言(진언) 嗔責(진책)

縝
촘촘할 진

부수 | 糸(가는 실 멱, 사)　급수 | 1급

糸(가는 실 멱, 사) + 眞(참 진)

진실하게 만든 실이 촘촘하게 뽑아낸 진짜 실이다.

縝緻(진치) = 緻密(치밀) : 세밀함. *緻 촘촘할 치

瞋
눈 부릅뜰 진

부수 | 目(눈 목)　급수 | 사범급

目(눈 목) + 眞(참 진)

진실하지 못한 사람을 향해 눈을 부릅뜨다.

瞋怒(진노) : 눈을 부릅뜨고 성냄.
瞋恚(진에) : 성을 내어 남을 원망하고 미워함. *恚 성낼 에

愼
삼갈 신

부수 │ 忄(마음 심) 급수 │ 2급

忄(마음 심) + 眞(참 진)
참된 마음으로 조심하고 삼가다.

愼重(신중) 謹愼(근신)

顚
정수리 전
넘어질 전

부수 │ 頁(머리 혈) 급수 │ 2급

眞(참 진) + 頁(머리 혈)
참으로 중요한 머리가 바닥에 닿도록 넘어지다.

顚倒(전도) 顚覆(전복) 顚末(전말) 七顚八起(칠전팔기)

塡
메울 전

부수 │ 土(흙 토) 급수 │ 1급

土(흙 토) + 眞(참 진)
흙으로 참되게 메우다.

充塡(충전) 補塡(보전) 裝塡(장전)

癲
미칠 전

부수 │ 疒(병들 녁) 급수 │ 사범급

疒(병들 녁) + 顚(넘어질 전)
병이 들어 넘어지고 쓰러지며 미쳐가다.

癲狂(전광) : 실없이 웃는 미친 병.
癲癇(전간) = 癇疾(간질) : 지랄병. *癇 간질 간

辰
별 진
때 신

부수 │ 辰(별 진) 급수 │ 4급

조개껍질과 살을 그린 한자. 또는 농기구 모양을 그린 한자.

辰時(진시) 生辰(생신) 日辰(일진)

振
떨칠 진

부수 | 扌(손 수)   급수 | 2급

扌(손 수) + 辰(조개 진)
손으로 들고 떨다, 진동하게 하다.

___

振動(진동) 振幅(진폭) 振興(진흥) 不振(부진)

震
벼락 진

부수 | 雨(비 우)   급수 | 2급

雨(비 우) + 辰(떨다 진)
비가 오면서 벼락이 치니 땅 위의 초목들이 흔들린다.

___

地震(지진) 耐震(내진)

脣
놀랄 진

부수 | 口(입 구)   급수 | 1급

辰(조개 진) + 口(입 구)
너무 놀라서 조개 같이 생긴 입이 떨리다.

___

脣然(진연) : 놀라는 모양

賑
구휼할 진

부수 | 貝(조개 패)   급수 | 1급

貝(조개 패) + 辰(조개 진)
조개로 만든 돈으로 어려운 사람들을 도와주고 구휼하다.

___

賑恤(진휼) : 흉년에 곤궁한 백성을 도와줌. *恤 구휼할 휼

晨
새벽 신

부수 | 日(날 일)   급수 | 2급

日(날 일) + 辰(때 신)
별이 지고 해가 뜨는 새벽.

___

昏定晨省(혼정신성) : 아침저녁으로 자식이 부모의 안부를 살피며 효도함.

娠
아이 밸 **신**

부수 | 女(여자 녀) **급수** | 2급

女(여자 녀) + 辰(때 신)

여자가 결혼해서 때가 되어 아이를 배다.

妊娠(임신) = 姙娠(임신)

宸
대궐 **신**

부수 | 宀(집 면) **급수** | 사범급

宀(집 면) + 辰(때 신)

임금이 때를 다 보내시는 집, 대궐.

宸襟(신금) : 임금의 마음. *襟 옷깃 금

蜃
무명조개 **신**

부수 | 虫(벌레 훼, 충) **급수** | 사범급

辰(조개 진) + 虫(벌레 훼, 충)

조개 진에 벌레 충을 더해서 뜻을 강조함.

蜃氣樓(신기루) : 근거나 현실적 토대가 없는 헛된 공상이나 존재.
*蜃(이무기 신) - 교룡의 일종으로 기운을 토하면 신기루가 나타난다 함.

脣
입술 **순**

부수 | 月(肉, 육달 월) **급수** | 2급

辰(조개 진) + 月(肉, 육달 월)

입술을 벌리고 닫는 모습이 조개와 비슷하다.

脣音(순음) 口脣炎(구순염) 脣亡齒寒(순망치한) : 이해관계가 밀접한 사이에서 한쪽이 망하면 다른 한쪽도 온전하기 어려움을 이르는 말.

農
농사 **농**

부수 | 辰(별 진) **급수** | 준5급

田(밭 전 = 曲) + 辰(별 진)

밭에서 샛별이 떠 있을 때부터 일을 하는 농부, 농사일.

農夫(농부) 農耕(농경) 農業(농업) 農作物(농작물) 營農(영농)

濃
짙을 농

부수 | 氵(물 수)　급수 | 2급

氵(물 수) + 農(농사 농)

빗물이 적당하여 농작물의 빛깔이 짙다.

濃淡(농담) 濃縮(농축) 濃度(농도)

膿
고름 농

부수 | 月(肉, 육달 월)　급수 | 1급

月(肉, 육달 월) + 農(농사 농)

농사를 짓는 것이 힘들어서 몸에 생긴 고름.

膿瘍(농양) 化膿(화농) *瘍 종기 양

且
또 차

부수 | 一(한 일)　급수 | 3급

바닥에 제사 음식을 차곡차곡 쌓아 올린 모습. 또→ 많다, 쌓다.

重且大(중차대) 苟且(구차) : 말이나 행동이 당당하거나 떳떳하지 못함.
且置(차치) : 문제로 삼지 않고 우선 내버려 둠.

查
조사할 사

부수 | 木(나무 목)　급수 | 3급

木(나무 목) + 且(또 차)

나무가 또 자라고 또 자라난 크기를 조사하다.

調査(조사) 査察(사찰) 檢査(검사) 審査(심사) 搜査(수사) 査頓(사돈)

渣
찌끼 사

부수 | 氵(물 수)　급수 | 사범급

氵(물 수) + 査(조사할 사)

물에 찌꺼기나 앙금이 있는지 조사한다.

渣滓(사재) : 가라앉은 찌꺼기. *滓 찌끼 재

沮 막을 저

부수 | 氵(물 수)　**급수** | 1급

氵(물 수) + 且(또 차)

물이 새어 들어오는 것을 또 막아내다.

沮止(저지) 沮害(저해) : 막아서 하지 못하게 해침.

姐 누이 저

부수 | 女(여자 녀)　**급수** | 사범급

女(여자 녀) + 且(또 차)

내 위에 또 있고 또 있는 많은 누이들.

小姐(소저) : '아가씨'를 한문투로 이르는 말.

咀 씹을 저

부수 | 口(입 구)　**급수** | 1급

口(입 구) + 且(또 차)

입으로 또 씹고 또 씹다.

咀嚼(저작) : 음식을 입에 넣어 씹음. *嚼 씹을 작

狙 원숭이 저

부수 | 犭(개 견)　**급수** | 사범급

犭(개 견) + 且(또 차)

개처럼 생긴 원숭이가 또 있다. 무서워서 노려본다.

狙擊(저격) : 몰래 숨어서 특정 목표를 겨냥하여 쏨.

疽 등창 저

부수 | 疒(병들 녁)　**급수** | 사범급

疒(병들 녁) + 且(또 차)

병 때문에 또 생긴 등창, 종기.

疽腫(저종) : 악성의 종기. *腫 부스럼 종(종기)

詛
저주할 저

부수 | 言(말씀 언)　급수 | 사범급

言(말씀 언) + 且(또 차)
나쁜 말을 또 계속하면서 저주하다.

詛呪(저주) = 咀呪(저주) : 남에게 재앙이나 불행이 일어나도록 빌고 바람. *呪 빌 주

菹
채소절임 저
김치 저

부수 | 艹(풀 초)　급수 | 사범급

艹(풀 초) + 沮(막을 저)
먹을 수 있는 풀을 소금물에 절여 먹다.

菹醢(저해) : 소금에 절인 채소와 고기, 또는 죄인을 죽여 뼈나 살을 소금에 절이던 형벌. *醢 젓갈 해

雎
물수리 저

부수 | 隹(새 추)　급수 | 사범급

且(또 차) + 隹(새 추)
물가에서 자주 또 보게 되는 물수리 새.

雎鳩(저구) : 수릿과의 새.

齟
어긋날 저

부수 | 齒(이 치)　급수 | 사범급

齒(이 치) + 且(또 차)
윗니와 아랫니가 또 어긋나다.

齟齬(저어) : 아래윗니가 서로 어긋남. *齬 어긋날 어

祖
조상 조

부수 | 示(보일 시)　급수 | 준5급

示(보일 시) + 且(또 차)
제사상에 제사 음식이 많이 쌓여 있는 모습의 한자로, 조상을 뜻함.

祖上(조상) 祖孫(조손) 祖國(조국) 先祖(선조) 元祖(원조) 鼻祖(비조)

助 도울 조

부수 | 力(힘 력) **급수** | 준4급

且(또 차) + 力(힘 력)

도와주는 힘이 또 있다.

助手(조수) 助言(조언) 助長(조장) 協助(협조) 援助(원조) 內助(내조)

租 구실 조

부수 | 禾(벼 화) **급수** | 3급

禾(벼 화) + 且(또 차)

벼 곡식으로 세금을 또 납부하다.

租稅(조세) 租借(조차) : 특별한 합의에 따라 어떤 나라가 다른 나라 영토의 일부를
빌려 일정 기간 통치하는 일.

粗 거칠 조

부수 | 米(쌀 미) **급수** | 사범급

米(쌀 미) + 且(또 차)

거칠어서 못 먹을 쌀이 많이 쌓여있다.

粗雜(조잡) 粗惡(조악)

阻 험할 조

부수 | 阝(阜,언덕 부) **급수** | 사범급

阝(阜,언덕 부) + 且(또 차)

언덕이 또 중첩으로 있어 지나가기 험한 길이다.

隔阻(격조) : 멀리 떨어져 서로 통하지 못함, 오랫동안 서로 소식이 막힘. *隔 사이 뜰 격

俎 도마 조

부수 | 人(사람 인) **급수** | 1급

肉(고기 육) + 且(또 차, 도마 모양)

도마 위에 쌓아 올려놓은 고기.

俎豆(조두) : 나무로 만든 제기(祭器).
俎上肉(조상육) : 도마에 오른 고기라는 뜻으로, 어쩔 수 없이 막다른 운명을 이르는 말.

鋤
호미 서

부수 | 金(쇠 금)　급수 | 사범급

金(쇠 금) + 助(도울 조)
쉽게 일을 하게 도와주는 도구인 호미.

鋤犂(서려) : 호미와 쟁기. *犂 밭갈 리(려)　鋤除(서제) : 김을 맴, 악한 사람을 없앰.

疊
겹쳐질 첩

부수 | 田(밭 전)　급수 | 사범급

畾(밭 사이 뢰) + 且(또 차)
많은 밭들이 쌓이고 겹쳐 있다.

疊語(첩어) 重疊(중첩) 疊疊山中(첩첩산중)

宜
마땅 의

부수 | 宀(집 면)　급수 | 3급

宀(집 면) + 且(또 차)
집에 재물이 쌓여 있으니 여유롭게 살기에 마땅하다.

宜當(의당) 便宜店(편의점)

誼
옳을 의

부수 | 言(말씀 언)　급수 | 1급

言(말씀 언) + 宜(마땅 의)
마땅하고 바른 옳은 말.

誼理(의리) = 義理(의리) 情誼(정의) : 사귀어 친해진 정분.

次
버금 차

부수 | 欠(하품 흠)　급수 | 준4급

二(두 이) + 欠(하품 흠)
늘 두 번째 인생이어서 하품과 한숨이 나오다.

次例(차례) 次席(차석) 目次(목차) 順次(순차) 漸次(점차) 行次(행차)

資
재물 자

부수 │ 貝(조개 패)　급수 │ 3급

次(버금 차) + 貝(조개 패)

인생에서 재물(돈)은 두 번째이다.

資産(자산) 物資(물자) 投資(투자) 資料(자료) 資源(자원)

姿
맵시 자

부수 │ 女(여자 녀)　급수 │ 3급

次(버금 차) + 女(여자 녀)

여자의 겉모습의 아름다움은 두 번째다.

姿態(자태) 姿勢(자세) 姿容(자용)

恣
방자할 자

부수 │ 心(마음 심)　급수 │ 2급

次(버금 차) + 心(마음 심)

남들을 무시하고 두 번째 취급하는 방자한 마음.

放恣(방자) 恣行(자행)

諮
물을 자

부수 │ 言(말씀 언)　급수 │ 2급

言(말씀 언) + 次(버금 차) + 口(입 구)

여러 번 전문가에게 묻고 또 묻는다.

諮問(자문) *咨 물을 자

瓷
사기그릇 자

부수 │ 瓦(기와 와)　급수 │ 1급

次(버금 차) + 瓦(기와 와)

여러 번 구워서 만든 사기그릇.

瓷器(자기) 靑瓷(청자) 白瓷(백자)

象嵌靑瓷(상감청자) : 형상을 새겨 넣은 푸른 도자기. *嵌 새겨넣을 감

粢
기장 **자**

부수 | 米(쌀 미)　급수 | 사범급

次(버금 차) + 米(쌀 미)

쌀보다 소비하는 양이 적은 두 번째 곡식 기장.

粢盛(자성) : 제사에 쓰는 서직(黍稷).

茨
가시나무 **자**

부수 | 艹(풀 초)　급수 | 사범급

艹(풀 초) + 次(버금 차)

풀 다음으로 자주 사용하는 가시나무.

茨草(자초) : 풀로 지붕을 임. 茨墻(자장) : 가시 울타리.

곳집 **창**

부수 | 人(사람 인)　급수 | 3급

食(먹을 식) + 口(입 구)

먹을 것을 저장해둔 곳간.

倉庫(창고) 官倉(관창) 倉穀(창곡)

創
비롯할 **창**

부수 | 刂(칼 도)　급수 | 3급

倉(곳집 창) + 刂(칼 도)

창고를 짓다가 칼로 다치다 → 상처가 처음 생기다, 시작하다, 비롯되었다.

創造(창조) 獨創(독창) 創世記(창세기) 創意的(창의적)

蒼
푸를 **창**

부수 | 艹(풀 초)　급수 | 2급

艹(풀 초) + 倉(곳집 창)

곳집 주변에 자란 풀색이 푸르다.

蒼空(창공) 蒼白(창백) 萬頃蒼波(만경창파) : 한없이 넓고 푸른 바다나 호수의 물결.

滄
바다 창

부수 | 氵(물 수)　급수 | 2급

氵(물 수) + 倉(곳집 창)

물의 창고인 바다.

滄海(창해) 滄海一粟(창해일속) : 넓고 큰 바다 가운데 한 알의 좁쌀이라는 뜻으로, 아주 많거나 넓은 것 속의 극히 하찮고 작은 물건. *粟 조 속

槍
창 창

부수 | 木(나무 목)　급수 | 사범급

木(나무 목) + 倉(곳집 창)

긴 나무에 뾰족한 칼날이 있는 창을 들고 창고를 지키다.

竹槍(죽창) 槍劍(창검) 槍術(창술)

瘡
부스럼 창

부수 | 疒(병들 녁)　급수 | 1급

疒(병들 녁) + 倉(곳집 창)

병균들이 창고에 곡식이 쌓이듯이 한곳에 모여들어 만든 종기, 부스럼.

褥瘡(욕창) : 병으로 오랫동안 누워 있는 환자의 피부가 병상(病床)에 닿아 짓물러서 생기는 종기. *褥 요 욕

艙
선창 창

부수 | 舟(배 주)　급수 | 사범급

舟(배 주) + 倉(곳집 창)

배들이 모이는 창고 같은 곳 선창.

船艙(선창) : 물가에 다리처럼 만들어 배가 닿을 수 있게 된 곳.

愴
슬퍼할 창

부수 | 忄(마음 심)　급수 | 1급

忄(마음 심) + 倉(곳집 창)

창고가 텅 비어 먹을 것이 없으니 슬프다.

悲愴(비창) : 몹시 슬프고 가슴 아픔.

搶
빼앗을 **창**

부수 | 扌(손 수)　급수 | 사범급

扌(손 수) + 倉(곳집 창)

곳집에 있는 곡식을 손으로 빼앗다.

搶奪(창탈) : 폭력을 써서 빼앗음.

采
캘 채
풍채 채

부수 | 采(분별할 변)　급수 | 2급

爪(손톱 조) + 木(나무 목)

나무 열매를 따는 손 → 캐다.

喝采(갈채) : 외침이나 박수로 칭찬이나 환영의 뜻을 나타냄. *喝 꾸짖을 갈
風采(풍채) : 겉으로 드러나 보이는 인상. 사람의 겉모양.

採
캘 채

부수 | 扌(손 수)　급수 | 3급

扌(손 수) + 采(캘 채)

손으로 열매, 채소를 캐다.

採集(채집) 採擇(채택) 採點(채점) 採用(채용) 公採(공채) 採取(채취)

菜
나물 채

부수 | 艹(풀 초)　급수 | 3급

艹(풀 초) + 采(캘 채)

나물을 채취하다, 캐다.

菜蔬(채소) 野菜(야채) 菜食(채식)

彩
무늬 채

부수 | 彡(터럭 삼)　급수 | 2급

采(캘 채) + 彡(터럭 삼)

좋은 털을 채취해서 붓으로 만들어 채색하다.

彩色(채색) 光彩(광채) 文彩(문채)

埰
채밭 채

부수 | 土(흙 토)　급수 | 2급

土(흙 토) + 采(캘 채)

땅에서 채소를 길러서 캐 먹을 수 있는 채밭.

埰地(채지) : 임금이 하사한 전지(田地).

綵
비단 채

부수 | 糸(가는 실 멱, 사)　급수 | 1급

糸(가는 실 멱, 사) + 采(캘 채)

좋은 실만 뽑아서 만든 비단.

綵緞(채단) : 온갖 비단, 비단의 총칭.

寀
녹봉 채

부수 | 宀(집 면)　급수 | 1급

宀(집 면) + 采(캘 채)

좋은 집을 선별해서(채택해서) 녹봉으로 받다.

寀地(채지) : 경대부에게 식읍(食邑봉)으로 준 땅. = 채지(采地)

責
꾸짖을 책
책임 책

부수 | 貝(조개 패)　급수 | 준4급

朿(가시 자) + 貝(조개 패)

빌려준 돈을 갚으라며 가시나무로 찌르며 꾸짖다. → 책임지게 하다.

責任(책임) 責務(책무) 問責(문책)

債
빚 채

부수 | 人(사람 인)　급수 | 3급

人(사람 인) + 責(꾸짖을 책)

돈을 빌려 간 사람을 꾸짖으며 빚을 갚으라고 함.

債務(채무) 債券(채권) 國債(국채)

積
쌓을 적

부수 | 禾(벼 화)　**급수 |** 3급

禾(벼 화) + 責(책임 책)

벼를 추수하여 책임지고 창고에 쌓아 놓다.

積金(적금) 積善(적선) 蓄積(축적)

績
길쌈 적

부수 | 糸(가는 실 멱, 사)　**급수 |** 3급

糸(가는 실 멱, 사) + 責(책임 책)

실로 옷감 만드는 것을 책임지고 하는 것이 길쌈 일이다.

紡績(방적) 成績(성적) 業績(업적) 功績(공적)

蹟
자취 적

부수 | 足(발 족)　**급수 |** 2급

足(발 족) + 責(책임 책)

사람이 지나간 자취엔 그 사람의 책임이 뒤따른다.

遺蹟(유적) 史蹟(사적) 奇蹟(기적)

勣
공적 적

부수 | 力(힘 력)　**급수 |** 사범급

責(책임 책) + 力(힘 력)

책임진 일을 힘써 이룬 공적.

*績(업적 적)과 같은 의미.

漬
담글 지

부수 | 氵(물 수)　**급수 |** 사범급

氵(물 수) + 責(책임 책)

물에 담그는 일을 책임지고 하다.

漬墨(지묵):점점 더러워져 까매짐. 漬浸(지침):물에 적심.

敫
철저할 **철**

髙 → 育(솥) + 又 → 攵(손)
손으로 솥을 철저하게 닦다.

---

* 단독으로 쓰이지 않는다. 다른 한자와 결합하여 한자의 뜻과 독음에 영향을 준다.

撤
거둘 **철**

부수 | 扌(손 수)　급수 | 2급
扌(손 수) + 敫(철저할 철)
손으로 철저하게 거두다, 치우다.

撤床(철상) 撤回(철회) 撤收(철수) 撤去(철거) 撤廢(철폐) *撒(뿌릴 살)과 다른 글자.

徹
통할 **철**

부수 | 彳(조금 걸을 척)　급수 | 2급
彳(조금 걸을 척) + 敫(철저할 철)
걸어갈 길이 완전하게 치워지고 정리되어서 길거리가 잘 통하게 되었다.

貫徹(관철) 透徹(투철) 徹底(철저)

澈
물 맑을 **철**

부수 | 氵(물 수)　급수 | 2급
氵(물 수) + 敫(철저할 철)
물속 더러운 찌꺼기가 치워져서 물이 맑아졌다.

澈底(철저) : 아주 맑아서 바닥이 환희 보임.

轍
바퀴자국 **철**

부수 | 車(수레 거)　급수 | 1급
車(수레 거) + 敫(철저할 철)
수레가 땅의 자갈돌을 밟으면서(치우면서) 바퀴자국을 내며 지나가다.

前轍(전철) : 앞사람의 실패의 경험. 轍鮒之急(철부지급) : 수레바퀴 자국에 괸 물속의 있는 붕어의 위급함. 즉, 매우 위급한 처지를 비유.

부수 | 人(사람 인) **급수** | 1급

亼(모일 집) + 口(구) + 人(인)
→ 사람들. 여러 사람이 모였다.

僉意(첨의) : 여러 사람의 의견. 僉位(첨위) = 諸君(제군) : 여러분.

쪽지 **첨**
서명할 **첨**

부수 | 竹(대나무 죽) **급수** | 사범급

竹(대나무 죽) + 僉(다 첨)
대나무 쪽을 다 엮어서 그곳에 글을 쓰고, 서명하다.

簽名(첨명) : 문서에 서명함, 약정서에 도장을 찍음.

검사할 **검**

부수 | 木(나무 목) **급수** | 3급

木(나무 목) + 僉(다 첨)
중요한 문서를 나무 상자에 넣은 후 여러 사람들이 잘 봉인했는지 검사하다.

檢査(검사) 檢事(검사) 檢察(검찰) 檢索(검색) 檢問(검문) 檢閱(검열)

검소할 **검**

부수 | 人(사람 인) **급수** | 3급

人(사람 인) + 僉(다 첨)
여러 사람과 물건을 아껴서 나눠 쓰는 검소한 사람.

儉素(검소) 勤儉(근검) 儉約(검약)

칼 **검**

부수 | 刂(칼 도) **급수** | 3급

僉(다 첨) + 刂(칼 도)
날이 양쪽에 모두 다 있는 칼.

劍道(검도) 劍舞(검무) 劍術(검술) *劍(칼 검)과 같은 글자.

瞼 눈꺼풀 검

부수 | 目(눈 목)　　급수 | 사범급

目(눈 목) + 僉(다 첨)

눈에는 모두 있는 눈꺼풀.

眼瞼(안검) : 눈꺼풀.

斂 거둘 렴

부수 | 攵(칠 복)　　급수 | 1급

僉(다 첨) + 攵(칠 복)

사람을 때려서라도 세금을 거둬들이다.

收斂(수렴) 出斂(출렴 → 추렴) : 여러 사람이 돈이나 물품을 나누어 냄.

殮 염할 렴

부수 | 歹(부서진 뼈 알)　　급수 | 사범급

歹(부서진 뼈 알) + 僉(다 첨)

죽은 사람은 모두 염을 해준다.

斂襲(염습) : 죽은 이의 몸을 씻긴 후에 옷을 입히고 염포로 묶는 일.
殮布(염포) : 염습할 때에 시체 묶는 베.

驗 시험 험

부수 | 馬(말 마)　　급수 | 3급

馬(말 마) + 僉(다 첨)

모두 말을 살 때 좋은 말인지 시험해 본다.

試驗(시험) 經驗(경험) 實驗(실험) 體驗(체험) 效驗(효험)

險 험할 험

부수 | 阝(阜,언덕 부)　　급수 | 3급

阝(阜,언덕 부) + 僉(다 첨)

언덕이 모두 다 험하다.

保險(보험) 險惡(험악) 險難(험난) 冒險(모험) 險峻(험준)

詹 소곤거릴 첨

尸(처마 첨) + 八(퍼져나가다) + 言(말씀 언)
처마 밑에서 소곤거리며 말하다.

詹諸(첨저) : 달 속에 산다는 두꺼비, 달의 다른 이름. *詹 두꺼비 첨

檐 추녀 첨

부수 | 木(나무 목)　　급수 | 사범급

木(나무 목) + 詹(처마 첨)
나무로 만든 지붕 추녀, 처마.

檐階(첨계) : 댓돌.

簷 처마 첨

부수 | 竹(대나무 죽)　　급수 | 사범급

竹(대나무 죽) + 詹(처마 첨)
대나무로 만든 처마.

簷端(첨단) : 처마 끝. 簷響(첨향) : 처마 끝에서 떨어지는 빗방울 소리. 낙숫물 소리.

瞻 볼 첨

부수 | 目(눈 목)　　급수 | 1급

目(눈 목) + 詹(처마 첨)
눈으로 멀리 있는 처마를 보다.

瞻星臺(첨성대) 瞻望(첨망)

蟾 두꺼비 섬
달 섬

부수 | 虫(벌레 훼, 충)　　급수 | 1급

虫(벌레 훼, 충) + 詹(소곤거릴 첨)
조용히 울지 않는 두꺼비.

蟾光(섬광) : 달빛. 蟾宮(섬궁) : 달 속에 있다는 궁전.

贍
넉넉할 섬

부수 | 貝(조개 패)　**급수** | 사범급

貝(조개 패) + 詹(처마 첨)
처마가 있는 집은 돈이 넉넉한 집이다.

贍富(섬부) 贍賑(섬진) : 어려운 사람을 구제함. *賑구휼할 진

擔
멜 담

부수 | 扌(손 수)　**급수** | 3급

扌(손 수) + 詹(소곤거릴 첨)
소리 없이 묵묵히 손으로 물건을 짊어지고 책임지다.

擔當(담당) 擔保(담보) 擔任(담임) 負擔(부담) 分擔(분담) 專擔(전담)

膽
쓸개 담

부수 | 月(肉,육달 월)　**급수** | 2급

月(肉,육달 월) + 詹(소곤거릴 첨)
소리 없이 간 옆에서 소화를 도와주는 쓸개.

肝膽(간담) : 속마음
落膽(낙담) 膽力(담력) 膽石(담석) 膽囊(담낭) 熊膽(웅담) 膽汁(담즙)

澹
담박할 담

부수 | 氵(물 수)　**급수** | 1급

氵(물 수) + 詹(소곤거릴 첨)
소리 없이 흐르는 물처럼 물맛같이 담박하다.

澹泊(담박) = 淡泊(담박) : 욕심이 없고 조촐함, 맛이나 빛이 산뜻함.

憺
편안할 담

부수 | 忄(마음 심)　**급수** | 사범급

忄(마음 심) + 詹(소곤거릴 첨)
마음에서 불평을 소곤거리는 것 같음이 적은 상태, 편안함. 아주 반대 뜻으로 두려워
하다의 의미도 지님.

慘憺(참담) : 참혹하고 암담함 恬憺(염담) : 편안하다. *恬 편안할 념

泉
샘 천

부수 | 水(물 수)　급수 | 3급

白(흰 백) + 水(물 수)
땅속에서 솟아난 희고 깨끗한 물. 땅속 깊은 곳이 저세상 저승이기도 함.

溫泉(온천) 九泉(구천) 黃泉(황천)

線
줄 선

부수 | 糸(가는 실 멱, 사)　급수 | 5급

糸(가는 실 멱, 사) + 泉(샘 천)
실이 이어지듯이 샘물이 줄줄 나오다.

直線(직선) 斜線(사선) 伏線(복선) 點線(점선) 脫線(탈선) 混線(혼선)

腺
샘 선

부수 | 月(肉, 육달 월)　급수 | 1급

月(肉, 육달 월) + 泉(샘 천)
신체에서 샘물처럼 나오는 호르몬샘.

淋巴腺(임파선) 甲狀腺(갑상선) 淚腺(누선) 腺毛(선모)

原
언덕 원

부수 | 厂(언덕 한)　급수 | 5급

厂(언덕 한) + 泉(샘 천)
언덕 바위틈이나 땅속에서 솟아나는 샘물의 근원지.

高原地帶(고원지대) 原理(원리) 草原(초원) 原始(원시) = 元始(원시)
原油(원유) 原作(원작) 原價(원가)

源
근원 원

부수 | 氵(물 수)　급수 | 3급

氵(물 수) + 原(근원 원)
물이 흐르는 근원지.

根源(근원) 起源(기원) 源泉(원천) 字源(자원) 財源(재원)

願 원할 원

부수 | 頁(머리 혈)　급수 | 준4급

原(근원 원) + 頁(머리 혈)

머리로 근원적으로 원하는 것을 생각한다.

所願(소원) 祈願(기원) 念願(염원) 宿願(숙원) 願書(원서) 志願(지원)

愿 성실할 원

부수 | 心(마음 심)　급수 | 1급

原(근원 원) + 心(마음 심)

사람의 근원적으로 타고난 성실한 마음.

愿謹(원근) : 성실하고 신중함. 愿朴(원박) : 성실하고 순박함.

嫄 사람 이름 원

부수 | 女(여자 녀)　급수 | 1급

女(여자 녀) + 原(근원 원)

근성이 착한 여자.

姜嫄(강원) : 제곡(帝嚳)의 비(妃).

青 푸를 청

부수 | 青(푸를 청)　급수 | 6급

生(날 생) + 井 → 丹(우물 정)

우물 주변에 돋아난 푸른 풀. 푸른색 → 젊다.

青銅器(청동기) 青年(청년) 青春(청춘) 丹青(단청) 青瓷(청자)

清 맑을 청

부수 | 氵(물 수)　급수 | 5급

氵(물 수) + 青(푸를 청)

맑은 물은 푸른빛이다.

清潔(청결) 清廉(청렴) 清掃(청소)

請
청할 청

부수 | 言(말씀 언)   급수 | 4급

言(말씀 언) + 靑(젊은이 청)
젊은이가 웃어른께 정중히 가르침을 청하다.

要請(요청) 請託(청탁) 請願(청원) 請婚(청혼) 申請(신청) 請牒(청첩)

晴
갤 청

부수 | 日(날 일)   급수 | 3급

日(날 일) + 靑(푸를 청)
푸른색 하늘에 해가 뜨니 비가 개다.

快晴(쾌청) 晴雨(청우) 晴曇(청담) *曇 흐릴 담

菁
우거질 청

부수 | 艹(풀 초)   급수 | 사범급

艹(풀 초) + 靑(푸를 청)
푸른색 풀이 우거지다.

菁菁(청청) : 초목이 무성한 모양.

鯖
고등어 청

부수 | 魚(물고기 어)   급수 | 사범급

魚(물고기 어) + 靑(푸를 청)
등 푸른 생선 고등어.

靑魚(청어) : 고등어.

情
뜻 정

부수 | 忄(마음 심)   급수 | 준4급

忄(마음 심) + 靑(젊은이 청)
젊은이가 품은 마음, 뜻.

友情(우정) 情熱(정열) 感情(감정) 情緖(정서) 同情(동정) 性情(성정)

静
고요할 정

부수 | 靑(푸를 청)　급수 | 3급

靑(푸를 청) + 爭(다툴 쟁)

다툼이 맑게(깨끗하게) 끝나서 조용하다.

動靜(동정) 平靜(평정) 鎭靜(진정) 靜脈(정맥) 靜肅(정숙) 靜寂(정적)

精
자세할 정

부수 | 米(쌀 미)　급수 | 4급

米(쌀 미) + 靑(푸를 청)

쌀을 푸른 빛깔이 보일 때까지 자세하게 정미하다. → 자세한 마음, 정신.

精米(정미) 精神(정신) 精讀(정독) 精誠(정성) 精密(정밀) 精子(정자)

睛
눈동자 정

부수 | 目(눈 목)　급수 | 사범급

目(눈 목) + 靑(푸를 청)

맑고 푸른 눈동자.

畵龍點睛(화룡점정) : 용을 그리고 끝으로 눈동자를 점찍음. 가장 중요한 부분을 마쳐 일을 끝냄. * 晴 갤 청

靖
편안할 정

부수 | 靑(젊은이 청)　급수 | 1급

立(설 립) + 靑(젊은이 청)

젊은이가 편안하게 서 있다. 나라의 젊은이가 편안하다.

靖國(정국) : 어지럽던 나라를 편안하게 진정(鎭定)시킴.
靖難(정난) : 나라의 난리를 평정함.

猜
시기할 시

부수 | 犭(개 견)　급수 | 1급

犭(개 견) + 靑(푸를 청)

검푸른 개처럼 시기하고 의심하다.

猜忌(시기) 猜妬(시투) *妬 시샘할 투

蜀
애벌레 촉

부수 | 虫(벌레 훼)   급수 | 2급

罒(그물 망) + 勹(쌀 포) + 虫(벌레 훼)

그물 같은 것을 몸에 싸고 있는 애벌레.

---

*蜀(나라 이름 촉) : 중국 삼국 시대에 유비(劉備)가 세운 나라.

蜀魂(촉혼) : 두견이, 소쩍새를 가리키는 말로 촉(蜀)나라 망제(望帝)가 죽은 뒤 혼백이 변하여 소쩍새가 되었다는 전설이 있다.

燭
촛불 촉

부수 | 火(불 화)   급수 | 2급

火(불 화) + 蜀(애벌레 촉)

애벌레처럼 꿈틀거리는 촛불.

燭光(촉광) 華燭(화촉) 燭膿(촉농)

觸
닿을 촉

부수 | 角(뿔 각)   급수 | 2급

角(뿔 각) + 蜀(애벌레 촉)

소나 양들이 싸울 때 뿔이 닿는다.

觸感(촉감) 觸覺(촉각) 抵觸(저촉) 一觸卽發(일촉즉발)

屬
이을 속

부수 | 尸(주검 시)   급수 | 2급

尾(꼬리 미) + 蜀(애벌레 촉)

꽁무니 뒤에 계속 이어져 기어오는 애벌레. → 서로 엉겨 붙다.

所屬(소속) 屬國(속국) 屬性(속성) 附屬品(부속품) 族屬(족속)

獨
홀로 독

부수 | 犭(개 견)   급수 | 4급

犭(개 견) + 蜀(애벌레 촉)

개와 벌레들은 사람처럼 사회를 이루지 못하고 홀로 산다.

獨學(독학) 獨立(독립) 獨島(독도) 獨裁(독재) 獨創(독창) 孤獨(고독)

濁
흐릴 **탁**

부수 | 氵(물 수)   **급수** | 2급

氵(물 수) + 蜀(애벌레 촉)
물에 벌레가 사니 물이 더럽고, 흐리다.

混濁(혼탁) 濁酒(탁주) 濁世(탁세)

恖
바쁠 **총**

부수 | 心(마음 심)   **급수** | 사범급

囪(천창 창) + 心(마음 심)
恖(총) = 悤(총), 공(公) → 총 공적인 일로 마음이 바쁘다.

*悤(바쁠 총)과 같은 글자.

總
거느릴 **총**

부수 | 糸(가는 실 멱, 사)   **급수** | 3급

糸(가는 실 멱, 사) + 恖(바쁠 총)
바쁘게 업무를 처리해서 실로 묶듯이 총괄하다.

總長(총장) 總務(총무) 總理(총리) 總角(총각) 總裁(총재)

聰
귀밝을 **총**

부수 | 耳(귀 이)   **급수** | 3급

耳(귀 이) + 恖(바쁠 총)
귀로 들은 것들을 빠르게 이해하는 총명함.

聰明(총명) 聰氣(총기) 聰敏(총민)

摠
모두 **총**

부수 | 扌(손 수)   **급수** | 사범급

扌(손 수) + 恖(바쁠 총)
손으로 바쁘게 모두 모아오다.

*總(모을 총)과 같은 글자. 摠監(총감) : 대한제국 때에 교육부의 으뜸 벼슬.

憁
바쁠 총

부수 | 忄(마음 심)　급수 | 사범급

忄(마음 심) + 悤(바쁠 총)

마음이 바쁘다.

憁恫(총통) : 바쁘게 돌아다님, 경쟁함. *恫 상심할 통

蔥
파 총

부수 | 艹(풀 초)　급수 | 사범급

艹(풀 초) + 悤(바쁠 총)

빨리(바쁘게) 잘 자라는 파.

*葱(파 총)과 같은 글자. 蔥竹之交(총죽지교) : 파피리를 불고 죽마를 타면서 함께 놀던 어렸을 때 친구.

窓
창문 창

부수 | 穴(구멍 혈)　급수 | 5급

穴(구멍 혈) + 悤 = 囪(천장 창)

구멍을 내어서 만든 창문.

窗(창)의 속자(俗字). 窓門(창문) 窓戶(창호) 窓口(창구) 同窓(동창) 學窓(학창)

隹
새 추

부수 | 隹(새 추)　급수 | 3급

꼬리 짧은 새의 모양을 그린 한자. *꼬리가 긴 새의 모양은 鳥(조).

* 단독으로 쓰이지 않는다. 다른 한자와 결합하여 한자의 뜻과 독음에 영향을 준다.

推
밀 추(퇴)

부수 | 扌(손 수)　급수 | 3급

扌(손 수) + 隹(새 추)

손을 새 날갯짓하듯 움직여서 물건을 밀다.

推薦(추천) 推進(추진) 推理(추리) 推定(추정) 推戴(추대) 推敲(퇴고)

錐
송곳 추

부수 | 金(쇠 금) 급수 | 1급

金(쇠 금) + 隹(새 추)

새 부리처럼 뾰족하게 쇠로 만든 송곳.

立錐餘地(입추여지) : 송곳을 세울만한 땅조차도 없다. 囊中之錐(낭중지추)
*囊 주머니 낭 : 주머니 속의 송곳이란 뜻으로, 재능이 뛰어난 사람은 숨어 있어도 남의 눈에 저절로 드러난다는 뜻.

椎
몽치 추

부수 | 木(나무 목) 급수 | 사범급

木(나무 목) + 隹(새 추)

나무로 작은 새 크기 정도로 작은 몽치. *몽치 – 짤막한 몽둥이

*槌(몽치, 망치 추(퇴))와 같은 글자. 脊椎(척추) *脊 등성마루 척
鐵椎(철추) = 鐵槌(철퇴) : 쇠망치

雛
병아리 추

부수 | 隹(새 추) 급수 | 사범급

芻(꼴 추) + 隹(새 추)

종종걸음으로 먹이(꼴)를 찾아다니는 병아리.

臥龍鳳雛(와룡봉추) : 누운 용과 봉황의 새끼라는 뜻으로, 누운 용은 풍운을 만나 하늘로 올라가는 힘을 가지고 있고, 봉황의 새끼는 장차 자라서 반드시 봉황이 되므로, 때를 기다리는 호걸(豪傑)을 비유해 이르는 말.

稚
어릴 치

부수 | 禾(벼 화) 급수 | 2급

禾(벼 화) + 隹(새 추)

벼가 아직 덜 자라서 벼 이삭이 새 깃털 같다.

幼稚(유치) 稚魚(치어) 稚拙(치졸)

雉
꿩 치

부수 | 隹(새 추) 급수 | 2급

矢(화살 시) + 隹(새 추)

화살로 꿩 새를 잡다.

雄雉(웅치) : 수꿩. 순우리말로는 장끼, 암컷 꿩은 까투리. 雉嶽山(치악산)

誰
누구 수

부수 | 言(말씀 언)   급수 | 3급

言(말씀 언) + 隹(새 추)
새가 깜짝 놀라듯이 '누구냐?'라고 말로 묻는다.

誰何(수하) : 누구냐고 묻는 말. 誰某(수모) : 아무개

雖
비록 수

부수 | 隹(새 추)   급수 | 3급

唯(대답 유) + 虫(벌레 훼, 충)
비록 대답을 못하는 파충류 도마뱀이 무섭기는 하지만 사람을 해치지 않는다.

雖然(수연) : 비록 그러하더라도.

讐
원수 수

부수 | 言(말씀 언)   급수 | 1급

隹(새 추) + 隹(새 추) + 言(말씀 언)
새 두 마리가 나란히 앉아 지저귀듯이 서로 원한이 있어 말로 다투는 원수.

怨讐(원수) 復讐(복수) *讎(원수 수)와 같은 글자.

維
벼리 유

부수 | 糸(가는 실 멱, 사)   급수 | 3급

糸(가는 실 멱, 사) + 隹(새 추)
실로 새 다리를 묶어서 원천적으로 날지 못하게 하듯이, 사물과 일의 기준이 되는 벼리 줄.

維新憲法(유신헌법) 維持(유지) 纖維(섬유)

惟
생각할 유

부수 | 忄(마음 심)   급수 | 2급

忄(마음 심) + 隹(새 추)
새가 하늘을 자유롭게 날듯이 사람도 생각을 자유롭게 할 수 있다.

惟(오직 유) = 唯(오직 유) 思惟(사유) : 논리적으로 생각함.

唯 오직 유

부수 | 口(입 구) 급수 | 3급

口(입 구) + 隹(새 추)

새는 오직 입으로만 운다.

唯一(유일) 唯物論(유물론) 唯我獨尊(유아독존)

准 승인할 준

부수 | 冫(얼음 빙) 급수 | 1급

冫(얼음 빙) + 隹(새 추)

準(법도 준, 기준 준)의 속자(俗字).

*淮(강 이름 회)와는 다른 글자.
批准(비준) : 체결된 조약에 대해 당사국에서 최종적으로 확인·동의하는 절차.

準 법도 준

부수 | 氵(물 수) 급수 | 3급

氵(물 수) + 隼(새매 준)

강물 위를 날아가는 새매가 날아갈 때 수평선을 기준으로 삼고 날아가듯이 사람들이 정해놓은 기준선, 법.

基準(기준) 標準(표준) 平準(평준) 準則(준칙) 準據(준거) 準備(준비)

堆 쌓일 퇴

부수 | 土(흙 토) 급수 | 1급

土(흙 토) + 隹(새 추)

새가 앉을 수 있게 흙을 쌓다.

堆肥(퇴비) 堆積(퇴적)

淮 강 이름 회

부수 | 氵(물 수) 급수 | 2급

氵(물 수) + 隹(새 추)

강물 위를 새들이 날아다니다.

*准(승인할 준)과는 다른 글자. 淮水(회수) : 하남성 동백산에서 발원하여 안휘성 강소성을 거쳐 황하로 흘러듦

崔
높을 **최**

부수 | 山(뫼 산)   급수 | 2급

山(뫼 산) + 隹(새 추)
높은 산 위를 날아가는 새.

___

*성씨(姓氏)로 쓰임. 崔崔(최최) : 높고 큰 모양.

催
재촉할 **최**

부수 | 人(사람 인)   급수 | 2급

人(사람 인) + 崔(높을 최)
사람을 높은 지위에 올라가도록 재촉하다. 행사를 열라고 재촉하다.

___

催促(최촉) 催淚彈(최루탄) 催眠(최면) 開催(개최) 主催(주최) *促 재촉할 촉

摧
꺾을 **최**

부수 | 扌(손 수)   급수 | 사범급

扌(손 수) + 崔(높을 최)
높은 지위에 있는 사람이 아랫사람의 기운을 꺾다.

___

摧抑(최억) 摧折(최절)

焦
그을릴 **초**

부수 | 灬(불 화)   급수 | 2급

隹(새 추) + 灬(불 화)
새의 깃털을 불에 그을리다. 새가 불에 다 타버릴까 초조해하다.

___

焦燥(초조) 焦點(초점) 焦眉之急(초미지급) : 매우 위급한 경우.
勞心焦思(노심초사) : 애를 쓰고 속을 태움.

礁
암초 **초**

부수 | 石(돌 석)   급수 | 사범급

石(돌 석) + 焦(그을릴 초)
물속에 잠기어 보이지 않는 암초.

___

暗礁(암초) : 물속에 숨어 있어 보이지 않는 바위, 뜻밖에 부닥치는 어려움.
珊瑚礁(산호초) 坐礁(좌초) : 어려운 처지에 빠짐.

蕉
파초 초

부수 | ⺾(풀 초)　급수 | 1급

⺾(풀 초) + 焦(그을릴 초)

파초과에 속하는 다년초.

芭蕉(파초) : 파초의 줄기·잎·뿌리는 약재로 씀. *芭 파초 파

憔
수척할 초

부수 | 忄(마음 심)　급수 | 사범급

忄(마음 심) + 焦(그을릴 초)

마음이 타들어가는 고민 때문에 몸이 야위어가고 수척해지다.

憔悴(초췌) : 병이나 고생, 근심 등으로 파리하고 해쓱함. *悴 파리할 췌

醮
초례 초

부수 | 酉(술 유)　급수 | 1급

酉(술 유) + 焦(그을릴 초)

술을 놓고 초를 키고 결혼식을 하다.

醮禮(초례) : 전통 결혼 예식. 醮祭(초제) : 별에게 지내는 제사.

樵
땔나무 초

부수 | 木(나무 목)　급수 | 1급

木(나무 목) + 焦(그을릴 초)

불에 때워서 연료로 쓸 땔나무.

樵童汲婦(초동급부) : 나무하는 아이와 물 긷는 여인. 즉, 평범하게 살아가는 일반 백성을 이름.

雋
영특할 준

부수 | 隹(새 추)　급수 | 1급

隹(새 추) + 冂(오목할 요)

울퉁불퉁하게 살이 찐 큰 새가 영특하게 새들을 이끈다.

雋哲(준철) : 뛰어나게 현명함.

儁 준걸 준

부수 | 人(사람 인)   급수 | 1급

人(사람 인) + 雋(영특할 준)
사람 중에 영특한 사람이 준걸(뛰어난 사람)이다.

儁才(준재) : 뛰어난 사람. 儁傑(준걸) = 俊傑(준걸) * 俊 준걸 준

寯 모일 준

부수 | 宀(집 면)   급수 | 사범급

宀(집 면) + 雋(영특할 준)
집에 영특한 사람들만 모였다.

* '뛰어날 준' 의미도 있음. = 俊 준걸 준

進 나아갈 진

부수 | 辶(辵,쉬엄쉬엄 갈 착)   급수 | 준4급

辶(辵,쉬엄쉬엄 갈 착) + 隹(새 추)
새가 앞으로 나아가듯이 날아가다.

進路(진로) 進化(진화) 進級(진급) 昇進(승진) 行進(행진) 後進(후진) 進退兩難(진퇴양난)

璡 옥돌 진

부수 | 玉(구슬 옥)   급수 | 1급

玉(구슬 옥) + 進(나아갈 진)
좋은 옥을 가지고 임금에게 나아가다.

璡石(진석) : 옥처럼 아름다운 돌.

暹 해돋을 섬

부수 | 日(날 일)   급수 | 1급

日(날 일) + 進(나아갈 진)
해가 나아가다, 해가 뜨다.

暹羅(섬라) : 태국의 옛 국호.

藺 골풀 린

부수 | 艹(풀 초) 급수 | 사범급

艹(풀 초) + 閵(새 이름 린)

새들이 쉬면서 앉는 골풀.

---

*人名字(인명자)에 쓰임. 藺相如(인상여) : 중국 전국시대 조나라의 신하.
完璧(완벽), 刎頸之交(문경지교) 고사성어 유래의 주인공.

躪 짓밟을 린

부수 | 足(발 족) 급수 | 1급

足(발 족) + 藺(골풀 린)

발로 골풀을 짓밟다.

蹂躪(유린) : 남의 권리나 인격을 함부로 짓밟음. *蹂 밟을 유

羅 벌릴 라

부수 | 罒(그물 망) 급수 | 3급

罒(그물 망) + 維(벼리 유)

새 잡는 그물의 벼리를 잡고 그물을 펼치다.

網羅(망라) 羅列(나열) 新羅(신라) 森羅萬像(삼라만상)

罹 걸릴 리

부수 | 罒(그물 망) 급수 | 1급

罒(그물 망) + 忄(마음 심) + 隹(새 추)

새가 그물에 걸리듯이 마음에 걸리는 어려운 사람이 있다.

罹災民(이재민) 罹病(이병) 兔羅雉罹(토라치리) : '토끼그물에 꿩이 걸린다.'는 뜻으로, 소인(小人)은 계교(計巧)로 좌에서 벗어나고, 군자(君子)가 도리어 화(禍)를 입음을 이르는 말.

奞 날개칠 순

大(클 대) + 隹(새 추)

새가 크게 날개 짓을 하다. 날개를 벌리고 탁탁 치다.

---

* 단독으로 쓰이지 않는다. 다른 한자와 결합하여 한자의 뜻과 독음에 영향을 준다.

奪
빼앗을 **탈**

부수 | 大(큰 대)   급수 | 2급

奞(날개칠 순) + 寸(마디 촌)
손에 잡은 새가 날개 치며 날아가 버리듯이 손에서 물건을 빼앗아 가다.

奪取(탈취) 掠奪(약탈) 爭奪(쟁탈) 奪還(탈환) 剝奪(박탈) 與奪(여탈)

奮
떨칠 **분**

부수 | 大(큰 대)   급수 | 2급

奞(날개칠 순) + 田(밭 전)
새가 밭에 앉아있다가 땅을 치며 순간적으로 날아오르다.

奮發(분발) 興奮(흥분) 孤軍奮鬪(고군분투)

두견 **휴**

부수 | 隹(새 추)   급수 | 사범급

소쩍새 모양을 그린 한자. *丱(새의 갓모양)

雟周(휴주) : 두견(杜鵑)의 별칭, 소쩍새, 제비.

鑴
솥 **휴**

부수 | 金(쇠 금)   급수 | 사범급

金(쇠 금) + 雟(두견새 휴)
쇠로 만든 솥.

鑴鏍(휴라) : 큰 솥과 작은 솥.

携
끌 **휴**

부수 | 扌(손 수)   급수 | 2급

扌(손 수) + 雟(두견 휴)의 변형자
손으로 두견새를 잡아 끌어오다.

*攜(끌 휴)가 본자(本字). 携帶電話(휴대전화) 提携(제휴)

경희서당

虧
이지러질 휴

부수 | 虍(범 호)　급수 | 1급

雐(새 이름 호) + 물건을 깎는 낱붙이
물건을 깍듯이 한 귀퉁이가 떨어져 나가서 이지러지다.

盈虧(영휴) : 달이 차고 이지러지듯이 일이 그렇게 되는 것. 虧損(휴손) 虧失(휴실)

酋
술 익을 추
두목 추

부수 | 酉(술 유)　급수 | 사범급

八(냄새가 솔솔 나는 모양) + 酉(술 유)
술이 익어가면서 위로 날아가는 술 냄새를 그린 한자
→ 술 익듯이 경험이 많은 대표자 두목, 추장.

酋長(추장) : 원시 사회에서 생활 공동체를 통솔하고 대표하던 우두머리.

尊
높을 존

부수 | 寸(마디 촌)　급수 | 4급

酋(두목 추) + 寸(마디 촌)
두목을 손으로 떠받들며 높이다.

尊敬(존경) 尊重(존중) 尊待(존대) 尊稱(존칭) 尊銜(존함)

遵
좇을 준

부수 | 辶(辵,쉬엄쉬엄 갈 착)　급수 | 2급

辶(辵,쉬엄쉬엄 갈 착) + 尊(높을 존)
높은 지도자를 좇아 따르다.

遵法(준법) 遵守(준수) 遵行(준행)

樽
술통 준

부수 | 木(나무 목)　급수 | 1급

木(나무 목) + 尊(높을 존)
높은 지도자가 마시는 술을 담아 놓은 나무로 만든 술통.

樽酒(준주) : 병술, 동이술.

503

奠
제사 지낼 전

부수 | 大(큰 대)   급수 | 1급

酋(두목 추) + 大(큰 대)
두목(지도자)이 큰 조상에게 술을 바쳐 제사 지내다.

奠雁(전안) : 혼인 때, 신랑이 기러기를 갖고 신부집에 가서, 상 위에 놓고 절하는 예.
*雁 기러기 안

鄭
나라 이름 정

부수 | 阝(邑,고을 읍)   급수 | 2급

奠(제사 지낼 전) + 阝(邑,고을 읍)
제사를 잘 모시는 마을, 나라.

*성씨(姓氏)로 쓰임. 鄭道傳(정도전) 鄭夢周(정몽주)

猶
오히려 유

부수 | 犭(개 견)   급수 | 3급

犭(개 견) + 酋(두목 추)
개와 술을 제물로 바쳐 복을 빌었는데 오히려 재앙이 생겼다.

猶豫(유예) : 일이나 날짜를 미룸. 過猶不及(과유불급) : 정도를 지나침은 미치지 못한 것과 같다는 뜻으로, 중용(中庸)이 중요함.

出
날 출

부수 | 凵(입 벌릴 감)   급수 | 7급

屮(싹 날 철) + 凵(땅 모양)
땅에서 새싹이 나오다.

出發(출발) 出産(출산) 出品(출품) 露出(노출) 特出(특출) 出題(출제)

黜
물리칠 출

부수 | 黑(검을 흑)   급수 | 1급

黑(검을 흑) + 出(날 출)
검은 무리들을 내보내다, 물리치다.

廢黜(폐출) : 벼슬을 떼고 내침. 黜陟(출척) : 못된 사람을 내쫓고 착한 사람을 올려 씀.
*陟 오를 척

茁
싹 날 줄

부수 | 艹(풀 초) 급수 | 1급

艹(풀 초) + 出(날 출)

싹이 돋아 나오다.

茁茁(촬촬) : 싹이 뾰족뾰족 나오는 모양. *茁 싹 절, 싹틀 촬, 자랄 촬

拙
못날 졸

부수 | 扌(손 수) 급수 | 2급

扌(손 수) + 出(날 출)

손재주가 제대로 다스려지지 않고 못나게 베어 나오다.

拙作(졸작) 拙稿(졸고) 拙筆(졸필)

咄
꾸짖을 돌

부수 | 口(입 구) 급수 | 사범급

口(입 구) + 出(날 출)

입으로 꾸짖으며 내쫓다.

咄嗟(돌차) : 혀를 차며 안타깝게 여김. *嗟 탄식할 차

屈
굽힐 굴

부수 | 尸(몸, 집 시) 급수 | 2급

尸(몸, 집 시) + 出(날 출)

좁은 집에서 몸이 나가려면 몸을 굽혀야 한다.

屈伏(服)(굴복) 屈曲(굴곡) 屈折(굴절) 卑屈(비굴) 不屈(불굴)

掘
팔 굴

부수 | 扌(손 수) 급수 | 1급

扌(손 수) + 屈(굽을 굴)

손으로 몸을 굽히고 땅을 파다.

發掘(발굴) 盜掘(도굴) 採掘(채굴)

窟
동굴 굴

부수 | 穴(구멍 혈)　급수 | 2급

穴(구멍 혈) + 屈(굽을 굴)

몸을 굽히고 들어가는 구멍이 동굴이다.

洞窟(동굴) 巢窟(소굴) 石窟庵(석굴암) 土窟(토굴) *巢 집 소

取
취할 취

부수 | 又(오른손 우)　급수 | 4급

耳(귀 이) + 又(오른손 우)

적군의 귀를 오른손으로 잘라서 가지다.

取得(취득) 取扱(취급) 爭取(쟁취) 奪取(탈취) 取捨選擇(취사선택)

趣
재미 취

부수 | 走(달릴 주)　급수 | 2급

走(달릴 주) + 取(취할 취)

달려가서 가지고(해보고) 싶은 재미있는 취미.

趣味(취미) 趣向(취향) 情趣(정취)

娶
장가들 취

부수 | 女(여자 녀)　급수 | 1급

取(취할 취) + 女(여자 녀)

여자를 취해오는 것(데려오는 것)이 장가가는 것이다.

嫁娶(가취) : 시집가고 장가듦. 娶妻(취처) : 아내를 얻음.

聚
모일 취

부수 | 耳(귀 이)　급수 | 1급

取(취할 취) + 乑(무리 중)

많은 사람을 잡아 모으다. 모이다.

聚落(취락) : 마을, 촌락 聚集(취집) : 모임, 모음.

諏 꾀할 추

부수 | 言(말씀 언)   급수 | 사범급

言(말씀 언) + 取(취할 취)
모아진 의견에서 좋은 꾀(대안)을 취하다.

諏謀(추모) : 일을 물어 의논함.

最 가장 최

부수 | 曰(가로 왈)   급수 | 4급

曰(冒 무릅쓸 모의 변형) + 取(취할 취)
위험을 무릅쓰고 적군의 귀를 가져온 장수가 가장 용감하다.

最高(최고) 最善(최선) 最惡(최악) 最新(최신) 最後(최후) 最低(최저)

撮 찍을 촬

부수 | 扌(손 수)   급수 | 사범급

扌(손 수) + 最(가장 최)
손으로 가장 최고라고 여기는 것들을 찍다, 손가락으로 집다.

撮影(촬영) 撮記(촬기) : 요점을 추려서 기록함.

甾 꿩 치 / 내 이름 치

부수 | 巛(내 천)   급수 | 사범급

밭에 물이 넘치다. 꿩의 의미는 이유가 분명치 않음.

---

*菑(= 葘, 묵정밭 치)와 다른 글자. *묵정밭 - 묵어서 잡초가 우거진 밭, 일구고 아직 씨를 뿌리지 않은 밭, 일군 뒤에 한 해 지난 새 밭.

淄 검은빛 치

부수 | 氵(물 수)   급수 | 사범급

氵(물 수) + 甾(내 이름 치)
강이 범람했는데 물빛이 검다.

臨淄(임치) : 제나라의 도읍지.

緇 검은 비단 치

부수 | 糸(가는 실 멱, 사)   급수 | 사범급

糸(가는 실 멱, 사) + 甾(내 이름 치)
검은색 비단, 승려복으로 쓰는 검은색 천.

緇素(치소) : 검은색과 흰색, 승려와 일반인.

輜 짐수레 치

부수 | 車(수레 거, 차)   급수 | 사범급

車(수레 거, 차) + 甾(내 이름 치)
수레에 짐을 싣고 냇가로 이동하다.

輜重(치중) : 말이나 수레에 실은 짐, 군대의 여러 가지 물품.

錙 저울눈 치

부수 | 金(쇠 금)   급수 | 사범급

金(쇠 금) + 甾(검을 치)
저울에 눈금을 검은색으로 표시해 두다.

錙銖(치수) : 썩 가벼운 무게. 백 개의 기장의 낱알을 1수(銖), 24수를 1냥(兩), 8냥을 1치(錙). *銖 무게 단위 수

則 법칙 칙 / 곧 즉

부수 | 刂(칼 도)   급수 | 4급

鼎(솥 정) → 貝(조개 패) + 刂(칼 도)
솥에 중요한 법을 칼로 새기다, 또는 물건을 돈으로 등급을 매기다.

規則(규칙) 法則(법칙) 原則(원칙) 鐵則(철칙)

測 헤아릴 측

부수 | 氵(물 수)   급수 | 3급

氵(물 수) + 則(법칙 칙)
물의 양을 법칙에 따라 헤아리다.

測量(측량) 測定(측정) 觀測(관측) 測雨器(측우기) 推測(추측)

側
곁 **측**

부수 | 人(사람 인) 급수 | 3급

人(사람 인) + 則(법칙 칙)
법을 잘 지키는 사람을 곁에 두다.

側近(측근) 側面(측면) 兩側(양측)

惻
슬퍼할 **측**

부수 | 忄(마음 심) 급수 | 2급

忄(마음 심) + 則(법칙 칙)
법을 지키지 못해서 벌을 받아 슬프다.

惻隱之心(측은지심) : 가엽고 불쌍히 여기는 마음.

廁
뒷간 **측**

부수 | 广(집 엄) 급수 | 사범급

广(집 엄) + 則(법칙 칙)
집안마다 뒷간 사용규칙이 있다.

廁間(측간) : 뒷간, 변소. *厠(뒷간 측)과 같은 글자.

침범할 **침**

부수 | 又(오른손 우) 급수 | 사범급

帚(비 추) + 又(오른손 우)
빗자루를 들고 쓸면서 앞으로 나아간다고 해서 침범하다의 뜻이 되다.

* 단독으로 쓰이지 않는다. 다른 한자와 결합하여 한자의 뜻과 독음에 영향을 준다.

侵
침노할 **침**

부수 | 人(사람 인) 급수 | 3급

人(사람 인) + 叟(침범할 침)
사람이 손에 비를 들고 쓸면서 앞으로 나아가듯이 적지를 침범(침략)하다.

侵掠(침략) = 侵略(침략) 侵犯(침범) 侵攻(침공) 侵入(침입)

浸
적실 **침**

부수 | 氵(물 수)   **급수** | 3급

氵(물 수) + 㑴(침범할 침)
물이 차츰 적군이 침입하듯이 적셔오다

浸水(침수) 浸透(침투) 浸蝕(침식)

寢
잠잘 **침**

부수 | 宀(집 면)   **급수** | 2급

宀(집 면) + 爿(나무침대 장) + 㑴(침범할 침)
집에 침대가 있는 침실은 함부로 침략하듯이 들어가면 안 된다.

寢室(침실) 寢牀(침상) 寢具(침구) 就寢(취침) 同寢(동침)

夬
깍지 **결**
터놓을 **쾌**

부수 | 大(큰 대)   **급수** | 사범급

상아(象牙) 속을 후벼낸, 활시위를 당기기 위한 깍지를 손가락에 낀 모양을 본뜬 한자.

* 단독으로 쓰이지 않는다. 다른 한자와 결합하여 한자의 뜻과 독음에 영향을 준다.

快
쾌할 **쾌**

부수 | 忄(마음 심)   **급수** | 4급

忄(마음 심) + 夬(터놓을 쾌)
마음이 뻥 뚫린 것처럼 거리낌없이 가볍고 상쾌하다.

輕快(경쾌) 愉快(유쾌) 快活(쾌활) 爽快(상쾌) 快擧(쾌거) 明快(명쾌)

決
결단할 **결**

부수 | 氵(물 수)   **급수** | 준4급

氵(물 수) + 夬(터놓을 쾌)
논농사를 지을 때 저수지 물을 터놓는 시기를 결정하다.

決斷(결단) 決定(결정) 議決(의결) 判決(판결) 決裂(결렬) 決勝(결승)

缺 이지러질 결

부수 | 缶(장군 부)　급수 | 3급

缶(장군 부) + 夬(터놓을 쾌)

질그릇이 깨져서(터져서) 쓸 수 없게 되다, 흠이 생겼다.

缺點(결점) 缺席(결석) 缺勤(결근) 缺陷(결함) 缺如(결여) 無缺(무결)

訣 이별할 결

부수 | 言(말씀 언)　급수 | 2급

言(말씀 언) + 夬(터놓을 쾌)

말로 묶여 있는 관계를 터놓듯이 끊다.

訣別(결별) 永訣(영결) 秘訣(비결)

抉 도려낼 결

부수 | 扌(손 수)　급수 | 1급

扌(손 수) + 夬(깍지 결)

손가락에 깍지를 끼고 도려내다.

剔抉(척결) : 살을 도려내고 뼈를 발라냄, 모순·결함 등을 찾아내어 깨끗이 없앰.
*剔 뼈바를 척

乇 풀잎 탁 부탁할 탁

‘一’은 땅, 그 밑이 구부러져 있는 것은 뿌리, 위로 나와 늘어져 있는 것은 잎이 늘어진 모양을 나타내어 땅 위에 나오기 시작한 풀의 잎을 그린 한자.

* 단독으로 쓰이지 않는다. 다른 한자와 결합하여 한자의 뜻과 독음에 영향을 준다.

託 부탁할 탁

부수 | 言(말씀 언)　급수 | 2급

言(말씀 언) + 乇(풀잎 탁)

풀이 무성하게 잘 자라듯이 말로 잘 되게 해달라고 부탁하다.

付託(부탁) 信託(신탁) 委託(위탁) 請託(청탁) 託送(탁송)

托
맡길 탁

부수 | 扌(손 수)   급수 | 2급

扌(손 수) + 乇(부탁할 탁)
손으로 직접 물건을 맡기다.

受託(수탁) 依托(託)(의탁) 托鉢(탁발) : 도를 닦는 승려가 경문을 외면서 집집마다 다니며 동냥하는 일.

宅
집 택(댁)

부수 | 宀(집 면)   급수 | 준4급

宀(집 면) + 乇(의지할 탁)
몸을 의지하고 살아가는 집.

住宅(주택) 宅配(택배) 自宅(자택) 邸宅(저택) 宅內(댁내)

咤
꾸짖을 타

부수 | 口(입 구)   급수 | 1급

口(입 구) + 宅(집 택)
남들의 시선이 없는 집에서 꾸짖다.

叱咤(질타) : 큰 소리로 꾸짖음. *叱 꾸짖을 질

它
다를 타
뱀 사

부수 | 宀(집 면)   급수 | 사범급

宀(집 면) + 匕(꿈틀거리고 있는 뱀)
집에서 몸을 꿈틀거리며 꼬리를 늘어뜨리는 뱀의 모양을 그린 한자. 야생의 뱀들과 다르다.

它人(타인) = 他人(타인)

陀
비탈질 타
불 타

부수 | 阝(阜,언덕 부)   급수 | 사범급

阝(阜,언덕 부) + 它(다를 타)
완만한 언덕과는 다른 비탈지고 험한 언덕.

佛陀(불타) : 범어 'Buddha'의 음역, 부처의 이름. 陀羅尼(다라니) : 악법을 막고 선법을 지킨다는 뜻으로, 범문(梵文)을 그대로 독송(讀誦)하는 일.

駝
낙타 타

부수 | 馬(말 마) 급수 | 사범급

馬(말 마) + 它(다를 타)

말과는 다른 낙타.

駱駝(낙타) *駱 낙타 락

拕
끌 타

부수 | 扌(손 수) 급수 | 사범급

扌(손 수) + 它(뱀 타)

뱀이 꼬리를 질질 끌 듯이 손으로 끌어당기다.

拖(끌 타) = 拕(끌 타) 拕曳(타예) : 끎, 당김. *曳 끌 예

舵
키 타

부수 | 舟(배 주) 급수 | 사범급

舟(배 주) + 它(뱀 타)

뱀꼬리처럼 마음대로 움직여서 방향을 잡은 배의 키.

舵工(타공) : 키잡이 사공. 操舵手(조타수) : 키잡이. 배의 키를 조종하는 사람.

卓
높을 탁

부수 | 十(열 십) 급수 | 3급

上(위 상) + 早(이를 조)

위로 높이 해가 떠오르다.

圓卓(원탁) 卓子(탁자) 卓越(탁월) 卓見(탁견) 卓上空論(탁상공론)

倬
클 탁

부수 | 人(사람 인) 급수 | 1급

人(사람 인) + 卓(높을 탁)

높은 식견을 가진 큰 사람.

倬효(탁립) : 우뚝하게 뛰어남.

暉
밝을 **탁**

부수 | 日(날 일)　**급수** | 1급

日(날 일) + 卓(높을 탁)
해가 높이 떠 밝다.

暉貌(탁모) : 밝은 모양.

琢
사람 이름 **탁**

부수 | 玉(구슬 옥)　**급수** | 1급

玉(구슬 옥) + 卓(높을 탁)
귀한 구슬 옥처럼 높이 평가되는 사람.

대법원인명용 한자(1997.12.2. 추가)

悼
슬플 **도**

부수 | 忄(마음 심)　**급수** | 2급

忄(마음 심) + 卓(높을 탁)
높은 지위에 있는 분(임금)이 백성들을 마음속으로 생각하며 가엽게 여기고 슬퍼하다.

哀悼(애도) 追悼(추도) 悼歌(도가) 思悼世子(사도세자) : 조선 영조의 아들.

棹
노 **도**

부수 | 木(나무 목)　**급수** | 1급

木(나무 목) + 卓(높을 탁)
나무로 만든 배 노를 힘차게(높이) 젓는다.

棹歌(도가) : 뱃노래.

掉
흔들 **도**

부수 | 扌(손 수)　**급수** | 사범급

扌(손 수) + 卓(높을 탁)
손을 높이 들고 흔들다.

掉頭(도두) : 어떤 일을 부정하는 모양. 掉尾(도미) : 끝판에 더욱 세차게 활동함.

綽
너그러울 작

부수 | 糸(가는 실 멱, 사)　급수 | 사범급

糸(가는 실 멱, 사) + 卓(높을 탁)

실 중에서 가장 부드럽고 뛰어난 실이라는 뜻에서 너그럽다의 의미가 됨.

綽態(작태) : 침착하고 여유있는 모양. 綽約(작약) : 얌전하고 정숙한 모양.
綽綽(작작) : 언행이나 태도에 여유가 있는 모양.

兌
기쁠 태
바꿀 태

부수 | 儿(어진사람 인)　급수 | 2급

八(웃을 때 입김이 퍼져나가는 모양) + 兄(형 형)

형이 입을 벌려 입김 내면서 활짝 웃으며 기뻐하다 → 기분이 바뀌었다.

和兌(화태) : 화목하며 기뻐하다.

稅
세금 세

부수 | 禾(벼 화)　급수 | 4급

禾(벼 화) + 兌(바꿀 태)

벼로 바꾸어 세금을 납부하다.

稅金(세금) 關稅(관세) 租稅(조세) 脫稅(탈세) 血稅(혈세) 稅務(세무)

銳
날카로울 예

부수 | 金(쇠 금)　급수 | 3급

金(쇠 금) + 兌(바꿀 태)

무딘 쇠를 날카롭게 바꾸다.

銳利(예리) 銳敏(예민) 尖銳(첨예)

悅
기쁠 열

부수 | 忄(마음 심)　급수 | 3급

忄(마음 심) + 兌(바꿀 태)

기쁜 마음으로 활짝 웃으며 기뻐하다.

悅樂(열락) 喜悅(희열)

閱
검열할 **열**

부수 | 門(문 문)　**급수** | 2급

門(문 문) + 兌(기쁠 태)
성문을 튼튼하게 축조하고 기쁜 마음으로 검열하다.

檢閱(검열) 閱覽(열람) 査閱(사열) 閱兵式(열병식)

說
말씀 **설**
달랠 **세**
기쁠 **열**

부수 | 言(말씀 언)　**급수** | 준4급

言(말씀 언) + 兌(기쁠 태)
상대방이 알아듣기 쉽게 말로 설명하다. → 말로 달래다 → 서로 기분 좋게 되어 기쁘다.

說明(설명) 說得(설득) 說敎(설교) 論說(논설) 遊說(유세) 不亦說乎(불역열호)

脫
벗을 **탈**

부수 | 月(肉,육달 월)　**급수** | 4급

月(肉,육달 월) + 兌(바꿀 태)
곤충이나 뱀이 몸을 바꾸기 위해 허물을 벗다.

脫衣(탈의) 脫皮(탈피) 脫線(탈선) 脫毛(탈모) 脫落(탈락) 脫退(탈퇴)

台
별 **태**
기쁠 **이**

부수 | 口(입 구)　**급수** | 2급

厶(나 사, 코 모양) + 口(입 구)
내가 입으로 소리를 내며 기뻐하다. 또는 코모양과 입모양을 그린 한자로 생명을 뜻하기도 함.(목숨 태)

台覽(태람):종이품 이상의 벼슬아치나 높은 사람에게 글이나 그림 등을 보낼 때 '살펴보소서'라는 뜻으로 겉봉에 높여 쓰던 말.

殆
위태할 **태**

부수 | 歹(앙상한 뼈 알)　**급수** | 2급

歹(앙상한 뼈 알) + 台(목숨 태)
목숨이 죽을 정도로 위태하다.

危殆(위태) 殆半(태반) 百戰不殆(백전불태)

怠
게으를 **태**

부수 | 心(마음 심)　급수 | 2급

台(목숨 태) + 心(마음 심)

목숨만 유지하며 안일하게 살려고 하는 마음이 게으름이다.

怠慢(태만) 懶怠(나태) 倦怠(권태)

胎
아이 밸 **태**

부수 | 月(肉,육달 월)　급수 | 2급

月(肉,육달 월) + 台(목숨 태)

사람의 몸에 사람의 생명(목숨)이 있는 것은 아이를 가진 것이다.

胎教(태교) 胎動(태동) 胎夢(태몽) 孕胎(잉태) *孕 아이 밸 잉

颱
태풍 **태**

부수 | 風(바람 풍)　급수 | 2급

風(바람 풍) + 台(목숨 태)

목숨도 빼앗아 가는 태풍.

颱風(태풍): 북태평양 남서부에서 발생하여 아시아 대륙 동부로 불어오는 폭풍우

跆
밟을 **태**

부수 | 足(발 족)　급수 | 1급

足(발 족) + 台(목숨 태)

사람의 목숨을 함부로 여기며 짓밟음.

跆拳道(태권도) 跆藉(태적): 짓밟음. *藉 깔개 자(적)

笞
볼기칠 **태**

부수 | 竹(대나무 죽)　급수 | 사범급

竹(대나무 죽) + 台(목숨 태)

목숨이 위태할 정도로 대나무로 볼기를 치다.

笞杖(태장): 태형(笞刑)과 장형(杖刑).
*태형 – 매로 볼기를 치는 형. *장형 – 곤장으로 볼기를 치는 형.

苔
이끼 **태**

부수 │ ⺿(풀 초)   급수 │ 1급

⺿(풀 초) + 台(목숨 태)

사람이 숨 쉬고 잘 생명을 유지하듯이, 생명력이 강한 이끼.

苔蘚(태선) : 이끼 *蘚 이끼 선 海苔(해태) : 김

邰
나라 이름 **태**

부수 │ 阝(邑,고을 읍)   급수 │ 1급

台(목숨 태) + 阝(邑,고을 읍)

사람들이 목숨을 유지하며 잘 살아가는 마을, 나라.

*邰(태) - 周代(주대)의 제후국.

怡
기쁠 **이**

부수 │ 忄(마음 심)   급수 │ 2급

忄(마음 심) + 台(기쁠 이)

마음이 기쁘다.

怡色(이색) : 화기(和氣)를 띤 얼굴. 怡悅(이열) : 기뻐서 좋아함.

飴
엿 **이**

부수 │ 食(먹을 식)   급수 │ 사범급

食(먹을 식) + 台(기쁠 이)

기쁜 마음으로 달콤한 엿을 맛보다.

飴餹(이당) : 엿 *餹 엿 당

貽
끼칠 **이**

부수 │ 貝(조개 패)   급수 │ 1급

貝(조개 패) + 台(기쁠 이)

모아 놓은 재물을 기쁜 마음으로 후손들에게 남겨주다.

貽訓(이훈) : 조상이 자손을 위해 남긴 교훈.

始
처음 시

부수 | 女(여자 녀)　급수 | 5급

女(여자 녀) + 台(목숨 태)
여자가 뱃속에서 처음으로 생긴 목숨을 키워내다.

始作(시작) 始祖(시조) 始初(시초) 始動(시동) 開始(개시) 始發(시발)

治
다스릴 치

부수 | 氵(물 수)　급수 | 4급

氵(물 수) + 台(목숨 태)
사람의 목숨과 관련이 깊은 물을 잘 다스린다.

政治(정치) 治安(치안) 退治(퇴치) 難治病(난치병) 治癒(치유)

冶
불릴 야

부수 | 冫(얼음 빙)　급수 | 1급

冫(얼음 빙) + 台(목숨 태)
입이 벌려지듯이 얼음이 풀리다, 녹다. → 쇠를 녹이다.

冶金(야금) : 광석에서 쇠붙이를 골라내거나 합금을 만드는 일.
陶冶(도야) : 훌륭한 인격을 갖추려고 몸과 마음을 닦아 기름.

巴
땅이름 파
뱀 파

부수 | 己(몸 기)　급수 | 2급

뱀이 땅바닥에 바짝 엎드린 모양을 그린 한자.

巴蜀(파촉) : 중국 사천(四川)의 별칭. 歐羅巴(구라파) : 유럽 淋巴腺(임파선)

把
잡을 파

부수 | 扌(손 수)　급수 | 2급

扌(손 수) + 巴(뱀 파)
손으로 뱀을 잡다.

把握(파악) : 어떤 대상의 내용이나 본질을 확실히 이해함. *握 쥘 악

爬
긁을 **파**

부수 | 爪(손톱 조)　급수 | 사범급

爪(손톱 조) + 巴(뱀 파)

뱀에게 물린 곳을 손톱으로 긁다.

爬癢(파양) : 가려운 데를 긁음. 爬蟲類(파충류)

琶
비파 **파**

부수 | 玉(구슬 옥)　급수 | 1급

玉(구슬 옥) + 玉(구슬 옥) + 巴(땅이름 파)

옥이 굴러가는 소리처럼 아름다운 소리를 내는 현악기 비파.

琵琶(비파) : 동양 현악기의 하나. *琵 비파 비

芭
파초 **파**

부수 | 艹(풀 초)　급수 | 1급

艹(풀 초) + 巴(땅이름 파)

땅에서 자라나는 파초 풀.

芭蕉(파초) : 파초의 줄기·잎·뿌리는 약재로 씀. *蕉 파초 초

杷
비파나무 **파**

부수 | 木(나무 목)　급수 | 1급

木(나무 목) + 巴(땅이름 파)

땅에서 잘 자란 나무 비파나무.

枇杷(비파) : 비파나무, 비파나무 열매. *枇 비파나무 비

肥
살찔 **비**

부수 | 月(肉, 육달 월)　급수 | 3급

月(肉, 육달 월) + 巴(뚱뚱한 사람 모양)

사람의 육체가 살이 찌다. (己 사람 모양 → 巴 살찐 사람 모양)

肥滿(비만) 肥沃(비옥) 肥料(비료)

卮
술잔 치

부수 | 卩(몸 기)　급수 | 사범급

서 있는 사람 + 巴(뚱뚱한 사람 모양)

서 있는 사람이 무릎 꿇고 있는 사람에게 술잔에 술을 담아 주는 모습.

---

*卮(술잔 치)의 본자(本字). 卮言(치언) : 잔에서 술이 쏟아지듯이 유창하게 나오는 임기응변의 말, 또는 말이 앞뒤가 맞지 않는 말.

梔
치자나무 치

부수 | 木(나무 목)　급수 | 사범급

木(나무 목) + 卮(술잔 치)

술잔으로 만들 재목 치자나무.

梔子(치자) : 성질은 차고, 이뇨제와 눈병 · 황달 등의 해열에 쓰며, 물감 원료로도 씀.

扁
납작할 편
현판 편

부수 | 戶(집 호)　급수 | 2급

戶(집 호) + 冊(책 책)

집 문짝에 대쪽에 글씨를 써서 붙이거나 걸어놓은 납작한 현판.

扁額(편액) 扁(片)舟(편주) : 조각배. 扁桃腺(편도선) *扇 부채 선

篇
책 편

부수 | 竹(대나무 죽)　급수 | 3급

竹(대나무 죽) + 扁(작을 편)

작은 대나무 죽간 조각들을 연결하여 묶어 만든 책.

短篇(단편) 續篇(속편) 玉篇(옥편) 千篇一律(천편일률)

偏
치우칠 편

부수 | 人(사람 인)　급수 | 2급

人(사람 인) + 扁(작을 편)

사람이 작은 사사로운 마음으로 판단이 바르지 못하고 치우치다.

偏食(편식) 偏愛(편애) 偏見(편견) 偏僻(편벽) 偏重(편중) 偏頗(편파)

編
엮을 편

부수 | 糸(가는 실 멱, 사) **급수 |** 2급

糸(가는 실 멱, 사) + 扁(작을 편)
책을 만들기 위해 작은 대쪽 죽간들을 실로 엮다.

編成(편성) 改編(개편) 編輯(편집) 韋編三絶(위편삼절) : 책을 맨 끈이 세 번 끊어짐.
열심히 독서함.

遍
두루 편

부수 | 辶(辵,쉬엄쉬엄 갈 착) **급수 |** 2급

辶(辵,쉬엄쉬엄 갈 착) + 扁(작을 편)
유명한 유적지가 적힌 작은 책을 들고 그곳을 찾아 두루 돌아다니다.

普遍(보편) 遍踏(편답)

翩
나부낄 편

부수 | 羽(깃 우) **급수 |** 사범급

扁(작을 편) + 羽(깃 우)
작은 날개를 나부끼다.

翩翩(편편) : 새가 가볍게 나는 모양.

騙
속일 편

부수 | 馬(말 마) **급수 |** 사범급

馬(말 마) + 扁(현판 편)
작은 현판 글씨를 못 보도록 말을 빨리 타고 지나가는 듯이 속이다.

騙取(편취) : 남을 속여 재물이나 이익 등을 빼앗음.

敝
해질 폐

부수 | 攵(칠 복) **급수 |** 사범급

尚(헤진 옷 폐) + 攵(칠 복)
해진 옷을 막대기로 쳐서 더 해지게 만들다.

敝履(폐리) : 헌 신. 敝衣破冠(폐의파관) : 해진 옷과 부서진 갓. 구차한 차림새.

弊
해질 폐

부수 | 廾(함께 들 공) 급수 | 2급

敝(해질 폐) + 廾(함께 들 공)

해진 옷을 손으로 들어 올리다. 심각하게 해어진 것은 폐해, 폐단이다.

弊端(폐단) 弊害(폐해) 民弊(민폐) 疲弊(피폐) 弊習(폐습) 弊社(폐사) : 자기 회사 겸칭.

蔽
덮을 폐

부수 | 艹(풀 초) 급수 | 2급

艹(풀 초) + 敝(해질 폐)

해지고 안 좋아 보이는 것을 풀로 가리듯이 덮다.

掩蔽(엄폐) 蔽(閉)塞(폐색)

幣
폐백 폐

부수 | 巾(수건 건) 급수 | 2급

敝(해질 폐) + 巾(수건 건)

해진 옷이 아닌 귀한 비단으로 만든 옷을 입고 폐백을 드리다, 귀한 비단은 화폐 역할을 하기도 하여 화폐의 의미가 있음.

幣物(폐물) 幣帛(폐백) 貨幣(화폐)

斃
넘어질 폐

부수 | 攵(칠 복) 급수 | 사범급

敝(해질 폐) + 死(죽을 사)

옷이 해질 정도로 싸움을 하고 넘어지고 쓰러져 죽다.

斃死(폐사) : 쓰러져 죽음.

瞥
언뜻 볼 별

부수 | 目(눈 목) 급수 | 사범급

敝(해질 폐) + 目(눈 목)

눈을 옆으로 흘낏거리며 (해진 눈) 언뜻 살펴보다.

瞥眼間(별안간) : 눈 깜짝하는 동안. 一瞥(일별) : 한 번 흘긋 봄.

鼈
자라 별

부수 | 黽(맹꽁이 맹)　급수 | 사범급

敝(해질 폐) + 黽(맹꽁이 맹)

보통의 거북에 비해 흐트러진(해진) 자라.

---

*鱉(자라 별)과 같은 글자. 魚鼈(어별) : 물고기와 자라, 어류(魚類)의 총칭.
兎鼈歌(토별가) : 수궁가.

包
쌀 포

부수 | 勹(쌀 포)　급수 | 3급

勹(쌀 포) + 己(몸 기)

어린 아기 몸을 보자기나 포대기로 싸다.

包裝(포장) 包圍(포위) 包容(포용) 包含(포함) 內包(내포) 包括(포괄) *括 묶을 괄

砲
대포 포

부수 | 石(돌 석)　급수 | 2급

石(돌 석) + 包(쌀 포)

돌을 싸서 적지에 쏘는 대포.

砲手(포수) 砲彈(포탄) 大砲(대포) 迫擊砲(박격포) 火砲(화포)

胞
태보 포

부수 | 月(肉, 육달 월)　급수 | 3급

月(肉, 육달 월) + 包(쌀 포)

어머니 배속에 태아를 싸고 있는 태아 주머니.

---

*태보(胎褓) - 태아 보자기. 細胞(세포) 同胞(동포) 僑胞(교포)

飽
배부를 포

부수 | 食(먹을 식)　급수 | 2급

食(먹을 식) + 包(쌀 포)

밥을 많이 먹어서 아이 밴 배처럼 배가 부르다.

飽食(포식) 飽和(포화) 飽滿(포만)

抱 안을 포

부수 | 扌(손 수)　급수 | 3급

扌(손 수) + 包(쌀 포)

사람이 보자기 같은 손으로 사람을 안다.

抱擁(포옹) *擁 안을 옹 抱負(포부) 懷抱(회포) 抱腹絶倒(포복절도) : 몹시 웃음.

鮑 절인 물고기 포

부수 | 魚(물고기 어)　급수 | 1급

魚(물고기 어) + 包(쌀 포)

소금으로 물고기를 싸듯이 물고기를 절인다.

管鮑之交(관포지교) : 춘추 전국시대 관중, 포숙아의 사귐이라는 말로 아주 친한 친구 사이를 일컬음.

泡 거품 포

부수 | 氵(물 수)　급수 | 1급

氵(물 수) + 包(쌀 포)

물로 싸여 있는 것이 거품이다.

泡沫(포말) 水泡(수포)

咆 으르렁거릴 포

부수 | 口(입 구)　급수 | 사범급

口(입 구) + 包(쌀 포)

입으로 한가득 소리를 머금고 있다가 내 뿜는 소리.

咆哮(포효) : 사나운 짐승이 울부짖음. 또는 그 울부짖는 소리. *哮 으르렁거릴 효

袍 두루마기 포

부수 | 衤(옷 의)　급수 | 사범급

衤(옷 의) + 包(쌀 포)

옷을 다 입고 겉에 입는 두루마기.

道袍(도포) : 남자가 예복으로 입던 겉옷. 길이가 길고 소매가 아주 넓으며 등 뒤에는 한 폭의 헝겊이 덧붙음. 敝袍破笠(폐포파립) : 너덜하고 구차한 차림새.

匏
박 포

부수 | 勹(쌀 포)   급수 | 사범급

夸(클 과) + 包(쌀 포)

호박보다 큰 박.

匏瓜(포과) : 바가지. 無口匏(무구포) : 아가리가 없는 박이라는 뜻으로, 입을 다물고 말을 아니함의 비유.

疱
천연두 포

부수 | 疒(병들 녁)   급수 | 사범급

疒(병들 녁) + 包(쌀 포)

물을 싼 것 같이 수포가 생기면서 아픈 천연두.

疱瘡(포창) : 천연두(天然痘). 피부에 발진이 나서 나은 뒤에도 마맛자국이 남는 병.

苞
그령 포

부수 | 艹(풀 초)   급수 | 사범급

艹(풀 초) + 包(쌀 포)

신이나 돗자리를 만드는 원료로 쓰이는 그령 식물.

苞桑(포상) : 뽕나무 뿌리, 근본이 확고함을 뜻함. 苞苴(포저) : 뇌물로 보내는 물건. *苞(꾸러미 포) - 짚으로 싸서 보냄. *苴(신바닥 창 저) - 짚을 밑에 까는 것.

庖
부엌 포

부수 | 广(집 엄)   급수 | 사범급

广(집 엄) + 包(쌀 포)

음식을 만들어서 포장(담다)하는 부엌.

庖丁解牛(포정해우) : 요리사가 소의 뼈와 살을 발라낸다는 뜻으로, 기술이 묘함을 칭찬하는 말. 庖廚(포주 → 푸주) : 주방, 푸줏간

炮
구울 포

부수 | 火(불 화)   급수 | 사범급

火(불 화) + 包(쌀 포)

불을 싸듯이 모아서 고기를 굽다.

炮烙之刑(포락지형) : 은나라 주왕이 행한 참혹한 형벌.

雹
우박 박

부수 | 雨(비 우) **급수** | 사범급

雨(비 우) + 包(쌀 포)
하늘에서 눈덩이를 쏜 것처럼 우박이 내리다.

風飛雹散(풍비박산) : 사방으로 날아 흩어짐.

暴
사나울 폭(포)

부수 | 日(해 일) **급수** | 4급

日(해 일) + 出(날 출) + 廾(함께 들 공) + 米(쌀 미)
해가 반짝 나오니 쌀을 손으로 들고 와서 햇볕에 쬐는 모양. → 이 작업이 힘들고 거친 일이다.(사납다.)

暴惡(포악) 暴君(폭군) 暴騰(폭등) 暴利(폭리) 暴雨(폭우) 暴行(폭행) 暴露(폭로) 亂暴(난폭) 橫暴(횡포)

爆
터질 폭

부수 | 火(불 화) **급수** | 3급

火(불 화) + 暴(사나울 폭)
불이 사납게 터지다.

爆發(폭발) 爆擊(폭격) 爆彈(폭탄)

瀑
폭포 폭

부수 | 氵(물 수) **급수** | 1급

氵(물 수) + 暴(사나울 폭)
물이 사납게 내리는 폭포.

瀑布(폭포) 瀑沫(포말) : 물보라.

曝
쬘 폭

부수 | 日(날 일) **급수** | 사범급

日(날 일) + 暴(사나울 폭)
해일을 추가하여 더 뜻을 강조하여 햇볕을 쬐다의 의미가 됨.

曝書(폭서) : 책을 볕에 쬐고 바람에 쐼.

票
쪽지 표

부수 | 示(보일 시)   **급수** | 3급

*熛(불똥 튈 표)와 같은 글자. '粵'의 변형자로 본래 불길이 솟구치듯이 가볍게 날리다.
→ 가볍게 날리는 종이쪽지 → 쪽지 표.

票決(표결) 投票(투표) 車票(차표) 證票(증표) 賣票所(매표소)

標
표할 표

부수 | 木(나무 목)   **급수** | 2급

木(나무 목) + 票(쪽지 표)
나무에 칼로 그림이나 글을 새겨 넣은 표시, 표지판.

標識(표지) 目標(목표) 標的(표적) 指標(지표) 標準語(표준어)

漂
뜰 표

부수 | 氵(물 수)   **급수** | 2급

氵(물 수) + 票(쪽지 표)
물에 쪽지를 띄우다, 또는 물에서 쪽지 같은 작은 옷감을 빨다.

漂流(표류) 漂白劑(표백제)

瓢
박 표

부수 | 瓜(오이 과)   **급수** | 사범급

票(쪽지 표) + 瓜(오이 과)
오이처럼 생긴 박에 표시를 해두다.

簞食瓢飮(단사표음) : 도시락밥과 표주박에 든 물이라는 뜻으로, 소박한 생활의 비유함.
*簞 대광주리 단

剽
빼앗을 표

부수 | 刂(칼 도)   **급수** | 사범급

票(쪽지 표) + 刂(칼 도)
중요한 문서 쪽지를 칼을 들고 위협해서 빼앗다.

剽竊(표절) : 남의 시가·문장 등의 글귀를 몰래 따다 자기 것인 것처럼 발표함. *竊 훔칠 절

慓
날랠 표

부수 | 忄(마음 심)　급수 | 사범급

忄(마음 심) + 票(쪽지 표)

가볍게 날려 보내는 쪽지처럼 마음 상태가 날래고 빠르다.

慓毒(표독) : 사납고 독살스러움.

飄
회오리바람 표

부수 | 風(바람 풍)　급수 | 1급

票(표시 표) + 風(바람 풍)

눈에 보이는 표시 나는 회오리바람.

飄風(표풍) : 회오리바람, 바람에 나부낌.

驃
날랠 표

부수 | 馬(말 마)　급수 | 1급

馬(말 마) + 票(표시 표)

다른 말보다 겉모양이 확연이 표시나게 다른 말, 표마.

驃馬(표마) : 표절따. 누른 바탕에 흰 털이 섞인 말, 말이 빨리 달리는 모양, 날래고 용감하다.

風
바람 풍

부수 | 風(바람 풍)　급수 | 5급

凡(배의 돛 모양) + 虫(벌레 충 → 봉황새 모양)

바람에 움직이는 배의 돛 모양, 또는 바람처럼 자유롭게 날아다니는 봉황새.

風景(풍경) 風俗(풍속) 風浪(풍랑) 突風(돌풍) 扇風機(선풍기)

楓
단풍나무 풍

부수 | 木(나무 목)　급수 | 2급

木(나무 목) + 風(바람 풍)

나무에 달린 단풍이 바람에 흔들린다.

丹楓(단풍) 楓葉(풍엽) 楓嶽山(풍악산) : 가을철의 금강산.

諷
월 풍

부수 | 言(말씀 언)　　급수 | 1급

言(말씀 언) + 風(바람 풍)

바람이 불 듯이 자연스럽게 시를 외워서 읊조리다.

諷諭(풍유) 諷刺(풍자) : 남의 결점을 무엇에 빗대어 재치 있게 경계하거나 비판함. *刺 찌를 자

颱
태풍 태

부수 | 風(바람 풍)　　급수 | 2급

風(바람 풍) + 台(목숨, 나 태)

나의 목숨을 빼앗을 수 있을 정도로 무서운 태풍 바람.

颱風(태풍) : 북태평양 남서부에서 발생하여 아시아 대륙 동부로 불어오는 폭풍우

颯
바람 소리 삽

부수 | 風(바람 풍)　　급수 | 사범급

立(설 립) + 風(바람 풍)

바람이 사람이 서서 내는 소리처럼 들린다.

颯爽(삽상) : 바람이 시원하게 불어 상쾌한 모양. *爽 시원할 상

嵐
산기운 람

부수 | 山(뫼 산)　　급수 | 사범급

山(뫼 산) + 風(바람 풍)

산에 바람도 불며, 산기운이 느껴지다.

嵐氣(남기) : 울창한 산속에 생기는 아지랑이 같은 기운.
晴嵐(청람) : 화창한 날에 아른거리는 아지랑이.

皮
가죽 피

부수 | 皮(가죽 피)　　급수 | 1급

손(又)으로 짐승의 가죽을 벗기는 모습을 그린 한자.

皮革(피혁) 脫皮(탈피) 皮膚(피부)

疲
피곤할 피

부수 | 疒(병들 녁)　**급수** | 3급

疒(병들 녁) + 皮(가죽 피)

사람의 피부 가죽이 병들어 피곤해 보인다.

疲困(피곤) 疲勞(피로) 疲弊(피폐)

被
입을 피
당할 피

부수 | 衤(옷 의)　**급수** | 3급

衤(옷 의) + 皮(가죽 피)

가죽옷을 입다. → 씌우다. → 당하다.

被告(피고) 被害(피해) 被擊(피격) 被襲(피습) 被殺(피살)

彼
저 피

부수 | 彳(조금 걸을 척)　**급수** | 3급

彳(조금 걸을 척) + 皮(가죽 피)

가죽이 있는 저곳으로 걸어 이동하다.

彼此(피차) 於此彼(어차피)

披
펼 피

부수 | 扌(손 수)　**급수** | 1급

扌(손 수) + 皮(가죽 피)

손으로 짐승 가죽을 펼치다.

披瀝(피력) : 속마음을 털어놓고 말함. *瀝 거를 력　披露宴(피로연)

陂
비탈 피

부수 | 阝(阜, 언덕 부)　**급수** | 사범급

阝(阜, 언덕 부) + 皮(가죽 피)

짐승 가죽을 펼쳐놓듯이 언덕 비탈길이 기울어져 있다.

陂曲(피곡) : 한쪽으로 치우쳐 바르지 못함.

波
물결 파

부수 | 氵(물 수)　급수 | 4급

氵(물 수) + 皮(가죽 피)
물의 껍질, 가죽 같은 것이 물결이다.

波濤(파도) 波動(파동) 風波(풍파) 餘波(여파) 秋波(추파) 波紋(파문)

破
깨뜨릴 파

부수 | 石(돌 석)　급수 | 3급

石(돌 석) + 皮(가죽 피)
돌로 가죽을 찢다 → 깨트리다.

破鏡(파경) 凍破(동파) 破産(파산) 破壞(파괴) 破滅(파멸) 破損(파손)

頗
치우칠 파

부수 | 頁(머리 혈)　급수 | 2급

皮(가죽 피) + 頁(머리 혈)
머리가 기울 듯이 한쪽으로 치우치게 판단하다.

偏頗(편파) : 한쪽으로 치우침. 頗多(파다) : 매우 많음.

婆
할미 파
사바 바

부수 | 女(여자 녀)　급수 | 1급

波(물결 파) + 女(여자 녀)
인생살이 굴곡을 파도 물결같이 파란만장으로 겪은 여자 할미.

老婆(노파) 産婆(산파) 婆婆(사바) : 괴로움 많은 이 세상.

跛
절뚝발이 파

부수 | 足(발 족)　급수 | 사범급

足(발 족) + 皮(가죽 피)
발 한쪽이 없는 절뚝발이.

跛行(파행) : 절뚝거리며 걸음. 일이 정상적으로 진행되지 못함을 비유.

부수 | 心(마음 심)　**급수** | 준4급

八(나눌 팔) + 弋(주살 익)

주살은 오늬에 줄을 매어 쏘는 화살인데 주살에 매어진 줄이 팔랑거리다, 줄을 반드시 매어야 한다에서 '반드시'가 됨.

必讀(필독) 必勝(필승) 必須(필수) 必要(필요) 必然(필연) 何必(하필)

샘물 흐를 **필**
분비할 **비**

부수 | 氵(물 수)　**급수** | 2급

氵(물 수) + 必(반드시 필)

샘물이 마르지 않고 반드시 흐르고 있다, 흡수된 물은 반드시 밖으로 분비된다.

分泌(분비) 泌尿器(비뇨기)

칼 장식 옥 **필**

부수 | 玉(구슬 옥)　**급수** | 1급

玉(구슬 옥) + 必(반드시 필)

칼을 반드시 옥으로 장식을 하다.

珌(필) - 차는 칼의 아래쪽의 장식. 琫(봉) - 칼집의 위의 장식.

풀 이름 **필**

부수 | 艹(풀 초)　**급수** | 1급

艹(풀 초) + 必(반드시 필)

풀에는 반드시 이름들이 있다.

苾蒭(필추) : 풀이름, 부드러워서 바람이 부는대로 쓰러지기 때문에, 속세에 얽매이지 않는 '중'에 비유함.

香必

향기로울 **필**

부수 | 香(향기 향)　**급수** | 1급

香(향기 향) + 必(반드시 필)

좋은 향기가 반드시 나야 한다.

馝馛(필발) : 향기가 강렬함. * 馛 향기로울 발

瑟
큰 거문고 슬

부수 | 玉(구슬 옥)　급수 | 1급

琴(큰 거문고 금) + 必(반드시 필)
거문고보다 줄 수가 많은 큰 거문고.

琴瑟(금슬) : 거문고와 비파. '금실(琴瑟)'의 본딧말. *琴 거문고 금

密
빽빽할 밀

부수 | 宀(집 면)　급수 | 4급

宓(편안할 밀) + 山(뫼 산)
나무가 빽빽하게 많은 산이 편안한 산이고, 조용한 산이다.

秘密(비밀) 密度(밀도) 精密(정밀) 親密(친밀) 密輸(밀수) 密會(밀회)

蜜
꿀 밀

부수 | 虫(벌레 훼, 충)　급수 | 2급

宓(편안할 밀) + 虫(벌레 훼, 충)
벌들이 빽빽한 벌집에 꿀을 모아 놓다.

蜂蜜(봉밀) 蜜月(밀월) 蜜柑(밀감)

謐
고요할 밀

부수 | 言(말씀 언)　급수 | 사범급

言(말씀 언) + 宓(조용할 밀)과 같은 의미.
말은 반드시 조용하게 해야 한다.

靜謐(정밀) : 고요하고 편안함. 安謐(안밀)

宓
편안할 밀
성씨 복

부수 | 宀(집 면)　급수 | 사범급

宀(집 면) + 必(반드시 필)
집은 반드시 편안하고 조용해야 한다.

宓羲(복희) = 伏羲(복희) : 중국 고대의 제왕. 팔괘(八卦)를 처음으로 만들고 그물을 발명하여 고기잡이의 방법을 가르쳤다 함

臽
함정 함

부수 | 臼(절구 구)   급수 | 사범급

人(사람 인) + 臼(절구 구, 함정 모양)
사람이 함정에 빠지는 모습을 그린 한자.

---

* 단독으로는 쓰이지 않으며 다른 한자와 결합하여 발음 역할을 하는 한자.

陷
빠질 함

부수 | 阝(阜,언덕 부)   급수 | 2급

阝(阜,언덕 부) + 臽(함정 함)
언덕에 있는 구덩이 함정에 빠지다.

陷穽(함정) 陷沒(함몰) 缺陷(결함) 謀陷(모함) *穽 함정 정

諂
아첨할 첨

부수 | 言(말씀 언)   급수 | 1급

言(말씀 언) + 臽(함정 함)
말로 사람을 함정에 빠뜨리듯이 아첨하다.

阿諂(아첨) : 남의 환심을 사거나 잘 보이려고 알랑거림.

閻
마을 염

부수 | 門(문 문)   급수 | 1급

門(문 문) + 臽(함정 함)
함정 같은 구덩이를 파서 마을 어귀에 만들어 놓은 문, 이문(里門).

閻閻(여염) : 서민이 모여 사는 마을. 閻邏(염라) : 죽은 사람의 죄를 다스린다는 지옥의
임금. *閭 이문 려 *邏 순행할 라

焰
불당길 염

부수 | 火(불 화)   급수 | 사범급

火(불 화) + 臽(함정 함)
함정에 불을 넣다, 당기다.

氣焰(기염) : 호기로운 기세. 火焰(화염) *燄 불당길 염

부수 | 口(입 구) 급수 | 3급

戌(도끼 월) + 口(입 구)

큰 도끼로 죽이려 하니 살려달라고 입으로 온 힘을 다해서 소리치다.

咸池(함지) : 해가 진다고 하는 서쪽의 큰 못, 요(堯) 임금 때 음악의 이름.
咸興差使(함흥차사) : 심부름을 가서 깜깜무소식이거나 또는 회답이 더딜 때의 비유.

부수 | 糸(가는 실 멱, 사) 급수 | 1급

糸(가는 실 멱, 사) + 咸(다 함)

실로 다 꿰매다, 봉하다.

緘口(함구) 封緘(봉함)

부수 | 口(입 구) 급수 | 사범급

口(입 구) + 咸(다 함)

입으로 살려달라고 모두 같이 소리치다.

高喊(고함) 喊聲(함성)

부수 | 鹵(소금 로) 급수 | 1급

鹵(소금 로) + 咸(다 함)

소금은 다 짜다.

鹹水(함수) ↔ 淡水(담수) 鹹菜(함채)

부수 | 言(말씀 언) 급수 | 사범급

言(말씀 언) + 咸(다 함)

모두 다 같이 대화를 통해서 화합하다.

諴和(함화) : 화합하는 모양.

瑊
옥돌 함(감)

부수 │ 玉(구슬 옥)　급수 │ 사범급

玉(구슬 옥) + 咸(다 함)
옥과 거의 비슷하게 생긴 아름다운 돌.

---

*인명자(人名字)자로 쓰임. 瑊玏(감륵) : 옥처럼 아름다운 돌. *玏 옥돌 륵

感
느낄 감

부수 │ 心(마음 심)　급수 │ 5급

咸(다 함) + 心(마음 심)
마음으로 모두 다 같이 느끼다.

感動(감동) 感情(감정) 感觸(감촉) 敏感(민감) 豫感(예감) 感歎(감탄)

減
덜 감

부수 │ 氵(물 수)　급수 │ 4급

氵(물 수) + 咸(다 함)
물을 다 덜어내다.

減量(감량) 減少(감소) 削減(삭감) 輕減(경감) 減免(감면) 減退(감퇴)

憾
한할 감

부수 │ 忄(마음 심)　급수 │ 2급

忄(마음 심) + 感(느낄 감)
마음에서 서운하고 섭섭한 감정이 들다.

遺憾(유감) 憾情(감정) : 마음에 언짢게 여기어 원망하거나 성내는 마음.

箴
경계할 잠

부수 │ 竹(대나무 죽)　급수 │ 1급

竹(대나무 죽) + 咸(다 함)
대나무로 만든 바늘 → 바늘로 찌르듯이 경계하게 하다.

箴言(잠언) 箴戒(잠계)

鍼
바늘 **침**

부수 | 金(쇠 금)   **급수** | 4급

金(쇠 금) + 咸(다 함)
쇠로 만든 바늘, 의료용 바늘.

鍼術(침술) 鍼灸(침구) 鍼筒(침통) *針 바늘 침

合
합할 **합**

부수 | 口(입 구)   **급수** | 준5급

亼(그릇 뚜껑 모양) + 口(입 구)
그릇 위에 뚜껑을 덮어 서로 합해진 모양을 그린 한자.

合格(합격) 合同(합동) 合法(합법) 合致(합치) 合意(합의) 合議(합의)

蛤
대합조개 **합**

부수 | 虫(벌레 훼, 충)   **급수** | 사범급

虫(벌레 훼, 충) + 合(합할 합)
위아래 조개껍질이 합해지다.

大蛤(대합) 紅蛤(홍합)

盒
합 **합**

부수 | 皿(그릇 명)   **급수** | 사범급

合(합할 합) + 皿(그릇 명)
뚜껑이 있는 그릇 합.

饌盒(찬합) : 반찬, 술안주 따위를 담는 여러 층으로 된 그릇.

閤
쪽문 **합**

부수 | 門(문 문)   **급수** | 사범급

門(문 문) + 合(합할 합)
문 옆에 딱 들어맞은 작은 문. *대문 곁에 딸린 작은 문

閤門(합문) : 편전(便殿)의 앞문. 閤夫人(합부인) : 남의 아내의 높여 부르는 말.

哈
마실 **합**
웃음소리 **합**

부수 | 口(입 구) **급수** | 사범급

口(입 구) + 合(합할 합)

입을 그릇에 대고 마시다.

哈哈(합합) : 웃는 소리

答
대답 **답**

부수 | 竹(대나무 죽) **급수** | 준5급

竹(대나무 죽) + 合(합할 합)

대나무 죽간을 합하여 쓴 대답, 회답.

對答(대답) 問答(문답) 報答(보답) 回答(회답) 答案(답안) 答禮(답례)

塔
탑 **탑**

부수 | 土(흙 토) **급수** | 3급

土(흙 토) + 荅(팥 답)

흙으로 만든 탑.

佛塔(불탑) 石塔(석탑) 金字塔(금자탑) 象牙塔(상아탑)

搭
탈 **탑**

부수 | 扌(손 수) **급수** | 사범급

扌(손 수) + 荅(팥 답)

손으로 팥을 수레에 실어 담듯이, 사람이 수레에 타다.

搭乘(탑승) 搭載(탑재)

給
줄 **급**

부수 | 糸(가는 실 멱, 사) **급수** | 준4급

糸(가는 실 멱, 사) + 合(합할 합)

베를 짤 때 실을 계속 주어서 날실, 씨실을 합쳐 옷감을 만들다.

給食(급식) 給與(급여) 供給(공급) 配給(배급) 支給(지급)

부수 | 扌(손 수)　**급수** | 4급

扌(손 수) + 合(합할 합)
두 손을 합해서 물건을 줍다.

拾得(습득) 收拾(수습) *십(十)의 갖은자.

부수 | 氵(물 수)　**급수** | 1급

氵(물 수) + 合(합할 합)
물건과 물에 비율이 잘 맞아 흠뻑 젖다.

洽足(흡족) 未洽(미흡)

부수 | 忄(마음 심)　**급수** | 1급

忄(마음 심) + 合(합할 합)
다 같이 합의한 마음들이 비슷비슷하다.

恰似(흡사) *似 같을 사

부수 | 羽(깃 우)　**급수** | 1급

合(합할 합) + 羽(깃 우)
새의 날개깃을 모아서 날아가다.

翕然(흡연) : 인심이 화합하여 일치하는 모양.

亢
목 항
높을 항

부수 | 亠(머리 두)　**급수** | 2급

亠(지붕 모양) + 几(담 모양)
담 위에 지붕이 있는 모습에서 높다, 목덜미는 신체 중 높은 곳에 위치한다.

亢進症(항진증) 亢龍有悔(항룡유회) : 하늘 끝까지 올라간 용이 내려갈 길밖에 없음을 후회한다.

航
배 항

부수 | 舟(배 주)　급수 | 3급

舟(배 주) + 亢(높을 항)

배가 높은(넓은) 바다를 항해하다.

航海(항해) 航空(항공) 難航(난항) 出航(출항) 航路(항로) 運航(운항)

抗
막을 항

부수 | 扌(손 수)　급수 | 3급

扌(손 수) + 亢(높을 항)

손을 높이 들어 올리며 막다.

反抗(반항) 抵抗(저항) 抗議(항의)

沆
넓을 항

부수 | 氵(물 수)　급수 | 1급

氵(물 수) + 亢(높을 항)

물이 넓게 펼쳐져 있다.

沆茫(항망) : 수면(水面)이 광대한 모양. *茫 아득할 망

杭
건널 항

부수 | 木(나무 목)　급수 | 사범급

木(나무 목) + 亢(높을 항)

나무배를 타고 건너가다.

一葦杭(일위항) *葦 갈대, 작은 배 위. : 작은 나룻배.

伉
짝 항

부수 | 人(사람 인)　급수 | 사범급

人(사람 인) + 亢(높을 항)

높은 목표를 향해 같이 가는 짝.

伉儷(항려) : 남편과 아내로 만나 이루어진 짝. *儷 짝 려

坑
구덩이 갱

부수 | 土(흙 토)   급수 | 2급

土(흙 토) + 亢(목 항)
찰기가 없어 목으로 쉽게 삼키기 힘든 메벼.

坑道(갱도) 焚書坑儒(분서갱유) *焚 불사를 분 : 중국의 진시황이 민간의 서적을 불사르고 수많은 유생을 구덩이에 묻어 죽인 일.

秔
메벼 갱

부수 | 禾(벼 화)   급수 | 2급

禾(벼 화) + 亢(목 항)
찰기가 없어 목으로 쉽게 삼키기 힘든 메벼.

秔(粳)稻(갱도) ↔ 糯稻(나도) *稻 벼 도 *糯 찰벼 나

亥
돼지 해

부수 | 亠(머리 두)   급수 | 3급

豕(돼지 시)의 변형자로 멧돼지 모습을 그린 한자.

亥時(해시) : 12시의 열두째 시. 오후 9시부터 11시.

該
갖출 해

부수 | 言(말씀 언)   급수 | 2급

言(말씀 언) + 亥(돼지 해) = 核(핵)
말의 핵심을 갖추어 말하다.

該當(해당) : 어떤 범위나 조건 따위에 바로 들어맞음, 무엇과 관련 있는 바로 그것.
該博(해박)

骸
뼈 해

부수 | 骨(뼈 골)   급수 | 1급

骨(뼈 골) + 亥(돼지 해)
돼지 뼈 같이 생긴 해골.

骸骨(해골) 遺骸(유해) 殘骸(잔해)

咳
기침 해

부수 | 口(입 구)　급수 | 사범급

口(입 구) + 亥(돼지 해)

돼지가 입으로 기침하다.

咳嗽(해수) : 기침. *嗽 기침할 수

駭
놀랄 해

부수 | 馬(말 마)　급수 | 1급

馬(말 마) + 亥(돼지 해)

말과 돼지 짐승들이 놀라다.

駭怪罔測(해괴망측) : 헤아릴 수 없이 해괴함.

垓
지경 해

부수 | 土(흙 토)　급수 | 사범급

土(흙 토) + 亥(돼지 해)

돼지우리처럼 땅의 경계선.

垓字(해자) : 능(陵)이나 묘의 경계, 성(城) 밖으로 둘러 판 연못.

孩
어린아이 해

부수 | 子(아들 자)　급수 | 사범급

子(아들 자) + 亥(돼지 해)

돼지처럼 토실토실 예쁜 어린아이.

孩提(해제) : 웃을 줄 알고 손으로 무엇을 끌 수 있는 어린아이, 두세 살 된 아이.

核
씨 핵

부수 | 木(나무 목)　급수 | 2급

木(나무 목) + 亥(돼지 해) = 孩(해)

어린아이가 중요한 것처럼 나무 열매에서 가장 중요한 열매 씨.

核心(핵심) 核武器(핵무기) 核果(핵과) 結核(결핵)

劾 캐물을 핵

부수 | 力(힘 력) **급수** | 사범급

亥(돼지 해) + 力(힘 력)
돼지를 다루듯이 폭력을 써가며 캐묻다.

彈劾(탄핵) : 대통령 · 국무총리 · 국무 위원 · 법관 등의 위법에 대하여 국회의 소추에
따라 헌법재판소의 심판으로 해임하거나 처벌하는 일.

刻 새길 각

부수 | 刂(칼 도) **급수** | 3급

亥(돼지 해) + 刂(칼 도)
돼지가 지나가면 발자국이 생기듯이 날카로운 칼로 새기다.

彫刻(조각) 深刻(심각) 時刻(시각) 頃刻(경각) 刻骨難忘(각골난망)

害 해칠 해

부수 | 宀(집 면) **급수** | 준4급

宀(집 면) + 丰(무성할 봉) + 口(입 구)
집 안에서 남을 헐뜯고 해칠 수 있는 말을 입으로 많이 하다.

損害(손해) 加害(가해) 害蟲(해충) 殺害(살해) 迫害(박해) 妨害(방해)

割 벨 할

부수 | 刂(칼 도) **급수** | 2급

害(해칠 해) + 刂(칼 도)
칼로 해를 입히면서 베다.

割腹(할복) 割引(할인) 割當(할당) 分割(분할) 割愛(할애) 割據(할거)

轄 다스릴 할

부수 | 車(수레 거) **급수** | 2급

車(수레 거) + 害(해칠 해)
수레가 잘 굴러가도록 (피해가 없도록) 수레바퀴를 잘 다스리다.(관리하다)

*轄(비녀장 할) - 바퀴가 벗어나지 못하게 수레의 굴대 머리 구멍에 끼우는 못.
管轄(관할) 直轄(직할) 統轄(통할)

豁
넓을 활

부수 | 谷(골 곡) 급수 | 사범급

害(해칠 해) + 谷(골 곡)

해치려 하는 적들을 피해 피신한 넓은 골짜기.

豁達(활달) 空豁(공활)

憲
법 헌

부수 | 心(마음 심) 급수 | 3급

害(해칠 해) + 罒(눈 목) + 心(마음 심)

사람들이 해를 입는지 눈으로 감독하고, 마음 깊이 통찰해서 나라를 잘 다스리게 하는 법.

憲法(헌법) 憲兵(헌병) 違憲(위헌) 憲政(헌정) 立憲(입헌) 護憲(호헌)

奚
어찌 해
종 해

부수 | 大(큰 대) 급수 | 2급

爪(손톱 조) + 幺(땋은 머리) + 大(큰 대)

큰 사람(주인)이 손으로 땋은 머리를 잡아당기며 부리는 노예, 종.

奚奴(해노) 奚隸(해례) 奚琴(해금) : 둥근 나무통에 가는 자루를 박고 두 줄의 명주실을
매어, 오죽(烏竹)에 말총을 얹은 활로 비벼 켬. 깡깡이.

溪
시내 계

부수 | 氵(물 수) 급수 | 4급

氵(물 수) + 奚(어찌 해)

실이 이어지듯이 계속 흐르는 시내.

谿(기내 계) = 磎(시내 계) 溪谷(계곡) 碧溪水(벽계수)

鷄
닭 계

부수 | 鳥(새 조) 급수 | 3급

奚(어찌 해) + 鳥(새 조)

실로 묶어 놓듯이 집 우리에 가두어 기르는 닭.

鷄卵有骨(계란유골) 鷄肋(계륵) 群鷄一鶴(군계일학) 養鷄(양계)

蹊
지름길 혜

부수 | 足(발 족)   **급수** | 1급

足(발 족) + 奚(종 해)
종들이 다니는 지름길.

___

蹊路(혜로) : 지름길, 좁은 길.
成蹊(성혜) : 작은 길이 생김, 덕이 있는 사람에게는 저절로 사람이 따름.

行
다닐 행

부수 | 行(다닐 행)   **급수** | 5급

彳(조금 걸을 척) + 亍(자축거릴 촉)
조금씩 왼발, 오른발을 내딛으며 걷다.

___

行動(행동) 步行(보행) 行方(행방) 行實(행실) 行商(행상) 行樂(행락)

荇
마름 행

부수 | 艹(풀 초)   **급수** | 사범급

艹(풀 초) + 行(다닐 행)
걸어가는 길옆에 마름풀이 있다.

___

荇菜(행채) : 마름과의 일년생 水草(수초).

衡
저울대 형

부수 | 行(다닐 행)   **급수** | 2급

行(다닐 행) + 角(뿔 각) + 大(큰 대)
소가 걸어갈 때 뿔에 가로 건넨 나무, 소의 뿔이 사람 몸에 접촉했을 때 받히지 않도록
고안된 것 → 천칭(天秤) : 저울대

___

均衡(균형) 入試銓衡(입시전형) 度量衡(도량형) : 자, 되, 저울. 즉, 길이와 부피와 무게.

珩
패옥 형

부수 | 玉(구슬 옥)   **급수** | 1급

玉(구슬 옥) + 行(다닐 행)
벼슬아치들이 차고 다니던 옥(玉)

___

珩玉(형옥) : 패옥을 조립할 때 맨 위에 있는 옥.

桁
도리 형
차꼬 항

부수 | 木(나무 목)　**급수** | 사범급

木(나무 목) + 行(다닐 행)

나무를 열십자로 짜서 얹은 도리.

---

*도리 - 서까래를 받치려고 기둥과 기둥을 건너서 위에 걸쳐 놓은 나무.
*차꼬 - 죄인의 발에 씌우던 형틀 桁衣(형의) : 횃대에 건 옷.

衍
퍼질 연

부수 | 行(다닐 행)　**급수** | 2급

行(다닐 행) + 氵(물 수)

다니는 길에 물이 퍼져있다.

敷衍(演)(부연) : 덧붙여 알기 쉽게 자세히 설명을 늘어놓음.*敷 펼 부

愆
허물 건

부수 | 心(마음 심)　**급수** | 1급

衍(퍼질 연) + 心(마음 심)

마음에서 하고 싶은대로(제멋대로) 하다 보면 허물이 되기 싶다.

愆過(건과) : 잘못, 허물. 愆滯(건체) = 延滯(연체) : 사무에 착오가 생기고 지체됨.
*滯 막힐 체

銜
재갈 함

부수 | 金(쇠 금)　**급수** | 사범급

行(다닐 행) + 金(쇠 금)

금속으로 만든 제갈을 말 입에 물리다. 재갈 물고 함부로 말하기 꺼리듯이 조심스럽게
말하는 직함이나 이름.

名銜(명함) 銜字(함자) 職銜(직함) 銜勒(함륵) : 재갈.*勒 굴레 륵

玄
검을 현

부수 | 亠(머리 두)　**급수** | 2급

검은 실을 묶은 모양 → 작은 미세한 실을 덮어 가려, 깊숙하다, 멀다의 뜻도 있음.

玄米(현미) 幽玄(유현) 玄孫(현손) 天地玄黃(천지현황)

鉉
솥귀 **현**

부수 | 金(쇠 금)　급수 | 2급

金(쇠 금) + 玄(검을 현)
솥의 양옆에 솥을 들 수 있는 검은 손잡이 솥귀.

鉉辟(현벽) : 중신(重臣)을 이름. 鉉台(현태) : 삼공(三公)의 직위를 이름.

弦
활시위 **현**

부수 | 弓(활 궁)　급수 | 2급

弓(활 궁) + 玄(검을 현)
활에 매어져 있는 검은 실 활시위.

上弦(상현) : 매달 음력 7-8일경에 나타나는 달의 상태. 신월(新月)과 만월의 중간되는 반달로, 둥근 모양이 아래로 향함.

炫
빛날 **현**

부수 | 火(불 화)　급수 | 2급

火(불 화) + 玄(검을 현)
검은 하늘에서 불빛이 빛나다.

炫炫(현현) : 빛나는 모양. 炫目(현목) : 눈을 부시게 함.

絃
줄 **현**

부수 | 糸(가는 실 멱, 사)　급수 | 3급

糸(가는 실 멱, 사) + 玄(검을 현)
검은 실을 줄처럼 만듦.

絃樂器(현악기) 管絃樂(관현악) 伯牙絶絃(백아절현) : 절친한 친구.

眩
어지러울 **현**

부수 | 目(눈 목)　급수 | 사범급

目(눈 목) + 玄(검을 현)
눈앞이 검어지면서 어지럽다.

眩氣症(현기증) 眩惑(현혹)

舷
뱃전 현

부수 | 舟(배 주)   급수 | 사범급

舟(배 주) + 玄(검을 현)

검은빛이 나도록 튼튼한 재목으로 뱃전을 만들다.

舷側(현측) : 배의 양쪽 가장자리 부분.

泫
빛날 현

부수 | 氵(물 수)   급수 | 1급

氵(물 수) + 玄(검을 현)

물이 깊어 검은빛이 나다.

泫露(현로) : 이슬이 맺힘. 떨어지는 이슬.

玹
옥돌 현

부수 | 玉(구슬 옥)   급수 | 1급

玉(구슬 옥) + 玄(검을 현)

검은빛 나는 옥돌.

玹光(현광) : 옥빛.

衒
자랑할 현

부수 | 行(다닐 행)   급수 | 사범급

行(다닐 행) + 玄(검을 현)

돌아다니면서 다른 사람의 눈앞을 검게 안보이듯이 속이는 것 즉, 자랑하다.

衒學(현학) : 학식을 뽐냄. 衒能(현능) : 제 재능을 드러내어 자랑함.

牽
끌 견

부수 | 牛(소 우)   급수 | 2급

玄(검을 현) + 牛(소 우)

검은 소를 코뚜레 해서 끌고 가다.

牽引(견인) 牽牛(견우) 牽制(견제) 牽強附會(견강부회) : 가당찮은 말을 억지로 끌어 붙여 꿰어 맞춤.

夾
낄 협

부수 | 大(큰 대)　**급수** | 사범급

大(큰 대) + 人(사람 인) + 人(사람 인)
팔을 벌리고 선 사람의 양쪽 겨드랑이를 좌우에서 손으로 끼는 모양을 그린 한자.

夾室(협실) : 안방에 딸리어 붙은 방. 곁방.

峽
골짜기 **협**

부수 | 山(뫼 산)　**급수** | 2급

山(뫼 산) + 夾(낄 협)
양쪽으로 산을 끼고 있는 골짜기.

峽谷(협곡) 海峽(해협).

狹
좁을 **협**

부수 | 犭(개 견)　**급수** | 2급

犭(개 견) + 夾(낄 협)
개가 지나가다가 낄 정도로 좁은 곳.

狹小(협소) 偏狹(편협) 狹窄(협착) *窄 좁을 착

陜
좁을 **협**
땅이름 **합**

부수 | 阝(阜,언덕 부)　**급수** | 1급

阝(阜,언덕 부) + 夾(낄 협)
언덕 사이에 끼어있는 좁은 땅.

陜川(합천) *陝(땅이름 섬)과 다른 글자.

俠
호협할 **협**

부수 | 人(사람 인)　**급수** | 1급

人(사람 인) + 夾(낄 협)
남의 일에 기꺼이 끼어들어 도와주는 의로운 사람.

豪俠(호협) : 호기롭고 의협심이 강함. 義俠心(의협심) : 남의 어려움을 돕거나 억울함을 풀어주기 위해 자신을 희생하는 의로운 마음.

浹
두루 미칠 협

부수 | 氵(물 수)　급수 | 1급

氵(물 수) + 夾(낄 협)

물이 두루 돌며 끼어 흐르다.

浹旬(협순) : 10일간. 浹洽(협흡) : 두루 교화를 미침, 서로 마음이 맞아 화목해짐.
*洽 윤택할 흡

挾
낄 협

부수 | 扌(손 수)　급수 | 1급

扌(손 수) + 夾(낄 협)

손으로 끼우다.

挾攻(협공) : 적을 사이에 두고 양쪽에서 들이침.

鋏
가위 협

부수 | 金(쇠 금)　급수 | 사범급

金(쇠 금) + 夾(낄 협)

쇠를 갈아서 서로 어긋나게 연결하여 만든 가위.

鋏刀(협도) : 작도와 비슷한 약재를 써는 칼, 가위.

莢
풀 열매 협

부수 | 艹(풀 초)　급수 | 사범급

艹(풀 초) + 夾(낄 협)

풀들 사이에 끼어있는 풀 열매.

莢果(협과) : 꼬투리로 맺히는 열매콩·팥·완두 따위.

頰
뺨 협

부수 | 頁(머리 혈)　급수 | 사범급

夾(낄 협) + 頁(머리 혈)

얼굴 사이에 끼어있는 뺨.

頰骨(협골) : 광대뼈.

熒
등불 형

부수 | 火(불 화)　**급수** | 1급

불이 켜있는 횃불의 모습을 그린 한자.

熒燭(형촉) : 작은 촛불. 熒熒(형형) : 조그마한 불빛이 반짝반짝하는 모양.

螢
반딧불 형

부수 | 虫(벌레 훼, 충)　**급수** | 2급

熒(등불 형) + 虫(벌레 훼, 충)

등불처럼 빛을 내는 반딧불.

螢光(형광) 螢光燈(형광등) 螢雪之功(형설지공) : 고생을 하면서 꾸준히 공부하여 얻은 보람.

瑩
옥 형(영)

부수 | 玉(구슬 옥)　**급수** | 2급

熒(등불 형) + 玉(구슬 옥)

등불처럼 반짝이는 아름다운 옥.

瑩鏡(영경) : 맑은 거울. 瑩澤(영택) : 밝고 광택이 있음.

濚
맑을 형

부수 | 氵(물 수)　**급수** | 사범급

氵(물 수) + 瑩(옥 형)

물이 옥빛처럼 맑다.

汀濚(정형) : 물이 맑고 깨끗함.

鎣
줄 형

부수 | 金(쇠 금)　**급수** | 사범급

熒(등불 형) + 金(쇠 금)

금속을 갈아 반짝반짝 윤을 내는 연장의 뜻.

*줄 - 쇠로 만든 갈아가며 광택을 낼 때 쓰는 줄이라는 연장. 鎣鎚(형추) : 줄과 쇠망치.

瀅
물 이름 **형**

부수 | 氵(물 수)   급수 | 사범급

氵(물 수) + 鎣(줄 형)

물이 줄로 갈아 윤이 나듯 맑다.

---

*人名字(인명자)에 쓰임. 대법원 인명용 한자(2001.1.4.) 추가

滎
실개천 **형**

부수 | 水(물 수)   급수 | 사범급

熒(등불 형) + 水(물 수)

등불처럼 밝게(맑게) 흐르는 실개천.

滎澤(형택):수량이 적은 물.

榮
영화 **영**

부수 | 木(나무 목)   급수 | 4급

熒(등불 형) + 木(나무 목)

나무 위에 불처럼 활활 타는 듯한 많은 꽃이 무성하다, 영화를 누리다.

榮光(영광) 繁榮(번영) 榮辱(영욕) 榮枯盛衰(영고성쇠)

營
경영할 **영**

부수 | 火(불 화)   급수 | 3급

熒(등불 형) + 宮(집 궁)

궁에서 등불을 밝혀 놓고 열심히 국가를 경영하다.

經營(경영) 營業(영업) 運營(운영) 營利(영리) 自營(자영) 陣營(진영)

塋
무덤 **영**

부수 | 土(흙 토)   급수 | 1급

熒(등불 형) + 土(흙 토)

빙 둘러 지경을 막고 화톳불을 피우는 큰 무덤을 뜻함.

先塋(선영) = 선산(先山):조상의 무덤.

嶸
가파를 **영**

부수 | 山(뫼 산)　급수 | 사범급

山(뫼 산) + 榮(영화 영)

많은 산이 둘러싸여 험하다, 가파르다.

───────────────────────

崢嶸(쟁영) : 산이 높고 가파른 모양.

濚
물 돌아나갈 **영**

부수 | 氵(물 수)　급수 | 사범급

氵(물 수) + 榮(영화 영)

많은 물이 세차게 돌아 나가듯이 흐르다.

───────────────────────

濚濚(영영) : 물이 빙 돌아나가는 모양.

濙
물 졸졸 흐를 **영**

부수 | 氵(물 수)　급수 | 사범급

氵(물 수) + 營(경영할 영)

일을 경영하듯이 물이 쉬지 않고 흐르다.

───────────────────────

濙濙(영영) : 쉬지 않고 흐르는 물소리, 물이 소용돌이치는 모양.

鶯
꾀꼬리 **앵**

부수 | 鳥(새 조)　급수 | 1급

熒(등불 형) + 鳥(새 조)

새 날개와 부리가 화려하게 예쁜 꾀꼬리

───────────────────────

鶯衫(앵삼) : 조선 시대 때 나이 어린 소년으로서 생원(生員) · 진사(進士)에 합격하였을 때 입던 연두색 예복

勞
수고로울 **로**

부수 | 力(힘 력)　급수 | 준4급

熒(등불 형) + 力(힘 력)

불을 환하게 밝혀놓고 밤늦도록 힘써 수고하다.

───────────────────────

勞動(노동) 勤勞(근로) 疲勞(피로) 勞使(노사) 勞苦(노고) 慰勞(위로)

兄
맏 형

부수 | 儿(사람 인) 급수 | 7급

口(입 구) + 儿(사람 인)

입으로 아우나 누이동생을 지도하는 사람, 머리가 큰 사람의 모습으로 윗사람을 나타냄.

兄弟(형제) 兄夫(형부) 妹兄(매형) 老兄(노형) : 벗을 높여 부르는 말.

況
상황 황

부수 | 氵(물 수) 급수 | 2급

氵(물 수) + 兄(맏 형)

물이 범람하고 있는 상황을 알려주는 형.

狀況(상황) 近況(근황) 現況(현황)

貺
줄 황

부수 | 貝(조개 패) 급수 | 사범급

貝(조개 패) + 兄(맏 형)

윗사람이 아랫사람에게 재화를 내려 주다.

貺賜(황사) : 내려 줌, 하사함.

呪
빌 주

부수 | 口(입 구) 급수 | 1급

口(입 구) + 兄(맏 형)

입으로 저주를 비는 형(지도자).

呪文(주문) 呪術(주술) 詛(咀)呪(저주) *詛 저주할 저

祝
빌 축

부수 | 示(조상 시) 급수 | 준4급

示(조상 시) + 兄(맏 형)

조상 신에게 꿇어앉아 기도하며 복을 비는 형(어른).

祝文(축문) 祝賀(축하) 祝祭(축제) 慶祝(경축) 祝福(축복) 祝杯(축배)

彗

비 혜

부수 | ⼹(돼지머리 계) **급수** | 1급

갈대 따위들을 손으로 묶어서 청소하는 비(빗자루)로 만든 것을 그린 한자.

彗掃(혜소) : 비로 깨끗이 쓸어 냄. 彗星(혜성) : 꼬리별, 갑자기 두각을 나타냄을 비유.

慧

슬기 혜

부수 | 心(마음 심) **급수** | 2급

彗(비 혜) + 心(마음 심)
빗자루를 만들어 쓸 수 있는 지혜, 슬기.

智慧(지혜) 慧眼(혜안) 聰慧(총혜)

暳

별 반짝일 혜

부수 | 日(날 일) **급수** | 1급

日(날 일) + 彗(비 혜)
태양 빛처럼 별이 반짝거리다.

暳貌(혜모) : 많은 별의 모양.

譓

슬기 혜

부수 | 言(말씀 언) **급수** | 1급

言(말씀 언) + 彗(비 혜)
말을 지혜롭게 하다.

譓然(혜연) : 분별하여 살피는 모양.

虎

범 호

부수 | 虍(범 호) **급수** | 3급

입을 벌리고 있고 몸에는 줄무늬가 있는 호랑이를 그린 글자.(호랑이의 옆모습을 90도 회전)

虎口(호구) : 매우 위험한 지경, 어수룩하여 이용하기 좋은 사람의 비유.
虎視眈眈(호시탐탐) : 기회를 노리며 형세를 살핌.

號
부르짖을 호

부수 | 虍(범 호)　급수 | 5급

号(부를 호) + 虎(범 호)
호랑이 울음소리처럼 큰 소리로 부르짖다.

號令(호령) 番號(번호) 稱號(칭호)

琥
호박 호

부수 | 玉(구슬 옥)　급수 | 1급

玉(구슬 옥) + 虎(범 호)
보석 종류 중 호박.

琥珀(호박) : 황색으로 거의 투명하고 광택이 있으며, 마찰하면 전기가 생겨 절연재나
장식용 따위로 씀. *珀 호박 박

處
곳 처

부수 | 虍(범 호)　급수 | 4급

虍(범 호) + 処(곳 처, 걸상에 걸터앉다)
호랑이 가죽을 깔고 앉아있는 곳.

處所(처소) 居處(거처) 處女(처녀) 傷處(상처) 處世(처세) 處理(처리)

虐
사나울 학

부수 | 虍(범 호)　급수 | 2급

虍(범 호) + 爪(왼손 좌)
호랑이 발톱처럼 사납게 대하다.

虐待(학대) 虐殺(학살) 殘虐(잔학) 暴虐(포학) 虐政(학정)

謔
희롱할 학

부수 | 言(말씀 언)　급수 | 1급

言(말씀 언) + 虐(사나울 학)
말로 사납게 희롱하다.

諧謔(해학) : 익살스럽고 풍자적인 말이나 짓. *諧 화할 해

獻
바칠 헌

부수 | 犬(개 견)　**급수** | 2급

鬳(솥 권) + 犬(개 견)
신성한 시루 모양 솥에 개의 피를 발라 신에게 바치다.

獻金(헌금) 獻身(헌신) 獻血(헌혈) 貢獻(공헌) 文獻(문헌)

遞
갈마들(번갈아) 체

부수 | 辶(辵,쉬엄쉬엄 갈 착)　**급수** | 2급

辶(辵,쉬엄쉬엄 갈 착) + 虒(뿔 범 사)
날쌘 짐승을 번갈아 타고 가서 소식을 전하다.

遞信(체신) : 순차로 여러 곳을 거쳐서 소식이나 편지를 전하는 일. 郵遞局(우체국)

戲
놀이 희

부수 | 戈(창 과)　**급수** | 2급

虗(질그릇 희) + 戈(창 과)
쇠로 만든 실전용 칼이 아닌 다른 재료로 만든 창을 들고 훈련하다, 놀이처럼 해보다.

戲曲(희곡) 戲弄(희롱) 遊戲(유희) *戲 놀이 희

豦
멧돼지 거

虍(범 호) + 豕(돼지 시)
호랑이처럼 무서운 멧돼지.

* 단독으로 쓰이지 않는다. 다른 한자와 결합하여 한자의 뜻과 독음에 영향을 준다.

劇
심할 극

부수 | 刂(칼 도)　**급수** | 2급

豦(멧돼지 거) + 刂(칼 도)
멧돼지가 칼날처럼 날카롭고 심하게 사납다. → 싸우는 것처럼 연극하다.

演劇(연극) 喜劇(희극) 劇本(극본)

據 의거할 거

부수 | 扌(손 수)   급수 | 2급

扌(손 수) + 豦(멧돼지 거)

멧돼지들이 손을 서로 얽히게 하며 의지하고, 기대하다.

依據(의거) 根據(근거) 論據(논거) 證據(증거) 割據(할거)

遽 갑자기 거

부수 | 辶(辵,쉬엄쉬엄 갈 착)   급수 | 1급

辶(辵,쉬엄쉬엄 갈 착) + 豦(멧돼지 거)

갑자기 멧돼지가 뛰어들다.

急遽(급거) : 갑자기, 썩 급하게.

醵 추렴할 갹(거)

부수 | 酉(술 유)   급수 | 1급

酉(술 유) + 豦(멧돼지 거)

술과 멧돼지를 어떤 목적을 위해 각각 한 가정씩에서 추렴하다.

醵金(갹금) : 돈을 추렴하여 냄.
醵出(갹출) : 한 목적을 위하여 여러 사람이 돈이나 물건을 얼마씩 냄.

虛 빌 허

부수 | 虍(범 호)   급수 | 3급

虍(범 호) + 丠(= 丘,언덕 구)

언덕에 호랑이를 잡으려고 구덩이를 파놓았는데 구덩이가 텅 비어있다.

空虛(공허) 虛脫(허탈) 虛氣(허기) 虛無(허무) 虛實(허실) 虛弱(허약)

墟 빈터 허

부수 | 土(흙 토)   급수 | 1급

土(흙 토) + 虛(빌 허)

땅만 있는 빈터.

廢墟(폐허) : 건물·시가·성곽 등이 황폐해진 터. *廢 폐할 폐

噓
불 허

부수 | 口(입 구)　급수 | 사범급

口(입 구) + 虛(빌 허)

입으로 숨을 내쉬듯 불다.

吹噓(취허) : 남이 잘한 것을 과장되게 칭찬해서 천거함. *吹 불 취

化
될 화

부수 | 人(사람 인)　급수 | 준4급

人(사람 인) + 匕(변화된 사람)

바로 서 있는 사람과 그 반대로 서 있는 사람을 본뜬 글자로 사람이 모습이 변화됨을 의미.

變化(변화) 敎化(교화) 開化(개화) 文化(문화) 化石(화석) 化學(화학)

花
꽃 화

부수 | 艹(풀 초)　급수 | 5급

艹(풀 초) + 化(될 화)

풀이 꽃으로 변화되다.

開花(개화) 化壇(화단) 花園(화원) 生花(생화) 花卉(화훼) *卉 풀 훼

貨
재화 화

부수 | 貝(조개 패)　급수 | 4급

化(될 화) + 貝(조개 패)

상품이 변화되어 돈(재물)으로 되다.

財貨(재화) 金貨(금화) 通貨(통화) 韓貨(한화) 寶貨(보화) 貨幣(화폐)

靴
가죽신 화

부수 | 革(가죽 혁)　급수 | 2급

革(가죽 혁) + 化(될 화)

가죽을 신으로 변화시키다.

製靴(제화) 運動靴(운동화) 長靴(장화) 洋靴(양화) : 구두.

訛
그릇될 **와**

부수 | 言(말씀 언)　급수 | 1급

言(말씀 언) + 化(될 화)
말이 그릇되게 변화되어 전달되다.

訛傳(와전) 訛音(와음) 訛說(와설) 訛言(와언)

붙잡을 **확**

艹(풀 초) + 隹(새 추) + 又(오른손 우)
풀 속의 새를 손으로 붙잡다.

* 단독으로 쓰이지 않는다. 다른 한자와 결합하여 한자의 뜻과 독음에 영향을 준다.

穫
거둘 **확**

부수 | 禾(벼 화)　급수 | 2급

禾(벼 화) + 蒦(붙잡을 확)
벼를 손안으로 거두어들이다.

收穫(수확) 秋穫(추확)

鑊
가마 **확**

부수 | 金(쇠 금)　급수 | 사범급

金(쇠 금) + 蒦(붙잡을 확)
새를 잡아서 끓이는 가마솥.

鼎鑊(정확)
①발이 있는 솥과 발이 없는 솥. ②중국 전국시대에, 죄인을 삶아 죽이던 큰 솥. *鼎 솥 정

護
보호할 **호**

부수 | 言(말씀 언)　급수 | 2급

言(말씀 언) + 蒦(붙잡을 확)
말로 붙잡아주다, 즉 보호해주고 거느리다, 지켜보다 의미.

保護(보호) 護衛(호위) 守護(수호) 護國(호국) 護送(호송) 掩護(엄호)

頀
음률 호

부수 | 音(소리 음)　급수 | 1급

音(소리 음) + 蒦(붙잡을 확)
옛 성현의 소리, 음악을 붙잡다.

*頀(호) - 은나라 탕왕(湯王)이 지은 음악.

獲
얻을 획

부수 | 犭(개 견)　급수 | 2급

犭(개 견) + 蒦(붙잡을 확)
개가 풀숲으로 떨어진 새를 붙잡다, 사로잡다, 얻다.

獲得(획득) 捕獲(포획) 鹵獲(노획) *鹵 빼앗을 로, 소금 로

睘
둥글 환
놀라볼 경

罒(눈 목) + 袁(옷길 원)
치렁거리는 옷을 눈을 크게 뜨며 보다.

* 단독으로 쓰이지 않는다. 다른 한자와 결합하여 한자의 뜻과 독음에 영향을 준다.

環
고리 환

부수 | 玉(구슬 옥)　급수 | 3급

玉(구슬 옥) + 睘(둥글 환)
둥글게 생긴 고리 모양의 옥.

環境(환경) 循環(순환) 指環(지환) 花環(화환)

還
돌아올 환

부수 | 辶(辵,쉬엄쉬엄 갈 착)　급수 | 2급

辶(辵,쉬엄쉬엄 갈 착) + 睘(둥글 환)
갔던 길을 둥글게 돌아서 오다.

返還(반환) 償還(상환) 還甲(환갑) 錦衣還鄕(금의환향) 還給(환급)

圜
두를 **환(원)**

부수 | 囗(에울 위)　급수 | 사범급

囗(에울 위) + 睘(둥글 환)

둥글게 에워싸다.

環(圜)視(환시) : 많은 사람들이 에워싸고 봄, 사방을 두루 둘러봄.

圜流(환류) : 빙 돌아 흐름.

寰
기내 **환**

부수 | 宀(집 면)　급수 | 사범급

宀(집 면) + 睘(둥글 환)

임금의 집 같은 둥근 땅 기내(畿內), 임금이 관할하는 땅.

寰內(환내) : 임금이 다스리는 영토 전체. 천하 또는 세계를 이르는 말.

鐶
쇠고리 **환**

부수 | 金(쇠 금)　급수 | 사범급

金(에울 위) + 瞏(붙잡을 확)

쇠로 둥글게 만들어진 쇠고리.

鐶鈕(환뉴) : 손잡이.

奐
빛날 **환**

부수 | 大(큰 대)　급수 | 1급

人(사람 인) + 穴(구멍 혈) + 廾(두 손 모양)

산모 가랑이에서 아이가 태어나는 것은 우주에서 별이 빛나는 것과 같다.

奐奐(환환) : 빛남, 빛이 환한 모양.

煥
빛날 **환**

부수 | 火(불 화)　급수 | 2급

火(불 화) + 奐(빛날 환)

불빛이 빛나다.

煥麗(환려) : 빛나고 고움.

換
바꿀 **환**

부수 | 扌(손 수) 급수 | 2급

扌(손 수) + 奐(빛날 환)
손으로 물건을 수리하여 다시 새롭게 빛나게 바꾸다.

交換(교환) 換率(환율) 換氣(환기) 換錢(환전) 換節期(환절기)

喚
부를 **환**

부수 | 口(입 구) 급수 | 1급

口(입 구) + 奐(빛날 환)
입으로 소리치다. 외치다, 부르다.

喚聲(환성) 召喚(소환) 阿鼻叫喚(아비규환) : 여러 사람이 참담한 지경에 빠져 울부짖는 참상.

渙
흩어질 **환**

부수 | 氵(물 수) 급수 | 1급

氵(물 수) + 奐(빛날 환)
물이 흩어지다.

渙發(환발) : 임금의 명령을 세상에 널리 알림.

黃
누를 **황**

부수 | 黃(누를 황) 급수 | 5급

田(밭 전) + 灮(빛 광)
땅의 빛깔은 누런색, 황색이다.

黃金(황금) 黃泉(황천) 黃昏(황혼) 朱黃(주황) 黃土(황토) 黃鳥(황조)

簧
생황 **황**

부수 | 竹(대나무 죽) 급수 | 1급

竹(대나무 죽) + 黃(누를 황)
대나무로 만든 생황 악기.

笙簧(笙)(생황) : 아악(雅樂)에 쓰는 관악기. *笙 생황 생

潢
웅덩이 황

부수 | 氵(물 수)   급수 | 사범급

氵(물 수) + 黃(누를 황)

웅덩이 물색이 누런색이다.

潢池(황지) : 물이 괴어 있는 연못, 좁은 토지를 비유.

磺
유황 황

부수 | 石(돌 석)   급수 | 1급

石(돌 석) + 黃(누를 황)

광물 중에서 노란색을 띤 유황.

硫磺(黃)(유황) : 약(藥)으로도 사용.

廣
넓을 광

부수 | 广(집 엄)   급수 | 준4급

广(집 엄) + 黃(누를 황)

집터로 정한 누런 땅이 넓다.

廣告(광고) 廣場(광장) 廣域(광역)

鑛
쇳돌 광

부수 | 金(쇠 금)   급수 | 2급

金(쇠 금) + 廣(넓을 광)

쇠붙이 성분이 많이 들어 있는 쇳돌.

鑛物(광물) 鑛山(광산) 鑛夫(광부) 採鑛(채광) 炭鑛(탄광)

曠
밝을 광

부수 | 日(날 일)   급수 | 1급

日(날 일) + 廣(넓을 광)

밝은 태양 빛이 넓게 비치다.

曠(廣)闊(광활) 曠(廣)野(광야)

壙
광 광

부수 | 土(흙 토)　급수 | 1급

土(흙 토) + 廣(넓을 광)
관을 묻기 위해 판 넓은 구덩이, 광.

壙穴(광혈) : 시체를 묻는 구덩이.

擴
넓힐 확

부수 | 扌(손 수)　급수 | 2급

扌(손 수) + 廣(넓을 광)
손으로 땅을 넓혀 가다.

擴大(확대) 擴張(확장) 擴充(확충)

橫
가로 횡

부수 | 木(나무 목)　급수 | 2급

木(나무 목) + 黃(누를 황)
누런 나무로 만든 빗장, 빗장을 가로지르다.

橫斷步道(횡단보도) 橫財(횡재) 橫暴(횡포) 橫領(횡령) 橫死(횡사)

鐄
종 횡

부수 | 金(쇠 금)　급수 | 1급

金(쇠 금) + 黃(누를 황)
쇠로 만들었고 누런빛이 나는 종.

鐄鐄(횡횡) : 종이나 북의 소리

품을 회

부수 | 衣(옷 의)　급수 | 사범급

衣(옷 의) + 罒(눈 목) + 氺(눈물)
눈에서 눈물이 나와서 옷을 적실 정도로 마음속으로 그리워하다, 마음에 품다.

* 단독으로 쓰이지 않는다. 다른 한자와 결합하여 한자의 뜻과 독음에 영향을 준다.

懷 품을 **회**

부수 | 忄(마음 심)　급수 | 2급

忄(마음 심) + 裹(품을 회)

그리워하는 마음을 품다.

懷古(회고) 感懷(감회) 懷柔(회유) 懷疑感(회의감) 懷抱(회포)

壞 무너질 **괴**

부수 | 土(흙 토)　급수 | 2급

土(흙 토) + 裹(품을 회)

흙을 품고 있던 언덕이나 절벽의 흙이 무너지다.

崩壞(붕괴) 破壞(파괴) 壞滅(괴멸)

會 모일 **회**

부수 | 日(말할 왈)　급수 | 5급

스(뚜껑이 맞다) + 曾(시루 모양)

시루에 뚜껑을 덮은 모양으로, 뚜껑이 잘 맞다, 일치하게 하나가 되다.

會議(회의) 會話(회화) 會談(회담) 會同(회동) 機會(기회) 再會(재회)

膾 회 **회**

부수 | 月(肉,육달 월)　급수 | 사범급

月(肉,육달 월) + 會(모일 회)

모여서 먹는 회고기.

肉膾(육회) 膾炙(회자) : 회와 구운 고기라는 뜻으로, 널리 사람의 입에 자주 오르내림.
*炙 고기 구울 자

繪 그림 **회**

부수 | 糸(가는 실 멱, 사)　급수 | 1급

糸(가는 실 멱, 사) + 會(모일 회)

옷감을 모아서 옷감 천에 그림을 그려넣다.

繪畵(회화) 繪像(회상) *繒(비단 증)과 다른 글자.

檜
노송나무 **회**

부수 | 木(나무 목)　급수 | 1급

木(나무 목) + 會(모일 회)

군락으로 모여있는 노송나무.

檜皮(회피) : 노송나무 껍질, 지붕을 이며, 약용(藥用)으로 사용함.

獪
교활할 **회**

부수 | 犭(개 견)　급수 | 사범급

犭(개 견) + 會(모일 회)

교활한 개 같은 사람들은 모여 다닌다.

獪猾(회활) : 간교하고 교활함. 老獪(노회) : 노련하고 교활함.

回
돌 **회**
돌아올 **회**

부수 | 囗(에워쌀 위)　급수 | 준4급

囗(에워쌀 위-둥글다) + 口(입 구-둥글다)

연못이 물이 회전하는 모양을 그린 한자.

回轉(회전) 回復(회복) 回春(회춘) 撤回(철회) 回歸(회귀) 回信(회신)

廻
돌 **회**

부수 | 廴(길게 걸을 인)　급수 | 2급

廴(길게 걸을 인) + 回(돌 회)

돌아서 걸어오다, 돌아서 피해가다.

廻(回)轉(회전) 回避(회피) 迂廻(우회) : 멀리 돌아서 감.

徊
노닐 **회**

부수 | 彳(자축거릴 척)　급수 | 1급

彳(자축거릴 척) + 回(돌 회)

돌아다니며 노닐다.

徘徊(배회) : 목적도 없이 어슬렁거리며 이리저리 돌아 다님. *徘 노닐 배

蛔

회충 회

부수 | 虫(벌레 훼, 충) 급수 | 사범급

虫(벌레 훼, 충) + 回(돌 회)

몸속에서 돌아다니는 회충.

蛔蟲(회충)

茴

회향풀 회

부수 | 艹(풀 초) 급수 | 사범급

艹(풀 초) + 回(돌 회)

해마다 돌아가며 자라는 회향풀.

茴香(회향) : 산형과의 다년초.

熏

연기 낄 훈

부수 | 火(불 화) 급수 | 2급

屮(피어오르는 연기) + 黑(시루 모양)

물건을 자루에 넣고 밑에서 불을 때 까맣게 태우니, 연기가 자욱하게 피어오르다.

熏煮(훈자) : 지지고 삶음, 날씨가 몹시 더움을 비유. *煮 삶을 자
熏灼(훈작) : 그을려 태움, 세력이 왕성함. *灼 사를 작

勳

공 훈

부수 | 力(힘 력) 급수 | 2급

熏(연기 낄 훈) + 力(힘 력)

향기로운 연기가 높이 피어오르듯이 힘써 이룬 공로, 업적.

勳章(훈장) 勳功(훈공) 殊勳(수훈)

薰

향풀 훈

부수 | 艹(풀 초) 급수 | 2급

艹(풀 초) + 熏(연기 낄 훈)

향기 나는 향풀을 연기 나게 태우다.

薰菜(훈채) : 마늘이나 파처럼 특이한 냄새가 나는 풀.
薰薰(훈훈) : 화평하고 기쁜 모양.

壎
질나발 훈

부수 | 土(흙 토)　　**급수** | 1급

土(흙 토) + 熏(모일 회)

흙으로 구워 만든 나발.

壎篪(훈지) : 피리의 일종. *壎(훈) - 흙으로 만든 피리. *篪(지) - 대나무로 만든 피리.

欠
하품 흠

부수 | 欠(하품 흠)　　**급수** | 2급

입을 벌려 입김을 내보내는 사람을 그린 글자. 산소가 부족해서 하품을 하듯이 부족하다는 의미도 지님.

欠伸(흠신) : 하품과 기지개. 欠乏(흠핍) : 이지러져서 모자람.
欠缺(흠결) : 일정한 수효에서 부족이 생김.

欽
공경할 흠

부수 | 欠(하품 흠)　　**급수** | 2급

金(쇠 금) + 欠(하품 흠)

금을 소중히 하듯이, 입을 크게 벌리고 찬양하며 공경하다.

欽慕(흠모) 欽命(흠명) : 황제의 명령. 欽欽新書(흠흠신서) : 정약용 저서.

歆
흠향할 흠

부수 | 欠(하품 흠)　　**급수** | 사범급

音(소리 음) + 欠(하품 흠)

신이 제사 때의 음악을 기쁘게 받아들이다.

歆饗(흠향) : 하늘과 땅의 신령이 제사 음식의 기(氣)를 마심. *饗 잔치할 향.

坎
구덩이 감

부수 | 土(흙 토)　　**급수** | 사범급

土(흙 토) + 欠(하품 흠)

땅이 입을 벌리고 있는 듯한 구덩이.

坎卦(감괘) : 두 개의 '☵'를 포갠 것으로 물이 거듭됨을 상징함.
坎井之蛙(감정지와) : 견문이 좁은 사람을 비유함. = 井底之蛙(정저지와)

飮 마실 음

부수 | 食(먹을 식)　급수 | 5급

食(먹을 식) + 欠(하품 흠)

입을 하품하듯이 크게 벌리고 음식을 먹다.

飮食(음식) 飮料(음료) 過飮(과음) 飮酒(음주) 試飮(시음) 飮毒(음독)

吹 불 취

부수 | 口(입 구)　급수 | 3급

口(입 구) + 欠(하품 흠)

하품하듯이 입으로 입김을 불고 있는 모습.

鼓吹(고취) : 북을 치고 피리를 붊, 힘을 내도록 격려해서 용기를 북돋움.

炊 불땔 취

부수 | 火(불 화)　급수 | 2급

火(불 화) + 欠(하품 흠)

입김을 불어 넣으며 불을 때다.

炊事(취사) 自炊(자취) 炊事兵(취사병)

盜 도둑 도

부수 | 皿(그릇 명)　급수 | 3급

次(침 연) + 皿(힘 력)

그릇에 담긴 음식을 보고 침을 삼키며 먹고 싶어서 그 음식을 도둑질하다.

盜賊(도적) 盜難(도난) 强盜(강도) 竊盜(절도) 盜癖(도벽) 盜掘(도굴)

喜 기쁠 희

부수 | 口(입 구)　급수 | 3급

효(악기 이름 주) + 口(입 구)

악기를 치며 입으로 노래하니 기쁘다.

喜劇(희극) 喜悲(희비) 歡喜(환희) 喜怒哀樂(희로(노)애락) 喜壽(희수)

禧
복 희

부수 | 示(보일 시)　급수 | 2급

示(보일 시) + 喜(기쁠 희)
신이 복을 주어 기쁘다.

新禧(신희) : 새해의 복.

嬉
즐길 희

부수 | 女(여자 녀)　급수 | 2급

女(여자 녀) + 喜(기쁠 희)
여자가 기쁘게 즐기다.

嬉笑(희소) : 희롱하며 웃음.

熹
성할 희

부수 | 灬(불 화)　급수 | 1급

喜(기쁠 희) + 灬(불 화)
불빛처럼 빛나고 번성하다.

熹微(희미) : 햇빛이 흐릿한 모양.(해질녘의 햇빛) *熺 빛날 희

譆
감탄할 희

부수 | 言(말씀 언)　급수 | 1급

言(말씀 언) + 喜(기쁠 희)
기쁜 소식을 전하는 말에 감탄하다.

譆哉(희재) : 기쁘도다!

憙
기뻐할 희

부수 | 心(마음 심)　급수 | 1급

喜(기쁠 희) + 心(마음 심)
마음이 기쁘다.

欣憙(흔희) : 즐거워 기뻐함. *憘 기뻐할 희

囍
쌍희 **희**

부수 | 口(입 구) 급수 | 사범급

喜(기쁠 희) + 喜(기쁠 희)

두 배로 기쁘다.

---

*囍(희) - 공예품, 그릇, 베갯머리 등에 무늬로 쓰는 글자.

부록

약자 총 정리 – 정자, 약자(속자)

약자(略字) 본자(本字)의 자획을 쓰거나 일부를 생략하여 간단하게 만든 글자. 약자는 공문서나 상대의 성명과 같은 정중한 표기에는 사용하지 않는다. 그러나 약자라도 중국이나 일본처럼 표준 자체로 제정한 경우에는 그렇지 않다. 오늘의 편리를 위해서 우리에게도 약자 제정이 절실하며, 남의 나라에서 제정한 글자를 빌어다 쓰는 일은 없어야 하겠다.

중국에서는 근대에 들어 한자를 간략하게 쓰자는 간체자(簡體字) 운동이 일어나 1934년 교육부에서 간체자 324자를 제정한 데 이어 1956년에는 '한자 간소화 방안'을 공포하였고, 1964년 문자 개혁 위원회 · 문화부 · 교육부가 연합하여 상용(常用) 간체자 2,238자를 정하였다. 일본에서는 1946년 상용한자 1,850자를 제정하면서 대폭적으로 약자를 채택하는 한편 상용한자 자체표(字體表)가 제정되었다. 한국은 아직 국가적으로 제정된 약자는 없으며 다만 자전(字典)에 있는 약자와 일본에서 쓰이는 약자의 일부가 그대로 혼용된다. 약자, 속자, 간체자를 정확히 구분하면서 쓰지는 않는다. 모두 공통적으로 정자체(正字體)를 간소화한 한자들이다.

※약자의 성립 5가지 규칙※

01 정자(正字)의 구성요소 중 특징적인 부분만을 취하거나 또는
중요하지 않은 부분을 생략하는 규칙.

예시 | 聲(소리 성) - 声 | 歷(지낼 력) - 历 | 獨(홀로 독) - 独 | 疊(겹칠 첩) - 畳 | 點(점 점) - 点

02 정자의 구성부분(주로 표음 부분)을 다른 자원(字源)의
간단한 형태와 바꾸어 놓는 규칙.

예시 | 轉(구를 전) - 転 | 鐵(쇠 철) - 鉄

03 정자의 초서체로서 자형을 해서풍(楷書風)으로 고정시키는 규칙.

예시 | 爲(할 위) - 为 | 兒(아이 아) - 儿

04 정자에 있는 몇 개의 획을 생략하여 필기에 편하도록 자형을 변경시키는 규칙.

예시 ㅣ 儉(검소할 검) - 倹, 俭

05 고자(古字)로서 오랫동안 정자처럼 취급되어 온 규칙.

예시 ㅣ 禮(예도 례) - 礼(예) ㅣ 萬(일만 만) - 万(만)

ㄱ

價 값 가 (価)
假 거짓 가 (仮)
暇 겨를 가 (暇)
覺 깨달을 각 (覚)
蓋 덮을 개 (盖)
監 볼 감 (監)
擧 들 거 (挙)
據 근거 거 (拠)
儉 검소할 검 (倹)
檢 검사할 검 (検)
劍 칼 검 (剣)
堅 굳을 견 (堅)
缺 이지러질 결 (欠)
輕 가벼울 경 (軽)
經 지날 경 (経)
徑 지름길 경 (径)
鷄 닭 계 (鶏)
繼 이을 계 (継)
皐 언덕 고 (皐)
穀 곡식 곡 (穀)
觀 볼 관 (観, 观)
關 빗장 관 (関)
館 집 관 (舘)
廣 넓을 광 (広)
鑛 쇳돌 광 (鉱)
敎 가르칠 교 (教)
舊 옛 구 (旧)

區 나눌 구 (区)
驅 몰 구 (駆)
國 나라 국 (国)
權 권세 권 (権, 权)
勸 권할 권 (勧, 劝)
龜 거북 귀 (亀)
歸 돌아올 귀 (帰)
氣 기운 기 (気)
器 그릇 기 (器)
棄 버릴 기 (弃)
緊 긴요할 긴 (紧)

ㄴ

寧 편안할 녕 (寍)
腦 뇌 뇌 (脳)
惱 번뇌할 뇌 (悩)

ㄷ

單 홑 단 (単)
團 둥글 단 (団)
斷 끊을 단 (断)
擔 멜 담 (担)
膽 쓸개 담 (胆)
當 마땅할 당 (当)
黨 무리 당 (党)
對 대답할 대 (対)

帶 띠 대 (帯)
臺 대 대 (台)
擡 들 대 (抬)
德 덕 덕 (徳)
圖 그림 도 (図)
燾 비칠 도 (焘)
讀 읽을 독 (読)
獨 홀로 독 (独)
同 한가지 동 (仝)
燈 등잔 등 (灯)

ㄹ

樂 즐거울 락 (楽)
亂 어지러울 란 (乱)
覽 볼 람 (覧, 览)
濫 넘칠 람 (滥)
藍 쪽 람 (蓝)
籃 바구니 람 (篮)
來 올 래 (来)
兩 두 량 (両)
勵 힘쓸 려 (励)
廬 오두막집 려 (庐)
歷 지날 력 (歴)
戀 그리워할 련 (恋)
聯 잇닿을 련 (联)
獵 사냥할 렵 (猟)

靈 신령 령 (灵)
禮 예도 례 (礼)
勞 수고로울 로 (労)
爐 화로 로 (炉)
綠 푸를 록 (緑)
錄 기록할 록 (録)
籠 바구니 롱 (篭)
龍 용 룡 (竜)
樓 다락 루 (楼)

ㅁ

萬 일만 만 (万)
滿 가득찰 만 (満)
灣 물굽이 만 (湾)
蠻 오랑캐 만 (蛮)
每 매양 매 (毎)
賣 팔 매 (売)
麥 보리 맥 (麦)
脈 맥 맥 (脉)
覓 찾을 멱 (覔)
貌 모양 모 (皃)
夢 꿈 몽 (梦)
廟 사당 묘 (庿)
無 없을 무 (无)

ㅂ

發 필 발 (発)
髮 터럭 발 (髮)
拜 절 배 (拝)
變 변할 변 (変)
邊 가 변 (辺)
寶 보배 보 (宝)
敷 펼 부 (尃)
佛 부처 불 (仏)
拂 떨칠 불 (払)

ㅅ

絲 실 사 (糸)
師 스승 사 (師)
寫 베낄 사 (写)
辭 말씀 사 (辞)
揷 꽂을 삽 (挿)
嘗 맛볼 상 (甞)
狀 모양 상 (状)
桑 뽕나무 상 (桒)
敍 차례 서 (叙)
釋 풀 석 (釈)
攝 당길 섭 (摂)
變 불꽃 섭 (変)
聲 소리 성 (声)
世 세상 세 (丗)
續 이을 속 (続)
屬 붙을 속 (属)
收 거둘 수 (収)
數 셈 수 (数)
隨 따를 수 (随)
壽 목숨 수 (寿)
獸 짐승 수 (獣)
肅 엄숙할 숙 (粛)
濕 젖을 습 (湿)
乘 탈 승 (乗)
實 열매 실 (実)
雙 쌍 쌍 (双)

ㅇ

兒 아이 아 (児)
亞 버금 아 (亜)
惡 악할 악 (悪)
巖 바위 암 (岩)
壓 누를 압 (圧)
礙 거리낄 애 (碍)
藥 약 약 (薬)
壤 흙 양 (壌)
樣 모양 양 (様)
嚴 엄할 엄 (厳)
與 더불 여 (与)
餘 남을 여 (余)
驛 역 역 (駅)
譯 번역할 역 (訳)
鹽 소금 염 (塩)
榮 영화 영 (栄)
營 경영할 영 (営)
藝 재주 예 (芸)
豫 미리 예 (予)
譽 기릴 예 (誉)
鬱 답답할 울 (欝)
溫 따뜻할 온 (温)
謠 노래 요 (謡)
圓 둥글 원 (円)
員 인원 원 (貟)
爲 할 위 (為)
圍 에워쌀 위 (囲)
隱 숨을 은 (隠)
應 응답할 응 (応)
醫 의원 의 (医)
貳 두 이 (弐)
刃 칼날 인 (刄)
壹 한 일 (壱)

ㅈ

殘 잔인할 잔 (残)
蠶 누에 잠 (蚕)
雜 섞일 잡 (雑)
將 장수 장 (将)
壯 씩씩할 장 (壮)
裝 꾸밀 장 (装)
獎 장려할 장 (奨)
災 재앙 재 (灾)
爭 다툴 쟁 (争)
戰 싸움 전 (战)
錢 돈 전 (銭)
傳 전할 전 (伝)
轉 구를 전 (転)
點 점 점 (点)
靜 고요할 정 (静)
齊 가지런할 제 (斉)
濟 건널 제 (済)
條 가지 조 (条)
卒 군사 졸 (卆)
從 좇을 종 (従, 从)
晝 낮 주 (昼)
增 더할 증 (増)
證 증거 증 (証)
眞 참 진 (真)
盡 다할 진 (尽)
珍 보배 진 (珎)
質 바탕 질 (貭)

ㅊ

讚 기릴 찬 (讃)
參 참여할참, 석삼 (参)
處 곳 처 (処)
遷 옮길 천 (迁)
鐵 쇠 철 (鉄)
體 몸 체 (体)
聽 들을 청 (聴)
廳 관청 청 (庁)
觸 닿을 촉 (触)

總 모을 총 (総)
蟲 벌레 충 (虫)
醉 취할 취 (酔)
層 층 층 (层)
齒 이 치 (歯)
恥 부끄러울 치 (耻)
癡 어리석을 치 (痴)
漆 옻칠할 칠 (柒)
寢 잠잘 침 (寝)
稱 일컬을 칭 (称)

ㅌ~ㅍ

彈 탄알 탄 (弾)
擇 가릴 택 (択)
澤 못 택 (沢)
兔 토끼 토 (兎)
廢 폐할 폐 (廃)
鋪 가게 포 (舗)

ㅎ

學 배울 학 (学)
解 풀 해 (觧)
虛 빌 허 (虚)
獻 바칠 헌 (献)
險 험할 험 (険)
驗 시험 험 (験)
顯 나타날 현 (顕)
縣 고을 현 (県)
峽 좁을 협 (峡)
螢 반딧불 형 (蛍)
號 이름 호 (号)
畵 그림 화 (画)
擴 넓힐 확 (拡)
歡 기뻐할 환 (欢, 歓)
會 모을 회 (会)
懷 품을 회 (懐)
興 일어날 흥 (兴)

동자 다음어

同字 多音(동자 다음) 한자어란 한자(漢字) 한 자가 두 가지 이상의 음을 가진 한자를 말한다.
一 字 多音(일자 다음) 한자어라고도 한다.

01 **賈**
성 가 - 賈島(가도)
장사 고 - 商賈(상고)

02 **降**
내릴 강 - 降雨量(강우량), 降臨(강림)
항복할 항 - 降伏(服)(항복), 投降(투항)

03 **車**
수레 거 - 人力車(인력거), 車馬(거마)
수레 차 - 自動車(자동차), 客車(객차)

04 **乾**
하늘, 마를 건 - 乾坤(건곤), 乾燥(건조), 乾杯(건배)
마를 간 - 乾淨(간정) 하다 : 매우 깨끗하고 순수하다.

05 **見**
볼 견 - 見聞(견문), 見積(견적)
뵈올 현 - 謁見(알현), 朝見(조현)

06 **更**
고칠 경 - 變更(변경)
다시 갱 - 更新(갱신), 更生(갱생)

07 **契**
맺을 계 - 契約(계약)
나라 이름 글 - 契丹(글안)
사람 이름 설 - 은나라 시조

08 **告**
알릴 고 - 廣告(광고), 告白(고백)
아뢸 곡 - 出必告 反必面(출필곡 반필면)

09 **汨**
빠질 골 - 汨沒(골몰)
물 이름 멱 - 汨羅水(멱라수)

10 廓
둘레 곽 - 城廓(성곽), 外廓(외곽)
클 확 - 廓大(확대) = 擴大, 廓開(확개)

11 串
꿸 관 - 串童(관동) 石串洞(석관동) 串數(관삭)
땅이름 곶 - 長山串(장산곶) 竹串島(죽곶도)

12 龜
거북 귀 - 龜鑑(귀감)
거북 구 - 龜旨歌(구지가)
터질 균 - 龜裂(균열)

13 金
쇠 금 - 金賞(금상) 純金(순금)
성 김 - 金氏(김 씨)

14 茶
차 다 - 茶房(다방) 茶道(다도)
차 차 - 綠茶(녹차) 紅茶(홍차)

15 單
홑 단 - 簡單(간단) 單純(단순)
오랑캐 임금 선 - 單于(선우)

16 度
법도 도 - 角度(각도) 軌度(궤도)
헤아릴 탁 - 度支(탁지) 預度(예탁)

17 讀
읽을 독 - 讀書(독서) 講讀(강독)
구절 두 - 吏讀(이두) 句讀點(구두점)

18 洞
고을 동 - 洞長(동장) 洞里(동리)
밝을 통 - 洞達 = 通達(통달) 洞察(통찰)

19 樂
풍류 악 - 音樂(음악) 樂曲(악곡)
즐거울 락 - 苦樂(고락) 娛樂(오락)
좋아할 요 - 樂山樂水(요산요수)

20 率
비율 율 - 能率(능률) 稅率(세율)
거느릴 솔 - 統率(통솔) 率先(솔선) 率直(솔직)

21 復
회복할 복 - 回復(회복) 光復(광복)
다시 부 - 復活(부활) 復興(부흥)

22 伏
엎드릴 복 - 降伏(服) (항복)
새알 품을 부 - 伏鷄(부계): 알을 안은 닭

23 否
아닐 부 - 安否(안부) 否認(부인)
막힐 비 - 否塞(비색) 否運(비운) = 悲運(비운)

24 父
아비 부 - 父親(부친)
남자 미칭(美稱) 보 - 尙父(상보):강태공의 존호(尊號)

25 北
북녘 북 - 北極(북극)
달아날 배 - 敗北(패배)

26 寺
절 사 - 寺刹(사찰) 寺院(사원)
내관 시 - 寺正(시정) 조선시대 寺(사)의 으뜸 벼슬 九寺(구시) 정치 보는 9개 관아

27 殺
죽일 살 - 殺蟲(살충) 暗殺(암살)
감할 쇄 - 減殺(감쇄) 惱殺(뇌쇄)
빠를 쇄 - 殺到(쇄도) 相殺(상쇄)

28 狀
형상 상 - 狀態(상태) 症狀(증상)
문서 장 - 賞狀(상장) 拘束領狀(구속영장)

29 塞
막을 색 - 拔本塞源(발본색원)
변방 새 - 塞翁之馬(새옹지마) 要塞(요새)

30 索
찾을 색 - 檢索(검색) 思索(사색)
새끼줄 삭 - 鐵索(철삭)

31 說
말씀 설 - 說明(설명)
달랠 세 - 遊說(유세)
기쁠 열 - 說樂(열락)

32 省
살필 성 - 反省(반성)
덜 생 - 省略(생략)

33 數
셈 수 - 數學(수학)
자주 삭 - 頻數(빈삭)
촘촘할 촉 - 數罟(촉고)

34	帥	장수 수 - 將帥(장수) 거느릴 솔 = 率(거느릴 솔, 비율 율)
35	衰	쇠할 쇠 - 衰弱(쇠약), 衰退(쇠퇴), 老衰(노쇠) 상복 최 - 斬衰(참최) : 아랫단을 꿰매지 않은 상복
36	宿	잠잘 숙 - 宿泊(숙박), 宿所(숙소), 露宿(노숙) 별자리 수 - 星宿(성수)
37	拾	열 십 - 十의 갖은자 주을 습 - 拾得(습득), 收拾(수습)
38	食	밥, 먹을 식 - 食事(식사), 食慾(식욕), 飮食(음식) 밥 사 - 簞食瓢飮(단사표음) : 좋지 못한 음식(가난함)
39	識	알 식 - 知識(지식), 博識(박식) 기록할 지 - 標識(표지)
40	什	열사람 십 - 什長(십장):공사판에서의 감독 세간 집 - 什器(집기)
41	惡	악할 악 - 善惡(선악), 惡黨(악당) 미워할 오 - 憎惡(증오), 惡寒(오한)
42	若	같을 약 - 萬若(만약) 반야 야 - 般若心經(반야심경)
43	於	어조사 어 - 甚至於(심지어) 탄식할 오 - 於乎(오호)
44	易	쉬울 이 - 難易度(난이도), 簡易(간이) 바꿀 역 - 貿易(무역), 易地思之(역지사지)
45	葉	잎 엽 - 葉書(엽서), 落葉(낙엽) 성 섭 - 迦葉(가섭), 拈華微笑(염화미소)의 고사성어 주인공 이름.

| 46 | 蔚 | 고을 이름 울 - 蔚山(울산), 蔚珍(울진)
우거질 위 - 彬蔚(빈위) 문채가 찬란하다. |

| 47 | 咽 | 목구멍 인 - 咽喉(인후)
목멜 열 - 嗚咽(오열)
삼킬 연 - 呑咽(탄연) |

| 48 | 炙 | 구울 자 - 膾炙(회자)
구울 적 - 散炙(산적) |

| 49 | 刺 | 찌를 자 - 刺客(자객), 諷刺(풍자)
찌를 척 - 刺殺(척살) |

| 50 | 著 | 나타날 저 - 著名(저명), 著者(저자)
붙을 착 - 箸(젓가락 저 → 着 붙을 착) |

| 51 | 切 | 끊을 절 - 切斷(절단), 切開(절개) 親切(친절)
온통 체 - 一切(일절) : 도무지, 아주 一切(일체) : 모든 것 |

| 52 | 辰 | 별(용) 진 - 日辰(일진)
때 신 - 生辰(생신), 誕辰(탄신) |

| 53 | 徵 | 부를 징 - 徵兵(징병)
화음 치 - 宮商角徵羽(궁상각치우) |

| 54 | 差 | 다를 차 - 差別(차별), 差異(차이)
어긋날 치 - 參差(참치) 가지런하지 않은 모양.
부릴 채 - 差備(채비) |

| 55 | 參 | 참여할 참 - 參與(참여), 參席(참석)
석 삼 - 參拾(삼십) |

| 56 | 拓 | 넓힐 척 - 干拓(간척), 開拓(개척)
박을 탁 - 拓本(탁본) 금석에 새긴 글씨, 그림을 그대로 종이에 박아냄. |

| 57 | 推 | 밀 추 - 推薦(추천), 推進(추진)
밀 퇴 - 推敲(퇴고) |

58 則   법칙 칙 - 規則(규칙), 法則(법칙)
         곧 즉 - 然則(연즉) ~하면 곧

59 沈   잠길 침 - 沈黙(침묵)
         성 심 - 沈氏(심씨)

60 便   편할 편 - 便利(편리), 便安(편안)
         똥오줌 변 - 便所(변소)

61 暴   사나울 폭 - 暴力(폭력), 暴動(폭동)
         모질 포 - 暴惡(포악)

62 邯   조나라 서울 한 - 邯鄲之步(한단지보) : 남의 것을 무조건 따라 하다가 자기의 본래 것을 잃다.
         사람 이름 감 - 姜邯贊(강감찬)

63 合   합할 합 - 合同(합동), 合計(합계)
         홉 홉 - 升(되 승)의 1/10

64 行   다닐 행 - 步行(보행)
         항렬 항 - 行列(항렬)(행렬)

65 畵   그림 화 - 畵家(화가)
         그을 획(劃) - 畵數(획수)

66 滑   미끄러울 활 - 滑走(활주), 圓滑(원활)
         익살스러울 골 - 滑稽(골계)

잘 못 읽기 쉬운 한자어

角逐 각축(○) 각추(X) - 뿔 각, 쫓을 축
'겨루고 쫓는다' 서로 이기려고 세력이나 재능을 다툼.

減殺 감쇄(○) 감살(X) - 덜 감, 감할 쇄
덜어서 적게 함.

坑木 갱목(○) 항목(X) - 구덩이 갱, 나무 목
갱내(坑內)나 갱도(坑道)에 버티어 대는 통나무.

更生 갱생(○) 경생(X) - 다시 갱, 날 생
죽을 지경(地境)에서 다시 살아남.

揭示 게시(○) 게시(X) - 걸 게, 보일 시
여러 사람에게 알리기 위해 써서 내붙임. 또는 그 글.

更張 경장(○) 갱장(X) - 고칠 경, 베풀 장
1. 거문고의 줄을 고치어 맴.
2. 해이한 사물을 고치어 긴장하게 함.
3. 사회적 · 정치적으로 부패한 모든 제도를 개혁함.

膏肓 고황(○) 고맹(X) - 기름 고, 명치 황
심장과 횡격막의 사이. 병이 그 속에 생기면 낫기 어렵다는 부분.

教唆 교사(○) 교준(X) - 가르칠 교, 부추길 사
1. 남을 선동하여 못된 일을 하게 함.
2. 형법상 범의(犯意)를 갖지 아니한 사람을 부추기어 죄를 범하게 하는 행위.

句讀 구두(○) 구독(X) - 글귀 구, 구두 두
단어, 구절을 점이나 부호 등으로 표하는 방법.

句節 구절(○) 귀절(X) - 글귀 구, 마디 절
절망이나 글을 여러 토막으로 나눈 그 각개의 부분.

拘碍 구애(○) 구득(X) - 잡을 구, 꺼릴 애(=礙)
거리끼거나 얽매임.

龜鑑 귀감(○) 구감(X) - 거북 귀, 거울 감
'거북 등과 거울' 즉, 사물의 본보기.

龜裂 균열(○) 구열(X) - 터질 균, 찢을 렬
거북의 등에 있는 무늬처럼 갈라져서 터지는 것.

拉致 납치(○) 입치(X) - 끌 랍, 이를 치
강제 수단을 써서 억지로 데리고 감.

內人 나인(○) 내인(X) - 나인 나, 사람 인
고려 · 조선 시대에 궁궐 안에서 대전 · 내전을 가까이 모시는 내명부

賂物 뇌물(○) 각물(X) - 뇌물 뇌, 물건 물
자기의 뜻하는 바를 이루기 위하여 남에게 몰래 주는 정당하지 못한 재물.

宅內 댁내(○) 택내(X) - 집 댁, 안 내
남의 집안의 존칭

跳躍 도약(○) 조약(X) - 뛸 도, 뛸 약
어떤 사람이나 단체가 능력이나 수준 따위에 있어서 더 높은 단계로 발전하는 것.

冬眠 동면(○) 동안(X) - 겨울 동, 잠잘 면
동물의 겨울 잠

木鐸 목탁(○) 목택(X) - 나무 목, 방울 탁
절에서 불공이나 예불이나 경을 읽을 때 또는 식사와 공사 때에 치는 불구(佛具)

夢寐 몽매(○) 몽침(X) - 꿈 몽, 잠잘 매
잠을 자며 꿈을 꿈.

毋論 무론(○) 모론(X) - 말 무, 논할 론
말할 것도 없음. = 勿論(물론)

反哺	반포(○) 분포(X) - 돌이킬 반, 먹일 포 「까마귀 새끼가 자란 뒤에 늙은 어미에게 먹을 것을 물어다 준다.」 부모의 은혜를 갚음. = 反哺之孝
拜謁	배알(○) 배갈(X) - 절 배, 뵐 알 높거나 존경하는 사람을 찾아가 뵘.
鼻腔	비강(○) 비공(X) - 코 비, 빈속 강 콧 속
否塞	비색(○) 부색(X) - 막힐 비, 막힐 색 운수(運數)가 꽉 막힘.
復活	부활(○) 복활(X) - 다시 부, 살 활 한 번 행하여지지 않게 된 것을 다시 한 번 행하여지도록 하는 것.
分泌	분비(○) 분필(X) - 나눌 분, 분비할 비 선세포의 작용에 의해 특수한 액즙을 만들어 배출하는 기능.
頻數	빈삭(○) 빈수(X) - 자주 빈, 셈 수 매우 잦음.
奢侈	사치(○) 사다(X) - 사치할 사, 사치할 치 필요 이상으로 돈이나 물건을 씀.
索莫	삭막(○) 색막(X) - 쓸쓸할 막, 없을 막 황폐(荒廢)하여 쓸쓸함. = 索寞(삭막)
撒布	살포(○) 산포(X) - 뿌릴 살, 베 포 액체나 기체 상태의 물질이나 약품을 공중으로 뿜어서 뿌리는 것.
三昧	삼매(○) 삼미(X) - 석 삼, 어두울 매 불교에서 마음을 한 가지 일에 집중시키는 일심불란(一心不亂)의 경지나 사물에 열중함을 이르는 말.
相殺	상쇄(○) 상살(X) - 서로 상, 덜 쇄 상반되는 것이 서로 영향을 미쳐서 효과가 없어지는 것.

省略　생략(○) 성약(X) – 덜 생, 간략할 략
　　　덜어서 줄임.

逝去　서거(○) 절거(X) - 갈 서, 갈 거
　　　죽어서 이 세상을 떠나 감.

先塋　선영(○) 선형(X) - 먼저 선, 무덤 영
　　　조상의 무덤.

閃光　섬광(○) 문광(X) - 번쩍일 섬, 빛 광
　　　번쩍이는 빛.

星宿　성수(○) 성숙(X) - 별 성, 별자리 수
　　　모든 성좌의 별들.

殺到　쇄도(○) 살도(X) - 빠를 쇄, 이를 도
　　　세차게 몰려듦.

戍樓　수루(○) 술루(X) - 수자리 수, 누각 루
　　　수별자리 터에 지은 망대.

睡眠　수면(○) 수민(X) - 졸음 수, 잠잘 면
　　　잠을 잠.

示唆　시사(○) 시준(X) - 보일 시, 부추길 사
　　　미리 암시하여 일러줌.

迅速　신속(○) 범속(X) - 빠를 신, 빠를 속
　　　날쌔고 빠름.

斡旋　알선(○) 간선(X) - 돌봐줄 알, 돌 선
　　　남의 일을 잘 되도록 마련하여 줌.

謁見　알현(○) 알견(X) - 뵐 알, 볼 견
　　　지체 높은 사람을 찾아뵙는 일.

隘路	애로(○) 익로(X) - 좁을 애, 길 로 일의 진행을 방해하는 장애.
惹起	야기(○) 약기(X) - 이끌 야, 일어날 기 무슨 일이나 사건 따위를 끌어 일으킴.
掠奪	약탈(○) 경탈(X) - 노략질할 략, 빼앗을 탈 폭력을 써서 무리하게 빼앗음.
役割	역할(○) 역활(X) - 부릴 역, 벨 할 제가 하여야 할 제 앞의 일.
軟弱	연약(○) 나약(X) - 연할 연, 약할 약 연하고 약함. = 懦弱(나약)
惡寒	오한(○) 악한(X) - 미워할 오, 찰 한 몸에 열이 나면서 오슬오슬 춥고 괴로운 증세.
誤謬	오류(○) 오륙(X) - 그릇될 오, 그릇될 류 그릇되어 이치에 어긋남.
歪曲	왜곡(○) 부곡(X) - 삐뚤 왜, 굽을 곡 사실과 다르게 해석하거나 그릇되게 함.
要塞	요새(○) 요색(X) - 중요할 요, 변방 새 중요한 곳에 구축하여 놓은 견고한 성채나 방어시설.
遊說	유세(○) 유설(X) - 놀 유, 달랠 세 각처로 돌아다니며 자기 또는 자기 소속 정당 등의 주장을 설명 또는 선전함.
吟味	음미(○) 금미(X) - 읊을 음, 맛 미 시나 노래를 읊어 그 맛을 봄.
凝結	응결(○) 의결(X) - 엉길 응, 맺을 결 한데 엉기어 뭉침.

義捐 의연(○) 의손(X) - 옳을 의, 버릴 연
자선 · 공익을 위하여 금품을 기부함.

已往 이왕(○) 기왕(X) - 이미 이, 갈 왕
오래전

移徙 이사(○) 이도(X) - 옮길 이, 옮길 사
집을 옮김.

溺死 익사(○) 약사(X) - 빠질 닉, 죽을 사
물에 빠져 죽음.

自矜 자긍(○) 자금(X) - 스스로 자, 자랑할 긍
제 스스로 하는 자랑.

傳播 전파(○) 전번(X) - 전할 전, 뿌릴 파
전하여 널리 퍼뜨림.

措置 조치(○) 차치(X) - 둘 조, 둘 치
일을 잘 정돈하여 처치함.

憎惡 증오(○) 증악(X) - 미워할 증, 미워할 오
아주 사무치게 미워함. 또는 그런 마음.

慙愧 참괴(○) 참귀(X) - 부끄러울 참, 부끄러울 괴
부끄러워하며 괴로워함.

斬新 참신(○) 점신(X) - 새로울 참, 새로울 신
새롭고 산뜻함.

暢達 창달(○) 양달(X) - 화창할 창, 통달할 달
거침없이 쑥쑥 뻗어 발달함. 또는 그리 되게 함.

刺殺 척살(○) 자살(X) - 찌를 척, 죽일 살
칼 따위로 찔러 죽임.

尖端	첨단(○) 열단(X) - 뾰족할 첨, 끝 단 시대의 사조, 유행같은 것에 앞장서는 일.
寵愛	총애(○) 용애(X) - 사랑할 총, 사랑 애 남달리 귀엽게 여겨 사랑함.
秋毫	추호(○) 추모(X) - 가을 추, 터럭 호 '가을철에 털을 갈아서 가늘어진 짐승의 털'「몹시 작음」을 비유.
追悼	추도(○) 추탁(X) - 쫓을 추, 슬퍼할 도 죽은 사람을 생각하여 슬퍼함.
醜態	추태(○) 귀태(X) - 못생길 추, 모습 태 도덕적·윤리적으로 추한 행동이나 태도.
衷心	충심(○) 애심(X) - 속마음 충, 마음 심 속에서 진정으로 우러나는 마음.
沈沒	침몰(○) 심몰(X) - 가라앉을 침, 빠질 몰 물에 빠져서 가라앉음.
鍼術	침술(○) 함술(X) - 바늘 침, 재주 술 침으로 병을 고치는 기술.
拓本	탁본(○) 척본(X) - 박을 탁, 근본 본 금석에 새긴 글씨나 그림을 그대로 종이에 박아 냄.
耽溺	탐닉(○) 탐익(X) - 즐길 탐, 빠질 닉 어떤 일을 몹시 즐겨서 거기에 빠짐.
洞察	통찰(○) 동찰(X) - 밝을 통, 살필 찰 환히 내다봄.
派遣	파견(○) 파유(X) - 물결 파, 보낼 견 일정한 임무를 주어 사람을 내보냄.

敗北　패배(○) 패북(X) - 패할 패, 달아날 배
싸움에 져서 도망함.

霸權　패권(○) 파권(X) - 으뜸 패, 권세 권
패자(霸者)의 권력. 승자의 권력.

捕捉　포착(○) 포촉(X) - 잡을 포, 잡을 착
어떤 기회나 정세를 알아차림.

暴惡　포악(○) 폭악(X) - 사나울 포, 악할 악
사납고 악함.

標識　표지(○) 표식(X) - 표시 표, 기록할 지
어떤 사실을 알리거나 어떤 사물을 다른 것과 구별하기 위해 눈에 잘 뜨이도록 해 놓은 표시.

割引　할인(○) 활인(X) - 벨 할, 끌 인
일정한 값에서 얼마를 덜어 냄.

降伏　항복(○) 강복(X) - 항복할 항, 엎드릴 복
전쟁·싸움·경기 등에서 힘에 눌려서 적에게 굴복함.

享樂　향락(○) 형락(X) - 누릴 향, 즐거울 락
즐거움을 누림.

嫌惡　혐오(○) 겸악(X) - 싫어할 염, 미워할 오
싫어하고 미워함.

忽然　홀연(○) 총연(X) - 갑자기 홀, 그럴 연
문득, 느닷없이.

劃數　획수(○) 화수(X) - 그을 획, 셈 수
글씨에서 획의 수효.

橫暴　횡포(○) 횡폭(X) - 제멋대로 횡, 사나울 포
제멋대로 굴며 난폭함.

반대어

ㄱ		
加 (더할 가)	↔	減 (덜 감)
可 (옳을 가)	↔	否 (아닐 부)
干 (방패 간)	↔	戈 (창 과)
甘 (달 감)	↔	苦 (쓸 고)
江 (강 강)	↔	山 (뫼 산)
强 (강할 강)	↔	弱 (약할 약)
開 (열 개)	↔	閉 (닫을 폐)
去 (갈 거)	↔	來 (올 래)
乾 (하늘 건)	↔	坤 (땅 곤)
乾 (마를 건)	↔	濕 (젖을 습)
經 (날실 경)	↔	緯 (씨줄 위)
慶 (경사 경)	↔	弔 (조상할 조)
輕 (가벼울 경)	↔	重 (무거울 중)
京 (서울 경)	↔	鄕 (시골 향)
苦 (피로울 고)	↔	樂 (즐거울 락)
姑 (시어머니 고)	↔	婦 (며느리 부)
高 (높을 고)	↔	低 (낮을 저)
曲 (굽을 곡)	↔	直 (곧을 직)
功 (공 공)	↔	過 (지날 과)
攻 (칠 공)	↔	防 (막을 방)
公 (공변될 공)	↔	私 (사사로울 사)
攻 (칠 공)	↔	守 (지킬 수)
廣 (넓을 광)	↔	狹 (좁을 협)
敎 (가르칠 교)	↔	學 (배울 학)
君 (임금 군)	↔	臣 (신하 신)
貴 (귀할 귀)	↔	賤 (천할 천)
勤 (부지런할 근)	↔	怠 (게으를 태)
禽 (새 금)	↔	獸 (짐승 수)
起 (일어날 기)	↔	伏 (엎드릴 복)
起 (일어날 기)	↔	臥 (누울 와)
起 (일어날 기)	↔	寢 (잠잘 침)
吉 (길할 길)	↔	凶 (흉할 흉)

ㄴ		
難 (어려울 난)	↔	易 (쉬울 이)
男 (사내 남)	↔	女 (여자 녀)
南 (남녘 남)	↔	北 (북녘 북)
內 (안 내)	↔	外 (바깥 외)
勞 (일할 로)	↔	使 (부릴 사)
老 (늙을 로)	↔	少 (젊을 소)
濃 (짙을 농)	↔	淡 (맑을 담)

ㄷ~ㄹ		
多 (많을 다)	↔	少 (적을 소)
單 (홑 단)	↔	複 (겹칠 복)
旦 (아침 단)	↔	夕 (저녁 석)
斷 (끊을 단)	↔	續 (이을 속)
當 (마땅할 당)	↔	落 (떨어질 락)
大 (큰 대)	↔	小 (작을 소)
貸 (빌릴 대)	↔	借 (빌릴 차)
東 (동녘 동)	↔	西 (서녘 서)
同 (같을 동)	↔	異 (다를 이)
動 (움직일 동)	↔	靜 (고요할 정)
鈍 (둔할 둔)	↔	敏 (민첩할 민)
得 (얻을 득)	↔	失 (잃을 실)
老 (늙을 로)	↔	少 (젊을 소)
陸 (뭍 륙)	↔	海 (바다 해)

ㅁ~ㅂ		
賣 (팔 매)	↔	買 (살 매)
明 (밝을 명)	↔	暗 (어두울 암)
矛 (창 모)	↔	盾 (방패 순)
問 (물을 문)	↔	答 (대답 답)
文 (글월 문)	↔	武 (굳셀 무)
物 (물건 물)	↔	心 (마음 심)

ㅁ~ㅂ

美 (아름다울 미)	↔	醜 (못생길 추)
民 (백성 민)	↔	官 (벼슬 관)
發 (출발 발)	↔	着 (도착 착)
腹 (배 복)	↔	背 (등 배)
本 (근본 본)	↔	末 (끝 말)
夫 (남편 부)	↔	婦 (아내 부)
夫 (남편 부)	↔	妻 (아내 처)
浮 (뜰 부)	↔	沈 (가라앉을 침)
貧 (가난할 빈)	↔	富 (부자 부)
氷 (얼음 빙)	↔	炭 (숯 탄)

ㅅ

師 (스승 사)	↔	弟 (제자 제)
死 (죽을 사)	↔	活 (살 활)
山 (뫼 산)	↔	川 (내 천)
山 (뫼 산)	↔	河 (물 하)
山 (뫼 산)	↔	海 (바다 해)
賞 (상줄 상)	↔	罰 (벌할 벌)
上 (위 상)	↔	下 (아래 하)
生 (날 생)	↔	滅 (멸할 멸)
生 (날 생)	↔	死 (죽을 사)
善 (착할 선)	↔	惡 (악할 악)
先 (먼저 선)	↔	後 (뒤 후)
盛 (성할 성)	↔	衰 (쇠할 쇠)
成 (이룰 성)	↔	敗 (패할 패)
疎 (성길 소)	↔	密 (빽빽할 밀)
損 (덜 손)	↔	益 (더할 익)
送 (보낼 송)	↔	迎 (맞이할 영)
需 (구할 수)	↔	給 (줄 급)
首 (머리 수)	↔	尾 (꼬리 미)
授 (줄 수)	↔	受 (받을 수)
手 (손 수)	↔	足 (발 족)
順 (순할 순)	↔	逆 (거스를 역)
昇 (오를 승)	↔	降 (내릴 강)
勝 (이길 승)	↔	負 (질 부)
勝 (이길 승)	↔	敗 (패할 패)
始 (처음 시)	↔	末 (끝 말)
始 (처음 시)	↔	終 (마칠 종)

是 (옳을 시)	↔	非 (아닐 비)
視 (볼 시)	↔	聽 (들을 청)
新 (새로울 신)	↔	舊 (옛 구)
申 (펼 신)	↔	縮 (줄어들 축)
心 (마음 심)	↔	身 (몸 신)
深 (깊을 심)	↔	淺 (얕을 천)

ㅇ

安 (편안할 안)	↔	危 (위험 위)
愛 (사랑 애)	↔	惡 (미워할 오)
愛 (사랑 애)	↔	憎 (미워할 증)
哀 (슬플 애)	↔	歡 (기쁠 환)
抑 (누를 억)	↔	揚 (날릴 양)
言 (말씀 언)	↔	行 (행동 행)
榮 (영화 영)	↔	辱 (욕될 욕)
溫 (따뜻할 온)	↔	冷 (찰 랭)
緩 (느릴 완)	↔	急 (급할 급)
往 (갈 왕)	↔	來 (올 래)
優 (넉넉할 우)	↔	劣 (못할 렬)
遠 (멀 원)	↔	近 (가까울 근)
有 (있을 유)	↔	無 (없을 무)
恩 (은혜 은)	↔	怨 (원망할 원)
隱 (숨을 은)	↔	現 (나타날 현)
隱 (숨을 은)	↔	顯 (나타날 현)
陰 (그늘 음)	↔	陽 (볕 양)
離 (떠날 리)	↔	合 (합할 합)
因 (원인 인)	↔	果 (결과 과)
日 (날 일)	↔	月 (달 월)
任 (맡길 임)	↔	免 (면할 면)

ㅈ

姉 (윗 누이 자)	↔	妹 (아랫누이 매)
雌 (암컷 자)	↔	雄 (수컷 웅)
自 (스스로 자)	↔	他 (다를 타)
長 (긴 장)	↔	短 (짧을 단)
長 (어른 장)	↔	幼 (어릴 유)
將 (장수 장)	↔	兵 (군사 병)

前 (앞 전)	↔	後 (뒤 후)
正 (바를 정)	↔	誤 (그릇될 오)
早 (이를 조)	↔	晚 (늦을 만)
朝 (아침 조)	↔	夕 (저녁 석)
朝 (조정 조)	↔	野 (들 야)
祖 (할아버지 조)	↔	孫 (손자 손)
存 (있을 존)	↔	亡 (망할 망)
存 (있을 존)	↔	廢 (폐할 폐)
尊 (높을 존)	↔	卑 (낮을 비)
縱 (세로 종)	↔	橫 (가로 횡)
主 (주인 주)	↔	客 (손님 객)
主 (주인 주)	↔	從 (따를 종)
晝 (낮 주)	↔	夜 (밤 야)
衆 (무리 중)	↔	寡 (적을 과)
增 (더할 증)	↔	減 (덜 감)
遲 (더딜 지)	↔	速 (빠를 속)
眞 (참 진)	↔	假 (거짓 가)
眞 (참 진)	↔	僞 (거짓 위)
進 (나아갈 진)	↔	退 (물러날 퇴)
集 (모일 집)	↔	配 (나눌 배)
集 (모일 집)	↔	散 (흩어질 산)

ㅊ

贊 (찬성 찬)	↔	反 (반대 반)
天 (하늘 천)	↔	地 (땅 지)
添 (더할 첨)	↔	削 (깎을 삭)
晴 (갤 청)	↔	雨 (비 우)
淸 (맑을 청)	↔	濁 (흐릴 탁)
初 (처음 초)	↔	終 (마칠 종)
春 (봄 춘)	↔	秋 (가을 추)
出 (날 출)	↔	缺 (이지러질 결)
出 (날 출)	↔	納 (들일 납)
出 (날 출)	↔	沒 (빠질 몰)
忠 (충성 충)	↔	奸 (간사할 간)
取 (취할 취)	↔	捨 (버릴 사)
親 (친할 친)	↔	疎 (드물 소)

ㅌ~ㅍ

脫 (벗을 탈)	↔	着 (붙을 착)
表 (겉 표)	↔	裏 (속 리)
豊 (풍년 풍)	↔	凶 (흉할 흉)
彼 (저 피)	↔	我 (나 아)
彼 (저 피)	↔	此 (이 차)

ㅎ

夏 (여름 하)	↔	冬 (겨울 동)
寒 (찰 한)	↔	暖 (따뜻할 난)
閑 (한가할 한)	↔	忙 (바쁠 망)
虛 (빌 허)	↔	實 (가득 찰 실)
賢 (어질 현)	↔	愚 (어리석을 우)
兄 (맏 형)	↔	弟 (아우 제)
好 (좋을 호)	↔	惡 (미워할 오)
禍 (재앙 화)	↔	福 (복 복)
厚 (두터울 후)	↔	薄 (얇을 박)
黑 (검을 흑)	↔	白 (흰 백)
興 (일어날 흥)	↔	亡 (망할 망)
喜 (기쁠 희)	↔	怒 (성낼 노)
喜 (기쁠 희)	↔	悲 (슬플 비)

유의어

ㄱ		
家 (집 가)	=	屋 (집 옥)
家 (집 가)	=	宅 (집 택)
歌 (노래 가)	=	謠 (노래 요)
歌 (노래 가)	=	曲 (노래 곡)
監 (볼 감)	=	視 (볼 시)
巨 (클 거)	=	大 (큰 대)
居 (살 거)	=	住 (살 주)
健 (건강할 건)	=	康 (편안할 주)
堅 (굳을 견)	=	固 (굳을 고)
境 (지경 경)	=	界 (지경 계)
競 (다툴 경)	=	爭 (다툴 쟁)
階 (섬돌 계)	=	段 (층계 단)
階 (섬돌 계)	=	層 (층 층)
計 (셀 계)	=	算 (셈 산)
繼 (이을 계)	=	續 (이을 속)
孤 (외로울 고)	=	獨 (홀로 독)
考 (상고할 고)	=	慮 (생각 려)
空 (빌 공)	=	虛 (빌 허)
攻 (칠 공)	=	擊 (칠 격)
過 (지날 과)	=	去 (갈 거)
過 (허물 과)	=	失 (허물 실)
過 (허물 과)	=	誤 (그릇될 오)
果 (열매 과)	=	實 (열매 실)
敎 (가르칠 교)	=	訓 (가르칠 훈)
具 (갖출 구)	=	備 (갖출 비)
救 (구원할 구)	=	濟 (구제할 제)
極 (다할 극)	=	端 (끝 단)
根 (뿌리 근)	=	本 (뿌리 본)
技 (재주 기)	=	術 (재주 술)
技 (재주 기)	=	藝 (재주 예)

ㄷ, ㅁ		
斷 (끊을 단)	=	絶 (끊을 절)
談 (말씀 담)	=	話 (말할 화)
徒 (무리 도)	=	黨 (무리 당)
道 (길 도)	=	路 (길 로)
逃 (달아날 도)	=	亡 (달아날 망)
逃 (달아날 도)	=	避 (피할 피)
盜 (도둑 도)	=	賊 (도둑 적)
圖 (그림 도)	=	畵 (그림 화)
末 (끝 말)	=	端 (끝 단)
末 (끝 말)	=	尾 (꼬리 미)
滅 (멸할 멸)	=	亡 (망할 망)
毛 (털 모)	=	髮 (터럭 발)
模 (법 모)	=	範 (법 범)
文 (글월 문)	=	章 (글 장)

ㅂ		
法 (법 법)	=	式 (법 식)
法 (법 법)	=	典 (책 전)
變 (변할 변)	=	化 (될 화)
兵 (군사 변)	=	士 (병사 사)
兵 (군사 변)	=	卒 (군사 졸)
報 (갚을 보)	=	告 (알릴 고)
保 (지킬 보)	=	守 (지킬 수)
副 (버금 부)	=	次 (버금 차)
佛 (부처 불)	=	寺 (절 사)
批 (비평할 비)	=	評 (비평할 평)
貧 (가난할 빈)	=	窮 (가난할 궁)

ㅅ

思 (생각 사)	=	考 (상고할 고)
思 (생각 사)	=	念 (생각할 념)
思 (생각 사)	=	慮 (생각할 려)
思 (생각 사)	=	想 (생각할 상)
舍 (집 사)	=	屋 (집 옥)
想 (생각 상)	=	念 (생각 념)
選 (가릴 선)	=	別 (다를 별)
選 (가릴 선)	=	擇 (가릴 택)
素 (흴 소)	=	朴 (순박할 박)
純 (순수할 순)	=	潔 (깨끗할 결)
崇 (높을 숭)	=	高 (높을 고)
承 (이을 승)	=	繼 (이을 계)
施 (베풀 시)	=	設 (베풀 설)
始 (처음 시)	=	初 (처음 초)
試 (시험 시)	=	驗 (시험 험)
申 (펼 신)	=	告 (알릴 고)
身 (몸 신)	=	體 (몸 체)
心 (마음 심)	=	情 (뜻 정)

ㅇ

眼 (눈 안)	=	目 (눈 목)
言 (말씀 언)	=	語 (말씀 어)
硏 (갈 연)	=	究 (연구할 구)
連 (이을 연)	=	結 (맺을 결)
連 (이을 연)	=	屋 (집 옥)
年 (해 년)	=	歲 (해 세)
念 (생각 념)	=	慮 (생각 려)
永 (길 영)	=	遠 (멀 원)
溫 (따뜻할 온)	=	暖 (따뜻할 난)
怨 (원망할 원)	=	恨 (한할 한)
肉 (고기 육)	=	身 (몸 신)
恩 (은혜 은)	=	惠 (은혜 혜)

音 (소리 음)	=	聲 (소리 성)
議 (의논할 의)	=	論 (논할 론)
衣 (옷 의)	=	服 (옷 복)
意 (뜻 의)	=	思 (생각 사)
意 (뜻 의)	=	志 (뜻 지)

ㅈ

姿 (맵시 자)	=	態 (모습 태)
財 (재물 재)	=	貨 (재화 화)
貯 (쌓을 저)	=	蓄 (쌓을 축)
戰 (싸움 전)	=	爭 (다툴 쟁)
戰 (싸움 전)	=	鬪 (다툴 투)
停 (머무를 정)	=	留 (머무를 류)
停 (머무를 정)	=	止 (그칠 지)
精 (정기 정)	=	誠 (정성 성)
正 (바를 정)	=	直 (곧을 직)
政 (정사 정)	=	治 (다스릴 치)
帝 (임금 제)	=	王 (임금 왕)
製 (지을 제)	=	作 (지을 작)
製 (지을 제)	=	造 (지을 조)
調 (고를 조)	=	和 (화할 화)
存 (있을 존)	=	在 (있을 재)
尊 (높을 존)	=	重 (무거울 중)
終 (마칠 종)	=	止 (그칠 지)
朱 (붉을 주)	=	紅 (붉을 홍)
增 (더할 증)	=	加 (더할 가)
至 (이를 지)	=	極 (다할 극)
知 (알 지)	=	識 (알 식)
進 (나아갈 진)	=	就 (나아갈 취)
珍 (보배 진)	=	寶 (보배 보)

ㅊ		
參 (참여할 참)	=	與 (줄 여)
處 (곳 처)	=	所 (곳 소)
聽 (들을 청)	=	聞 (들을 문)
蓄 (쌓을 축)	=	積 (쌓을 적)
趣 (뜻 취)	=	意 (뜻 의)
層 (층 층)	=	階 (섬돌 계)
稱 (칭찬할 칭)	=	頌 (기릴 송)
稱 (칭찬할 칭)	=	讚 (기릴 찬)

ㅌ,ㅎ		
打 (칠 타)	=	擊 (칠 격)
討 (칠 토)	=	伐 (칠 벌)
土 (흙 토)	=	地 (땅 지)
退 (물러날 퇴)	=	去 (갈 거)
河 (물 하)	=	川 (내 천)
河 (물 하)	=	海 (바다 해)
寒 (찰 한)	=	冷 (찰 랭)
幸 (다행 행)	=	福 (복 복)
歡 (기쁠 환)	=	喜 (기쁠 희)
皇 (임금 황)	=	帝 (임금 제)
希 (바랄 희)	=	望 (바랄 망)

모양이 비슷한 한자 모음 (가나다순)

可(옳을 가)	河(물 하)	何(어찌 하)	驚(놀라서볼 경)	還(돌아올 환)	環(고리 환)
假(빌릴 가)	暇(겨를 가)	瑕(티 하)	競(다툴 경)	兢(두려워할 긍)	剋(이길 극)
殼(껍질 각)	穀(곡식 곡)	轂(바퀴 곡)	卿(벼슬 경)	鄕(시골 향)	響(울릴 향)
干(방패 간)	于(어조사 우)	千(일천 천)	癸(천간 계)	發(필 발)	登(오를 등)
看(볼 간)	着(붙을 착)	差(다를 차)	苦(괴로울 고)	若(만약 약)	苟(진실로 구)
刊(새길 간)	刑(형벌 형)		孤(외로울 고)	派(물갈래 파)	呱(울 고)
減(덜 감)	滅(멸할 멸)		曲(굽을 곡)	典(법 전)	冊(책 책)
甲(갑옷 갑)	由(말미암을 유)	申(펼 신)	袞(곤룡포 곤)	袁(옷길 원)	
客(손 객)	容(얼굴 용)		功(공 공)	攻(칠 공)	
坑(구덩이 갱)	抗(겨룰 항)	航(배 항)	公(공변될 공)	分(나눌 분)	
擧(들 거)	譽(기릴 예)		官(벼슬 관)	宮(집 궁)	富(부자 부)
巨(클 거)	臣(신하 신)	匡(바로잡을 광)	款(조목 관)	隷(종 례)	
檢(검사할 검)	儉(검소할 검)	險(험할 험)	群(군사 군)	郡(무리 군)	裙(치마 군)
堅(굳을 견)	緊(긴요할 긴)	賢(어질 현)	券(문서 권)	卷(책 권)	拳(주먹 권)
幵(평평할 견)	硏(갈 연)	姸(고울 연)	叫(부르짖을 규)	糾(살필 규)	收(거둘 수)
輕(가벼울 경)	經(지날 경)	徑(지름길 경)	勤(부지런할 근)	勸(권할 권)	歡(기쁠 환)
警(경계할 경)	驚(놀랄 경)	擎(들 경)	斤(도끼 근)	斥(물리칠 척)	兵(군사 병)

今(이제금)	令(명령령)		絡(이을락)	烙(지질락)	賂(뇌물뢰)
金(쇠금)	全(온전할전)		朗(밝을랑)	郞(사내랑)	浪(물결랑)
級(등급급)	吸(마실흡)	扱(다룰급)	旅(나그네려)	族(겨레족)	旗(깃발기)
己(몸기)	已(이미이)	巳(뱀사)	厤(다스릴력)	歷(지낼력)	曆(책력력)
祇(땅귀신기)	祗(공경할지)	祈(빌기)	料(헤아릴료)	科(과목과)	
耆(늙을기)	耈(늙은이구)		倫(인륜륜)	輪(바퀴륜)	論(논할론)
奈(어찌내)	柰(능금나무내)	余(나여)	李(오얏리)	季(막내계)	委(맡길위)
努(힘쓸노)	怒(성낼노)	駑(둔한말노)	理(다스릴리)	埋(묻을매)	俚(속될리)
老(늙을노)	孝(효도효)	考(상고할고)	麻(삼마)	痲(저릴마)	磨(갈마)
旦(아침단)	亘(뻗칠긍)		慢(거만할만)	漫(흩어질만)	饅(만두만)
端(끝단)	湍(여울단)	瑞(상서로울서)	滿(가득찰만)	瞞(속일만)	
代(대신할대)	伐(칠벌)	俄(갑자기아)	罔(없을망)	岡(뫼강)	
大(큰대)	太(클태)	犬(개견)	買(살매)	賣(팔매)	賈(장사고)
刀(칼도)	力(힘력)	九(아홉구)	免(면할면)	兎(토끼토)	兔(토끼토)
徒(무리도)	徙(옮길사)		眠(잠잘면)	眼(눈안)	
獨(홀로독)	燭(촛불촉)	濁(흐릴탁)	名(이름명)	各(각각각)	
讀(읽을독)	續(이을속)	犢(송아지독)	明(이름명)	朋(벗붕)	
同(같을동)	向(향할향)	同(들경)	鳴(울명)	嗚(탄식할오)	
燈(등잔등)	證(증거증)	橙(등자나무등)	侮(없신여길모)	悔(뉘우칠회)	海(바다해)

沒(빠질 몰)	歿(죽일 몰)		仕(벼슬할 사)	任(맡길 임)	仟(천사람 천)
墓(무덤 묘)	暮(저물 모)	慕(사모할 모)	士(선비 사)	土(흙 토)	
苗(싹 묘)	笛(피리 적)		師(스승 사)	帥(장수 수)	垝(쌓일 퇴)
巫(무당 무)	覡(박수무당 격)	靈(신령 령)	舍(집 사)	舒(펼 서)	捨(버릴 사)
戊(천간 무)	戌(개 술)	戍(수자리 수)	書(글 서)	晝(낮 주)	畵(그림 화)
問(물을 문)	間(사이 간)	聞(들을 문)	惜(아낄 석)	借(빌릴 차)	錯(섞일 착)
微(작을 미)	徵(부를 징)	徽(아름다울 휘)	石(돌 석)	右(오른 우)	
未(아닐 미)	末(끝 말)		宣(베풀 선)	宜(마땅 의)	宵(밤 소)
拍(칠 박)	泊(머무를 박)	迫(핍박할 박)	繕(기울 선)	膳(선물 선)	饍(반찬 선)
拔(뺄 발)	扱(다룰 급)	仍(당길 잉)	設(베풀 설)	說(말씀 설)	諒(살필 량)
變(변할 변)	燮(불꽃 섭)	戀(그리워할 련)	性(성품 성)	姓(성씨 성)	牲(희생 생)
辨(분별할 변)	辯(말잘할 변)	辦(힘쓸 판)	勢(형세 세)	藝(재주 예)	褻(더러울 설)
秉(잡을 병)	兼(겸할 겸)	謙(겸손할 겸)	掃(쓸 소)	婦(아내 부)	歸(돌아올 귀)
復(돌아올 복)	腹(배 복)	複(겹칠 복)	俗(풍속 속)	浴(목욕할 욕)	裕(넉넉할 유)
膚(살갗 부)	膚(살갗 부)	虜(사로잡을 로)	粟(벼 속)	栗(밤 율)	慄(두려울 율)
佛(부처 불)	拂(떨칠 불)	彿(비슷할 불)	修(닦을 수)	悠(아득할 유)	條(가지 조)
弗(아닐 불)	夷(오랑캐 이)		手(손 수)	毛(털 모)	
比(견줄 비)	北(북녘 북)	此(이 차)	水(물 수)	氷(얼음 빙)	永(길 영)
貧(가난할 빈)	貪(탐할 탐)	負(질 부)	隨(따를 수)	墮(떨어질 타)	

601

奮(날개칠 순)	奮(떨칠 분)	奪(빼앗을 탈)	葉(잎 엽)	棄(버릴 기)	
時(때 시)	侍(모실 시)	待(기다릴 대)	午(낮 오)	牛(소 우)	
矢(화살 시)	失(잃을 실)		玉(구슬 옥)	玨(옥다듬는 장인 숙)	珏(쌍옥 각)
植(심을 식)	殖(번식할 식)		禺(원숭이 옹)	萬(일만 만)	禹(벌레 우)
迅(빠를 신)	訊(캐물을 신)		王(임금 왕)	主(주인 주)	住(살 주)
室(집 실)	窒(막힐 질)	握(쥘 악)	尢(젊음발이 왕)	尤(더욱 우)	无(없을 무)
甚(심할 심)	斟(술따를 짐)	勘(헤아릴 감)	冗(번잡할 용)	兀(우뚝할 올)	元(으뜸 원)
阿(언덕 아)	何(어찌 하)	河(물 하)	庸(떳떳할 용)	傭(품팔이 용)	
哀(슬플 애)	衷(속마음 충)	衰(쇠할 쇠)	又(또 우)	叉(깍지 낄 차)	
耶(어조사 야)	邪(간사할 사)	邯(조나라서울 한)	友(벗 우)	反(돌이킬 반)	
業(일 업)	叢(모을 총)	鑿(뚫을 착)	雨(비 우)	兩(두 량)	
予(나 여)	矛(창 모)		雲(구름 운)	雪(눈 설)	需(구할 수)
如(같을 여)	奴(종 노)	好(좋을 호)	戉(도끼 월)	戎(오랑캐 융)	成(이룰 성)
與(더불 여)	輿(수레 여)	興(일어날 흥)	位(자리 위)	泣(울 읍)	拉(끌고갈 랍)
亦(또 역)	赤(붉을 적)		爲(할 위)	僞(거짓 위)	
延(늘일 연)	廷(조정 정)	庭(뜰 정)	幼(어릴 유)	幻(허깨비 환)	
連(이을 연)	運(움직일 운)		遺(남길 유)	遣(보낼 견)	追(좇을 추)
衍(퍼질 연)	愆(허물 건)		聿(붓 율)	律(법칙 률)	津(나루 진)
熱(더울 열)	熟(익을 숙)	熬(볶을 오)	恩(은혜 은)	思(생각 사)	悤(바쁠 총)

隱(숨을 은)	穩(평온할 온)		齊(가지런할 제)	齋(재계할 재)	濟(건널 제)
以(써 이)	似(같을 사)		早(이를 조)	旱(가물 한)	昇(오를 승)
人(사람 인)	入(들 입)	八(여덟 팔)	鳥(새 조)	烏(까마귀 오)	島(섬 도)
刃(칼날 인)	忍(참을 인)		宗(마루 종)	崇(높을 숭)	完(완전할 완)
印(도장 인)	卬(높을 앙)	卯(토끼 묘)	住(살 주)	往(갈 왕)	佳(아름다울 가)
因(인할 인)	困(곤할 곤)	囚(가둘 수)	准(비준 준)	淮(강이름 회)	準(법도 준)
日(날 일)	曰(가로 왈)	白(흰 백)	衆(무리 중)	象(코끼리 상)	象(멧돼지 단)
刺(찌를 자)	剌(어그러질 랄)		重(무거울 중)	童(아이 동)	東(동녘 동)
子(아들 자)	了(마칠 료)	孑(외로울 혈)	增(더할 증)	僧(중 승)	憎(미워할 증)
束(가시 자)	棘(가시나무 극)	棗(대추 조)	之(어조사 지)	乏(모자랄 핍)	貶(낮출 폄)
炙(구울 적)	灸(뜸 구)		祉(복 지)	址(터 지)	趾(발가락 지)
的(과녁 적)	約(맺을 약)	酌(술 따를 작)	陳(늘어놓을 진)	陣(진칠 진)	
積(쌓을 적)	績(길쌈할 적)	蹟(자취 적)	隻(외짝 척)	雙(쌍 쌍)	
傳(전할 전)	傅(스승 부)		天(하늘 천)	夫(지아비 부)	
切(끊을 절)	功(공 공)		招(부를 초)	昭(밝을 소)	紹(이을 소)
情(뜻 정)	精(정기 정)	睛(눈동자 정)	村(마을 촌)	材(재목 재)	札(편지 찰)
弟(아우 제)	第(차례 제)		寵(사랑할 총)	龐(클 방)	
第(차례 제)	悌(공경할 제)	梯(사다리 제)	銃(총 총)	鈗(병기 윤)	玧(귀막이옥 윤)
操(잡을 조)	燥(마를 조)	躁(조급할 조)	衝(찌를 충)	衡(저울대 형)	

崔(높을 최)	催(재촉할 최)	摧(꺾을 최)	灰(재 회)	炭(숯 탄)	
逐(쫓을 축)	遂(이룰 수)	邃(깊을 수)	揮(휘두를 휘)	輝(빛날 휘)	煇(빛날 휘)
治(다스릴 치)	冶(불릴 야)		熏(불길 훈)	薰(향풀 훈)	勳(공 훈)
稚(어릴 치)	雉(꿩 치)				
他(다를 타)	地(땅 지)	池(연못 지)			
彈(탄알 탄)	憚(꺼릴 탄)	禪(참선할 선)			
探(찾을 탐)	深(깊을 심)	採(캘 채)			
擇(가릴 택)	澤(못 택)	驛(역 역)			
貝(조개 패)	見(볼 견)	頁(머리 혈)			
抱(안을 포)	胞(태보 포)	砲(대포 포)			
品(물건 품)	唱(부를 창)	晶(맑을 정)			
皮(가죽 피)	彼(저 피)	被(입을 피)			
鶴(학 학)	確(굳을 확)				
恒(항상 항)	坦(평탄할 탄)	垣(담 원)			
玄(검을 현)	玆(이 자)	茲(무성할 자)			
兄(맏 형)	允(맏 윤)	充(채울 충)			
形(모양 형)	刑(형벌 형)	邢(나라이름 형)			
護(보호할 호)	穫(거둘 확)	獲(얻을 획)			
懷(품을 회)	壞(무너질 괴)				

세계 나라이름을 한자로 표기

조선 개화기 중국(청), 일본에서 들어온 책을 통해서 음만 빌려서 영어 발음에 가까운 한국 한자음을 사용하여 세계 나라이름을 표기하였다. 한자의 해석은 의미가 없으며 다만 한자의 독음만 빌려서 외래어를 표기하였다.

세계(유럽) 각 나라이름의 한자 표기

01 그리스 : 希臘 (희랍) - 바랄 희, 납향 랍

02 네덜란드 : 和蘭 (화란) - 화할 화, 난초 란

03 독일 : 獨逸 (독일) - 홀로 독, 편안 일

04 덴마크 : 璉馬 (연마) - 호련 련, 말 마

05 러시아 : 俄羅斯 (아라사) - 갑자기 아, 벌릴 라, 이 사

06 스웨덴 : 瑞典 (서전) - 상서로울 서, 법 전

07 스위스 : 瑞西 (서서) - 상서로울 서, 서녘 서

08 스페인 : 西班牙 (서반아) - 서녘 서, 나눌 반, 어금니 아

09 영국 : 英國 (영국) - 꽃부리 영, 나라 국

10 오스트리아 : 墺地利 (오지리) - 물가 오, 땅 지, 이로울 리

11 이탈리아 : 伊太利 (이태리) - 저 이, 클 태, 이로울 리

12 포르투칼 : 葡萄牙 (포도아) - 포도 포, 포도 도, 어금니 아

13 폴란드 : 波蘭 (파란) - 물결 파, 난초 란

14 프랑스 : 佛(法)蘭西 (불란서) - 부처 불, 난초 란, 서녘 서

15 필란드 : 芬蘭 (분란) - 향기 분, 난초 란

16 헝가리 : 凶牙利 (흉아리) - 오랑캐 흉, 어금니 아, 이로울 리

17 미국 : 美(米)國 (미국) - 아름다울 미, 나라 국

18 캐나다 : 加拿大 (가나대) - 더할 가, 잡을 라, 큰 대

19 멕시코 : 墨西哥 (묵서가) - 먹 묵, 서녘 서, 성 가

20 브라질 : 伯剌西爾 (백랄서이) - 맏 백, 어그러질 랄, 서녘 서, 너 이

21 칠레 : 智利 (지리) - 지혜 지, 이로울 리

22 오스트레일리아 : 濠洲 (호주) - 해자 호, 물가 주

23 소련 : 蘇聯 (소련) - 깨어날 소, 잇닿을 련

24 로마 : 羅馬 (나마) - 벌릴 라, 말 마

세계(아시아, 아프리카) 각 나라이름의 한자 표기

01 아시아 : 亞細亞 - 버금 아, 가늘 세, 버금 아
02 대한민국 : 韓國 - 나라이름 한, 나라 국
03 몽골 : 蒙古 - 어두울 몽, 옛 고
04 미얀마 : 緬甸 - 가는 실 면, 경기 전
05 베트남 : 越南 - 넘을 월, 남녘 남
06 싱가포르 : 新加坡 - 새로울 신, 더할 가, 언덕 파
  　　　　　 昭南 - 밝을 소, 남녘 남
07 인도 : 印度 - 도장 인, 법도 도
08 인도네시아 : 印尼 - 도장 인, 여승 니
  　　　　　 印度尼西亞 - 도장 인, 법도 도, 여승 니, 서녘 서, 버금 아
09 이라크 : 伊拉克 - 너 이, 끌고 갈 랍, 이길 극
10 이란 : 伊蘭 - 너 이, 난초 란
11 이스라엘 : 以色列 - 써 이, 빛 색, 벌릴 렬
12 일본 : 日本 - 날 일, 근본 본
13 타이완 : 臺灣 - 돈대 대, 물굽이 만
14 중국 : 中國 - 가운데 중, 나라 국
15 태국 : 泰國 - 클 태, 나라 국
16 필리핀 : 比律賓 - 견줄 비, 법칙 률, 손님 빈
17 남아프리카공화국 : 南阿共 - 남녘 남, 언덕 아, 함께 공
18 에티오피아 : 埃塞俄比亞 - 티끌 애, 변방 새, 갑자기 아, 견줄 비, 버금 아
19 이집트 : 埃及 - 티끌 애, 미칠 급

한자로 표시하는 갖은자, 무게, 길이 단위

숫자 갖은 자란 중요한 문서에 숫자를 기록할 때, 숫자를 고칠 수 없도록 획순을 복잡하고 어렵게 사용하는 한자를 말한다.

숫자의 갖은자

01 一(壹) - 한 일 (한 일)

02 二(貳) - 두 이 (두 이)

03 三(參) - 석 삼 (석 삼, 참여할 참)

04 四(肆) - 넉 사 (방자할 사)

05 五(伍) - 다섯 오 (대오 오)

06 六(陸) - 여섯 륙 (뭍 륙)

07 七(漆) - 일곱 칠 (옻칠할 칠)

08 八(捌) - 여덟 팔 (나눌 팔)

09 九(玖) - 아홉 구 (옥돌 구)

10 十(拾) - 열 십 (열 십, 주을 습)

11 百(佰) - 일백 백 (열 사람 백)

12 千(阡, 仟) - 일천 천 (두렁 천, 열 사람 천)

13 萬(만) - 일만 만

14 億(억) - 억 억

15 兆(조) - 조 조

16 京(경) - 서울 경

17 垓(해) - 지경 해

단위 한자 표기

01 里(리) - 400m 10리 (4km)

02 寸(촌) - 치 3.3cm

03 尺(척) - 자 33.3cm = 10寸

04 丈(장) - 3m = 10尺

05 坪(평) - 1평 3.3 m2

06 段步(단보) - 약 300평

07 臺(대) - 기계 세는 단위

08 疋(필) - 명주 40자 (폭 35cm, 길이 22m)

09 匹(필) - 동물 세는 단위

10 合(홉) - 한 = 한 되 1/10

11 升(승) - 되 = 10홉

12 斗(두) - 말 = 10 되

13 石(석) - 섬 = 10말

나이(연령)를 나타내는 한자어

01 해제(孩提) 2,3세
: 웃을 줄 알고, 손으로 무엇을 안을 수 있는 나이

02 지학(志學) 15세
: 공자가 학문에 뜻을 두었다는 데서 유래.

03 약관(弱冠) 20세 전후 남자
: 예기 책에 20세에 성인식을 하며 관(冠)을 쓰다. 어른이 되었지만 아직은 약하다.

04 이립(而立) 30세
: 공자가 모든 기초를 세워 자립했던 나이.

05 불혹(不惑) 40세
: 공자가 모든 것에 미혹되지 않았다는 나이.

06 지명(지천명)(知天命) 50세
: 공자가 천명(인생의 의미)을 알았다는 나이.

07 이순(耳順) 60세
: 공자가 어떤 내용에 대해서도 순화시켜 받아들이게 되었다는 나이.

08 환갑(還甲) 61세
: 내가 태어난 연도로 다시 돌아옴. [= 회갑(回甲)= 華甲(화갑)]

09 진갑(進甲) 62세
: 새로운 갑자(甲子)로 나아간다.

10 고희(古稀) 70세
: 두보의 시 곡강(曲江)에서 인생 70세 되기가 예로부터 드물다는 구절에서 유래 (人生七十古來稀)

11 종심(從心) 70세
: 공자가 70세에 마음이 원하는 것대로 행해도 법에 어긋남이 없었다고 말한 데서 유래(從心所欲 不踰矩)

12 희수(喜壽) 77세
: 喜 기쁠 희 자의 약자를 쪼개면 七十七이 된다.

13 미수(米壽) 88세
: 米 쌀 미 자의 한자를 쪼개면 八十八이 된다.

14 상수(上壽) 100세
: 최고의 나이 = 천수(天壽)

15 황수(皇壽) 111세
: 황제가 누리는 나이

24절기

춘 (春)	입춘(立春)	우수(雨水)	경칩(驚蟄)	춘분(春分)	청명(淸明)	곡우(穀雨)
하 (夏)	입하(立夏)	소만(小滿)	망종(芒種)	하지(夏至)	소서(小暑)	대서(大暑)
추 (秋)	입추(立秋)	처서(處暑)	백로(白露)	추분(秋分)	한로(寒露)	상강(霜降)
동 (冬)	입동(立冬)	소설(小雪)	대설(大雪)	동지(冬至)	소한(小寒)	대한(大寒)

봄

01 立春 (입춘) - 2/4 ~ 2/5 봄의 시작. (立春大吉 建陽多慶 입춘대길 건양다경)

02 雨水 (우수) - 2/18 ~ 2/19 봄비 내리고 싹이 틈. (우수, 경칩에는 대동강 물이 풀린다.)

03 驚蟄 (경칩) - 3/5 ~ 3/6 개구리 겨울잠에서 깨어남. (개미 - 3월 하순, 개구리 - 4월 초, 뱀 - 4월 하순)

04 春分 (춘분) - 3/20 ~ 3/21 낮이 길어짐. (나물 캐고, 상추, 부추, 채소 심다.)

05 淸明 (청명) - 4/4 ~ 4/5 봄 농사 준비. (벚꽃 구경, 나들이 계절)

06 穀雨 (곡우) - 4/20 ~ 4/21 농사비가 내림. (볍씨 담그기, 못자리)

여름

01 立夏 (입하) - 5/5 ~ 5/6 여름 시작. (개구리 소리, 보리 이삭, 모판 볍씨 싹자람.)

02 小滿 (소만) - 5/21 ~ 5/22 본격적인 농사 시작. (모내기 준비, 보릿고개)

03 芒種 (망종) - 6/5 ~ 6/6 씨뿌리기 시작. (모내기)

04 夏至 (하지) - 6/21 ~ 6/22 낮이 연중 가장 긴 시기. (감자 수확, 마늘, 보리타작)

05 小暑 (소서) - 7/7 ~ 7/8 더위의 시작. (장마철)

06 大暑 (대서) - 7/22 ~ 7/23 더위가 가장 심함. (중복- 수박, 참외 제일 맛있음.)

가을

01 立秋 (입추) - 8/7 ~ 8/8 가을 시작. (곡식이 익어감)

02 處暑 (처서) - 8/23 ~ 8/24 더위 식고 일교차 큼. (모기 없어지고, 귀뚜라미, 김장용 배추, 무 심기)

03 白露 (백로) - 9/7 ~ 9/8 이슬 내리기 시작. (벼가 여물고, 코스모스 피고, 기러기 오고 제비 강남으로 돌아감)

04 秋分 (추분) - 9/23 ~ 9/24 밤이 길어짐. (가을걷이, 추석)

05 寒露 (한로) - 10/8 ~ 10/9 찬 이슬 내리기 시작. (추수의 계절)

06 霜降 (상강) - 10/23 ~ 10/24 서리 내리기 시작. (낙엽, 국화, 짐승들 겨울잠 시작)

겨울

01 立冬 (입동) - 11/7 ~ 11/8 겨울 시작. (김장 준비)

02 小雪 (소설) - 11/22 ~ 11/23 얼음이 얼기 시작. (첫눈, 본격적인 김장 시작)

03 大雪 (대설) - 12/7 ~ 12/8 겨울 큰 눈이 옴.

04 冬至 (동지) - 12/21 ~ 12/22 밤이 가장 긴 시기. (팥죽 - 양기 부활 시켜주는 음식)

05 小寒 (소한) - 1/5 ~ 1/6 가장 추운 때. (대한이 소한 집에 놀러 왔다가 얼어 죽었다.)

06 大寒 (대한) - 1/20 ~ 1/21 겨울 큰 추위. (음력 새해맞이 준비)

천간지지(계산법)

천간지지란 육십갑자의 윗 단위와 아랫 단위를 이루는 요소를 합한 것이다.
일반적으로 천간지지를 줄여 간지(干支)라고 부른다.
간(干)은 '줄기'라는 뜻으로 10개, 지(地)는 '가지'라는 뜻으로 12개로 이루어져 있다.
옛날에는 서기 몇 년이라는 개념이 없었으므로 간지로 이루어진 육십갑자를 이용해
연도를 나타냈다. 그래서 병인년(丙寅年)에 일어난 서양 오랑캐의 소란을 '병인양요(丙寅洋擾)',
임진년(壬辰年)에 왜놈이 쳐들어온 것을 '임진왜란'(壬辰倭亂)이라고 한다.

천간(天干)											
4년	5년	6년	7년	8년	9년	0년	1년	2년	3년		
甲	乙	丙	丁	戊	己	庚	辛	壬	癸		
갑	을	병	정	무	기	경	신	임	계		
木(청색)		火(붉은 색)		土(황색)		金(흰색)		水(흑색)			

지지(地支)											
4	5	6	7	8	9	10	11	12(0)	1	2	3
子	丑	寅	卯	辰	巳	午	未	申	酉	戌	亥
자	축	인	묘	진	사	오	미	신	유	술	해
쥐	소	범	토끼	용	뱀	말	양	원숭이	닭	개	돼지
밤 11~1	1~3	3~5	5~7	7~9	9~11	낮 11~1	1~3	3~5	5~7	7~9	9~11

천간 지지 계산법

01 알고 싶은 해당 연도의 맨 마지막 숫자를 천간 도표에서 찾아서 알아내기

02 알고 싶은 해당 연도를 12마리로 나누어서 나머지 숫자를 지지 도표에서 찾아서 알아내기

천간지지 계산법 예시

01 1592년

1592년에서 맨 마지막 숫자가 2 → 천간 壬

1592를 12로 나누면 나머지 숫자가 8 → 지지 辰

그래서 1592년은 임진(壬辰)년 (임진왜란은 1592년)

02 1980년

1980년에서 맨 마지막 숫자가 0 → 천간 庚

1980년을 12로 나누면 나머지 숫자가 0(12) → 지지 申

그래서 1980년은 경신(庚申)년

03 2021년

2021년에서 맨 마지막 숫자가 1 → 천간 辛

2021년을 12로 나누면 나머지 숫자가 5 → 지지 丑

그래서 2021년은 신축(辛丑)년

필수 고사 성어 100개

刻骨難忘	각골난망	은혜를 입은 것에 대한 고마운 마음이 뼈에까지 새겨져 잊히지 않는 경우
角者無齒	각자무치	'뿔이 달린 놈은 날카로운 이가 없다'는 뜻으로, 한 사람이 여러 가지 복이나 재주를 갖출 수는 없음을 의미함.
擧案齊眉	거안제미	'밥상을 들어 눈썹과 나란히 한다'는 뜻으로, 아내가 남편을 극진히 공경함을 이르는 말.
結者解之	결자해지	'맺은 사람이 그것을 풀어야 한다' 뜻으로, 일을 벌인 사람이 그 일을 마무리해야 한다는 뜻.
結草報恩	결초보은	'풀을 묶어 은혜를 갚는다'는 뜻으로, 은혜가 매우 깊어 죽어서도 은혜를 잊지 않고 갚음.
傾國之色	경국지색	임금을 혹하게 하여 나라를 기울이게 할 만큼의 뛰어난 미인.
鷄卵有骨	계란유골	'계란에 뼈가 있다'는 뜻으로, 운이 나쁜 사람은 모처럼 좋은 기회가 와도 일이 잘 안 풀린다는 뜻.
孤立無援	고립무원	'고립되어 도움을 받을 데가 없다'는 뜻.
姑息之計	고식지계	'당장 편한 것만을 취하는 계책'이라는 뜻으로, 임시방편으로 내는 즉흥적인 계책을 뜻함.
苦肉之策	고육지책	'자기의 살을 괴롭게 하는 꾀'라는 뜻으로, 어쩔 수가 없어서 자신을 희생시키면서까지 내는 꾀.
孤掌難鳴	고장난명	'한 쪽 손으로 소리 내기가 어렵다'는 뜻으로, 혼자의 힘으로 일을 하기 어렵다는 뜻.
苦盡甘來	고진감래	'고통이 다하면 기쁨이 온다'는 뜻.
過猶不及	과유불급	'고립되어 도움을 받을 데가 없다'는 뜻.
矯角殺牛	교각살우	'소의 뿔을 바로잡으려다가 소를 죽인다'는 뜻으로, 결점이나 흠을 고치려다 수단이 지나쳐 도리어 일을 잘못되게 하는 것을 말함.
口蜜腹劍	구밀복검	'입에는 꿀이 있지만 뱃속에는 칼이 있다'는 뜻으로, 겉으로는 친한 척하나 속으로는 해칠 생각을 가지고 있음.
群鷄一鶴	군계일학	'닭 무리 속에 한 마리의 학'이라는 뜻으로, 평범한 여러 사람들 가운데서 뛰어난 사람을 뜻함.

群盲評象	군맹평상	'여러 맹인들이 코끼리를 평한다'는 뜻으로, 사물을 전체적으로 보지 못하고 일부분만 보고 잘못 판단하는 것을 비유하는 말.
權不十年	권불십년	'권세가 십 년을 가지 못한다'는 뜻으로, 권력은 영원하지 못함을 이르는 말.
近墨者黑	근묵자흑	'먹을 가까이하는 사람은 검게 된다'는 뜻으로, 나쁜 사람을 가까이하면 자신도 모르게 물들기 쉽다는 말.
錦上添花	금상첨화	'비단 위에 꽃을 더한다'는 뜻으로, 좋은 일에 또 좋은 일이 더해짐을 이르는 말.
騎虎之勢	기호지세	'호랑이를 탄 형세'라는 뜻으로, 호랑이를 타고 달리는 도중 내릴 수 없는 것처럼 한번 시작한 일을 중간에 그만 둘 수 없는 경우.
金枝玉葉	금지옥엽	'황금으로 된 나뭇가지와 옥으로 만든 나뭇잎' 이란 뜻으로, 왕이나 귀한 집안의 자손, 귀여운 자손을 이르는 말.
難兄難弟	난형난제	'형인지 아우인지 알기 어렵다'는 뜻으로, 우열을 가리기가 어려운 비슷비슷함을 뜻함.
內憂外患	내우외환	'안으로 근심 바깥으로도 근심'이라는 뜻으로, 나라 안팎의 근심거리.
大器晚成	대기만성	'큰 그릇은 늦게 이루어진다'는 뜻으로, 크게 될 인물은 늦게 이루어진다. 나이가 들어서 성공한다.
同價紅裳	동가홍상	'같은 값이라면 보기 좋은 다홍치마'라는 뜻으로, 같은 조건이면 품질 좋은 것을 선택한다.
同病相憐	동병상련	'같은 병을 앓는 사람끼리 서로 불쌍히 여긴다'는 뜻으로, 입장과 처지가 같은 사람이 서로 형편을 위로한다는 뜻.
東奔西走	동분서주	'동쪽으로 달리고 서쪽으로 달리다'라는 뜻으로, 여기저기 바쁘게 돌아다니는 경우.
燈下不明	등하불명	'등잔 밑이 어둡다'는 뜻으로, 가까이에 있는 것을 오히려 더 잘 모름을 이르는 말.
燈火可親	등화가친	'등불을 가까이할 만하다'는 뜻으로, 글 읽기에 좋은 시절인 가을을 이르는 말.
萬事亨通	만사형통	'모든 일이 두루 잘 된다'는 뜻.
孟母斷機	맹모단기	맹자가 학업을 중도에 폐지하고 집에 돌아왔을 때, 어머니가 짜던 베를 칼로 끊어 학업의 중단을 훈계하였다는 이야기에서 나온 말.
面從腹背	면종복배	'앞에서는 복종하나 속마음은 배반한다'는 뜻으로, 겉과 속이 다름을 의미함.
明若觀火	명약관화	'밝기가 불을 보는 것과 같다'는 뜻으로, 어떤 일이 분명하고 명백하다는 뜻.

矛盾	모순	'창과 방패'라는 뜻으로 말이나 행동의 앞뒤가 서로 맞지 않음을 이르는 말.
目不識丁	목불식정	'고무래를 보고 '丁'자를 알지 못한다'는 뜻으로, 글자를 전혀 모르거나 무식한 사람에게 쓰는 말.
無爲徒食	무위도식	하는 일도 없이 먹고 놀기만 함.
博覽强記	박람강기	'넓게 보고 잘 기억한다'는 뜻으로, 넓은 학식과 좋은 기억력을 갖춤을 의미함.
博學多識	박학다식	'넓게 배우고 많이 알다' 학문이 넓고 아는 것이 많다는 뜻.
拔本塞源	발본색원	'폐단의 근본을 뿌리 뽑고 그 근원을 막는다'는 뜻으로, 악의 근원을 송두리째 없앰을 뜻함.
背恩忘德	배은망덕	'입은 은덕을 잊어버리고 배신함'이라는 뜻으로, 은혜를 모르는 경우를 이름.
白骨難忘	백골난망	죽어 백골이 되어서도 은혜를 잊을 수가 없음을 뜻함.
不恥下問	불치하문	아랫사람에게 묻기를 부끄러워하지 않는다는 뜻.
事必歸正	사필귀정	'일은 반드시 바른 곳으로 돌아간다'는 뜻으로, 모든 잘잘못은 반드시 그 원인에 따라서 바른 결과를 얻게 된다는 뜻.
殺身成仁	살신성인	'몸을 죽여 인을 이룬다'는 뜻으로, 자기의 몸을 희생하여 옳은 도리를 행함을 의미함.
雪上加霜	설상가상	'눈 위에 서리가 더해진다'라는 뜻으로, 나쁜 일이 연달아 생겨나는 경우.
束手無策	속수무책	'손이 묶이어 아무런 대책이 없다'는 뜻으로, 어쩔 도리 없이 꼼짝할 수 없다는 뜻.
手不釋卷	수불석권	'손에서 책을 놓지 않는다'의 뜻으로, 부지런히 공부하는 것을 뜻함.
守株待兎	수주대토	'나무 그루터기를 지키며 토끼를 기다린다'는 뜻으로, 융통성이 없거나 어리석은 경우.
脣亡齒寒	순망치한	'입술이 없으면 이가 시리다'는 뜻으로, 서로 도우며 떨어질 수 없는 밀접한 관계를 비유함.
識字憂患	식자우환	'글자 아는 것이 근심거리이다'라는 뜻으로, 학식이 있는 것이 오히려 근심을 사게 됨을 뜻함.
信賞必罰	신상필벌	'믿을 수 있도록 상을 주고 반드시 벌을 준다'는 뜻으로, 상과 벌을 규정대로 분명하게 하는 경우.

深思熟考	심사숙고	'깊이 생각하고 익숙하게 생각한다'는 뜻으로, 곰곰이 따져 사려 깊게 처신함을 뜻함.
我田引水	아전인수	'제 논에 물 대기'라는 뜻으로, 자기에게만 유리하게 행동하거나 생각하는 이기적인 경우.
惡戰苦鬪	악전고투	'모질게 싸우고 힘들게 싸운다'는 뜻으로, 어려운 상황에서 매우 노력함을 뜻함.
眼下無人	안하무인	'눈 아래에 사람이 없다'는 뜻으로, 사람됨이 교만하여 남을 업신여기는 경우.
養虎遺患	양호유환	'호랑이를 길러서 근심을 남긴다'는 뜻으로, 화근이 될 만한 일을 시작하여 걱정거리가 생김을 뜻함.
漁父之利	어부지리	'어부의 이익'이라는 뜻으로, 두 사람이 다투고 있는 사이에 엉뚱한 제3자가 이익을 얻게 되는 경우.
如履薄氷	여리박빙	'마치 엷은 얼음을 밟는 듯하다'는 뜻으로, 살얼음 밟듯이 위태로운 일을 매우 조심조심함 또는 매우 위험하고 위태로운 상황을 뜻함.
易地思之	역지사지	'처지를 바꾸어 그 일에 대해 생각한다'는 뜻으로, 어떤 일을 상대편의 입장이 되어 생각해 보는 경우.
緣木求魚	연목구어	'나무에 올라가서 물고기를 구한다'는 뜻으로, 도저히 불가능한 일을 하려는 경우. 목적을 달성할 수단이 알맞지 않은 경우.
烏飛梨落	오비이락	'까마귀가 날자마자 배가 떨어진다'는 뜻으로, 공교롭게 어떤 일이 우연히 같은 때에 일어나 공연히 남의 의심을 받게 된다는 뜻.
烏合之卒	오합지졸	'까마귀 떼처럼 모여있는 군사'라는 뜻으로, 아무런 규율도 없고 보잘 것도 없는 사람들의 무리.
愚公移山	우공이산	'우공이 산을 옮긴다'는 뜻으로, 어떤 일이라도 끊임없이 노력하면 마침내 이룰 수 있다는 뜻.
仁者無敵	인자무적	'어진 사람에게 적이 없다'는 뜻으로, 어진 사람은 모든 사람을 사랑하므로 천하에 적이 없다는 말.
日就月將	일취월장	'날로 나아가고 달로 나아가다' 뜻으로, 학문이나 기술이 나날이 발전하는 경우.
臨機應變	임기응변	'그때그때 시기에 임해 변화에 대응한다'는 뜻으로, 그때그때 상황을 보아 알맞게 대처함을 뜻함.
臨戰無退	임전무퇴	'전쟁에 임하여 물러나지 아니하여야 한다'는 계율로 세속오계의 하나.
張三李四	장삼이사	'장씨 집의 셋째 아들과 이씨 집의 넷째 아들'이라는 뜻으로, 평범한 보통 사람.
赤手空拳	적수공권	'맨손과 맨주먹' 이란 뜻으로, 곧 아무것도 가진 것이 없음.

轉禍爲福	전화위복	'재앙이 바뀌어 복이 된다'는 뜻으로, 나쁜 일이 오히려 좋은 일로 바뀌는 경우.
頂門一鍼	정문일침	'정수리에 한 대의 침을 놓는다'는 뜻으로, 남의 잘못을 따끔하게 충고하거나 비판함.
朝令暮改	조령모개	'아침에 명령을 내렸다가 저녁에 다시 고친다'는 뜻으로, 법령이나 명령이 자주 바뀌는 경우.
坐井觀天	좌정관천	'우물 속에 앉아 하늘을 본다'는 뜻으로, 견문(見聞)이 좁은 경우.
晝耕夜讀	주경야독	'낮에는 농사짓고 밤에는 공부한다'는 뜻으로, 어렵게 공부함을 이르는 말.
走馬看山	주마간산	'달리는 말 위에서 산천을 구경한다'는 뜻으로, 이것저것을 천천히 살펴볼 틈이 없이 바삐 서둘러 대강대강 보고 지나침을 이르는 말.
竹馬故友	죽마고우	'대나무 말을 타고 함께 놀던 친구'라는 뜻으로, 어릴 때부터 같이 놀며 자란 오랜 벗을 이름.
衆寡不敵	중과부적	'많은 무리는 소수의 사람에게 대적이 되지 못한다'는 뜻으로, 적은 수로 많은 수를 당할 수 없음을 뜻함.
指鹿爲馬	지록위마	'사슴을 가리켜 말이라고 한다'는 뜻으로, 꾀를 부려 다른 사람을 농락하거나 권세를 휘두름을 뜻함.
進退兩難	진퇴양난	'나아가거나 물러나는 것 두 가지가 모두 어려움'이라는 뜻으로, 이러기도 어렵고 저러기도 어려운 매우 난처한 처지에 놓여 있음을 이르는 말.
天高馬肥	천고마비	'하늘은 높고 말은 살찐다' '가을'을 이름.
天生緣分	천생연분	'하늘이 이어 준 연분'
天壤之差	천양지차	'하늘과 땅의 엄청난 차이'라는 뜻으로, 차이가 많이 난다는 것을 뜻함.
靑出於藍	청출어람	'푸른색은 쪽 풀에서 나왔지만 쪽 풀보다 푸르다'는 뜻으로, 제자가 스승보다 뛰어남을 뜻함.
初志一貫	초지일관	처음 품은 뜻을 한결같이 꿰뚫음.
寸鐵殺人	촌철살인	'한 치의 짧은 칼로 사람을 죽인다'는 뜻으로, 짧은 말로 사람의 마음을 찔러 감동시킨다.
快刀亂麻	쾌도난마	'경쾌한 칼 놀림으로 어지러운 삼대를 잘라낸다'는 뜻으로, 일을 시원스럽게 척척해냄을 의미함.
泰然自若	태연자약	마음에 무슨 충격을 받을 만한 일이 있어도 태연하고 침착하여 조금도 마음이 동요되지 아니하는 모양을 이르는 말.

抱腹絶倒	포복절도	'배를 안고 기절하여 넘어진다'는 뜻으로, 배를 움켜쥐고 엎드려질 정도로 우스움을 뜻함.
表裏不同	표리부동	'겉과 속이 같지 않다'는 뜻으로, 겉모습과 속마음이 다름을 말함.
風前燈火	풍전등화	'바람 앞의 등불'이라는 뜻으로, 존망(存亡)이 달린 매우 위급한 상태를 이르는 말.
鶴首苦待	학수고대	'학처럼 목을 빼고 괴로울 정도로 기다린다'는 뜻으로, 몹시 기다림을 뜻하는 말.
咸興差使	함흥차사	'함흥(이성계의 별궁)으로 심부름을 간 신하'라는 뜻으로, 심부름을 간 사람이 아무리 기다려도 소식이 없음을 이르는 말.
虛張聲勢	허장성세	'헛되이 목소리의 기세만 높인다'는 뜻으로, 실력이 없으면서 허풍스러운 언행으로 과장함을 이름.
螢雪之功	형설지공	'반딧불과 눈의 공로'라는 뜻으로, 어려운 여건을 이겨내고 열심히 공부하여 얻은 보람을 뜻함.
呼兄呼弟	호형호제	'형이라 부르고 아우라 부르다'라는 뜻으로, 가까운 벗의 사이에 형, 아우라고 서로 부르는 관계를 뜻함.
會者定離	회자정리	'만난 사람은 헤어짐이 정해져 있다'는 뜻으로, 만난 사람은 반드시 헤어지기 마련이라는 뜻.
後生可畏	후생가외	'젊은 후학들을 두려워할 만하다.'라는 뜻으로, 후진들이 선배들보다 젊고 기력이 좋아 학문을 닦음에 따라 큰 인물이 될 수 있으므로 오히려 두렵게 여김을 의미함.
厚顔無恥	후안무치	'얼굴이 두꺼워 부끄러움이 없다'는 뜻으로, 부끄러운 행동을 하고도 뻔뻔스러워 부끄러워할 줄 모른다.
興盡悲來	흥진비래	'즐거운 일이 다하면 슬픈 일이 온다'는 뜻으로, 세상 일은 돌고 돈다는 것을 이름.

독음이 같은 한자 전체 한자 색인표 (가나다 순)

稁	고	82	過	과	355	礦	광	565	餃	교	100
觚	고	94	鍋	과	355	卦	괘	115	驕	교	102
詁	고	75	顆	과	92	掛	괘	116	鮫	교	100
梏	곡	81	裹	과	93	罫	괘	116	鉸	교	101
穀	곡	293	槨	곽	152	傀	괴	113	區	구	105
谷	곡	83	郭	곽	152	塊	괴	113	句	구	106
鵠	곡	81	冠	관	375	壞	괴	567	嶇	구	106
供	공	86	官	관	97	愧	괴	112	廐	구	136
公	공	85	棺	관	98	槐	괴	113	拘	구	107
共	공	86	灌	관	96	魁	괴	113	枸	구	107
功	공	88	琯	관	97	交	교	98	構	구	104
工	공	88	管	관	97	僑	교	102	毆	구	105
恐	공	89	罐	관	96	咬	교	100	溝	구	104
恭	공	86	菅	관	98	喬	교	101	狗	구	107
拱	공	87	觀	관	95	嬌	교	102	矩	구	65
控	공	91	館	관	97	嶠	교	102	苟	구	107
攻	공	88	綰	관	98	校	교	99	謳	구	106
空	공	91	輨	관	98	橋	교	101	購	구	104
蚣	공	86	萑	관	95	狡	교	100	軀	구	106
貢	공	89	匡	광	357	皎	교	99	鉤	구	108
鞏	공	89	壙	광	566	矯	교	101	駒	구	108
栱	공	87	廣	광	565	絞	교	99	驅	구	105
箜	공	91	曠	광	565	翹	교	362	鷗	구	105
菓	과	92	狂	광	356	蛟	교	100	冓	구	104
果	과	92	筐	광	357	較	교	99	劬	구	107
瓜	과	93	鑛	광	565	轎	교	102	搆	구	104
課	과	92	誑	광	356	郊	교	99	屮	구	103

洵	순	303	是	시	306	神	신	309	鴉	아	315
淳	순	150	時	시	267	紳	신	309	鵝	아	317
珣	순	303	猜	시	491	腎	신	44	堊	악	314
筍	순	303	翅	시	461	蜃	신	471	惡	악	314
純	순	161	蒔	시	268	失	실	310	愕	악	317
脣	순	471	試	시	308	室	실	463	鄂	악	318
荀	순	303	詩	시	267	審	심	225	鍔	악	318
蓴	순	422	豺	시	413	瀋	심	225	顎	악	318
詢	순	304	塒	시	268	什	십	311	鰐	악	318
諄	순	151	戠	시	305	十	십	311	咢	악	317
醇	순	150	埴	식	465	氏	씨	312	岸	안	46
錞	순	151	寔	식	306				眼	안	50
奪	순	501	式	식	307	**ㅇ**			謁	알	54
崇	숭	446	拭	식	308				閼	알	338
瑟	슬	534	植	식	465	亞	아	314	遏	알	54
拾	습	540	殖	식	465	俄	아	316	唵	암	339
襲	습	174	湜	식	306	啞	아	314	庵	암	339
僧	승	457	軾	식	308	娥	아	316	暗	암	388
勝	승	161	栻	식	308	峨	아	317	菴	암	339
侍	시	268	識	식	305	我	아	316	闇	암	388
匙	시	258	伸	신	309	牙	아	315	黯	암	389
嘶	시	132	呻	신	309	芽	아	315	押	압	59
始	시	519	娠	신	471	蛾	아	317	狎	압	59
屍	시	208	宸	신	471	衙	아	351	鴨	압	59
弑	시	308	愼	신	469	訝	아	315	仰	앙	319
恃	시	268	晨	신	470	阿	아	35	央	앙	320
施	시	336	申	신	309	雅	아	315	怏	앙	321
						餓	아	316			

詣	예	462	翁	옹	85	娃	왜	116	埇	용	366
銳	예	515	禺	우	368	歪	왜	250	墉	용	365
預	예	340	渦	와	354	僥	요	360	容	용	363
埶	예	348	窩	와	354	堯	요	360	庸	용	365
五	오	349	窪	와	116	夭	요	362	憑	용	367
伍	오	349	蛙	와	116	妖	요	363	榕	용	364
吾	오	349	咼	와	354	姚	요	442	湧	용	367
吳	오	351	訛	와	561	嶢	요	361	溶	용	364
娛	오	351	婉	완	372	搖	요	359	瑢	용	364
寤	오	350	完	완	373	撓	요	361	甬	용	366
悟	오	349	宛	완	371	曜	요	418	蓉	용	364
晤	오	350	梡	완	374	橈	요	361	踊	용	366
梧	오	349	椀	완	372	瑤	요	360	鎔	용	364
箜	오	352	浣	완	374	繞	요	361	鏞	용	365
蜈	오	351	玩	완	374	耀	요	418	慵	용	365
誤	오	351	琬	완	372	蟯	요	361	偶	우	368
沃	옥	363	緩	완	377	謠	요	359	寓	우	369
溫	온	352	脘	완	374	遙	요	359	愚	우	368
瑥	온	353	腕	완	372	饒	요	360	藕	우	369
瘟	온	353	莞	완	374	徭	요	360	虞	우	352
縕	온	353	豌	완	372	䍃	요	359	遇	우	368
蘊	온	353	阮	완	373	慾	욕	84	郵	우	297
媼	온	352	往	왕	355	欲	욕	84	隅	우	369
慍	온	353	旺	왕	356	浴	욕	84	云	운	369
昷	온	352	枉	왕	356	俑	용	366	橒	운	370
醞	온	354	汪	왕	356	傭	용	365	殞	운	375
瓮	옹	86	王	왕	355	勇	용	366	煩	운	376

債 채 481	僉 첨 484	梢 초 289	寵 총 174
埰 채 481	瞻 첨 486	椒 초 301	恩 총 493
寀 채 481	簽 첨 484	楚 초 290	憁 총 494
彩 채 480	籤 첨 279	樵 초 499	摠 총 493
採 채 480	詹 첨 486	炒 초 285	總 총 493
綵 채 481	諂 첨 535	焦 초 498	聰 총 493
菜 채 480	檐 첨 486	礁 초 498	蔥 총 494
蔡 채 439	簷 첨 486	礎 초 290	撮 촬 507
采 채 480	堞 첩 347	秒 초 285	崒 쵀 444
策 책 399	帖 첩 424	稍 초 289	催 최 498
責 책 398	牒 첩 347	肖 초 287	崔 최 498
賷 책 481	疊 첩 476	苕 초 283	最 최 507
處 처 557	諜 첩 347	蕉 초 499	摧 최 498
倜 척 449	貼 첩 425	貂 초 283	抽 추 385
戚 척 300	晴 청 490	超 초 283	推 추 494
陟 척 234	淸 청 489	醋 초 278	椎 추 495
擅 천 148	菁 청 490	醮 초 499	樞 추 106
泉 천 488	請 청 490	軺 초 284	諏 추 507
淺 천 420	靑 청 489	迢 초 284	酋 추 503
賤 천 420	鯖 청 490	鈔 초 285	錐 추 495
踐 천 420	剃 체 436	髫 초 284	錘 추 297
闡 천 145	涕 체 436	哨 초 289	雛 추 495
歠 철 483	遞 체 558	燭 촉 492	佳 추 494
徹 철 483	剿 초 93	矗 촉 466	祝 축 555
撤 철 483	憔 초 499	蜀 촉 492	軸 축 386
澈 철 483	抄 초 285	觸 촉 492	顧 축 300
轍 철 483	招 초 283	邨 촌 161	出 출 504

ㅍ		

婆 파 532
巴 파 519
把 파 519
播 파 225
杷 파 520
波 파 532
爬 파 520
琶 파 520
破 파 532
芭 파 520
跛 파 532
頗 파 532
判 파 211
板 판 212
版 판 212
辮 판 231
販 판 212
辦 판 231
鈑 판 213
阪 판 213
牌 패 257
稗 패 257
彭 팽 453
澎 팽 453

膨 팽 453
愎 퍅 241
偏 편 521
扁 편 521
篇 편 521
編 편 522
翩 편 522
遍 편 522
騙 편 522
嬖 폐 230
幣 폐 523
廢 폐 214
弊 폐 523
斃 폐 523
蔽 폐 523
閉 폐 205
閉 폐 413
敝 폐 522
包 포 524
匍 포 237
匏 포 526
咆 포 525
哺 포 236
圃 포 236
抱 포 525
捕 포 236
泡 포 525

浦 포 235
疱 포 526
砲 포 524
胞 포 524
脯 포 237
苞 포 526
葡 포 236
袍 포 525
逋 포 237
鋪 포 236
飽 포 524
鮑 포 525
庖 포 526
晡 포 237
炮 포 526
幅 폭 243
暴 폭 527
曝 폭 527
瀑 폭 527
爆 폭 527
剽 표 528
慓 표 529
標 표 528
漂 표 528
瓢 표 528
票 표 528
飄 표 529

驃 표 529
楓 풍 529
諷 풍 530
風 풍 529
彼 피 531
披 피 531
疲 피 531
皮 피 530
被 피 531
避 피 229
辟 피 227
陂 피 531
疋 필 289
必 필 533
泌 필 533
珌 필 533
苾 필 533
鉍 필 533
逼 핍 243

ㅎ		

何 하 35
河 하 35

瀅	형	552	皓	호	80	花	화	560	篁	황	358
瀅	형	553	祜	호	76	貨	화	560	簧	황	564
熒	형	552	糊	호	79	靴	화	560	荒	황	188
珩	형	546	縞	호	83	擴	확	566	蝗	황	358
瑩	형	552	胡	호	78	穫	확	561	遑	황	357
荊	형	432	葫	호	79	鑊	확	561	隍	황	359
螢	형	552	虎	호	556	蒦	확	561	黃	황	564
衡	형	546	號	호	557	喚	환	564	肓	황	188
邢	형	432	蝴	호	79	奐	환	563	眖	황	555
鎣	형	552	護	호	561	換	환	564	回	회	568
彗	혜	556	豪	호	82	歡	환	96	廻	회	568
惠	혜	422	鎬	호	83	渙	환	564	徊	회	568
慧	혜	556	頀	호	562	煥	환	563	悔	회	190
暳	혜	556	顥	호	71	寰	환	562	懷	회	567
蕙	혜	422	酷	혹	81	還	환	562	晦	회	190
蹊	혜	546	魂	혼	370	驩	환	97	會	회	567
譓	혜	556	忽	홀	206	寰	환	563	檜	회	568
憓	혜	423	惚	홀	206	鐶	환	563	淮	회	497
弧	호	95	笏	홀	206	豁	활	545	獪	회	568
晧	호	80	哄	홍	87	凰	황	357	繪	회	567
毫	호	83	洪	홍	87	徨	황	358	膾	회	567
浩	호	80	烘	홍	87	惶	황	358	茴	회	569
湖	호	79	紅	홍	90	慌	황	189	蛔	회	569
狐	호	94	虹	홍	91	況	황	555	誨	회	191
琥	호	557	訌	홍	91	潢	황	565	襄	회	566
瑚	호	79	化	화	560	煌	황	358	獲	획	562
瓠	호	95	禍	화	355	皇	황	357	橫	횡	566

알아두면 쓸모 있는
독음이 같은 한자

초판 1쇄 인쇄 2024년 11월 19일
초판 1쇄 발행 2024년 12월 25일

지은이 | 강경희
펴낸이 | 최윤하
펴낸곳 | 정민미디어
주 소 | (151-834) 서울시 관악구 행운동 1666-45, F
전 화 | 02-888-0991
팩 스 | 02-871-0995
이메일 | pceo@daum.net
홈페이지 | www.hyuneum.com
표지디자인 | 김윤남
본문디자인 | 이수경

ⓒ 강경희

ISBN 979-11-91669-81-7 (13710)